普通高等教育工程管理类专业系列教材

工程管理研究基本方法

主　编　吴泽斌　许　菱
副主编　徐茗臻　王秀丽　陈婉菁
参　编　徐　超　李炎忠　郑伟伟　叶子铭
林宝婵　邝晓均　杨彩珠

机械工业出版社

本书在介绍国内外工程管理的起源、发展和未来趋势的基础上，重点介绍了统计分析方法、线性规划方法、多目标规划方法、随机型决策方法、AHP决策分析方法、网络层次分析方法、控制论方法、模糊数学方法、灰色系统方法和系统动力学方法共10种传统的工程管理基本方法。每种方法在介绍其原理和公式推导时，也介绍了所用软件的详细操作步骤，方便读者快速上手和掌握。每种方法均给出了应用案例。

本书可作为高等院校工程管理类专业本科、工程管理专业硕士（MEM）的教材，也可作为各领域涉及项目管理和决策的人员及相关技术人员的岗位培训教材，以及学习更前沿、更精深方法的参考书。

本书配有电子课件，免费提供给选用本书作为教材的授课教师，需要者请登录机械工业出版社教育服务网（www. cmpedu. com）注册后下载。

图书在版编目（CIP）数据

工程管理研究基本方法/吴泽斌，许菱主编. —北京：机械工业出版社，2022. 12

普通高等教育工程管理类专业系列教材

ISBN 978-7-111-71953-3

Ⅰ. ①工… Ⅱ. ①吴… ②许… Ⅲ. ①工程管理-研究方法-高等学校-教材 Ⅳ. ①F40-3

中国版本图书馆CIP数据核字（2022）第203624号

机械工业出版社（北京市百万庄大街22号 邮政编码100037）
策划编辑：刘 涛 责任编辑：刘 涛 于伟蓉
责任校对：潘 蕊 陈 越 封面设计：张 静
责任印制：常天培
北京铭成印刷有限公司印刷
2023年2月第1版第1次印刷
184mm×260mm · 17.5印张 · 429千字
标准书号：ISBN 978-7-111-71953-3
定价：59.00元

电话服务	网络服务
客服电话：010-88361066	机 工 官 网：www. cmpbook. com
010-88379833	机 工 官 博：weibo. com/cmp1952
010-68326294	金 书 网：www. golden-book. com
封底无防伪标均为盗版	机工教育服务网：www. cmpedu. com

前　言

工程管理作为新兴的学科，交叉融合了专业的技术知识和先进的管理理论，旨在解决各专业领域的项目前期规划、项目实施中资源和劳动力整合等复杂问题。工程管理要求决策者不仅拥有科学的决策方法和决策能力，还要掌握所管理领域的专业知识，结合专业特点对工程项目进行科学合理的管理。近年来，随着计算机网络及大数据技术的不断进步，工程管理的运用领域不断拓展，已经拓展至制造业、互联网、金融、通信和医疗等领域，这对工程管理者在科学管理素养方面的要求也越来越高。

本书在介绍国内外工程管理的起源、发展和未来趋势的基础上，重点总结介绍了包括统计分析方法、线性规划方法、多目标规划方法、随机型决策方法、AHP决策分析方法、网络层次分析方法、控制论方法、模糊数学方法、灰色系统方法和系统动力学方法在内的10种传统的工程管理基本方法。每种方法在介绍其原理和公式推导时，也将所用软件的详细操作步骤进行了展示，方便读者快速上手和掌握。本书可作为高等院校工程管理类专业本科、工程管理专业硕士（MEM）的教材，也可作为各领域涉及项目管理和决策的人员及相关技术人员的岗位培训教材，以及学习更前沿、更精深方法的参考书。

本书由吴泽斌、许菱主编。全书共11章，具体分工如下：第1、2、10章由李炎忠、徐超、吴泽斌编写；第3、4章由陈婉菁、徐茗臻编写；第5、8章由林宝婵、王秀丽编写；第6、7章由叶子铭、徐超、许菱编写；第9、11章由郑伟伟、邝晓均、杨彩珠、吴泽斌编写。全书由吴泽斌、许菱统稿。

在编写过程中，本书参考了众多专家学者的研究成果和相应著作，在此向相关的作者表示最诚挚的感谢。

工程管理的理念在不断更新、方式在不断创新，项目工程管理涵盖的知识也在不断丰富和扩展。由于编者水平有限，书中难免存在疏漏之处，恳请广大读者批评指正！

吴泽斌
于江西理工大学

目 录

第1章 绪论

1.1 工程管理概念

自有人类以来就存在管理，但管理作为一门科学，还只有百多年的历史。管理学发源于美国，随后推广到西欧、日本，现在已普遍受到各国重视。这是一门实用性较强的科学，它不仅运用于工商管理，也用于医院、学校、科研单位，以及军队、机关。它的目的是运用有限的人力、物力、财力，取得最大的效益。

工程管理，顾名思义就是管理者对工程实施管理。管理者是人，管理的对象是工程。工程管理的基本概念可定义为：管理者通过行政、经济、法律法规、技术等手段，以专业管理为主、群众管理为辅，专业管理与群众管理相结合，采取一系列维修、养护检查、观测等措施，保障工程安全及有关设施完整，并运用有限的人力、物力、财力，充分发挥工程的设计功能及效益的经常性工作。其主要内容包括组建管理组织，健全管理制度，制定经常性管理办法及管理工作规程，贯彻管理政策，进行工作检查、评比、考核、奖励等。

以上只是工程管理的狭义概念。随着时代的发展，工程管理的概念已经不仅限于传统的工程项目，从广义上讲，如今工程管理不仅包括对重大建设工程实施（包括工程规划与论证、决策，工程勘察与设计，工程施工与运营）的管理，还包括对重要复杂的产品、设备、装备在开发、制造过程中的管理，包括技术创新、技术改造、转型、转轨的管理，以及产业、工程和科技的发展布局与战略的研究与管理，具有明显的交叉性。在未来，工程管理的发展必将与时俱进，进一步发展变化。例如，从体制上由原来的专业管理与群众管理相结合向以专业管理为主过渡；从管理内容上由原来狭义的建筑工程管理向包括生产管理、医疗工程、公共卫生与健康工程在内的各行业工程管理。从手段上，新技术、新工艺、新材料的不断出现，促使管理更加现代化。

1.2 工程管理的发展现状与趋势

在国外，工程管理起源于第二次世界大战期间美国研制原子弹时的曼哈顿计划和20世纪60年代的阿波罗登月方案，两者在工程管理方法的运用下都取得了成功。到20世纪80年代，随着信息时代的到来，计算机等电子产品蓬勃发展，工程管理也得到了更广泛的应用。目前，国际上研究工程管理的机构主要有两大体系——以欧洲为首的国际工程管理协会和以美国为首的美国工程管理协会，二者为工程管理的深入研究发挥了巨大的作用并取得了丰硕的成果。例如，PMI 在工程管理杂志上发表“The Project Management Body of Knowledge”（PMBOK），即后来批准为美国国家标准的“PMBOKGUIDE2000”。此后，工程管理的发展或多或少均参考了这一标准。在我国，工程管理的起步较晚，20 世纪 70 年代才开始对西方的工程管理特别是设计管理模式有了初步认识，到了 80 年代初通过世界银行贷款建造的鲁布革水电站才第一次实施工程管理。此后，通过引进国外工程的法人责任制、建设监理制和招标投标制等，我国工程管理有了很大的发展，然而和世界先进国家相比还具有一定的差距。

现阶段我国工程管理还主要集中在建筑工程管理领域，包括水利工程、桥梁工程、公路工程和建筑工程等，其主要特点还局限于一次性，即从计划开始到建设结束的一次生命周期，通过对人、设备、材料、资金和信息的整合与组织来实现利用有限的资源取得最大可能的成果。随着计算机技术的不断发展，国外的 BIM 系列软件与国内的广联达等项目管理软件的兴起使得建筑工程管理向数字化不断发展。除此之外，除建筑管理领域外其他专业学者也积极推动工程管理理论在医疗、生产等领域的发展。目前工程管理人才的培养主要包括具备管理学、经济学、法学和土木工程技术的基本知识，掌握现代管理科学的理论、方法和手段，能在国内外工程建设领域从事项目决策和全过程管理。工程管理在其他领域的应用包括人才的培养虽然已慢慢起步，但还处于初期，只是碎片式发展，还没有形成针对性和系统化。与国内工程管理教育不同，国外工程管理的教育与发展不仅限于建筑专业而是联系各相关领域，将工程管理作为一门交叉学科，把理工科背景的学生培养成既掌握相关专业技术又掌握管理方法的管理型人才，具体来说是将工程技术中解决问题的能力、组织管理能力、运营规划能力结合起来，运用到企业复杂的项目管理中，将单一的技术型人才培养成能够设计复杂问题解决方案的企业决策者和领导者。

在未来，工程管理的运用将冲破建筑项目领域的边界，扩展至制造业、互联网、金融、通信、能源、医疗和生物等领域，利用计算机、大数据等技术工具在各领域项目前期规划决策、项目实施、资源和劳动力整合等方面大放异彩。

1.3 研究的概念

1.3.1 研究的定义

“研究”一词人们并不陌生，在日常生活中我们经常接触到这一词语，但是，要给“研究”下一个严格的定义却不是那么容易，也正因为如此，研究具有十分广泛的含义，因而给正在从事研究的人们带来了概念上的混淆。在一些情况下，研究意味着找到一条信息或者做了一些记录，然后去形成一篇以事实为依据的文章。在另一些情况下，研究又被用来指那些探讨自己未知领域的行为，有可能通过对现成资料的搜集，获得一些信息。而商人们则以此来描述一种创新产品的诞生，从而提升了那些实际上只是稍有改进的商品的销售吸引力。这些关于研究的描述是指各种各样的活动，而不是严格意义上的研究。Leedy 和 Ormrod（1989）为了说明研究的本质内涵，首先界定了什么不是研究，他们认为：研究不仅仅是信息搜集，也不仅仅是把事例从一个地方搬到另一个地方，更不是用来引起别人注意的时髦套话。许多研究者认为，搜集一些资料或查阅些文献就可以写成论文，这样就完成了研究，其实这些行为充其量只能算是资料搜集、资料传播或抄写。

那么，究竟什么是研究？不同学者所给出的定义不同。例如，科学研究包括系统性的观察、分类及数据的解释，推论与科学研究之间的主要差异在于严谨性、可证明性、普遍的效度（Lundberg，1942）。研究是为了使我们对所关心的和所感兴趣的现象增进认识而收集、分析资料信息的系列过程（Leedy，Ormrod，1989）。研究是一种结构性的探索，其使用科学的方法论来解决问题，产生新的可应用知识（Grinnel，1993）。研究是一种系统性的调查，以发现问题的答案（Burns，1994）。科学研究为对各种现象提出假设性关系之论点，进行一种系统性、控制性、实证性及批判性的调查（Kerlinger，1986）。研究既是一种发现问题答案的动态过程。研究既是一种技术，也是思考的方法，包括批判并检验专业领域中的不同观点、探讨并形成特定程序的指导原则、发展并考验能增强专业知识的新理论（Ginl，1998）。科学研究的重点是解决问题和寻求逐步的、合乎逻辑的、有组织的以及严格的方法去界定问题、搜集资料，并得出有用的结论（Sekaran2003）。《韦伯大辞典》（*Websters New World College Dictionary*）关于研究的定义是：在某知识领域进行仔细、系统、耐心的学习与调查，以发现或确立事实或原则。科学研究是一种追求、一种动力，使得研究人员能够埋头实验室，废寝忘食地工作。

遗传学家 McClintock 曾经这样描述她的科研工作：我对我所做的工作简直着了迷，所以一大早就迫不及待地去做它。尽管学者们给出的定义千差万别，但我们强调的是，通过研究深化我们对现象的认识，并将我们的发现放到更大的科学社群进行交流分享。因此，可以从研究的特征来进一步明确研究的本质内涵。

科学研究的生命得自于科学社群的工作，科学社群是从事科学研究的人员所形成的一个群体，尤其是同一领域的研究者，他们形成了一个不成文的规范，如同非正式组织的规范一样，许多都属于科学研究的伦理道德，大家自觉地遵循并展开研究与交流。属于伦理道德方面的包括保护参与人身心不受伤害、受试者自愿参与研究项目、尊重参与者的个人隐私权等；属于职业道德方面的包括根据研究的科学价值评价成果、公允地对待与个人观点相异的学说、个人成果属公共财产可以共享、不应该不加怀疑地接受新学说、不应编造数据支持其结论、杜绝抄袭剽窃。

1.3.2 研究的特征

研究并非全是技术导向、非常复杂，也并非完全使用统计学、依赖计算机。研究可以是非常简单的设计活动，也可以形成精致理论或法则，改善或管理生活。因而，Grinnell（1998）认为，研究的主要特征是：控制性，即探索变量间因果关系，将影响因素减至最少；严谨性，即研究态度；系统性，即特定逻辑步骤；有效性及可验证性，即推论正确，可重复进行，得出相同结论；实证性，即结论基于确切证据；批判性，即研究成果经得起批判。

Sekaran（2003）提出，科学研究的特征包括目的性、严格性、可验证性、可重复性、精确性与可信度、客观性、共性、简练性。Leedy 和 Ormrod（1989）认为，尽管不同的研究在复杂性与时间性方面各不相同，但是研究具有 8 个共同的特征，分别是：起源于问题、需要有一个与其相关的明确目标、需要有一个科学的计划、通常把主课题分解成若干个易于把握的子课题、由具体问题及针对它的疑问和假设所引导、必须接受某些关键性假设、搜集所需资料并做出阐释、循序而无止境的或螺旋形的过程。

具体来讲，根据 Sekaran、Leedy 和 Ormrod 等人的观点，研究的特征可以概括为以下几个方面：

1. 问题导向

自然界与社会上到处存在着尚未解答的疑问和需要回答的问题，实际上我们就处在问题之中，在问题中生活。提出问题，就如同我们点燃了引发研究过程一连串反应中的第一个火花（Leedy，Ormrod，1989）。科学研究起源于问题，因此有一颗好奇心非常重要，如果能够以好奇心注意观察周围的一切，就不难发现有价值的研究问题。

2. 目标明确

由于问题无处不在，因此发现问题本身并不难，难在发现问题之后，在展开研究之前，需要对问题有一个清晰的表述，即阐明它是什么样的问题，要达到什么具体目标。这种表述要求用词准确、简明扼要地说明研究所追求的目标，这是研究获得成功的根本。一般来说，科学研究都必须有明确的研究目标，工程管理研究也不例外。有了具体而明确的研究目标，就如同在研究道路上树立起一座灯塔，一切研究工作都围绕着研究目标而展开，只有这样才能采取有效措施解决所面临的问题。

3. 计划完整

计划作为管理的基本职能也在科学研究中得到很好体现。研究需要按照探索发现的思路，在开展具体研究之前就进行认真而仔细的策划。一项研究需要有合乎逻辑的、清晰的研究计划，在整体上做出安排，并有针对性地采用具体的研究方法，以获得解决问题所需要的相关资料。研究计划既包括时间上的进度安排，也包括空间上的资源配置，只有对研究工作做出周密而完整的规划，才能保证研究目标的顺利实现与管理问题的切实解决。有完整的计划就意味着研究的严谨性，也意味着在研究探索时，认真、谨慎以及精确的程度，好的理论和方法论设计将会增加研究的严谨性（Sekaran，2003）。

4. 化整为零

从系统的观点来看，研究课题是一个有具体功能的大系统，它由多个相互关联的子课题所组成。大多数研究课题可以细分为多个子课题，当这些子课题分别解决之后，主课题就会迎刃而解。如果研究者不花费精力与时间去分解主课题，那么研究过程就可能变得复杂且难以驾驭。由此可见，研究课题的分解是研究工作开展之前必不可少的环节之一。

5. 假设引导

假设是有逻辑的推测、有理由的猜测、有根据的推理。它给正在调查的现象提供了一种尝试性解释（Leedy，Ormrod，1989）。假设在日常生活中十分常见，它代表着人们思考问题的自然模式。一方面当组织功能失调时，管理人员会想到可能的原因是什么，而这些原因是建立在一些合乎情理的猜想基础上的，这就是假设。一旦某个假设被越来越多的资料所证实，那么这个假设就会演变成理论。另一方面，研究工作必须接受某些关键性假设，例如，以 Drucker 为代表的经验学派认为，管理理论与实践是建立在一系列基本假设之上的。这一系列基本假设是：以高层管理者的实践经验为研究对象，研究者首先明确阐述了自己的理论所特有的基本价值观和假设，建立一套概念框架与分析工具；然后通过对管理实践经验的比较研究来构建管理概念和理论；最后，通过管理实践来检验这个理论的有效性，以修正原有理论或发展新的理论。

6. 资料阐释

资料的收集是研究的基础性工作，只有收集到研究所需的各种资料，并按照需要进行必要的整理，才能做出有理有据的阐释。但是，未被人类思维加工整理过的资料是毫无价值的，因此，资料、数据、观察结果本身并无多大意义，只有在研究者经过分析整理，从中提炼出真正含义时其重要性才能表现出来。资料的分析并无特定的规则，往往是主观的，完全基于研究者的假设、推测及逻辑推理过程。但是对资料分析结果的阐释所下的结论应该是客观的，因为这些结论依据的是实际资料的推导而非个人主观的或情绪性的判断（Sekaran，2003）。例如，有人提出“参与决策可提高员工对组织的承诺”的假设，但却未得到研究结果支持，在此情况下若研究人员还进一步认为让更多员工参与决策将会提高对组织的承诺，就显得毫无意义。

1.4 方法的概念

1.4.1 方法的定义

何谓方法？可以说，自从人类开始有意识地进行各种各样的活动以寻求解决各种各样问题的途径以来，就有了方法之说。黑格尔认为，方法是认识的工具，是主观方面的某个手段，通过这个手段与客体发生关系。毛泽东将方法比作过河的桥或船。尽管关于方法的各种表述在形式上有所不同，但归根结底，方法是体现主体的人与客观世界之间的一种关系，这些关系包括了人们认识世界、适应世界和改造世界的不同层面。在中文词义学中，方法是指关于解决思想、言语、行动等问题的门路、程序等。就现代科学意义而言，方法是指人们从理论或实践上把握现实，为达到某种目的而采用的途径、手段和工具等的总和。马克思主义哲学认为，方法一般是指认识和研究自然界、社会现象、精神现象的方式和手段。正确的、科学的方法应当体现事物本身固有的规律，是关于自然界、社会和思维的最一般规律的科学。

1.4.2 构成方法的要素

1）目的性要素。方法相对于活动的目的性来说，任何方法都要服从和服务于一定的目的、目标、任务和需求。

2）合于规律性的活动要素。无论何种类型或形式的方法，总是通过一系列的活动体现出来的，而这些活动是否有效，关键在于所采用的方法是否合乎活动本身特有的规律。

3）工具要素。无论使用何种类型或形式的方法，总是需要凭借一定的工具才能进行，这些工具通常作为其精神的与物质的手段，如语言、逻辑、范式和工具器械、设备等。

4）对象要素。方法的运用具有一定的针对性，即任何方法都是作用于一定对象的。不同的对象应有与之相应的方法，即对象的特点制约着方法的设计与应用。

1.5 工程管理研究方法

工程管理融合了工程技术、管理学、经济学、法学及计算机科学等学科知识，要想掌握这些理论知识，需要了解和运用统计分析方法、线性规划方法、多目标规划方法、随机型决策方法、AHP 决策分析方法、网络层次分析方法、控制论方法、模糊数学方法、灰色系统方法、系统动力学方法等研究方法。

1.5.1 统计分析方法

统计分析是统计活动中最为重要的、最为复杂的环节，它是以经过整理的资料为依据，对统计整理所初步展示的总体数量特征进行进一步深化分析、研究，对研究对象的现状、联系性、规律性进行状况描述，对发展势态进行分析评价，对未来前景着手预测以支持决策的认识活动。统计分析方法必须把定量分析和定性分析有机地结合起来。因为任何事物都有质的规定性和量的规定性，都是质和量的统一体。质是一事物区别于其他事物的内在规定性，量是标志事物的范围、等级和次序的规定性。质把不同的事物区别开来，但质上相同的事物，其存在和发展的规模、程度等仍然还有差别，还可以进行比较，这就是量的规定性。所以，只有通过定性分析，才能区别事物的质，才能确定事物的量，才能真正揭示事物的本质和规律；同时，也只有以定量分析作为统计分析的核心，才能更深刻地认识事物的本质，使定性分析精确化。工程管理既要运用定量分析进行项目决策、费用控制、工期材料控制和风险测量等，又要运用定性分析对项目全过程的许多环节进行管理，如组织管理、协调管理、合同管理等。同企业管理相同，定性分析与定量分析是工程管理不可或缺的两种工具，我们要学会灵活运用这两种工具，以提高分析和解决工程项目全过程中各种管理问题的能力。

1.5.2 线性规划方法

线性规划是运筹学中研究较早、发展较快、应用广泛、方法较成熟的一个重要分支，它是辅助人们进行科学管理的一种数学方法。一般地，求线性目标函数在线性约束条件下的最大值或最小值的问题，统称为线性规划问题。满足线性约束条件的解叫作可行解，由所有可行解组成的集合叫作可行域。决策变量、约束条件、目标函数是线性规划的三要素。随着计算机技术的发展和普及，线性规划的应用越来越广泛，它已成为人们为合理利用有限资源制定最佳决策的有力工具。在工程项目管理中，提高工程项目管理效益、提升经济效果是人们不可缺少的要求。合理安排人力物力资源，使得工程项目生产组织与计划不断改进是线性规划方法研究的问题。

1.5.3 多目标规划方法

多目标规划是数学规划的一个分支，研究的是多于一个目标函数在给定区域上的最优化，又称多目标最优化。多目标规划的概念是在 1961 年由美国数学家查尔斯和库柏首先提出的，它在资源分配、计划编制、生产调度等方面有一定的应用，有助于决策者提高管理和决策水平。在项目管理领域，决策问题种类繁多，许多决策问题取决于项目本身的关注点和具体的目标要求。在兼顾各个项目目标的同时，自上而下地平衡和协调各个项目的资源使用，使得现有的资源能被最大化地利用是项目组合资源优化管理中的核心问题。通过多目标规划方法，这些问题能得到更加满意的解答。

1.5.4 随机型决策方法

随机型决策是一种处理随机型决策问题的决策技术。随机型决策问题又划分为风险型决策问题和非确定型决策问题，它是指决策者所面临的各种自然状态，在未来不确定的因素和信息不完全的条件下随机出现的一类决策问题。在工程管理的过程中，随机型决策的运用十分广泛，小到对不同天气状态下是否进行开工的决策，大到是否能承包一个工程的决策。随机型决策更考验领导者的决策能力，只有不断地提高领导者的决策能力，才能够避免因决策失误带来的巨大损失。在处理随机型决策问题的时候，我们可以采取多种方法进行分析比较，从而找出最佳的方法来解决所遇到的问题。

1.5.5 AHP 决策分析方法

层次分析方法（Analytical Hierarchy Process，AHP）是把复杂问题中的各种因素，通过划分为相互联系的有序层次，使之条理化，根据对客观现实的判断就每一层次相对重要性给予定量表示，利用数学方法确定每一层次的全部元素的相对重要次序的权值，并通过排序的结果来分析和解决问题的一种决策分析方法。AHP 具有高度的逻辑性、系统性、灵活性、简洁性等特点，十分适用于实际应用问题，许多社会、经济、科学以至数学问题都可以采用这种分析过程。AHP 在工程项目管理领域也得到了广泛的运用，如投资风险评价、成本风险评价、安全风险评价、管理效果评价以及项目投融资模式的选择等。

1.5.6 网络层次分析方法

网络层次分析法（Analytic Network Process，ANP）是由美国匹兹堡大学的运筹学家 T. L. Saaty 教授于 1996 年提出的一种适应非独立的递阶层次结构的决策方法，ANP 是 AHP 的深化，AHP 是 ANP 的一个特例。ANP 能够更好地考虑元素集之间、元素集内部间的相互作用与反馈，对无法用精确数学模型描述的社会、经济、行为等系统的决策与评价问题有更好的适用性。该方法用网络结构关系代替了递阶层次关系，不仅考虑了元素间的依存关系，而且处理决策问题更具灵活性、可信性和合理性，适用于复杂系统建模，并能真实地描述问题。

1.5.7 控制论方法

控制论是研究各种系统控制和协调的一般规律的科学。控制论的基本概念是信息和反馈概念。控制论的奠基人维纳认为，控制论给予我们一套系统的概念和一种共同的语言，使我们足以用来描述形形色色的系统，建立各门学科之间的联系，并且对于那些以复杂著称而其复杂性不容忽视的系统，控制论给出了一种新的科学研究方法。控制论可以运用于各个学科，对于工程的重要性更是不言而喻。项目的工期、质量、费用是工程管理的三大控制目标，运用控制论形成管理工作的自动调节，能够保证工程项目不超支、不逾期和高质量。管理学中的事前控制、事中控制和事后控制在工程项目实施中都得到了广泛的应用。面对现在越来越复杂的工程，控制论更是一门必不可少的基础学科。

1.5.8 模糊数学方法

模糊数学又称 Fuzzy 数学，是研究和处理模糊性现象的一种数学理论和方法。模糊性数学发展的主流是在它的应用方面。由于模糊性概念已经找到了模糊集的描述方式，人们运用概念进行判断、评价、推理、决策和控制的过程也可以用模糊性数学的方法来描述，例如模糊聚类分析、模糊模式识别、模糊综合评判、模糊决策与模糊预测、模糊控制、模糊信息处理等。这些方法构成了一种模糊性系统理论，从而构成了一种思辨数学的雏形，其在工程管理领域也得到了广泛应用。

1.5.9 灰色系统方法

灰色系统通过对原始数据的收集与整理来寻求其发展变化的规律。这是因为，客观系统所表现出来的现象尽管纷繁复杂，但其发展变化有着自己的客观逻辑规律，是系统整体各功能间的协调统一。因此，如何通过散乱的数据系列去寻找其内在的发展规律就显得特别重要。灰色系统理论认为，一切灰色序列都能通过生成某种弱化其随机性的模型而呈现本来的规律，也就是通过灰色数据序列建立系统反应模型，并通过该模型来预测系统的可能变化状态。灰色系统理论认为微分方程能较准确地反映事件的客观规律，即对于时间为 t 的状态变量，通过方程就能够基本反映事件的变化规律。

1.5.10 系统动力学方法

系统动力学在早期主要应用于工业企业管理，处理诸如生产与雇员情况的波动，市场股票与市场增长的不稳定性等问题。此学科早期的称呼——“工业动力学”即因此而得名。而后，系统动力学的应用范围日益扩大，从民用到军用，从科研、设计工作的管理到城市摆脱停滞与衰退的决策，从世界面临人口指数式增长的威胁与资源储量日趋殆尽的危机到检验糖尿病的病理假设，从吸毒到犯罪问题。总之，其应用几乎遍及各类系统，且深入到各个领域。显然此学科的应用已远远超越“工业动力学”的范畴，故改称为“系统动力学”。针对传统工程管理方法在宏观控制方面存在的不足，应分析工程管理的特点，依据系统动力学原理，结合项目动态系统的特征，建立了一个系统动力学模型。系统动力学方法更侧重于项目的宏观管理，侧重于对难以准确量化的复杂因素的分析，使项目管理更加科学化。

参考文献

[1] 余志武，周朝阳．土木工程导论［M］．长沙：中南大学出版社，2013.
[2] 孙国强．管理研究方法［M］．上海：上海人民出版社，2007.
[3] 徐红．教育科学研究方法［M］．武汉：华中科技大学出版社，2013.
[4] 林云，等．现代统计分析方法［M］．杭州：浙江大学出版社，1991.
[5] 谢家发．统计分析方法：应用及案例［M］．北京：中国统计出版社，2005.
[6] 郭峰．土木工程项目管理［M］．北京：冶金工业出版社，2013.
[7] 刘玉珍．平原区地下水资源评价与利用模型研究［M］．沈阳：辽宁科学技术出版社，2014.

[8] 袁作兴. 领悟数学［M］. 长沙：中南大学出版社，2014.
[9] 陈又星，徐辉，吴金椿. 管理科学研究方法：数据·模型·决策［M］. 上海：同济大学出版社，2013.
[10] 刘海滨，梁振东. 煤矿员工不安全行为影响因素及其干预研究［M］. 北京：中国经济出版社，2013.
[11] 梁展凡. 投资建设项目群链式风险分析、评估及其仿真研究［M］. 武汉：武汉大学出版社，2011.
[12] 刘金玉，黄理稳. 科学技术发展简史［M］. 广州：华南理工大学出版社，2006.
[13] 王凤兰. 振动理论在经济领域中的应用［M］. 沈阳：东北大学出版社，2010.
[14] 王佩玲. 系统动力学：社会系统的计算机仿真方法［M］. 北京：冶金工业出版社，1994.
[15] 苗长运，杨明云，苏娅雯. 黄河下游防汛与工程管理［M］. 郑州：黄河水利出版社，2003.

第2章
统计分析方法

工程项目，是由多种要素相复合而构成的复杂系统。在这个系统中，各种要素之间存在着相互联系、相互影响和相互制约的关系；为了定量地揭示各种工程要素之间的相互关系，就必须采用以概率论和数理统计知识为基础的统计分析方法对工程管理进行深入的研究。本章，我们将介绍和探讨回归分析、典型相关分析、因子分析、判别分析、时间顺序分析等统计分析方法在工程管理中的应用问题。

2.1 工程要素间的相关分析

对工程要素进行相关分析是为了揭示工程要素之间相互关系的密切程度。而工程要素之间相互关系的密切程度，主要是通过对相关系数的计算与检验来测定的。

2.1.1 两要素间相关程度的测定

1. 相关系数的计算与检验

（1）相关系数的计算。对于两个要素 x 与 y，如果它们的样本值分别为 x_i 和 y_i（$i=1,2,\cdots,n$），则它们之间的相关系数被定义为

$$r_{xy}=\frac{\sum_{i=1}^{n}(x_i-\bar{x})(y_i-\bar{y})}{\sqrt{\sum_{i=1}^{n}(x_i-\bar{x})^2}\cdot\sqrt{\sum_{i=1}^{n}(y_i-\bar{y})^2}} \tag{2-1}$$

在式（2-1）中，$\bar{x}$ 和 $\bar{y}$ 分别表示两个要素样本值的平均值，即 $\bar{x}=\frac{1}{n}\sum_{i=1}^{n}x_i$，$\bar{y}=\frac{1}{n}\sum_{i=1}^{n}y_i$；$r_{xy}$ 表示要素 x 与 y 之间的相关系数，是两要素之间相关程度的统计指标，其值在 $[-1,1]$ 区间内。$r_{xy}>0$，表示正相关，即两要素同向发展；$r_{xy}<0$，表示负相关，即两要素异向发展。r_{xy} 的绝对值越接近于1，表示两要素的关系越密切；越接近于0，表示两要素的关系越不密切。

如果记

$$L_{xy}=\sum_{i=1}^{n}(x_i-\bar{x})(y_i-\bar{y})=\sum_{i=1}^{n}x_iy_i-\frac{1}{n}\left(\sum_{i=1}^{n}x_i\right)\left(\sum_{i=1}^{n}y_i\right)$$

$$L_{xx}=\sum_{i=1}^{n}(x_i-\bar{x})^2=\sum_{i=1}^{n}x_i^{\,2}-\frac{1}{n}\left(\sum_{i=1}^{n}x_i\right)^2$$

$$L_{yy} = \sum_{i=1}^{n} (y_i - \bar{y})^2 = \sum_{i=1}^{n} y_i^2 - \frac{1}{n}\left(\sum_{i=1}^{n} y_i\right)^2$$

则式（2-1）可以进一步简化为

$$r_{xy} = \frac{L_{xy}}{\sqrt{L_{xx}L_{yy}}} \tag{2-2}$$

如果问题涉及 $x_1, x_2, \cdots, x_n$ 等 n 个要素，则对于其中任何两个要素 x_i 和 x_j，我们都可以按照式（2-1）或式（2-2）计算它们之间的相关系数 x_{ij}，这样就可得到多要素的相关系数矩阵，即

$$\begin{bmatrix} r_{11} & r_{12} & \cdots & r_{1n} \\ r_{21} & r_{22} & \cdots & r_{2n} \\ \vdots & \vdots & & \vdots \\ r_{n1} & r_{n2} & \cdots & r_{nn} \end{bmatrix} \tag{2-3}$$

显然，由式（2-1）和式（2-2）可知：

1) $r_{ii} = 1\ (i = 1,2,\cdots,n)$，即每一个要素 x_i 与它自身的相关程度最大。

2) $x_{ij} = x_{ji}\ (i,j = 1,2,\cdots,n)$，即第 i 个要素（x_i）对第 j 个要素（x_j）的相关程度，与第 j 个要素（x_j）对第 i 个要素（x_i）的相关程度相等。

【例 2-1】　某地区 2011—2020 年期间的粮食总产量（x）和农业总产值（y）数据见表 2-1，试计算该地区粮食总产量与农业总产值之间的相关系数。

表 2-1　某地区粮食总产量与农业总产值数据

年　份	粮食总产量 x/万吨	农业总产值 y/万亿
2011 年	1275.73	1910.21
2012 年	1295.69	2060.91
2013 年	1202.48	2229.64
2014 年	1229.97	2357.16
2015 年	1211.66	2490.20
2016 年	1204.22	2763.79
2017 年	1208.56	2889.97
2018 年	1193.49	3089.57
2019 年	1240.80	3530.21
2020 年	1267.56	3769.26

注：表中数据均来自历年国家统计年鉴。

【解】　据表 2-1 计算可得

$$L_{xy} = \sum_{i=1}^{10} x_i y_i - \frac{1}{10}\left(\sum_{i=1}^{10} x_i\right)\left(\sum_{i=1}^{10} y_i\right) = 3916.1238$$

$$L_{xx} = \sum_{i=1}^{10} x_i^{\ 2} - \frac{1}{10}\left(\sum_{i=1}^{10} x_i\right)^2 = 5137.2447$$

$$L_{yy} = \sum_{i=1}^{10} y_i^{\ 2} - \frac{1}{10}\left(\sum_{i=1}^{10} y_i\right)^2 = 3800.6278$$

则

$$r_{xy} = \frac{L_{xy}}{\sqrt{L_{xx}L_{yy}}} = \frac{3916.1238}{\sqrt{5137.2447 \times 3800.6278}} = 0.8885$$

即该地区粮食总产量与农业总产量之间的相关系数为 0.8885。

（2）相关系数的检验。当要素之间的相关系数求出之后，还需要对所求得的相关系数进行检验。这是因为，这里的相关系数是根据要素之间的样本值计算出来的，它随着样本数的多少或取样方式的不同而不同，因此它只是要素之间的样本相关系数，只有通过检验，才能知道相关系数的可信度。

一般情况下，相关系数的检验，是在给定的置信水平下，通过查相关系数检验的临界值表来完成的。表 2-2 给出了相关系数真值 $\rho=0$（即两要素不相关）时样本相关系数的临界值 r_α。

表 2-2 检验相关系数 $\rho=0$ 的临界值（r_α）表

$p\{|r| > r_\alpha\} = \alpha$

f	α				
	0.10	0.05	0.02	0.01	0.001
1	0.9876	0.9969	0.9995	0.9998	0.9999
2	0.9000	0.9500	0.9800	0.9900	0.9990
3	0.8054	0.8793	0.9343	0.9587	0.9911
4	0.7293	0.8114	0.8822	0.9172	0.9740
5	0.6694	0.7545	0.8329	0.8745	0.9504
6	0.6215	0.7067	0.7887	0.8343	0.9249
7	0.5822	0.6664	0.7493	0.7977	0.8982
8	0.5494	0.6319	0.7155	0.7646	0.8721
9	0.5214	0.6021	0.6851	0.7348	0.8471
10	0.4973	0.5760	0.6581	0.7079	0.8233
11	0.4762	0.5529	0.6339	0.6835	0.8010
12	0.4575	0.5324	0.6120	0.6614	0.7800
13	0.4409	0.5139	0.5923	0.6411	0.7603
14	0.4259	0.4973	0.5742	0.6226	0.7420
15	0.4124	0.4821	0.5577	0.6055	0.7246
16	0.4000	0.4683	0.5425	0.5897	0.7084
17	0.3887	0.4555	0.5285	0.5751	0.6932

（续）

f	α				
	0.10	0.05	0.02	0.01	0.001
18	0.3783	0.4438	0.5155	0.5614	0.6787
19	0.3687	0.4329	0.5034	0.5487	0.6652
20	0.3598	0.4227	0.4921	0.5368	0.6524
25	0.3233	0.3809	0.4451	0.4869	0.5784
30	0.2960	0.3494	0.4093	0.4487	0.5541
40	0.2573	0.3044	0.3578	0.3932	0.4896
45	0.2428	0.2875	0.3384	0.3721	0.4648
50	0.2306	0.2732	0.3218	0.3541	0.4433
60	0.2108	0.2500	0.2948	0.3248	0.4078
70	0.1954	0.2391	0.2737	0.3017	0.3799
80	0.1829	0.2172	0.2565	0.2830	0.3568
90	0.1726	0.2050	0.2422	0.2673	0.3375
100	0.1628	0.1946	0.2301	0.2540	0.3211

在表2-2中，左边的f值称为自由度，其数值为$f=n-2$，这里n为样本数；上方的α代表不同的置信水平；表内的数值代表不同的置信水平下相关系数$\rho=0$的临界值，即r_α；公式$p=\{|r|>r_\alpha\}=\alpha$的意思是当所计算的相关系数$r$的绝对值大于在$\alpha$水平下的临界值$r_\alpha$时，两要素不相关（即$\rho=0$）的可能性只有$\alpha$。在例2-1中，$n=10$，$f=10-2=8$，在不同的置信水平下的临界值$r_\alpha$可以从表2-2中查得：$r_{0.1}=0.5494$，$r_{0.05}=0.6319$，$r_{0.02}=0.7155$，$r_{0.01}=0.7646$，$r_{0.001}=0.8721$。由于$r_{xy}=0.8885>r_{0.001}=0.8721$，这说明该地区粮食总产量（$x$）与农业总产值（$y$）不相关的概率只有$\alpha=0.001$，即0.1%，换句话说，该地区粮食总产量（$x$）与农业总产值（$y$）同向相关的概率达0.999，即99.9%。

一般而言，当$|r|<r_{0.1}$时，则认为两要素不相关，这时的样本相关系数就不能反映两要素之间的关系。

2. 等级相关系数的计算与检验

（1）等级相关系数的计算。等级相关系数，又称顺序相关系数，与前述相关系数一样，它也是描述两要素之间相关程度的一种统计指标，不过在计算方法上，与前述相关系数的计算方式有所不同。等级相关系数是将两要素的样本值按数值的大小顺序排列位次，以各要素样本值的位次代替实际数据而求得的一种统计量。实际上，它是位次分析方法的数量化。

设两个要素x和y有n对样本值，令R_1代表要素x的序号（或位次），R_2代表要素y的序号（或位次），$d_i^2=(R_{1i}-R_{2i})^2$代表要素x和y的同一组样本位次差的平方，那么要素x与y之间的等级相关系数（r'_{xy}）被定义为

$$r'_{xy}=1-\frac{6\sum_{i=1}^{n}d^2}{n(n^2-1)} \tag{2-4}$$

【例 2-2】 2018 年我国部分省、直辖市、自治区的总人口（x）和 GDP 规模（y）及其位次列于表 2-3。试计算总人口（x）和 GDP 规模（y）之间的等级相关系数。

表 2-3 2018 年我国部分省、直辖市、自治区总人口与 GDP 规模

省、直辖市、自治区	总人口及其位次		GDP 规模及其位次		位次差的平方
	总人口 x/万人	位次 R_1	GDP 规模 y/亿元	位次 R_2	$d_i^2=(R_{1i}-R_{2i})^2$
广东	11346.00	1	97277.77	1	0
山东	10047.24	2	76469.67	3	1
河南	9605.00	3	48055.86	5	4
四川	8341.00	4	40678.13	6	4
江苏	8050.70	5	92595.40	2	9
河北	7556.30	6	36010.27	9	9
湖南	6898.80	7	36425.78	8	1
安徽	6323.60	8	30006.82	13	25
湖北	5917.00	9	39366.55	7	4
浙江	5737.00	10	56197.15	4	36
广西	4926.00	11	20352.51	18	49
云南	4800.50	12	17881.12	20	64
江西	4647.60	13	21984.78	16	9
辽宁	4359.30	14	25315.35	14	0
福建	3941.00	15	35804.04	10	25
陕西	3864.40	16	24438.32	15	1
黑龙江	3773.10	17	16361.62	23	36
山西	3718.34	18	16818.11	22	16
贵州	3600.00	19	14806.45	25	36
重庆	3101.79	20	20363.19	17	9
吉林	2704.06	21	15074.62	24	9
甘肃	2637.26	22	8246.07	27	25
内蒙古	2534.00	23	17289.22	21	4
新疆	2486.76	24	12199.08	26	4
上海	2423.78	25	32679.87	11	196
北京	2154.20	26	30319.98	12	196
天津	1559.60	27	18809.64	19	64
海南	934.32	28	4832.05	28	0
宁夏	688.11	29	3705.18	29	0
青海	603.23	30	2865.23	30	0
西藏	337.15	31	1477.63	31	0
总计	139617.14	/	914707.46	/	836

注：表中数据均来自国家统计局官方网站。

【解】 由表 2-3 可知：$n=31$，$n(n^2-1)=29760$，$\sum_{i=1}^{31} d^2 = 836$，故

$$r'_{xy} = 1 - \frac{6\sum_{i=1}^{31} d^2}{31(31^2-1)} = 1 - \frac{6\times 836}{29760} = 0.831$$

即总人口（x）和 GDP 规模（y）之间的等级相关系数为 0.831。

（2）等级相关系数的检验。与相关系数一样，等级相关系数是否显著，也需要检验。表 2-4 给出了等级相关系数检验的临界值。

表 2-4 等级相关系数检验的临界值

n	显著水平 α		n	显著水平 α	
	0.05	0.01		0.05	0.01
4	1.000		16	0.425	0.601
5	0.900	1.000	18	0.399	0.564
6	0.829	0.943	20	0.377	0.534
7	0.714	0.893	22	0.359	0.508
8	0.643	0.833	24	0.343	0.485
9	0.600	0.783	26	0.329	0.465
10	0.564	0.746	28	0.317	0.448
12	0.506	0.712	30	0.306	0.432
14	0.456	0.645			

表 2-4 的内容与表 2-2 相似，n 代表样本个数，α 代表不同的置信水平，也称显著水平，表中的数值为临界值 r_α。在例 2-2 中，$n=31$，表 2-4 中没有给出相应的样本数下的临界值 r_α，但我们发现在同一显著水平下，随着样本数的增大，临界值 r_α 减少。在 $n=30$ 时，查表可知：$r_{0.05}=0.306$，$r_{0.01}=0.432$，由于 $r'_{xy}=0.831>r_{0.01}=0.432$，故 r'_{xy} 在 $\alpha=0.01$ 的置信水平上是显著的。

2.1.2 多要素间相关程度的测定

1. 偏相关系数的计算与检验

工程系统是一种多要素的复杂巨系统，其中一个要素的变化必然影响到其他各要素的变化。在多要素所构成的工程系统中，当研究某一个要素对另一个要素的影响或相关程度时，把这两要素之外的其他要素的影响视为常数（保持不变），即暂不考虑其他要素的影响，而单独研究这两个要素之间相互关系的密切程度时，称为偏相关。用以度量偏相关程度的统计量，称为偏相关系数。

（1）偏相关系数的计算。偏相关系数，可利用单相关系数来计算。假设有三个要素 x_1，x_2，x_3，其两两间单相关系数矩阵为

$$R=\begin{bmatrix} r_{11} & r_{12} & r_{13} \\ r_{21} & r_{22} & r_{23} \\ r_{31} & r_{32} & r_{33} \end{bmatrix}=\begin{bmatrix} 1 & r_{12} & r_{13} \\ r_{21} & 1 & r_{23} \\ r_{31} & r_{32} & 1 \end{bmatrix}$$

因为相关系数矩阵是对称的，故在实际计算时，只要计算出 r_{12}、r_{13} 和 r_{23} 即可。在偏相关分析中，常称这些单相关系数为零级相关系数。对于上述三个要素 x_1、x_2、x_3，它们之间的偏相关系数共有三个，即 $r_{12\cdot3}$、$r_{13\cdot2}$、$r_{23\cdot1}$(下标点后面的数字，代表在计算偏相关系数时，保持不变量，如 $r_{12\cdot3}$即表示 x_3 保持不变)，其计算公式分别为

$$r_{12\cdot3}=\frac{r_{12}-r_{13}r_{23}}{\sqrt{(1-r_{13}^2)(1-r_{23}^2)}} \tag{2-5}$$

$$r_{13\cdot2}=\frac{r_{13}-r_{12}r_{23}}{\sqrt{(1-r_{12}^2)(1-r_{23}^2)}} \tag{2-6}$$

$$r_{23\cdot1}=\frac{r_{23}-r_{12}r_{13}}{\sqrt{(1-r_{12}^2)(1-r_{13}^2)}} \tag{2-7}$$

式（2-5）~式（2-7）表示三个偏相关系数，称为一级偏相关系数。

若有四个要素 x_1、x_2、x_3、x_4，则有六个偏相关系数，即 $r_{12\cdot34}$、$r_{13\cdot24}$、$r_{14\cdot23}$、$r_{23\cdot14}$、$r_{24\cdot12}$、$r_{34\cdot12}$，它们称为二级偏相关系数，其计算公式分别如下：

$$r_{12\cdot34}=\frac{r_{12\cdot3}-r_{14\cdot3}r_{24\cdot3}}{\sqrt{(1-r_{14\cdot3}^2)(1-r_{24\cdot3}^2)}} \tag{2-8}$$

$$r_{13\cdot24}=\frac{r_{13\cdot2}-r_{14\cdot2}r_{34\cdot2}}{\sqrt{(1-r_{14\cdot2}^2)(1-r_{34\cdot2}^2)}} \tag{2-9}$$

$$r_{14\cdot23}=\frac{r_{14\cdot2}-r_{13\cdot2}r_{43\cdot2}}{\sqrt{(1-r_{13\cdot2}^2)(1-r_{43\cdot2}^2)}} \tag{2-10}$$

$$r_{23\cdot14}=\frac{r_{23\cdot1}-r_{24\cdot1}r_{34\cdot1}}{\sqrt{(1-r_{24\cdot1}^2)(1-r_{34\cdot1}^2)}} \tag{2-11}$$

$$r_{24\cdot13}=\frac{r_{24\cdot1}-r_{23\cdot1}r_{43\cdot1}}{\sqrt{(1-r_{23\cdot1}^2)(1-r_{43\cdot1}^2)}} \tag{2-12}$$

$$r_{34\cdot12}=\frac{r_{34\cdot1}-r_{32\cdot1}r_{42\cdot1}}{\sqrt{(1-r_{32\cdot1}^2)(1-r_{42\cdot1}^2)}} \tag{2-13}$$

在式(2-8) 中，$r_{12\cdot34}$ 表示在 x_3 和 x_4 保持不变的条件，x_1 和 x_2 的偏相关系数，其余式(2-9) ~ 式(2-13) 依此类推。

当所考虑的要素多于四个时，则可以依次考虑，计算三级甚至更多级偏相关系数。

假设，对于某四个工程要素 X_1、X_2、X_3、X_4 的 23 个样本数据，经过计算得到了如下的单相关系数矩阵：

$$R=\begin{bmatrix} r_{11} & r_{12} & r_{13} & r_{14} \\ r_{21} & r_{22} & r_{23} & r_{24} \\ r_{31} & r_{32} & r_{33} & r_{34} \\ r_{41} & r_{42} & r_{43} & r_{44} \end{bmatrix}=\begin{bmatrix} 1 & 0.416 & 0.346 & 0.579 \\ 0.416 & 1 & -0.592 & 0.950 \\ -0.346 & 0.592 & 1 & -0.469 \\ 0.579 & 0.950 & -0.469 & 1 \end{bmatrix} \tag{2-14}$$

为了说明偏相关系数的计算方法，现以式（2-14）中的单相关系数为例，来计算一级和二级偏相关系数。为了计算二级偏相关系数，需要先计算一级偏相关系数，由式（2-5）可求得

$$r_{12\cdot 3}=\frac{r_{12}-r_{13}r_{23}}{\sqrt{(1-r_{13}^2)(1-r_{23}^2)}}=\frac{0.416-0.346\times(-0.592)}{\sqrt{(1-0.346^2)(1-0.592^2)}}=0.821$$

同理，依次可以计算出其他各一级偏相关系数，见表 2-5。

表 2-5 一级偏相关系数

一级偏相关系数	$r_{12\cdot 3}$	$r_{13\cdot 2}$	$r_{14\cdot 2}$	$r_{14\cdot 3}$	$r_{23\cdot 1}$	$r_{24\cdot 1}$	$r_{24\cdot 3}$	$r_{34\cdot 1}$
数值	0.821	0.808	0.647	0.895	-0.863	0.956	0.945	-0.875

一级偏相关系数求出后，便可计算二级偏相关系数，如由式（2-8）计算可得

$$r_{12\cdot 34}=\frac{r_{12\cdot 3}-r_{14\cdot 3}r_{24\cdot 3}}{\sqrt{(1-r_{14\cdot 3}^2)(1-r_{24\cdot 3}^2)}}=\frac{0.821-0.895\times 0.945}{\sqrt{(1-0.895^2)(1-0.945^2)}}=-0.170$$

同理，依次可计算出其他各二级偏相关系数，见表 2-6。

表 2-6 二级偏相关系数

二级偏相关系数	$r_{12\cdot 34}$	$r_{13\cdot 24}$	$r_{14\cdot 23}$	$r_{23\cdot 14}$	$r_{24\cdot 13}$	$r_{34\cdot 12}$
数值	-0.170	0.802	0.635	-0.187	0.821	-0.337

可以看出，偏相关系数具有下述性质：

1）偏相关系数分布的范围在 $-1\sim1$ 之间，譬如，固定 X_3，则 X_1 与 X_2 间的偏相关系数满足 $-1\leqslant r_{12\cdot 3}\leqslant 1$。当 $r_{12\cdot 3}$ 为正值时，表示在 X_3 固定时，X_1 与 X_2 之间为正相关；当 $r_{12\cdot 3}$ 为负值时，表示在 X_3 固定时，X_1 与 X_2 之间为负相关。

2）偏相关系数的绝对值越大，表示其偏相关程度越大。例如，$|r_{12\cdot 3}|=1$，则表示当 X_3 固定时，X_1 与 X_2 之间完全相关；当 $|r_{12\cdot 3}|=0$ 时，表示当 X_3 固定时，X_1 与 X_2 之间完全无关。

3）偏相关系数的绝对值必小于或最多等于由同一系列资料所求得的复相关系数（详见后述），即 $R_{1\cdot 23}\geqslant|r_{12\cdot 3}|$。

（2）偏相关系数的显著性检验 。偏相关系数的显著性检验，一般采用 t-检验法。其统计量计算公式为

$$t=\frac{r_{12\cdot 34\cdots m}}{\sqrt{1-r_{12\cdot 34\cdots m}^2}}\sqrt{n-m-1} \tag{2-15}$$

在式（2-15）中，$r_{12\cdot 34\cdots m}$ 为偏相关系数，n 为样本数，m 为自变量个数。

譬如，对于前述计算得到的偏相关系数 $r_{24\cdot 13}=0.821$，由于 $n=23$，$m=3$。故

$$t=\frac{0.821}{\sqrt{1-0.821^2}}\sqrt{23-3-1}=6.268$$

查 t 分布表，可得出不同显著水平上的临界值 t_α，若 $t>t_\alpha$。则表示偏相关显著；反之，

$t < t_{\alpha}$，则偏相关不显著。在自由度为 $23-3-1=19$ 时，查表得 $t_{0.001}=3.883$，所以 $t > t_{\alpha}$，这表明在置信度水平 $\alpha=0.001$ 上，偏相关系数 $r_{24\cdot13}$ 是显著的。

2. 复相关系数的计算与检验

严格来说，以上的分析都是揭示两个要素（变量）间的相关关系，或者是在其他要素（变量）固定的情况下来研究两要素间的相关关系的。但实际上，一个要素的变化往往受多种要素的综合作用和影响，而单相关或偏相关分析的方法都不能反映各要素的综合影响。要解决这一问题，就必须采用研究几个要素同时与某一个要素之间的相关关系的复相关分析法。几个要素同时与某一个要素之间的复相关程度，可用复相关系数来测定。

（1）复相关系数的计算。复相关系数，可以利用单相关系数和偏相关系数求得。

设 Y 为因变量，X_1，X_2，…，X_k 为自变量，则将 Y 与 X_1，X_2，…，X_k 之间的复相关系数记为 $R_{y\cdot12\cdots k}$。其计算公式如下：

当有两个自变量时，

$$R_{y\cdot12}=\sqrt{1-(1-r_{y1}^2)(1-r_{y2\cdot1}^2)} \tag{2-16}$$

当有三个自变量时，

$$R_{y\cdot123}=\sqrt{1-(1-r_{y1}^2)(1-r_{y2\cdot1}^2)(1-r_{y3\cdot12}^2)} \tag{2-17}$$

一般地，当有 k 个自变量时，

$$R_{y\cdot12\cdots k}=\sqrt{1-(1-r_{y1}^2)(1-r_{y2\cdot1}^2)\cdots[1-r_{yk\cdot12\cdots(k-1)}^2]} \tag{2-18}$$

以式(2-14)所描述的四个工程要素之间的相互关系为例，若以 X_4 为因变量，X_1、X_2、X_3 为自变量，则可以按下式计算 X_4 与 X_1、X_2、X_3 之间的复相关系数：

$$\begin{aligned}R_{4\cdot123}&=\sqrt{1-(1-r_{41}^2)(1-r_{42\cdot1}^2)(1-r_{43\cdot12}^2)}\\&=\sqrt{1-(1-0.579^2)(1-0.956^2)[1-(-0.337)^2]}=0.974\end{aligned}$$

关于复相关系数的性质，可以概括为如下几点：

1）复相关系数介于 0~1 之间，即

$$0\leqslant R_{y\cdot12\cdots k}\leqslant 1$$

2）复相关系数越大，则表明要素（变量）之间的相关程度越密切。复相关系数为 1，表示完全相关；复相关系数为 0，表示完全无关。

3）复相关系数必大于或至少等于单相关系数的绝对值。

（2）复相关系数的显著性检验。对复相关系数的显著性检验，一般采用 F-检验法。其统计量计算公式为

$$F=\frac{R_{y\cdot12\cdots k}^2}{1-R_{y\cdot12\cdots k}^2}\times\frac{n-k-1}{k} \tag{2-19}$$

在式（2-19）中，n 为样本数，k 为自变量个数。对于前述计算得出的复相关系数 $R_{4\cdot123}=0.974$，由于 $n=23$，$k=3$，故

$$F=\frac{0.974}{1-0.974^2}\times\frac{23-3-1}{3}=120.1907$$

查 F-检验的临界值表，可以得出不同显著水平上的临界值 F_{α}，若 $F>F_{0.01}$，则表示复相关在置信度水平 $\alpha=0.01$ 上显著，称为极显著；若 $F_{0.05}<F\leqslant F_{0.01}$，则表示复相关在置信度水

平 $\alpha=0.05$ 上显著；若 $F_{0.10}\leqslant F\leqslant F_{0.05}$，则表示复相关在置信度水平 $\alpha=0.10$ 上显著；若 $F<F_{0.10}$，则表示复相关不显著，即因变量 Y 与 K 个自变量之间的关系不密切。在上例中，$F=120.1907>F_{0.01}=5.0103$，故复相关达到了极显著水平。

2.2 工程要素间的回归分析

工程要素间的相关分析揭示了诸工程要素之间相互关系的密切程度。然而诸要素之间相互关系的进一步具体化，譬如某一工程要素与其他工程要素之间的相互关系若能用一定的函数形式予以近似的表达，那么其实用意义将会更大。在复杂工程系统中，某些要素的变化很难预测或控制，相反，另外一些要素则容易被预测或控制。在这种复杂工程系统中，若能在某些难测难控的要素与其他易测易控的要素之间建立一种近似的函数表达式，则就可以比较容易地通过那些易测易控要素的变化情况去了解那些难测难控的要素的变化情况。数理统计学为我们提供了回归分析方法，是研究要素之间具体的数量关系的一种强有力的手段，借助于这种方法，可以建立工程要素之间的相关关系模型——回归分析模型。

现代工程研究的对象是多层次多要素的复杂系统，其要素之间的相互关系，既有线性的，也有非线性的。因此，工程要素之间的回归分析模型，既有线性回归模型，也有非线性回归模型。但是在回归分析研究中，许多非线性模型都可以通过变量变换将其转化为线性模型来处理。下面我们首先介绍工程要素之间的线性回归模型。

2.2.1 一元线性回归模型

一元线性回归模型（统计模型）表示如下：

$$y_t=\beta_0+\beta_1 x_t+u_t$$

上式表示变量 y_t 和 x_t 之间的真实关系。其中 y_t 称被解释变量（因变量），x_t 称解释变量（自变量），u_t 称随机误差项，β_0 称常数项，β_1 称回归系数（通常未知）。上式模型可以分为两部分：① 回归函数部分，$E(y_t)=\beta_0+\beta_1 x_t$，② 随机部分 u_t。真实的回归直线如图 2-1 所示。

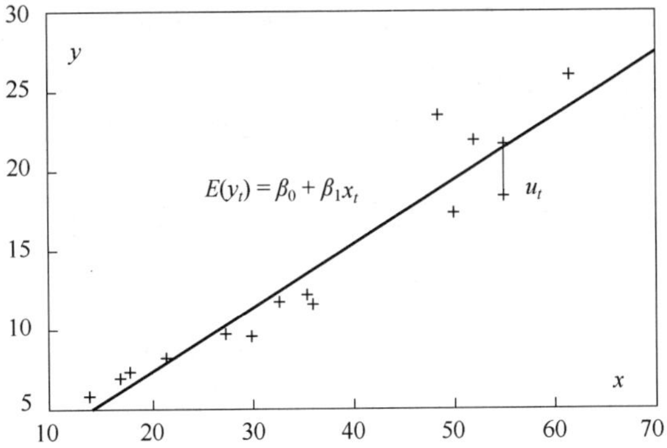

图 2-1　真实的回归直线

这种模型可以赋予各种实际意义，如收入与支出的关系、脉搏与血压的关系、商品价格与供给量的关系、文件容量与保存时间的关系、林区木材采伐量与木材剩余物的关系、身高与体重的关系等。

以收入与支出的关系为例。假设固定对一个家庭进行观察，随着收入水平的不同，收入与支出呈线性函数关系。但实际上数据来自各个家庭，来自各个不同收入水平，使其他条件不变成为不可能，所以由数据得到的散点图不在一条直线上（不呈函数关系），而是散在直线周围，服从统计关系。随机误差项 u_t 中可能包括家庭人口数不同、消费习惯不同、不同地域的消费指数不同、不同家庭的外来收入不同等因素。所以在经济问题上“控制其他因素不变”是不可能的。

回归模型的随机误差一般由如下几项内容引起：①非重要解释变量的省略；②人的随机行为；③数学模型形式欠妥；④归并误差；⑤测量误差等。

回归模型存在两个特点：①建立在某些假定条件不变前提下抽象出来的回归函数不能百分之百地再现所研究的经济过程；②也正是由于这些假定与抽象，才使我们能够透过复杂的经济现象，深刻认识到该经济过程的本质。

通常线性回归函数 $E(y_t)=\beta_0+\beta_1 x_t$ 是观察不到的，利用样本得到的只是对 $E(y_t)=\beta_0+\beta_1 x_t$ 的估计，即对 β_0 和 β_1 的估计。

在对回归函数进行估计之前应该对随机误差项 u_t 做出如下假定：

1）u_t 是一个随机变量，u_t 的取值服从概率分布。

2）$E(u_t)=0$。

3）$D(u_t)=E[u_t-E(u_t)]^2=E(u_t)^2=\sigma^2$，这称 u_t 具有同方差性。

4）u_t 为正态分布（根据中心极限定理）。

以上四个假定可表达为 $u_t\sim N(0,\sigma^2)$。

5）$\mathrm{Cov}(u_i,u_j)=E\{[u_i-E(u_i)][u_j-E(u_j)]\}=E(u_i,u_j)=0$，$(i\neq j)$。含义是不同观测值所对应的随机项不相关。这称为 u_i 的非自相关性。

6）x_i 是非随机的。

7）$\mathrm{Cov}(u_i,x_i)=E\{[u_i-E(u_i)][x_i-E(x_i)]\}=E\{u_i[x_i-E(x_i)]\}=E[u_i x_i-u_i E(x_i)]=E(u_i x_i)=0$，$u_i$ 与 x_i 不相关。否则，分不清是谁对 y_t 的贡献。

8）对于多元线性回归模型，解释变量之间不能完全相关或高度相关（非多重共线性）。

在假定1）、2）成立条件下，有 $E(y_t)=E(\beta_0+\beta_1 x_t+u_t)=\beta_0+\beta_1 x_t$。

1. 最小二乘估计（OLS）

对于所研究的经济问题，通常真实的回归直线是观测不到的。收集样本的目的就是要对这条真实的回归直线做出估计。

怎样估计这条直线呢？显然综合起来看，当这条直线处于样本数据的中心位置时最合理。下面介绍怎样用数学语言描述“处于样本数据的中心位置”。

将估计的直线用 $\hat{y}_t=\hat{\beta}_0+\hat{\beta}_1 x_t$ 表示。其中 $\hat{y}_t$ 称 y_t 的拟合值（fitted value），$\hat{\beta}_0$ 和 $\hat{\beta}_1$ 分别是 β_0 和 β_1 的估计量。观测值到这条直线的纵向距离用 $\hat{u}_t$ 表示，称为残差。则有

$$y_t=\hat{y}_t+\hat{u}_t=\hat{\beta}_0+\hat{\beta}_1 x_t+\hat{u}_t$$

上式称为估计的模型。假定样本容量为 T。有三种确定直线位置的途径：①用“残差和最小”确定直线位置是一个途径，但很快发现计算“残差和”存在相互抵消的问题；②用“残差绝对值和最小”确定直线位置也是一个途径，但绝对值的计算比较麻烦；③最小二乘

法的原则是以“残差平方和最小”确定直线位置。用最小二乘法除了计算比较方便外，得到的估计量还具有优良特性。最小二乘法对异常值非常敏感，下面介绍该方法。将残差平方和用 Q 表示：

$$Q = \sum_{i=1}^{T} \hat{u}_t^{\ 2} = \sum_{i=1}^{T} (y_t - \hat{y}_t)^2 = \sum_{i=1}^{T} (y_t - \hat{\beta}_0 - \hat{\beta}_1 x_t)^2$$

则通过 Q 最小确定这条直线，即确定 $\hat{\beta}_0$ 和 $\hat{\beta}_1$ 的估计值。

以 $\hat{\beta}_0$ 和 $\hat{\beta}_1$ 为变量，把 Q 看作是 $\hat{\beta}_0$ 和 $\hat{\beta}_1$ 的函数，这是一个求极值的问题。求 Q 对 $\hat{\beta}_0$ 和 $\hat{\beta}_1$ 的偏导数并令其为零，得正规方程：

$$\begin{cases} \dfrac{\partial Q}{\partial \hat{\beta}_0} = 2\sum_{i=1}^{T} (y_t - \hat{\beta}_0 - \hat{\beta}_1 x_t)(-1) = 0 & (2\text{-}20) \\ \dfrac{\partial Q}{\partial \hat{\beta}_1} = 2\sum_{i=1}^{T} (y_t - \hat{\beta}_0 - \hat{\beta}_1 x_t)(-x_t) = 0 & (2\text{-}21) \end{cases}$$

下面用代数和矩阵两种形式推导计算结果。

(1) 用代数形式推导。由式（2-20）、式（2-21）得

$$\begin{cases} \sum_{i=1}^{T} (y_t - \hat{\beta}_0 - \hat{\beta}_1 x_t) = 0 & (2\text{-}22) \\ \sum_{i=1}^{T} (y_t - \hat{\beta}_0 - \hat{\beta}_1 x_t) x_t = 0 & (2\text{-}23) \end{cases}$$

式（2-22）两侧除以 T，并整理得

$$\hat{\beta}_0 = \bar{y} - \hat{\beta}_1 \bar{x} \tag{2-24}$$

把式（2-24）代入式（2-23）并整理，得

$$\sum_{i=1}^{T} [(y_t - \bar{y}) - \hat{\beta}_1 (x_t - \bar{x})] x_t = 0 \tag{2-25}$$

$$\sum_{i=1}^{T} (y_t - \bar{y}) x_t - \hat{\beta}_1 \sum_{i=1}^{T} (x_t - \bar{x}) x_t = 0 \tag{2-26}$$

$$\hat{\beta}_1 = \frac{\sum x_t (y_t - \bar{y})}{\sum (x_t - \bar{x}) x_t} \tag{2-27}$$

因为 $\sum_{i=1}^{T} \bar{x}(y_t - \bar{y}) = 0$，$\sum_{i=1}^{T} \bar{x}(x_t - \bar{x}) = 0$，分别在式（2-27）的分子和分母上减 $\sum_{i=1}^{T} \bar{x}(y_t - \bar{y})$ 和 $\sum_{i=1}^{T} \bar{x}(x_t - \bar{x})$，得

$$\hat{\beta}_1 = \frac{\sum x_t (y_t - \bar{y}) - \sum \bar{x}(y_t - \bar{y})}{\sum (x_t - \bar{x}) x_t - \sum \bar{x}(x_t - \bar{x})} \tag{2-28}$$

$$= \frac{\sum (x_t - \bar{x})(y_t - \bar{y})}{\sum (x_t - \bar{x})^2} \tag{2-29}$$

（2）用矩阵形式推导。由式（2-20）和式（2-21）可得

$$\begin{cases}\hat{\beta}_0 T + \hat{\beta}_1\left(\sum_{i=1}^{T} x_t\right) = \sum_{i=1}^{T} y_t \\ \hat{\beta}_0 \sum_{i=1}^{T} x_t + \hat{\beta}_1\left(\sum_{i=1}^{T} x_t{}^2\right) = \sum_{i=1}^{T} x_t y_t\end{cases}$$

写成矩阵形式即为

$$\begin{bmatrix} T & \sum x_t \\ \sum x_t & \sum x_t{}^2 \end{bmatrix}\begin{bmatrix}\hat{\beta}_0 \\ \hat{\beta}_1\end{bmatrix} = \begin{bmatrix}\sum y_t \\ \sum x_t y_t\end{bmatrix}$$

从而可得

$$\begin{bmatrix}\hat{\beta}_0 \\ \hat{\beta}_1\end{bmatrix} = \begin{bmatrix} T & \sum x_t \\ \sum x_t & \sum x_t{}^2 \end{bmatrix}^{-1}\begin{bmatrix}\sum y_t \\ \sum x_t y_t\end{bmatrix} = \frac{1}{T\sum x_t{}^2 - (\sum x_t)^2}\begin{bmatrix}\sum x_t{}^2 & -\sum x_t \\ -\sum x_t & T\end{bmatrix}\begin{bmatrix}\sum y_t \\ \sum x_t y_t\end{bmatrix}$$

这种形式在单位根检验的理论分析中非常有用。

2. 最小二乘估计量 $\hat{\beta}_0$ 和 $\hat{\beta}_1$ 的特性

（1）线性特性。这里指 $\hat{\beta}_0$ 和 $\hat{\beta}_1$ 分别是 y_t 的线性函数。

因为 $\sum(x_t - \bar{x}) = \sum x_t - \sum\left(\frac{1}{n}\sum x_t\right) = \sum x_t - \sum x_t = 0$，则式(2-29)可以写为

$$\hat{\beta}_1 = \frac{\sum(x_t - \bar{x})(y_t - \bar{y})}{\sum(x_t - \bar{x})^2} = \frac{\sum(x_t - \bar{x})y_t - \bar{y}\sum(x_t - \bar{x})}{\sum(x_t - \bar{x})^2}$$

$$= \frac{\sum(x_t - \bar{x})y_t}{\sum(x_t - \bar{x})^2} = \sum\left[\frac{(x_t - \bar{x})}{\sum(x_t - \bar{x})^2}\right]y_t$$

因为 x_t 不全为零，可设 $k_t = \frac{(x_t - \bar{x})}{\sum(x_t - \bar{x})^2}$，代入上式得

$$\hat{\beta}_1 = \sum k_t y_t$$

可见 $\hat{\beta}_1$ 是 y_t 的线性函数，是 β_1 的线性估计量。

因为 $y_t = \beta_0 + \beta_1 x_t + u_t$，所以有

$$\hat{\beta}_1 = \sum k_t y_t = \sum k_t(\beta_0 + \beta_1 x_t + u_t) = \beta_0\sum k_t + \beta_1\sum k_t x_t + \sum k_t u_t = \beta_1 + \sum k_t u_t$$

式中

$$\sum k_t = \sum\frac{(x_t - \bar{x})}{\sum(x_t - \bar{x})^2} = \frac{\sum(x_t - \bar{x})}{\sum(x_t - \bar{x})^2} = 0$$

$$\sum k_t x_t = \sum\frac{(x_t - \bar{x})}{\sum(x_t - \bar{x})^2}x_t = \frac{\sum(x_t - \bar{x})x_t}{\sum(x_t - \bar{x})^2} = \frac{\sum(x_t - \bar{x})x_t}{\sum x_t{}^2 - 2\sum x_t\bar{x} + \sum\bar{x}^2}$$

$$= \frac{\sum (x_t^2 - \bar{x}x_t)}{\sum (x_t^2 - \sum \bar{x}x_t) - \sum x_t + \bar{x} + \sum \bar{x}^2} = \frac{\sum (x_t^2 - \bar{x}x_t)}{\sum (x_t^2 - \bar{x}x_t) - \sum (x_t\bar{x} - \bar{x}^2)}$$

$$= \frac{\sum (x_t^2 - \bar{x}x_t)}{\sum (x_t^2 - \bar{x}x_t) - \bar{x}\sum (x_t - \bar{x})} = \frac{\sum (x_t^2 - \bar{x}x_t)}{\sum (x_t^2 - \bar{x}x_t)} = 1$$

这说明 $\hat{\beta}_1$ 是 u_t 的线性组合

同理 β_0 也具有线性特性。

（2）无偏性。所谓无偏性是指估计值的均值等于真实值。在这里，无偏性是指参数估计值 $\hat{\beta}_0$ 和 $\hat{\beta}_1$ 的期望值分别等于总体参数 β_0 和 β_1。其数学上要求是 $E(\hat{\beta}_0)=\beta_0$ 和 $E(\hat{\beta}_1)=\beta_1$。证明如下：

根据参数估计值的线性特征，即 $\hat{\beta}_1=\beta_1+\sum k_t u_t$，可得

$$E(\hat{\beta}_1) = E(\beta_1 + \sum k_t u_t) = E(\beta_1) + E(\sum k_t u_t) = E(\beta_1) + \sum E(k_t u_t)$$
$$= E(\beta_1) + \sum [E(k_t) \times E(u_t)] = E(\beta_1) = \beta_1$$

同理可证 $E(\hat{\beta}_0)=\beta_0$。

（3）有效性。β_0、β_1 的 OLS 估计量的方差比其他估计量的方差小。

Gauss-Marcov 定理：若 u_t 满足 $E(u_t)=0$，$D(u_t)=\sigma^2$，那么用 OLS 法得到的估计量就具有最佳线性无偏性，该估计量称为最佳线性无偏估计量。最佳线性无偏估计特性保证估计值最大限度地集中在真值周围，估计值的置信区间最小。

上面的评价是对小样本而言，对大样本而言还应讨论估计量的渐近无偏性，一致性和渐近有效性。

注意：分清 4 个式子的关系（图 2-2）。

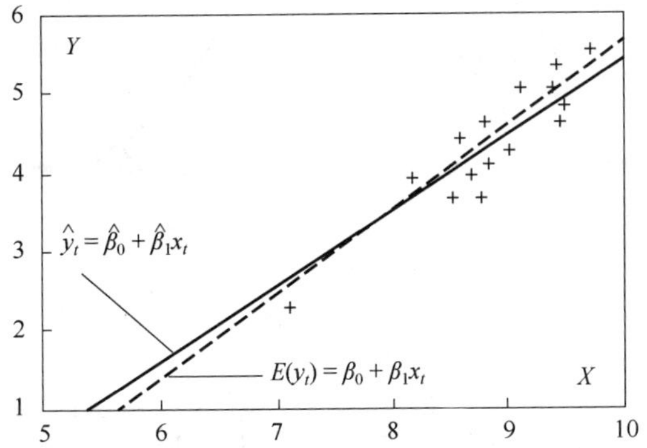

图 2-2　真实的回归直线与估计的回归直线

1）真实的统计模型，$y_t=\beta_0+\beta_1x_t+u_t$。

2）估计的统计模型，$y_t=\hat{\beta}_0+\hat{\beta}_1x_t+\hat{u}_t$。

3）真实的回归直线，$E(y_t)=\beta_0+\beta_1x_t$。

4）估计的回归直线，$\hat{y}_t = \hat{\beta}_0 + \hat{\beta}_1 x_t$。

3. 回归参数的显著性检验及其置信区间

回归参数的显著性检验主要是检验 β_1 是否为零。通常用样本计算的 $\hat{\beta}_1$ 不等于零，但应检验这是否有统计显著性。由假设检验理论：

$$H_0: \beta_1 = 0$$
$$H_1: \beta_1 \neq 0$$

在 H_0 成立条件下，有

$$t = \frac{\hat{\beta}_1 - \beta_1}{s_{(\hat{\beta}_1)}} = \frac{\hat{\beta}_1}{s_{(\hat{\beta}_1)}} = \frac{\hat{\beta}_1}{\hat{\sigma}/\sqrt{\sum (x_t - \bar{x})^2}}$$

式中，$s_{(\hat{\beta}_1)}$ 是 $s^2_{(\hat{\beta}_1)} = \frac{1}{\sum (x_t - \bar{x})^2}\hat{\sigma}^2$ 的算术根，而其中的 $\hat{\sigma}$ 是 $\hat{\sigma}^2$ 的算术根。

若 $|t| > t_{\alpha(T-2)}$，则 $\beta_1 \neq 0$；若 $|t| < t_{\alpha(T-2)}$，则 $\beta_1 = 0$。

还可以利用 $\hat{\beta}_1$ 估计 β_1 的置信区间。由于

$$P\left\{\left|\frac{\hat{\beta}_1 - \beta_1}{s_{(\hat{\beta}_1)}}\right| \leqslant t_{\alpha(T-2)}\right\} = 1 - \alpha$$

由大括号内不等式得 β_1 的置信区间（图 2-3）为

$$\hat{\beta}_1 - s_{(\hat{\beta}_1)} t_{\alpha(T-2)} \leqslant \beta_1 \leqslant \hat{\beta}_1 + s_{(\hat{\beta}_1)} t_{\alpha(T-2)}$$

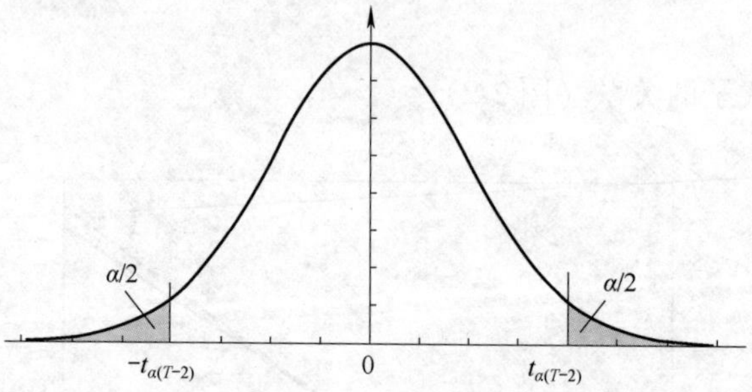

图 2-3　β_1 置信区间

2.2.2　多元线性回归模型

多要素的工程系统中，除了某两个要素之间存在着相互作用和影响而发生某种相关外，若干个（多于两个）要素之间也存在着相关影响、相互关联的情况。因此，多元工程回归模型更带有普遍性的意义。

1. 多元线性回归模型的假定

与一元线性回归模型相同，多元线性回归模型利用普通最小二乘法（OLS）对参数进行估计时，有如下假定：

假定 1　零均值假定：$E(\mu_i)=0$，$i=1,2,\cdots,n$，即

$$E(\boldsymbol{\mu})=E\left(\begin{bmatrix}\mu_1\\\mu_2\\\vdots\\\mu_n\end{bmatrix}\right)=\begin{bmatrix}E(\mu_1)\\E(\mu_2)\\\vdots\\E(\mu_n)\end{bmatrix}=0 \tag{2-30}$$

假定 2　同方差假定（μ 的方差为同一常数）：

$$\mathrm{Var}\ (\mu_i)=E(\mu_i^2)=\sigma^2 \qquad (i=1,2,\cdots,n)$$

假定 3　无自相关性：

$$\mathrm{Cov}\ (\mu_i,\ \mu_j)=E(\mu_i\mu_j)=0 \qquad (i\neq j;\ i,j=1,2,\cdots,n)$$

$$E(\boldsymbol{\mu\mu}')=E\left(\begin{bmatrix}\mu_1\\\mu_2\\\vdots\\\mu_n\end{bmatrix}[\mu_1,\ \mu_2,\ \cdots,\ \mu_n]\right)=E\left(\begin{bmatrix}\mu_1^2 & \mu_1\mu_2 & \cdots & \mu_1\mu_n\\\mu_2\mu_1 & \mu_2^2 & \cdots & \mu_2\mu_n\\\vdots & \vdots & & \vdots\\\mu_n\mu_1 & \mu_n\mu_2 & \cdots & \mu_n^2\end{bmatrix}\right)$$

$$=\begin{bmatrix}E(\mu_1^2) & E(\mu_1\mu_2) & \cdots & E(\mu_1\mu_n)\\E(\mu_2\mu_1) & E(\mu_2^2) & \cdots & E(\mu_2\mu_n)\\\vdots & \vdots & & \vdots\\E(\mu_n\mu_1) & E(\mu_n\mu_2) & \cdots & E(\mu_n^2)\end{bmatrix}$$

$$=\begin{bmatrix}\sigma_\mu^2 & 0 & \cdots & 0\\0 & \sigma_\mu^2 & \cdots & 0\\\vdots & \vdots & & \vdots\\0 & 0 & \cdots & \sigma_\mu^2\end{bmatrix}=\sigma_\mu^2\boldsymbol{I}_n \tag{2-31}$$

假定 4　随机误差项 μ 与解释变量 X 不相关（这个假定自动成立）：

$$\mathrm{Cov}\ (X_{ji},\mu_i)=0 \qquad (j=1,2,\cdots,k;\ i=1,2,\cdots,n)$$

假定 5　随机误差项 μ 服从均值为零，方差为 σ^2 的正态分布，即

$$\mu_i \sim N(0,\ \sigma_\mu^2\boldsymbol{I}_n)$$

假定 6　解释变量之间不存在多重共线性，即

$$\mathrm{Rank}(\boldsymbol{X})=k+1\leqslant n$$

即各解释变量的样本观测值之间线性无关，解释变量的样本观测值矩阵 $\boldsymbol{X}$ 的秩为参数个数 $k+1$，从而保证参数 $\beta_0,\beta_1,\beta_2,\cdots,\beta_k$ 的估计值唯一。

2. 多元线性回归参数的最小二乘估计

对于含有 k 个解释变量的多元线性回归模型

$$Y_i=\beta_0+\beta_1X_{1i}+\beta_2X_{2i}+\cdots+\beta_kX_{ki}+\mu_i \qquad (i=1,2,\cdots,n)$$

设 $\hat{\beta}_0,\hat{\beta}_1,\cdots,\hat{\beta}_k$ 分别作为参数 $\beta_0,\beta_1,\cdots,\beta_k$ 的估计量，得样本回归方程为

$$\hat{Y}_i=\hat{\beta}_0+\hat{\beta}_1X_{1i}+\hat{\beta}_2X_{2i}+\cdots+\hat{\beta}_kX_{ki}$$

观测值 Y_i 与回归值 $\hat{Y}_i$ 的残差 e_i 为

$$e_i = Y_i - \hat{Y}_i = Y_i - (\hat{\beta}_0 + \hat{\beta}_1 X_{1i} + \hat{\beta}_{2i} X_{2i} + \cdots + \hat{\beta}_{ki} X_{ki})$$

由最小二乘法可知 $\hat{\beta}_0, \hat{\beta}_1, \cdots, \hat{\beta}_k$ 应使全部观测值 Y_i 与回归值 $\hat{Y}_i$ 的残差 e_i 的平方和最小，即让

$$\begin{aligned} Q(\hat{\beta}_0, \hat{\beta}_1, \hat{\beta}_2, \cdots, \hat{\beta}_k) &= \sum e_i^2 = \sum (Y_i - \hat{Y}_i)^2 \\ &= \sum (Y_i - \hat{\beta}_0 - \hat{\beta}_1 X_{1i} - \hat{\beta}_2 X_{2i} - \cdots - \hat{\beta}_k X_{ki})^2 \end{aligned} \tag{2-32}$$

取得最小值。根据多元函数的极值原理，Q 分别对 $\hat{\beta}_0, \hat{\beta}_1, \cdots, \hat{\beta}_k$ 求一阶偏导，并令其均等于零：

$$\frac{\partial Q}{\partial \hat{\beta}_j} = 0 \qquad (j = 1, 2, \cdots, k) \tag{2-33}$$

即

$$\begin{cases} \dfrac{\partial Q}{\partial \hat{\beta}_0} = \sum (Y_i - \hat{\beta}_0 - \hat{\beta}_1 X_{1i} - \hat{\beta}_2 X_{2i} - \cdots - \hat{\beta}_k X_{ki})(-1) = 0 \\ \dfrac{\partial Q}{\partial \hat{\beta}_1} = \sum (Y_i - \hat{\beta}_0 - \hat{\beta}_1 X_{1i} - \hat{\beta}_2 X_{2i} - \cdots - \hat{\beta}_k X_{ki})(-X_{1i}) = 0 \\ \qquad \vdots \\ \dfrac{\partial Q}{\partial \hat{\beta}_k} = \sum (Y_i - \hat{\beta}_0 - \hat{\beta}_1 X_{1i} - \hat{\beta}_2 X_{2i} - \cdots - \hat{\beta}_k X_{ki})(-X_{ki}) = 0 \end{cases}$$

化简得

$$\begin{cases} n\hat{\beta}_0 + \hat{\beta}_1 \sum X_{1i} + \hat{\beta}_2 \sum X_{2i} + \cdots + \hat{\beta}_k \sum X_{ki} = \sum Y_i \\ \hat{\beta}_0 \sum X_{1i} + \hat{\beta}_1 \sum X_{1i}^2 + \hat{\beta}_2 \sum X_{2i} X_{1i} + \cdots + \hat{\beta}_k \sum X_{ki} X_{1i} = \sum X_{1i} Y_i \\ \qquad \vdots \\ \hat{\beta}_0 \sum X_{ki} + \hat{\beta}_1 \sum X_{1i} X_{ki} + \hat{\beta}_2 \sum X_{2i} X_{ki} + \cdots + \hat{\beta}_k \sum X_{ki}^2 = \sum X_{ki} Y_i \end{cases} \tag{2-34}$$

上述 $(k+1)$ 个方程称为正规方程，其矩阵形式为

$$\begin{bmatrix} n & \sum X_{1i} & \sum X_{2i} & \cdots & \sum X_{ki} \\ \sum X_{1i} & \sum X_{1i}^2 & \sum X_{2i} X_{1i} & \cdots & \sum X_{ki} X_{1i} \\ \vdots & \vdots & \vdots & & \vdots \\ \sum X_{ki} & \sum X_{1i} X_{ki} & \sum X_{2i} X_{ki} & \cdots & \sum X_{ki}^2 \end{bmatrix} \begin{bmatrix} \hat{\beta}_0 \\ \hat{\beta}_1 \\ \hat{\beta}_2 \\ \vdots \\ \hat{\beta}_k \end{bmatrix} = \begin{bmatrix} \sum Y_i \\ \sum X_{1i} Y_i \\ \vdots \\ \sum X_{ki} Y_i \end{bmatrix} \tag{2-35}$$

因为

$$\begin{bmatrix} n & \sum X_{1i} & \sum X_{2i} & \cdots & \sum X_{ki} \\ \sum X_{1i} & \sum X_{1i}^2 & \sum X_{2i}X_{1i} & \cdots & \sum X_{ki}X_{1i} \\ \vdots & \vdots & \vdots & & \vdots \\ \sum X_{ki} & \sum X_{1i}X_{ki} & \sum X_{2i}X_{ki} & \cdots & \sum X_{ki}^2 \end{bmatrix}$$

$$= \begin{bmatrix} 1 & 1 & \cdots & 1 \\ X_{11} & X_{12} & \cdots & X_{1n} \\ X_{21} & X_{22} & \cdots & X_{2n} \\ \vdots & \vdots & & \vdots \\ X_{k1} & X_{k2} & \cdots & X_{kn} \end{bmatrix} \begin{bmatrix} 1 & X_{11} & X_{21} & \cdots & X_{k1} \\ 1 & X_{12} & X_{22} & \cdots & X_{k2} \\ \vdots & \vdots & \vdots & & \vdots \\ 1 & X_{1n} & X_{2n} & \cdots & X_{kn} \end{bmatrix} = \boldsymbol{X}'\boldsymbol{X}$$

$$\begin{bmatrix} \sum Y_i \\ \sum X_{1i}Y_i \\ \vdots \\ \sum X_{ki}Y_i \end{bmatrix} = \begin{bmatrix} 1 & 1 & \cdots & 1 \\ X_{11} & X_{12} & \cdots & X_{1n} \\ X_{21} & X_{22} & \cdots & X_{2n} \\ \vdots & \vdots & & \vdots \\ X_{k1} & X_{k2} & \cdots & X_{kn} \end{bmatrix} \begin{bmatrix} Y_1 \\ Y_2 \\ \vdots \\ Y_n \end{bmatrix} = \boldsymbol{X}'\boldsymbol{Y}$$

下面寻找一组参数估计值 $\hat{\boldsymbol{\beta}} = \begin{bmatrix} \hat{\beta}_0 \\ \hat{\beta}_1 \\ \hat{\beta}_2 \\ \vdots \\ \hat{\beta}_k \end{bmatrix}$，使得残差平方和最小，这代数上是求极问题。

由式（2-32）可知

$$\boldsymbol{Q} = \sum e_i^2 = \boldsymbol{e}'\boldsymbol{e} = (\boldsymbol{Y} - \boldsymbol{X}\hat{\boldsymbol{\beta}})'(\boldsymbol{Y} - \boldsymbol{X}\hat{\boldsymbol{\beta}})$$

即求解方程组

$$\frac{\partial}{\partial \boldsymbol{\beta}}(\boldsymbol{Y} - \boldsymbol{X}\hat{\boldsymbol{\beta}})'(\boldsymbol{Y} - \boldsymbol{X}\hat{\boldsymbol{\beta}}) = 0$$

上式可写为

$$\frac{\partial}{\partial \hat{\boldsymbol{\beta}}}(\boldsymbol{Y}\boldsymbol{Y}' - \hat{\boldsymbol{\beta}}'\boldsymbol{X}'\boldsymbol{Y} - \boldsymbol{Y}'\boldsymbol{X}\hat{\boldsymbol{\beta}} + \hat{\boldsymbol{\beta}}'\boldsymbol{X}'\boldsymbol{X}\hat{\boldsymbol{\beta}}) = 0$$

因为 $\boldsymbol{Y}'\boldsymbol{X}\hat{\boldsymbol{\beta}}$ 是一个标量，所以 $\boldsymbol{Y}'\boldsymbol{X}\hat{\boldsymbol{\beta}} = \hat{\boldsymbol{\beta}}'\boldsymbol{X}'\boldsymbol{Y}$，则

$$\frac{\partial}{\partial \hat{\boldsymbol{\beta}}}(\boldsymbol{Y}\boldsymbol{Y}' - 2\boldsymbol{Y}'\boldsymbol{X}\hat{\boldsymbol{\beta}} + \hat{\boldsymbol{\beta}}'\boldsymbol{X}'\boldsymbol{X}\hat{\boldsymbol{\beta}}) = 0$$

$$-\boldsymbol{X}'\boldsymbol{Y} + \boldsymbol{X}'\boldsymbol{X}\hat{\boldsymbol{\beta}} = 0$$

得正规方程组

$$\boldsymbol{X}'\boldsymbol{Y} = \boldsymbol{X}'\boldsymbol{X}\hat{\boldsymbol{\beta}} \tag{2-36}$$

由假定 6，$\mathrm{Rank}(\boldsymbol{X}) = k + 1$，$\boldsymbol{X}'\boldsymbol{X}$ 为 $(k + 1)$ 阶方阵，所以 $\boldsymbol{X}'\boldsymbol{X}$ 满秩，$\boldsymbol{X}'\boldsymbol{X}$ 的逆矩阵

$(\boldsymbol{X}'\boldsymbol{X})^{-1}$ 存在。因而

$$\hat{\boldsymbol{\beta}} = (\boldsymbol{X}'\boldsymbol{X})^{-1}\boldsymbol{X}'\boldsymbol{Y} \tag{2-37}$$

则为向量 $\boldsymbol{\beta}$ 的 OLS 估计量。

以二元线性回归模型为例，导出的二元线性回归模型的 OLS 估计量的表达式为

$$Y_i = \beta_0 + \beta_1 X_{1i} + \beta_2 X_{2i} + \mu_i$$

为了计算的方便，先将模型中心化：

$$\overline{X}_j = \frac{1}{n}\sum_{i=1}^{n} X_{ji}, \quad x_{ji} = X_{ji} - \overline{X}_j \quad (j = 1,2)$$

$$\overline{Y} = \frac{1}{n}\sum_{i=1}^{n} Y_i, \quad y_i = Y_i - \overline{Y}$$

$$L_{pq} = \sum x_{pi}x_{qi} \quad (p,q = 1,2)$$

$$L_{jY} = \sum x_{ji}y_i \quad (j = 1,2)$$

$$L_{YY} = \sum y_i^2$$

设 $\alpha_0 = \beta_0 + \beta_1\overline{X}_1 + \beta_2\overline{X}_2$，则二元回归模型改写为中心化模型：

$$Y_i = \alpha_0 + \beta_1 x_{1i} + \beta_2 x_{2i} + \mu_i \tag{2-38}$$

记

$$\boldsymbol{X} = \begin{bmatrix} 1 & x_{11} & x_{21} \\ 1 & x_{12} & x_{22} \end{bmatrix}, \quad \boldsymbol{\beta} = \begin{bmatrix} \alpha_0 \\ \beta_1 \\ \beta_2 \end{bmatrix}$$

$$\boldsymbol{X}'\boldsymbol{X} = \begin{bmatrix} n & 0 & 0 \\ 0 & \sum x_{1i}^2 & \sum x_{1i}x_{2i} \\ 0 & \sum x_{2i}x_{1i} & \sum x_{2i}^2 \end{bmatrix}, \quad \boldsymbol{X}'\boldsymbol{Y} = \begin{bmatrix} \sum Y_i \\ \sum x_{1i}Y_i \\ \sum x_{2i}Y_i \end{bmatrix} \tag{2-39}$$

将 $L_{pq} = \sum x_{pi}x_{qi} \quad (p,q = 1,2)$ 代入得

$$\boldsymbol{X}'\boldsymbol{X} = \begin{bmatrix} n & 0 & 0 \\ 0 & L_{11} & L_{12} \\ 0 & L_{21} & L_{22} \end{bmatrix} \tag{2-40}$$

因为

$$\begin{aligned} \sum_{i=1}^{n} x_{ji}Y_i &= \sum_{i=1}^{n} x_{ji}(y_i + \overline{Y}) = \sum_{i=1}^{n} x_{ji}y_i + \overline{Y}\sum_{i=1}^{n} x_{ji} \\ &= \sum_{i=1}^{n} x_{ji}y_i = L_{jY} \quad (j = 1,2) \end{aligned} \tag{2-41}$$

则

$$\boldsymbol{X}'\boldsymbol{Y} = \begin{bmatrix} \sum Y_i \\ L_{1Y} \\ L_{2Y} \end{bmatrix}$$

由式（2-37）得

$$\hat{\boldsymbol{\beta}}=(\boldsymbol{X}'\boldsymbol{X})^{-1}\boldsymbol{X}'\boldsymbol{Y}=\begin{bmatrix}\frac{1}{n} & 0\\ 0 & \boldsymbol{L}^{-1}\end{bmatrix}\begin{bmatrix}\sum Y_i\\ L_{1Y}\\ L_{2Y}\end{bmatrix} \tag{2-42}$$

其中

$$\boldsymbol{L}^{-1}=\begin{bmatrix}L_{11} & L_{12}\\ L_{12} & L_{22}\end{bmatrix}^{-1}=\frac{1}{L_{11}L_{22}-L_{12}L_{21}}\begin{bmatrix}L_{22} & -L_{12}\\ -L_{12} & L_{11}\end{bmatrix}$$

由式（2-42）可知

$$\hat{\alpha}_0=\overline{Y}$$

$$\begin{bmatrix}\hat{\beta}_1\\ \hat{\beta}_2\end{bmatrix}=\boldsymbol{L}^{-1}\begin{bmatrix}L_{1Y}\\ L_{2Y}\end{bmatrix}=\frac{1}{L_{11}L_{22}-L_{12}^2}\begin{bmatrix}L_{22} & -L_{12}\\ -L_{12} & L_{11}\end{bmatrix}\begin{bmatrix}L_{1Y}\\ L_{2Y}\end{bmatrix}$$

得

$$\hat{\beta}_1=\frac{L_{1Y}L_{22}-L_{2Y}L_{12}}{L_{11}L_{22}-L_{12}^2} \tag{2-43}$$

$$\hat{\beta}_2=\frac{L_{2Y}L_{11}-L_{1Y}L_{12}}{L_{11}L_{22}-L_{12}^2} \tag{2-44}$$

$$\hat{\beta}_0=\overline{Y}-\hat{\beta}_1\overline{X}_1-\hat{\beta}_2\overline{X}_2 \tag{2-45}$$

3. 多元线性回归模型的显著性检验

（1）拟合优度检验。

1）总离差平方和分解。设具有 k 个解释变量的回归模型为

$$Y_i=\beta_0+\beta_1X_{1i}+\beta_2X_{2i}+\cdots+\beta_kX_{ki}+\mu_i$$

其回归方程为

$$\hat{Y}_i=\hat{\beta}_0+\hat{\beta}_1X_{1i}+\hat{\beta}_2X_{2i}+\cdots+\hat{\beta}_kX_{ki}$$

离差分解为

$$Y_i-\overline{Y}=(Y_i-\hat{Y}_i)+(\hat{Y}_i-\overline{Y})$$

总离差平方和分解式为

$$\sum(Y_i-\overline{Y})^2=\sum(\hat{Y}_i-\overline{Y})^2+\sum(Y_i-Y)^2 \tag{2-46}$$

即

$$TSS=ESS+RSS \tag{2-47}$$

总离差平方和（TSS）分解为回归平方和（ESS）与残差平方和（RSS）两部分。

2）样本决定系数。对于多元回归方程，其样本决定系数为复决定系数或多重决定系数，以 R_{YX}^2（$i=1,2,\cdots,k$）表示，简记为 R^2。

$$R^2=\frac{ESS}{TSS} \tag{2-48}$$

根据式（2-47）

$$R^2 = 1 - \frac{RSS}{TSS} \tag{2-49}$$

因为

$$TSS = \sum (Y_i - \bar{Y})^2 = \sum Y_i^2 - n\bar{Y}^2$$

$$RSS = \boldsymbol{Y'Y} - \hat{\boldsymbol{\beta}}'\boldsymbol{X'Y}$$

所以

$$ESS = TSS - RSS = \hat{\boldsymbol{\beta}}'\boldsymbol{X'Y} - n\bar{Y}^2$$

$$R^2 = \frac{\hat{\boldsymbol{\beta}}'\boldsymbol{X'Y} - n\bar{Y}^2}{\boldsymbol{Y'Y} - n\bar{Y}^2} \tag{2-50}$$

R^2 作为检验回归方程与样本值拟合优度的指标，$R^2(0 \leqslant R^2 \leqslant 1)$ 越大，表示回归方程与样本拟合的越好；反之，回归方程与样本值拟合较差。

具体的，当 $k = 2$ 时，求样本决定系数

$$R^2 = \frac{\sum (\hat{Y}_i - \bar{Y})^2}{\sum (Y_i - \bar{Y})^2} = \frac{\sum y_i^2 - \sum e_i^2}{\sum y_i^2}$$

得 $\sum e_i^2 = L_{YY} - \hat{\beta}_1 L_{1Y} - \hat{\beta}_2 L_{2Y}$，因此有

$$R^2 = \frac{\hat{\beta}_1 L_{1Y} + \hat{\beta}_2 L_{2Y}}{L_{YY}} \tag{2-51}$$

3）调整后的样本决定系数。在使用 R^2 时，容易发现 R^2 的大小与模型中的解释变量的数目有关。如果模型中增加一个新解释变量，总离差 TSS 不会改变，但总离差中由解释变量解释的部分，即回归平方和 ESS 将会增加，这就是说 R^2 与模型中解释变量个数有关。但通过增加模型中解释变量的数目而使 R^2 增大是错误的，显然用这样的 R^2 来检验被回归方程与样本值拟合优度是不合适的，需要对 R^2 进行调整，使它不仅能说明已被解释的离差与总离差的关系，而且又能说明自由度的数目。

以 $\bar{R}^2$ 表示调整样本决定系数，

$$\bar{R}^2 = 1 - \frac{S_e^2}{S_y^2} \tag{2-52}$$

其中

$$S_e^2 = \frac{\sum e_i^2}{n - k - 1}, \qquad S_y^2 = \frac{\sum (Y_i - \bar{Y})^2}{n - 1}$$

这里 $n - k - 1$ 是残差平方和的自由度，$n - 1$ 是总离差平方和的自由度。

由式（2-52）得

$$\bar{R}^2 = 1 - \frac{\sum e_i^2}{\sum (Y_i - \bar{Y})^2} \times \frac{n - 1}{n - k - 1} = 1 - (1 - R^2)\frac{n - 1}{n - k - 1}$$

其中，n 是样本观测值的个数，k 是解释变量的个数。从上式中可以看出，当增加一个解

释变量时，由前面分析可知 R^2 会增加，引起 $(1-R^2)$ 减少，而 $\frac{n-1}{n-k-1}$ 增加，因而 $\bar{R}^2$ 不会增加。这样用 $\bar{R}^2$ 判定回归方程拟合优度，就消除了 R^2 对解释变量个数的依赖。

R^2 或 $\bar{R}^2$ 只能说明在给定的样本条件下回归方程与样本观测值拟合优度，并不能做出对总体模型的推测，因此不能单凭 R^2 或 $\bar{R}^2$ 来选择模型，必须对回归方程和模型中各参数的估计量做显著性检验。

（2）方程显著性检验。由离差平方和分解式（2-47）可知，总离差平方和 TSS 的自由度为 $n-1$，回归平方和 ESS 是由 k 个解释变量 $X_1, X_2, \cdots, X_k$ 对 Y 的线性影响决定的。因此它的自由度为 k。所以，残差平方和的自由度为总离差平方和的自由度减去回归平方和的自由度，即为 $n-k-1$。

检验回归方程是否显著，步骤如下。

第一步，做出假设：

$$H_0: \beta_1 = \beta_2 = \cdots = \beta_k = 0$$

备择假设 H_1：β_1、β_2、…、β_k 不同时为 0

第二步，在 H_0 成立的条件下，计算统计量 F：

$$F = \frac{ESS/k}{RSS/(n-k-1)} \sim F(k, n-k-1)$$

第三步，查 F 分布表得临界值。对于假设 H_0，根据样本观测值计算统计量 F 给定显著水平 α，查第一个自由度为 k，第二个自由度为 $n-k-1$ 的 F 分布表得临界值 $F_\alpha(k, n-k-1)$。当 $F \geqslant F_\alpha(k, n-k-1)$ 时，拒绝 H_0，则认为回归方程显著成立；当 $F < F_\alpha(k, n-k-1)$ 时，接受 H_0，则认为回归方程无显著意义。

（3）参数显著性检验。回归方程显著成立，并不意味着每个解释变量 $X_1, X_2, \cdots, X_k$ 对被解释变量 Y 的影响都是重要的。如果某个解释变量对被解释变量 Y 的影响不重要，即可从回归模型中把它剔除掉，重新建立回归方程，以利于对经济问题的分析和对 Y 进行更准确的预测。为此需要对每个变量进行考查，如果某个解释变量 X 对被解释变量 Y 的作用不显著，那么它在多元线性回归模型中，其前面的系数可取值为零。因此必须对 β_i 是否为零进行显著性检验。

由式（2-52）可得

$$S(\hat{\beta}_i) = \hat{\sigma}(\hat{\beta}_i) = \sqrt{C_{ii} S_e^2} \tag{2-53}$$

其中

$$S_e^2 = \frac{\boldsymbol{e}'\boldsymbol{e}}{n-k-1}$$

对回归系数 $\hat{\beta}_i$ 进行显著性 t 检验，步骤如下：

1）提出原假设 H_0：$\beta_i = 0$；备择假设 H_1：$\beta_i \neq 0$。

2）构造统计量 $t = \frac{\hat{\beta}_i - \beta_i}{S(\hat{\beta}_i)}$，当 $\beta_i = 0$ 成立时，统计量 $t = \frac{\hat{\beta}_i}{S(\hat{\beta}_i)} \sim t(n-k-1)$。这里 $S(\hat{\beta}_i)$ 是 $\hat{\beta}_i$ 的标准差，k 为解释变量个数，计算由式（2-53）给出。

3）给定显著性水平 α，查自由度为 $n-k-1$ 的 t 分布表，得临界值 $t_{\frac{\alpha}{2}}(n-k-1)$。

4）若 $|t| \geqslant t_{\frac{\alpha}{2}}(n-k-1)$，则拒绝 H_0：$\beta_i = 0$，接受 H_1：$\beta_i \neq 0$，即认为 β_i 显著不为零。若 $|t| < t_{\frac{\alpha}{2}}(n-k-1)$，则接受 H_0：$\beta_i = 0$，即认为 β_i 显著为零。

2.2.3 非线性回归模型的建立方法

在复杂工程系统中，除了线性关系以外，要素之间的非线性关系也是大量存在的。因此，对非线性回归分析，也有必要做一些介绍。

前面已经讨论了线性回归模型的建立方法。在复杂地理系统研究中，对于要素之间的非线性关系，若能找到某种途径将其转化为线性关系，就可以借助于线性回归模型的建立方法，建立要素之间的非线性回归模型。事实上，这是可以办得到的，只要根据要素之间的关系设定新的变量，通过变量替换就可以将原来的非线性关系转化为新变量下的线性关系。譬如：

1）对于指数曲线 $y = de^{bx}$，令 $y' = \ln y$，$x' = x$，就可以将其转化为直线形式 $y' = a + bx'$，其中，$a = \ln d$。

2）对于对数曲线 $y = a + b\ln x$，令 $y' = y$，$x' = \ln x$，就可以将其转化为直线形式 $y' = a + bx'$。

3）对于幂函数曲线 $y = dx^b$，令 $y' = \ln y$，$x' = x$，就可以将其转化为直线形式 $y' = a + bx'$，其中，$a = \ln d$。

4）对于双曲线 $\frac{1}{y} = a + \frac{b}{x}$，令 $y' = \frac{1}{y}$，$x' = \frac{1}{x}$，就可以将其转化为直线形式 $y' = a + bx'$。

5）对于 S 形曲线 $y = \frac{1}{a + be^{-x}}$，令 $y' = \frac{1}{y}$，$x' = e^{-x}$，就可以将其转化为直线形式 $y' = a + bx'$。

6）对于幂函数乘积 $y = dx_1^{\beta_1} x_2^{\beta_2} \cdots x_k^{\beta_k}$，只要令 $y' = \ln y, x'_1 = \ln x_1, x'_2 = \ln x_2, \cdots, x'_k = \ln x_k$，就可以将其转化为直线形式 $y' = \beta_0 + \beta_1 x'_1 + \beta_2 x'_2 + \cdots + \beta_k x'_k$，其中 $\beta_0 = \ln d$。

7）对于对数函数和 $y = \beta_0 + \beta_1 \ln x_1 + \beta_2 \ln x_2 + \cdots + \beta_k \ln x_k$，只要令 $y' = y, x'_1 = \ln x_1, x'_2 = \ln x_2, \cdots, x'_k = \ln x_k$，就可以将其转化为直线形式 $y' = \beta_0 + \beta_1 x'_1 + \beta_2 x'_2 + \cdots + \beta_k x'_k$

以上这种将非线性函数关系转化为线性关系的过程称为非线性关系的线性处理。不过，需要强调指出的是，这种转化过程并不能保证函数关系中变量个数不变。譬如，对于两变量的多项式：

$$y = \beta_0 + \beta_1 x + \beta_2 x^2 + \cdots + \beta_k x^k$$

若令 $x'_1 = x$，$x'_2 = x^2$，…，$x'_k = x^k$，$y' = y$，那么它就被转化为多量的线性模型：

$$y' = \beta_0 + \beta_1 x'_1 + \beta_2 x'_2 + \cdots + \beta_k x'_k$$

2.3 系统聚类分析方法

聚类分析是研究多要素事物分类问题的数量方法。基本原理是根据样本自身的属性，用数学方法按照某种相似性或差异性指标，定量地确定样本之间的亲疏关系，并按这种亲疏关系程度对样本进行聚类。聚类分析是将分类对象置于一个多维空间中，按照它们空间关系的亲疏程度进行分类。通俗地讲，聚类分析就是根据事物彼此不同的属性进行辨认，将具有相似属性的事物聚为一类，使得同一类的事物具有高度的相似性。常见的聚类分析方法有系统聚类法、动态聚类法和模糊聚类法等。本节将结合有关实例，主要介绍和探讨系统聚类分析方法在工程系统研究中的应用问题。

2.3.1　聚类要素的数据处理

在聚类分析中，聚类要素的选择是十分重要的，它直接影响分类结果的准确性和可靠性。在地理分类和分区研究中，被聚类的对象常常是由多个要素构成的。不同要素的数据往往具有不同的单位和量纲，因而其数值的差异可能是很大的，这就会对分类结果产生影响。因此当分类要素的对象确定之后，在进行聚类分析之前，还要对聚类要素进行数据处理。

假设有 m 个聚类的对象，每一个聚类对象都有 n 个要素构成。它们所对应的要素数据可用表 2-7 给出。在聚类分析中，常用的聚类要素数据处理方法有如下几种。

表 2-7　聚类对象与要素数据

聚类对象	要素
	x_1　x_2　…，　x_j　…，　x_n
1	x_{11}　x_{12}　…，　x_{1j}　…，　x_{1n}
2	x_{21}　x_{22}　…，　x_{2j}　…，　x_{2n}
⋮	⋮　⋮　⋮　⋮
i	x_{i1}　x_{i2}　…，　x_{ij}　…，　x_{in}
⋮	⋮　⋮　⋮　⋮
m	x_{m1}　x_{m2}　…，　x_{mj}　…，　x_{mn}

1. 总和标准化

$$x_{ij}^t = \frac{x_{ij}}{\sum_{i=1}^{m} x_{ij}} \qquad (i = 1,2,\cdots,m;\ j = 1,2,\cdots,n)$$

且

$$\sum_{i=1}^{m} x_{ij}^t = 1 \qquad (j = 1,2,\cdots,n)$$

2. 标准差标准化

$$x_{ij}^t = \frac{x_{ij} - \bar{x}_j}{s_j} \qquad (i = 1,2,\cdots,m;\ j = 1,2,\cdots,n)$$

$$\bar{x}_j = \frac{1}{m}\sum_{i=1}^{m} x_{ij} \qquad s_j = \sqrt{\frac{1}{m}\sum_{i=1}^{m}(x_{ij} - \bar{x}_j)^2}$$

且

$$\bar{x}_j = \frac{1}{m}\sum_{i=1}^{m} x_{ij}^t = 0 \qquad s_j = \sqrt{\frac{1}{m}\sum_{i=1}^{m}(x_{ij} - \bar{x}_j^t)^2} = 1$$

3. 极大值标准化

$$x_{ij}^{t} = \frac{x_{ij}}{\max\limits_{i}\{x_{ij}\}} \qquad (i = 1,2,\cdots,m;\ j = 1,2,\cdots,n)$$

经过这种标准化所得的新数据，各要素的极大值为 1，其余各数值小于 1。

4. 极差的标准化

$$x_{ij}^{t} = \frac{x_{ij}\min\limits_{i}\{x_{ij}\}}{\max\limits_{i}\{x_{ij}\}\min\limits_{i}\{x_{ij}\}} \qquad (i = 1,2,\cdots,m;\ j = 1,2,\cdots,n)$$

经过这种标准化所得的新数据，各要素的极大值为 1，极小值为 0，其余的数值均在 0 与 1 之间。

2.3.2 距离的计算

这里所谓的距离是事物之间差异性的测度，而相似系数则是其相似性的测度，距离和相似系数是聚类分析的依据和基础。聚类要素的数据处理工作完成以后，就要计算分类对象之间的距离或相似系数，并依据距离或相似系数的矩阵结构进行聚类。

1. 绝对值距离

$$d_{ij} = \sum_{i=1}^{n} |x_{ik} - x_{jk}| \qquad (i = 1,2,\cdots,m;\ j = 1,2,\cdots,n)$$

2. 欧氏距离

$$d_{ij} = \sqrt{\sum_{i=1}^{n} (x_{ik} - x_{jk})^2} \qquad (i = 1,2,\cdots,m;\ j = 1,2,\cdots,n)$$

3. 明科夫斯基距离

$$d_{ij} = \left[\sum_{i=1}^{n} |x_{ik} - x_{jk}|^{p}\right]^{\frac{1}{p}} \qquad (i = 1,2,\cdots,m;\ j = 1,2,\cdots,n)$$

4. 切比雪夫距离

当明科夫斯基距 $p \to \infty$ 时，有

$$d_{ij} = \max_{k} |x_{ik} - x_{jk}| \qquad (i = 1,2,\cdots,m;\ j = 1,2,\cdots,n)$$

选择不同的距离，聚类结果会有所差异。在地理分区和分类研究中，往往采用几种距离进行计算、对比，选择一种较为合理的距离进行聚类。

【例 2-3】 表 2-8 给出了某地区九个农业区的七项经济指标，求这九个农业区之间的绝对值距离。

表 2-8 某地区九个农业区的七项经济指标数据

区代号	人均耕地 x_1 /(hm^2 · 人$^{-1}$)	劳均耕地 x_2 /(hm^2 · 个$^{-1}$)	水田比重 x_3（%）	复种指数 x_4（%）	粮食亩产 x_5 /(kg · hm^{-2})	人均粮食 x_6/(kg · 人$^{-1}$)	稻谷占粮食比重 x_7（%）
G_1	0.294	1.093	5.63	113.6	4510.5	1036.4	12.2
G_2	0.315	0.971	0.39	95.1	2773.5	683.7	0.85
G_3	0.123	0.316	5.28	148.5	6934.5	611.1	6.49

（续）

区代号	人均耕地 x_1 /(hm^2·人$^{-1}$)	劳均耕地 x_2 /(hm^2·个$^{-1}$)	水田比重 x_3 (%)	复种指数 x_4 (%)	粮食亩产 x_5 /(kg·hm^{-2})	人均粮食 x_6/(kg·人$^{-1}$)	稻谷占粮食比重 x_7 (%)
G_4	0.179	0.527	0.39	111	4458	632.6	0.92
G_5	0.081	0.212	72.04	217.8	12249	791.1	80.38
G_6	0.082	0.211	43.78	179.6	8973	636.5	48.17
G_7	0.075	0.181	65.15	194.7	10689	634.3	80.17
G_8	0.293	0.666	5.35	94.9	3679.5	771.7	7.8
G_9	0.167	0.414	2.9	94.8	4231.5	574.6	1.17

【解】 将表 2-8 中的数据进行极差标准化处理，得到表 2-9。

表 2-9　极差标准化处后的数据

区 代 号	x_1	x_2	x_3	x_4	x_5	x_6	x_7
G_1	0.91	1.00	0.07	0.15	0.18	1.00	0.14
G_2	1.00	0.87	0.00	0.00	0.00	0.24	0.00
G_3	0.20	0.15	0.07	0.44	0.44	0.08	0.07
G_4	0.44	0.38	0.00	0.13	0.18	0.13	0.00
G_5	0.03	0.03	1.00	1.00	1.00	0.45	1.00
G_6	0.03	0.03	0.61	0.69	0.65	0.13	0.59
G_7	0.00	0.00	0.90	0.81	0.84	0.13	1.00
G_8	0.91	0.53	0.07	0.00	0.10	0.43	0.09
G_9	0.38	0.26	0.04	0.00	0.15	0.00	0.00

对于表 2-9 中的数据，用绝对值距离公式计算可得九个农业区之间的绝对值距离矩阵：

$$
\boldsymbol{D}=(d_{ij})_{9\times9}=\begin{bmatrix}
0 & & & & & & & & \\
1.52 & 0 & & & & & & & \\
3.10 & 2.70 & 0 & & & & & & \\
2.19 & 1.47 & 1.23 & 0 & & & & & \\
5.86 & 6.02 & 3.64 & 4.77 & 0 & & & & \\
4.72 & 4.46 & 1.86 & 2.99 & 1.78 & 0 & & & \\
5.79 & 5.53 & 2.93 & 4.06 & 0.83 & 1.07 & 0 & & \\
1.32 & 0.88 & 2.24 & 1.29 & 5.14 & 3.96 & 5.03 & 0 & \\
2.62 & 1.66 & 1.20 & 0.51 & 4.84 & 3.06 & 3.32 & 1.40 & 0
\end{bmatrix}
$$

2.3.3　直接聚类法

直接聚类法根据距离或相似系数矩阵的结构一次并类得到结果，是一种简便的聚类方法。它先把各个分类对象单独视为一类，然后根据距离最小或相似系数最大的原则，依次选出一对分类对象，并成新类。如果其中一个分类对象已归于一类，则把另一个也归入该类；如果一对分类对象正好属于已归的两类，则把这两类并为一类。每一次归并，都划去该对象所在的列与列序相同的行。那么，经过 $m-1$ 次就可以把全部分类对象归为一类，这样就可以根据归并的先后顺序作出聚类分析的谱系图。

直接聚类法虽然简便，但在归并过程中是划去行和列的，因而难免有信息损失。因此，直接聚类法并不是最好的系统聚类方法。

【例 2-4】 已知九个农业区之间的绝对值距离矩阵，使用直接聚类法做聚类分析。

$$
\boldsymbol{D}=(d_{ij})_{9\times 9}=\begin{bmatrix}
0 \\
1.52 & 0 \\
3.10 & 2.70 & 0 \\
2.19 & 1.47 & 1.23 & 0 \\
5.86 & 6.02 & 3.64 & 4.77 & 0 \\
4.72 & 4.46 & 1.86 & 2.99 & 1.78 & 0 \\
5.79 & 5.53 & 2.93 & 4.06 & 0.83 & 1.07 & 0 \\
1.32 & 0.88 & 2.24 & 1.29 & 5.14 & 3.96 & 5.03 & 0 \\
2.62 & 1.66 & 1.20 & 0.51 & 4.84 & 3.06 & 3.32 & 1.40 & 0
\end{bmatrix}
$$

【解】 根据上面的距离矩阵，用直接聚类法聚类分析：

第一步，在距离矩阵 $\boldsymbol{D}$ 中，除去对角线元素以外，$d_{49}=d_{94}=0.51$ 为最小者，故将第 4 区与第 9 区并为一类，划去第 9 行和第 9 列。

第二步，在余下的元素中，除对角线元素以外，$d_{75}=d_{57}=0.83$ 为最小者，故将第 5 区与第 7 区并为一类，划掉第 7 行和第 7 列。

第三步，在第二步之后余下的元素之中，除对角线元素以外，$d_{82}=d_{28}=0.88$ 为最小者，故将第 2 区与第 8 区并为一类，划去第 8 行和第 8 列。

第四步，在第三步之后余下的元素中，除对角线元素以外，$d_{43}=d_{34}=1.23$ 为最小者，故将第 3 区与第 4 区并为一类，划去第 4 行和第 4 列，此时，第 3、4、9 区已归并为一类。

第五步，在第四步之后余下的元素中，除对角线元素以外，$d_{21}=d_{12}=1.52$ 为最小者，故将第 1 区与第 2 区并为一类，划去第 2 行和第 2 列，此时，第 1、2、8 区已归并为一类。

第六步，在第五步之后余下的元素中，除对角线元素以外，$d_{65}=d_{56}=1.78$ 为最小者，故将第 5 区与第 6 区并为一类，划去第 6 行和第 6 列，此时，第 5、6、7 区已归并为一类。

第七步，在第六步之后余下的元素中，除对角线元素以外，$d_{31}=d_{13}=3.10$ 为最小者，故将第 1 区与第 3 区并为一类，划去第 3 行和第 3 列，此时，第 1、2、3、4、8、9 区已归并为一类。

第八步，在第七步之后余下的元素中，除去对角线元素以外，只有 $d_{51}=d_{15}=5.86$，故将第 1 区与第 5 区并为一类，划去第 5 行和第 5 列，此时，第 1、2、3、4、5、6、7、8、9、区均归并为一类。

根据上述步骤，可以作出直接聚类谱系图，如图 2-4 所示。

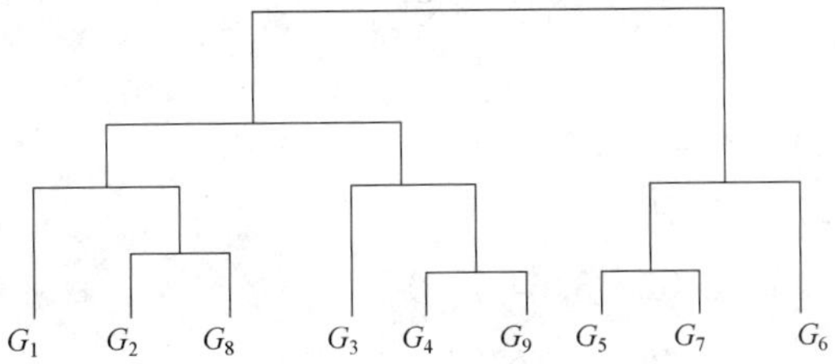

图 2-4　直接聚类谱系图

2.3.4　最短距离聚类法

最短距离聚类法是在原来的 $m \times m$ 距离矩阵的非对角元素中找出，把分类对象 G_p 和 G_q 归并为一新类 G_r，然后按计算公式：

$$d_{rk} = \min\{d_{pk}, d_{qk}\} \quad (k \neq p, q)$$

计算原来各类与新类之间的距离，这样就得到一个新的（$m-1$）阶的距离矩阵；再从新的距离矩阵中选出最小者 d_{ij}，把 G_i 和 G_j 归并成新类；再计算各类与新类的距离，依此继续下去，直至各分类对象被归为一类为止。

【例 2-5】　已知九个农业区之间的绝对值距离矩阵，使用最短距离聚类法做聚类分析。

$$\boldsymbol{D} = (d_{ij})_{9\times 9} = \begin{bmatrix} 0 \\ 1.52 & 0 \\ 3.10 & 2.70 & 0 \\ 2.19 & 1.47 & 1.23 & 0 \\ 5.86 & 6.02 & 3.64 & 4.77 & 0 \\ 4.72 & 4.46 & 1.86 & 2.99 & 1.78 & 0 \\ 5.79 & 5.53 & 2.93 & 4.06 & 0.83 & 1.07 & 0 \\ 1.32 & 0.88 & 2.24 & 1.29 & 5.14 & 3.96 & 5.03 & 0 \\ 2.62 & 1.66 & 1.20 & 0.51 & 4.84 & 3.06 & 3.32 & 1.40 & 0 \end{bmatrix}$$

【解】　用最短距离聚类法对某地区的九个农业区进行聚类分析：

第一步，在 9×9 阶距离矩阵 $\boldsymbol{D}$ 中，非对角元素中最小者是 $d_{94}=0.51$，故首先将第 4 区与第 9 区并为一类，记为 G_{10}，即 $G_{10}=\{G_4, G_9\}$。分别计算 G_1、G_2、G_3、G_5、G_6、G_7、G_8 与 G_{10} 之间的距离：

$$d_{1,10} = \min\{d_{14}, d_{19}\} = \min\{2.19, 2.62\} = 2.19$$
$$d_{2,10} = \min\{d_{24}, d_{29}\} = \min\{1.47, 1.66\} = 1.47$$
$$d_{3,10} = \min\{d_{34}, d_{39}\} = \min\{1.23, 1.20\} = 1.20$$
$$d_{5,10} = \min\{d_{54}, d_{59}\} = \min\{4.77, 4.84\} = 4.77$$
$$d_{6,10} = \min\{d_{64}, d_{69}\} = \min\{2.99, 3.06\} = 2.99$$
$$d_{7,10} = \min\{d_{74}, d_{79}\} = \min\{4.06, 3.32\} = 3.32$$
$$d_{8,10} = \min\{d_{84}, d_{89}\} = \min\{1.29, 1.40\} = 1.29$$

这样就得到 G_1、G_2、G_3、G_5、G_6、G_7、G_8、G_{10} 上的一个新的 8×8 阶距离矩阵：

	G_1	G_2	G_3	G_5	G_6	G_7	G_8	G_{10}
G_1	0							
G_2	1.52	0						
G_3	3.10	2.70	0					
G_5	5.86	6.02	3.64	0				
G_6	4.72	4.46	1.86	1.78	0			
G_7	5.79	5.53	2.93	0.83	1.07	0		
G_8	1.32	0.88	2.24	5.14	3.96	5.03	0	
G_{10}	2.19	1.47	1.20	4.77	2.99	3.32	1.29	0

第二步，在上一步骤中所得到的 8×8 阶距离矩阵中，非对角元素中最小者为 $d_{57}=0.83$，故将 G_5 与 G_7 归并为一类，记为 G_{11}，即 $G_{11}=\{G_5,G_7\}$。分别计算 G_1、G_2、G_3、G_6、G_8、G_{10} 与 G_{11} 之间的距离，可得到一个新的 7×7 阶距离矩阵：

	G_1	G_2	G_3	G_6	G_8	G_{10}	G_{11}
G_1	0						
G_2	1.52	0					
G_3	3.10	2.70	0				
G_6	4.72	4.46	1.86	0			
G_8	1.32	0.88	2.24	3.96	0		
G_{10}	2.19	1.47	1.20	2.99	1.29	0	
G_{11}	5.79	5.53	2.93	1.07	5.03	3.32	0

第三步，在第二步所得到的 7×7 阶距离矩阵中，非对角元素中最小者为 $d_{28}=0.88$，故将 G_2 与 G_8 归并为一类，记为 G_{12}，即 $G_{12}=\{G_2,G_8\}$。分别计算 G_1、G_3、G_6、G_{10}、G_{11} 与 G_{12} 之间的距离，可得到一个新的 6×6 阶距离矩阵：

	G_1	G_3	G_6	G_{10}	G_{11}	G_{12}
G_1	0					
G_3	3.10	0				
G_6	4.72	1.86	0			
G_{10}	2.19	1.20	2.99	0		
G_{11}	5.79	2.93	1.07	3.32	0	
G_{12}	1.32	2.24	3.96	1.29	5.03	0

第四步，在第三步中所得的 6×6 阶距离矩阵中，非对角元素中最小者为 $d_{6,11}=1.07$，故将 G_6 与 G_{11} 归并为一类，记为 G_{13}，即 $G_{13}=\{G_6,G_{11}\}=\{G_6,(G_5,G_7)\}$。计算 G_1、G_3、G_{10}、G_{12} 与 G_{13} 之间的距离，可得到一个新的 5×5 阶距离矩阵：

	G_1	G_3	G_{10}	G_{12}	G_{13}
G_1	0				
G_3	3.10	0			

G_{10}	2.19	1.20	0		
G_{12}	1.32	2.24	1.29	0	
G_{13}	4.72	1.86	2.99	3.96	0

第五步，在第四步中所得的 5×5 阶距离矩阵中，非对角线元素中最小者为 $d_{3,10}=1.20$，故将 G_3 与 G_{10} 归并为一类，记为 G_{14}，即 $G_{14}=\{G_3,G_{10}\}=\{G_3,(G_4,G_9)\}$。再计算 G_1、G_{12}、G_{13} 与 G_{14} 之间的距离，可得一个新的 4×4 阶距离矩阵：

	G_1	G_{12}	G_{13}	G_{14}
G_1	0			
G_{12}	1.32	0		
G_{13}	4.72	3.96	0	
G_{14}	2.19	1.29	2.99	0

第六步，在第五步所得到的 4×4 阶距离矩阵中，非对角线元素中最小者为 $d_{12,14}=1.29$，故将 G_{12} 与 G_{14} 归并为一类，记为 G_{15}，即 $G_{15}=\{G_{12},G_{14}\}=\{(G_2,G_8),[G_3,(G_4,G_9)]\}$。再计算 G_1、G_{13} 与 G_{15} 之间的距离，可得一个新的 3×3 阶距离矩阵。

	G_1	G_{13}	G_{15}
G_1	0		
G_{13}	4.72	0	
G_{15}	1.32	2.99	0

第七步，在第六步所得的 3×3 阶距离矩阵中，非对角线元素中最小者为 $d_{1,15}=1.32$，故将 G_1 与 G_{15} 归并为一类，记为 G_{16}，即 $G_{16}=\{G_1,G_{15}\}=\{G_1,(G_2,G_8),[G_3,(G_4,G_9)]\}$。再计算 G_{13} 与 G_{16} 之间的距离，可得一个新的 2×2 阶距离矩阵：

	G_{13}	G_{16}
G_{13}	0	
G_{16}	2.99	0

第八步，将 G_{13} 与 G_{16} 归并为一类。此时，所有分类对象均被归并为一类。综合上述聚类过程，可以作出最短距离聚类谱系图，如图 2-5 所示。

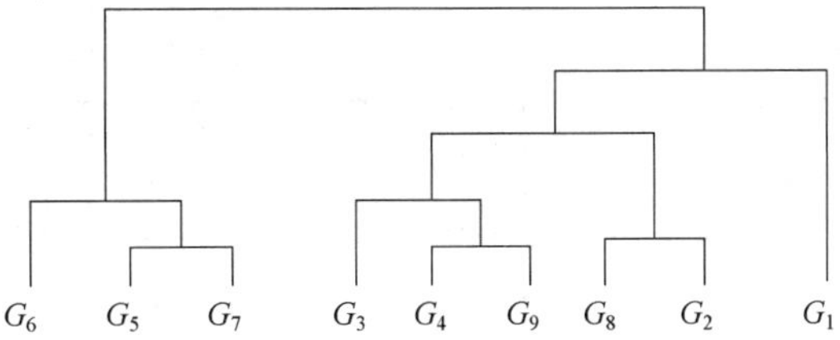

图 2-5　最短距离聚类谱系图

2.3.5　最远距离聚类法

最远距离聚类法与最短距离聚类法的区别在于计算原来的类与新类距离时采用如下的公式：

$$d_{rk} = \max\{d_{pk}, d_{qk}\} \quad (k \neq p, q)$$

【例 2-3】中数据的最远距离聚类谱系图如图 2-6 所示。

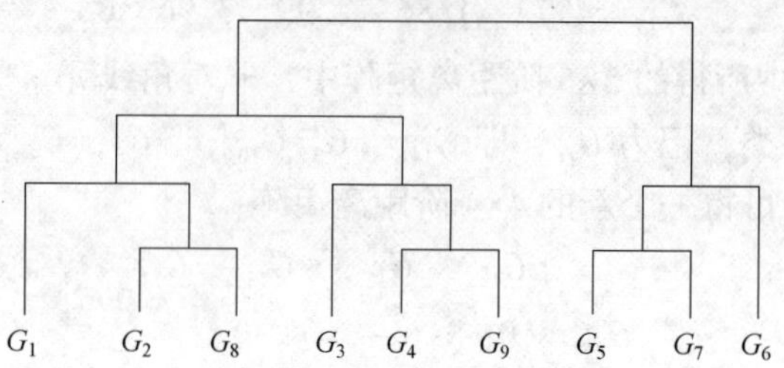

图 2-6　最远距离聚类谱系图

2. 3. 6　系统聚类法计算类之间距离的统一公式

最短距离聚类法具有空间压缩性，而最远距离聚类法具有空间扩张性（图 2-7）。最短距离为 $d_{AB}=d_{a1b1}$，最远距离为 $d_{AB=}d_{a2b2}$。

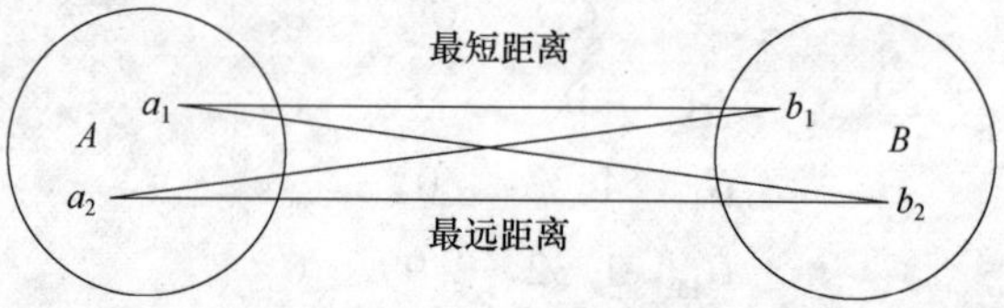

图 2-7　最远距离聚类法的空间扩张性

最短距离聚类法和最远距离聚类法关于类间的距离计算可以用统一的公式表示：

$$d_{kr}^2 = \alpha_p d_{pk}^2 + \alpha_q d_{qk}^2 + \gamma \left| d_{pk}^2 - d_{qk}^2 \right|$$

当 $\gamma=-1/2$ 时，就是最短距离聚类法计算类间距离的公式；当 $\gamma=1/2$ 时，就是最远距离聚类法计算类间距离的公式。

系统聚类的方法还有

$$d_{kr}^2 = \alpha_p d_{kp}^2 + \alpha_q d_{kq}^2 + \beta d_{pq}^2 + \gamma \left| d_{kp}^2 - d_{kq}^2 \right|$$

上式为八种不同系统聚类方法计算类间距离的统一表达式，见表 2-10。

表 2-10　八种不同系统聚类办法计算类间距离的统一表达式

方法名称	参数				矩阵要求	空间性质
	α_p	α_q	β	γ		
最短距离法	$\frac{1}{2}$	$\frac{1}{2}$	0	$-\frac{1}{2}$	各种 **D**	压缩
最远距离法	$\frac{1}{2}$	$\frac{1}{2}$	0	$\frac{1}{2}$	各种 **D**	扩张
中线法	$\frac{1}{2}$	$\frac{1}{2}$	$-\frac{1}{4}\leqslant\beta\leqslant0$	0	欧氏距离	保持

（续）

方法名称	参数				矩阵要求	空间性质
	α_p	α_q	β	γ		
重心法	$\frac{n_p}{n_p+n_q}$	$\frac{n_q}{n_p+n_q}$	$-\frac{n_p n_q}{(n_p+n_q)^2}$	0	欧氏距离	保持
组平均法	$\frac{n_p}{n_p+n_q}$	$\frac{n_q}{n_p+n_q}$	0	0	各种 **D**	保持
距离平方和法	$\frac{n_k+n_p}{n_k+n_r}$	$\frac{n_k+n_q}{n_k+n_r}$	$-\frac{n_k}{n_k+n_r}$	0	欧氏距离	压缩
可变数平均法	$(1-\beta)\frac{n_p}{n_r}$	$(1-\beta)\frac{n_q}{n_r}$	<1	0	各种 **D**	不定
可变法	$\frac{(1-\beta)}{2}$	$\frac{(1-\beta)}{2}$	<1	0	各种 **D**	扩张

2.4　主成分分析方法

工程系统是多要素的复杂系统，在进行工程系统分析时，多变量问题是会经常遇到的。变量太多，无疑会增加分析问题的难度与复杂性，而且在许多实际问题中，多个变量之间是具有一定的相关关系的。因此，我们就会很自然地想到，能否在各个变量之间相关关系研究的基础上，用较少的新变量代替原来较多的变量，并且使这些较少的新变量尽可能多地保留原来较多的变量所反映的信息？事实上，这种想法是可以实现的，本节介绍的主成分分析方法就是综合处理这种问题的一种强有力的方法。

2.4.1　主成分分析基本原理

主成分分析是把原来多个变量划为少数几个综合指标的一种统计分析方法。从数学角度来看，这是一种降维处理技术。假定有 n 个样本，每个样本共有 p 个变量，构成一个 $n\times p$ 阶的数据矩阵：

$$\boldsymbol{X}=\begin{bmatrix} x_{11} & x_{12} & \cdots & x_{1p} \\ x_{21} & x_{22} & \cdots & x_{2p} \\ \vdots & \vdots & & \vdots \\ x_{n1} & x_{n2} & \cdots & x_{np} \end{bmatrix}$$

记原变量指标为 $x_1,x_2,\cdots,x_p$，设它们降维处理后的综合指标，即新变量为 $z_1,z_2,z_3,\cdots$，$z_m(m\leqslant p)$，则

$$\begin{cases} z_1 = l_{11}x_1 + l_{12}x_2 + \cdots + l_{1p}x_p \\ z_2 = l_{21}x_1 + l_{22}x_2 + \cdots + l_{2p}x_p \\ \qquad\vdots \\ z_m = l_{m1}x_1 + l_{m2}x_2 + \cdots + l_{mp}x_p \end{cases}$$

系数 l_{ij} 的确定原则：

1）z_i 与 z_j（$i \neq j$; $i,j=1,2,\cdots,m$）相互无关。

2）z_1 是 $x_1,x_2,\cdots,x_P$ 的一切线性组合中方差最大者，z_2 是与 z_1 不相关的 $x_1,x_2,\cdots,x_P$ 的所有线性组合中方差最大者；z_m 是与 $z_1,z_2,\cdots,z_{m-1}$ 都不相关的 $x_1,x_2,\cdots,x_P$ 的所有线性组合中方差最大者。

新变量指标 $z_1,z_2,\cdots,z_m$ 分别称为原变量指标 $x_1,x_2,\cdots,x_P$ 的第 1，第 2，…，第 m 主成分。

从以上的分析可以看出，主成分分析的实质就是确定原来变量 x_j（$j=1,2,\cdots,p$）在各主成分 z_i（$i=1,2,\cdots,m$）上的荷载 l_{ij}（$i=1,2,\cdots,m$; $j=1,2,\cdots,p$）。

从数学上可以证明，它们分别是相关矩阵 m 个较大的特征值所对应的特征向量。

2.4.2 主成分分析的计算步骤

1. 计算相关系数矩阵

$$\boldsymbol{R}=\begin{bmatrix} r_{11} & r_{12} & \cdots & r_{1p} \\ r_{21} & r_{22} & \cdots & r_{2p} \\ \vdots & \vdots & & \vdots \\ r_{p1} & r_{p2} & \cdots & r_{pp} \end{bmatrix}$$

r_{ij}（$i,j=1,2,\cdots,p$）为原变量 x_i 与 x_j 的相关系数，$r_{ij}=r_{ji}$，其计算公式为

$$r_{ij}=\frac{\sum_{k=1}^{n}(x_{ki}-\bar{x}_i)(x_{kj}-\bar{x}_j)}{\sqrt{\sum_{k=1}^{n}(x_{ki}-\bar{x}_i)^2\sum_{k=1}^{n}(x_{kj}-\bar{x}_j)^2}}$$

2. 计算特征值与特征向量

解特征方程 $|\lambda \boldsymbol{I}-\boldsymbol{R}|=0$，常用雅可比法（Jacobi）求出特征值，并使其按大小顺序排列 $\lambda_1 \geqslant \lambda_2 \geqslant \cdots \geqslant \lambda_p \geqslant 0$；

分别求出对应于特征值 λ_ε 的特征向量 e_i（$i=1,2,\cdots,p$），使 $\| e_i \|=1$，即 $\sum_{j=1}^{p} e_{ij}^2=1$，其中 e_{ij} 表示向量 e_i 的第 j 个分量。

3. 计算主成分贡献率及累计贡献率

贡献率：$$\frac{\lambda_\varepsilon}{\sum_{k=1}^{p}\lambda_k} \quad (i=1,2,\cdots,p)$$

累计贡献率：$$\frac{\sum_{k=1}^{i}\lambda_k}{\sum_{k=1}^{p}\lambda_k} \quad (i=1,2,\cdots,p)$$

一般取累计贡献率达 85%~95% 的特征值，$\lambda_1,\lambda_2,\cdots,\lambda_m$ 所对应的第 1、第 2、…、第 $m(m \leqslant p)$ 个主成分。

4. 计算主成分载荷

$$l_{ij} = p(z_i, x_j) \sqrt{\lambda_\varepsilon} e_{ij} \quad (i, j = 1, 2, \cdots, p)$$

5. 各主成分得分

$$\mathbf{Z} = \begin{bmatrix} z_{11} & z_{12} & \cdots & z_{1m} \\ z_{21} & z_{22} & \cdots & z_{2m} \\ \vdots & \vdots & & \vdots \\ z_{n1} & z_{n2} & \cdots & z_{nm} \end{bmatrix}$$

2.5 常用统计软件简介

2.5.1 Excel 简介

Microsoft Excel 是美国微软公司开发的 Windows 环境下的电子表格系统，它是目前应用最为广泛的办公室表格处理软件之一。Excel 诞生以来历经了 Excel5.0、Excel95、Excel97 和 Excel2000 等不同版本。随着版本的不断提高，Excel 软件强大的数据处理功能和操作的简易性逐渐达到了一个新的境界，整个系统的智能化程度也不断提高，它甚至可以在某些方面判断用户的下一步操作，使用户操作大为简化。Excel 具有强有力的数据库管理功能、丰富的宏命令和函数、强有力的决策支持工具、图表绘制功能、宏语言功能、样式功能、对象连接和嵌入功能、连接和合并功能，并且操作简捷，这些特性，已使 Excel 成为现代办公软件重要的组成部分。由于大家对 Excel 的常用办公功能都比较熟悉，本节重点介绍 Excel 在统计分析中的应用。

1. 用 Excel 计算描述统计量

Excel 中用于计算描述统计量的方法有两种，函数方法和描述统计工具的方法。

常用的描述统计量有众数、中位数、算术平均数、调和平均数、几何平均数、极差、四分位差、标准差、方差、标准差系数等。一般来说，在 Excel 中求这些统计量，未分组资料可用函数计算，已分组资料可用公式计算。这里我们仅介绍如何用函数来计算未分组资料的描述统计量。

用函数运算有两种方法：一是手工输入函数名称及参数，这种输入形式比较简单、快捷，但需要非常熟悉函数名称及其参数的输入形式，所以，只有比较简单的函数才用这种方法输入；二是函数导入法，这是一种最为常用的办法，它适合于所有函数的使用，而且在导入过程中有向导提示，因而非常方便。函数的一般导入过程为：打开“插入”菜单，单击“函数”选项，此时出现一个“插入函数”对话框；在对话框的“或选择类别”中确定函数的类别（如常用函数或统计）；在“选择函数”内确定预选的函数名称，如 SUM、MODE 等；单击“确定”按钮后即可出现该函数运算的对话框向导，再按向导的提示往下运行即可。

下面介绍统计中常用指标的函数运算方法。

【例 2-6】 为了解某单位职工的工资收入情况，随机抽取 30 个人的月工资，如图 2-8 所示，试用 Excel 计算描述统计量。

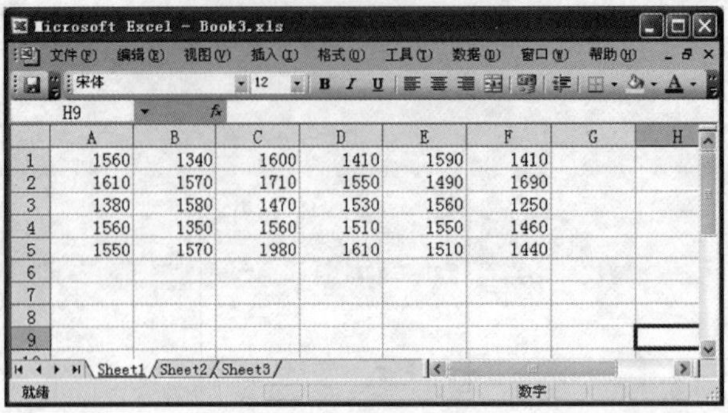

图 2-8 职工月工资收入

【解】 (1) 众数。先将 30 个人的工资数据输入 A1: A30 单元格。

1) 手工输入函数名称及参数。单击任一单元格，输入“=MODE (A1: A30)”，回车后即可得众数为 1560，如图 2-9 所示。

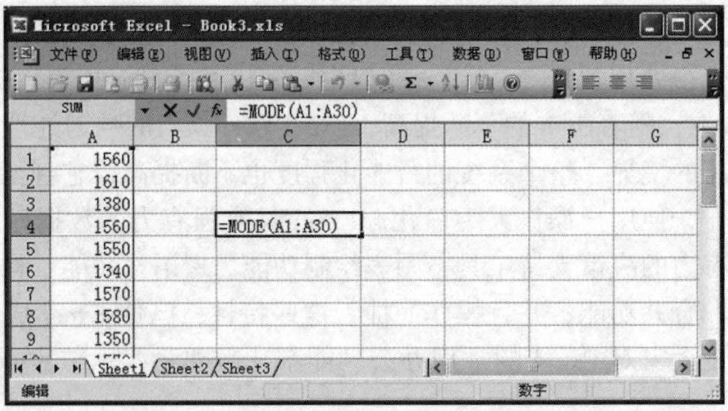

图 2-9 手工输入函数名称及参数

2) 函数导入法。打开“插入”菜单，单击“函数”选项，此时出现一个“插入函数”对话框；在对话框的“或选择类别”中确定函数的类别“统计”；在“选择函数”内确定预选的函数名称“MODE”，如图 2-10 所示。

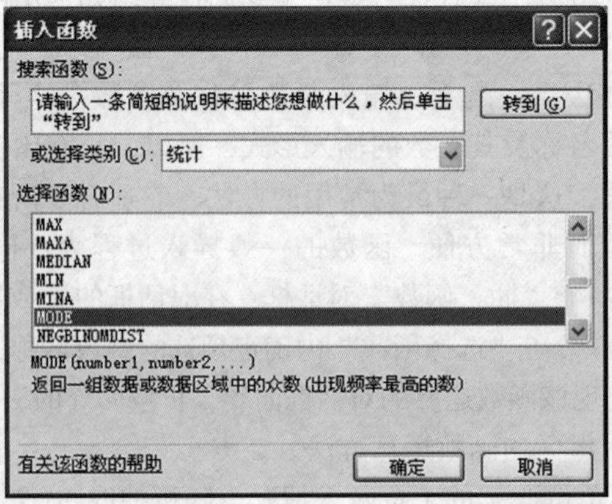

图 2-10 函数导入法“插入函数”对话框

单击“确定”按钮后即可出现该函数运算的对话框向导，在“Number1”处输入 A1:A30 或选择 Excel 中的 A1:A30 区域，如图 2-11 所示。单击“确定”按钮，在 Excel 中即得到众数 1560。

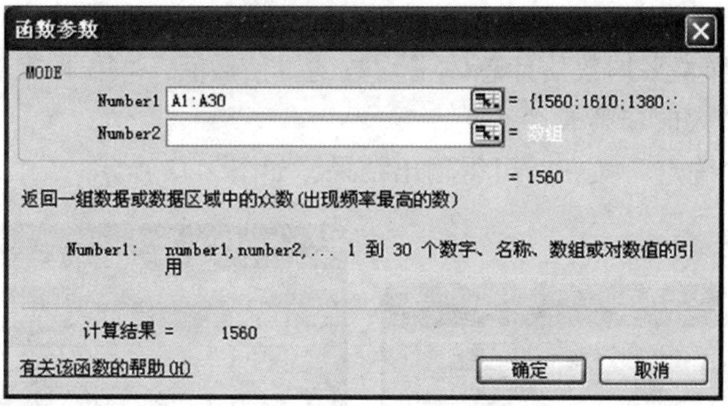

图 2-11　函数导入法“函数参数”对话框

运用函数导入法，只要知道每个函数的含义，即可按上述程序得到相应的运算结果，为节约篇幅这里不再一一讲解，下面仅列示各函数的含义及本例中的运行结果。

（2）中位数。单击任一空白单元格，输入“=MEDIAN（A1:A30）”，回车后得中位数为 1550。

（3）算术平均。单击任一空白单元格，输入“=AVERAGE（A1:A30）”，回车后得算术平均数为 1531.666667。

（4）几何平均数。单击任一空白单元格，输入“=GEOMEAN（A1:A30）”，回车后得几何平均数为 1526.3。

（5）调和平均数。单击任一空白单元格，输入“=HARMEAN（A1:A30）”，回车后得调和平均数为 1521.06。

（6）截尾平均数。将数据按由小到大顺序排列后，因数据两端值不够稳定，按一定比例去掉头尾两端一定数量的观察值，然后再求平均，这样得到的平均数就是截尾平均数。例如，按 6/30，即从 30 个数据中去掉最大的三个值和最小的三个值，再求平均数。

单击任一空白单元格，输入“=TRIMEAN（A1:A30，6/30）”，回车后得截尾平均数为 1526.25。

（7）全距。单击任一空白单元格，输入“=MAX（A1:A30）-MIN（A1:A30）”，回车后得全距为 730。

（8）标准差。单击任一空白单元格，输入“=STDEV（A1:A30）”，回车后得标准差为 132.5371。

（9）标准差系数。单击任一空白单元格，输入“=STDEV（A1:A30）/AVERAGE（A1:A30）”，回车后得标准差系数为 0.086531。

（10）偏度系数。单击任一空白单元格，输入“=SKEW（A1:A30）”，回车后得偏度系数为 0.914565。

（11）峰度系数。单击任一空白单元格，输入“=KURT（A1:A30）”，回车后得峰度系数为 3.808279。

对于例 2-6，我们已经把数据输入到 A1:A30 单元格，然后按以下步骤操作：

第一步：在“工具”菜单中选择“数据分析”选项，从其对话框中选择“描述统计”，单击“确定”按钮后打开“描述统计”对话框，如图 2-12 所示。

第二步：在“输入区域”中输入“\$A\$1:\$A\$30”，在“输出区域”中选择“\$C\$13”，其他复选框可根据需要选定。选择“汇总统计”，可给出一系列描述统计量；选择“平均数置信度”，会给出用样本平均数估计总体平均数的置信区间；“第 K 大值”和“第 K 小值”会给出样本中第 K 个大值和第 K 个小值。

第三步：单击“确定”按钮，可得输出结果，如图 2-13 所示。

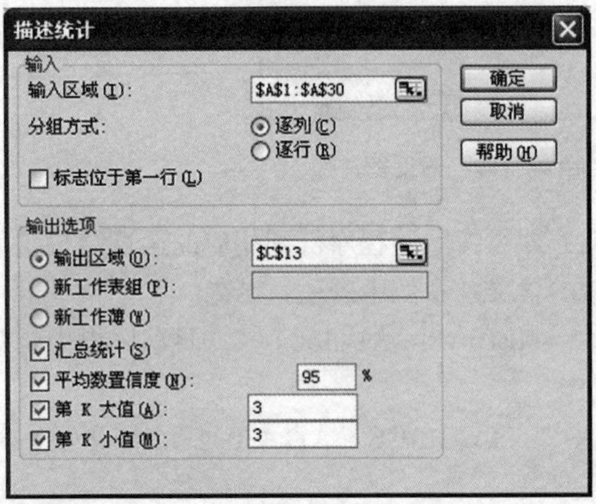

图 2-12 “描述统计”对话框

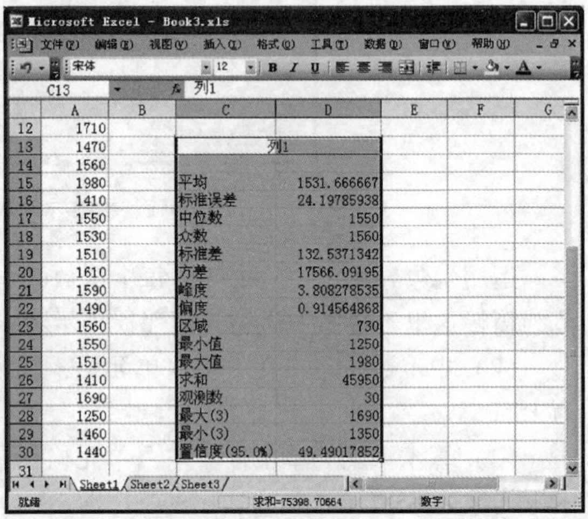

图 2-13 描述统计输出结果

上面的结果中，“平均”指样本均值；“标准误差”指样本平均数的标准差；“标准差”指样本标准差，自由度为 $n-1$；“区域”实际上是极差，或全距。可以看出与前面用函数计算的结果完全相同。最大值为 1980，最小值为 1250，第三个最大值为 1690，第三个最小值为 1350。

2. 用 Excel 进行相关与回归分析

【例 2-7】 对 10 个学生身高和体重进行相关与回归分析。

【解】 首先把有关数据输入 Excel 的单元格中，如图 2-14 所示。

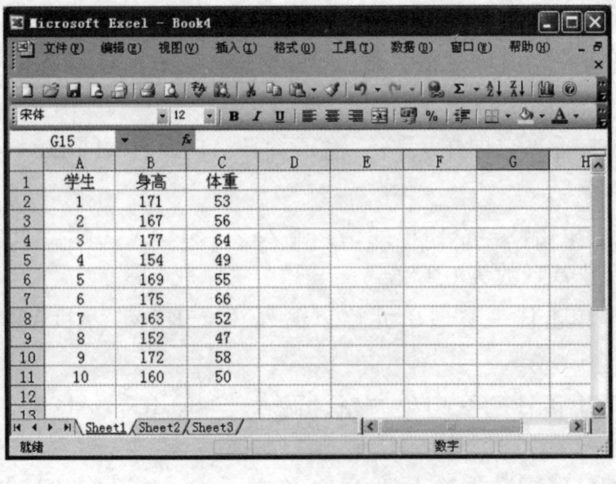

图 2-14 Excel 数据集

(1) 用 Excel 进行相关分析。用 Excel 进行相关分析有两种方法，一是利用相关系数函数，另一种是利用相关分析宏。

1) 利用函数计算相关系数。在 Excel 中，提供了两个计算两个变量之间相关系数的方法，CORREL 函数和 PERSON 函数，这两个函数是等价的，这里介绍用 CORREL 函数计算相关系数。

第一步：单击任一个空白单元格，单击“插入”菜单，选择“函数”，打开“插入函数”对话框，在“或选择类别”中选择“统计”；在“选择函数”中选择“CORREL”，单击“确定”按钮后，出现“函数参数”对话框。

第二步：在“Array1”中输入“B2:B11”，在“Array2”中输入“C2:C11”，即可在对话框下方显示出计算结果为 0.896028。如图 2-15 所示。

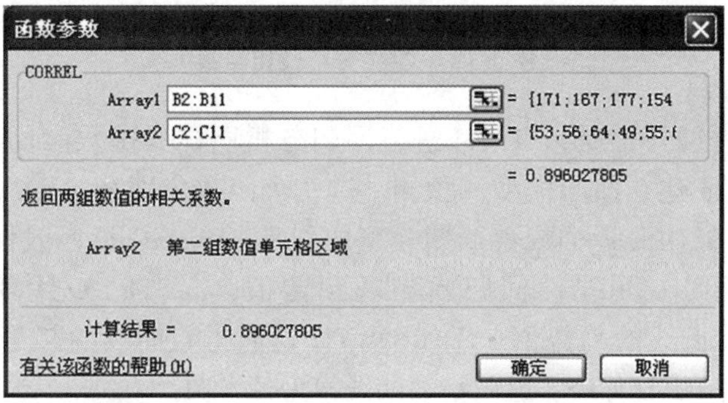

图 2-15 “函数参数”对话框及输入结果

2) 用相关系数宏计算相关系数。

第一步：单击“工具”菜单，选择“数据分析”项，在“数据分析”项中选择“相关系数”，弹出“相关系数”对话框，如图 2-16 所示。

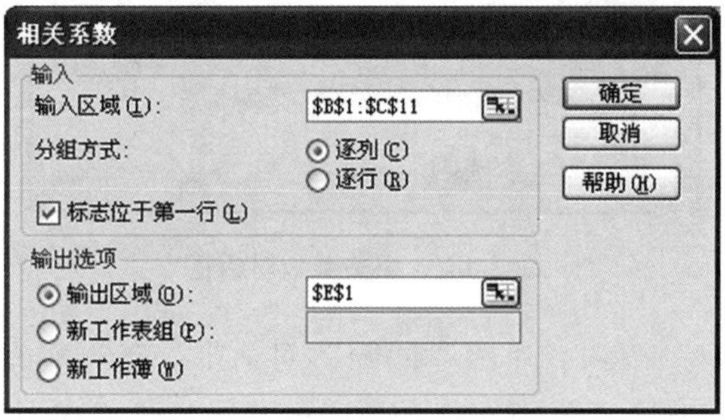

图 2-16 “相关系数”对话框

第二步：在“输入区域”输入“ $B$1:$C$11”，“分组方式”选择“逐列”，选择“标志位于第一行”，在“输出区域”中输入“ $E$1”，单击“确定”按钮，得输出结果如图 2-17 所示。

在上面的输出结果中，身高和体重的自相关系数均为 1，身高和体重的相关系数为 0.896028，与用函数计算的结果完全相同。

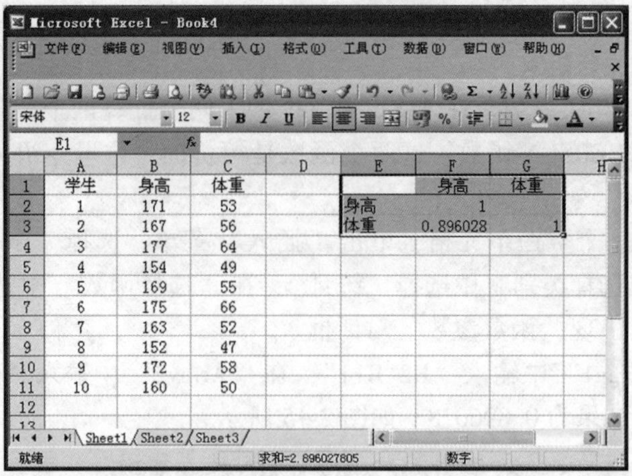

图 2-17 相关分析输出结果

（2）用 Excel 进行回归分析。Excel 进行回归分析同样分函数和回归分析宏两种形式，其提供了 9 个函数用于建立回归模型和预测，这 9 个函数分别是：①INTERCEPT 返回线性回归模型的截距；②SLOPE 返回线性回归模型的斜率；③RSQ 返回线性回归模型的判定系数；④FORECAST 返回一元线性回归模型的预测值；⑤STEYX 计算估计的标准误差；⑥TREND 计算线性回归线的趋势值；⑦GROWTH 返回指数曲线的趋势值；⑧LINEST 返回线性回归模型的参数；⑨LOGEST 返回指数曲线模型的参数。

用函数进行回归分析比较麻烦，这里介绍使用回归分析宏进行回归分析。

第一步：单击“工具”菜单，选择“数据分析”选项，出现“数据分析”对话框，在“分析工具”中选择“回归”，如图 2-18 所示。

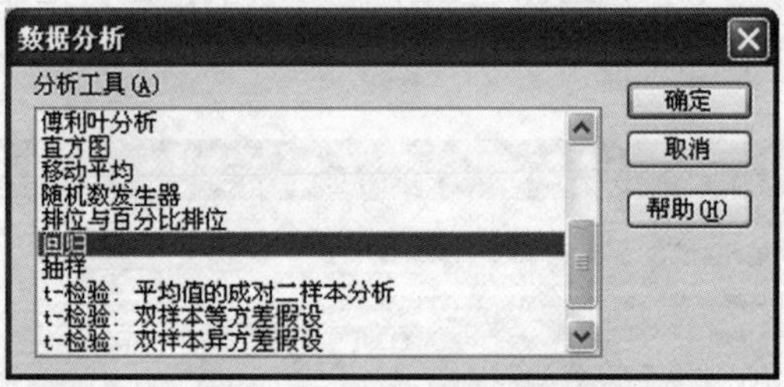

图 2-18 相关系数对话框

第二步：单击“确定”按钮，弹出“回归”对话框，在“Y 值输入区域”输入“$B$1:$B$11”；在“X 值输入区域”输入“$C$1:$C$11”，在“输出选项”选择“新工作表组”，如图 2-19 所示。

第三步：单击“确定”按钮，得回归分析结果如图 2-20 所示。

在输出结果中，第一部分为汇总统计，“Multiple R”指复相关系数，“R Square”指判定系数，“Adjusted”指调整的判定系数，“标准误差”指估计的标准误差，“观测值”指样本容量。第二部分为方差分析，“df”指自由度，“SS”指平方和，“MS”指均方，“F”指 F 统计量，“Significance F”指 p 值。第三部分：“Intercept”指截距，“Coefficients”指系数，“t Stat”指 t 统计量。

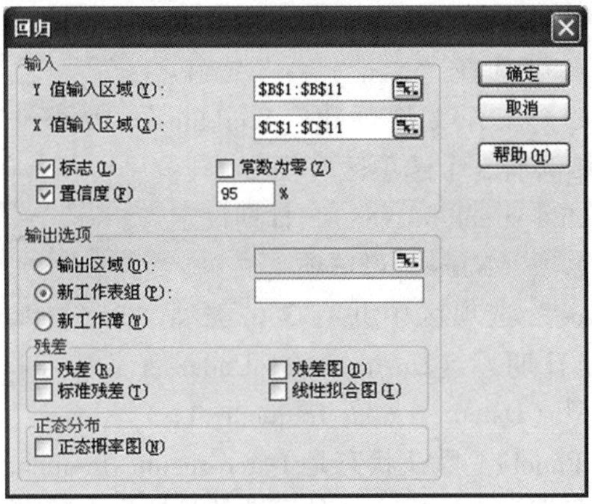

图 2-19　“回归”对话框

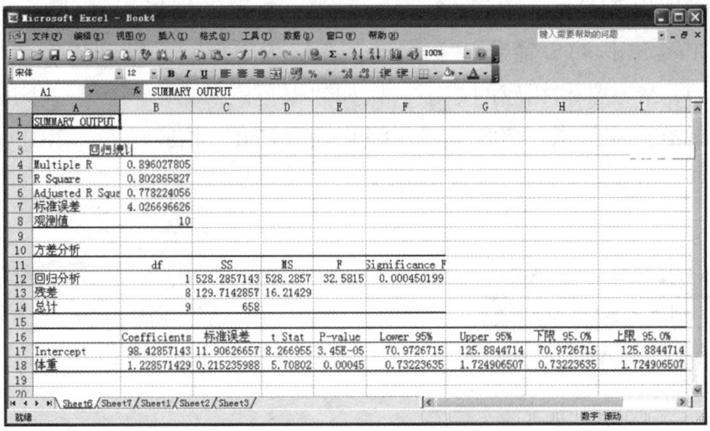

图 2-20　Excel 回归分析结果

2.5.2　Eviews 简介

Eviews 是专门开发用以处理时间序列数据的时间序列软件包的新版本。Eviews 的前身是 1981 年第 1 版的 Micro TSP。本书以 Eviews5.0 版本为例，介绍时间序列分析使用的基本方法和技巧。Eviews 处理的基本数据对象是时间序列，每个序列有一个名称，只要提及序列的名称就可以对序列中所有的观察值进行操作。Eviews 允许用户以简便的可视化的方式从键盘或磁盘文件中输入数据，根据已有的序列生成新的序列，在屏幕上显示序列或打印机上打印输出序列，对序列之间存在的关系进行统计分析。Eviews 操作简便且具有可视化的操作风格，体现在从键盘或磁盘输入数据序列、依据已有序列生成新序列、显示和打印序列以及对序列之间存在的关系进行统计分析等方面。

要使用 Eviews 分析数据，首先要将数据转换成 Eviews 系统能够分析的 Eviews Workfile 数据集。

1. 创建工作文件

Eviews 要求数据的分析处理过程必须在特定的工作文件（Workfile）中进行，所以在录入和分析数据之前，应创建一个工作文件。单击主菜单选项“File”，在下拉菜单中选择“New”→“Workfile”，此时屏幕会出现一个工作文件创建（Workfile Create）对话框，对话框中共有 3 个选项区（图 2-21）：工作文件结构类型（Workfile structure type）、日期设定（Date specification）和命名项（Name，可选项）。

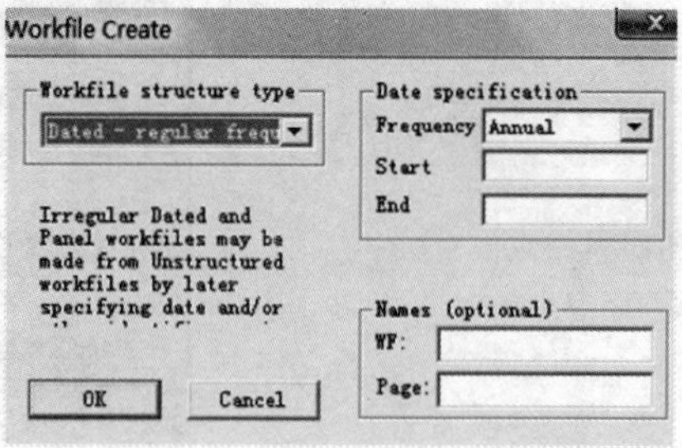

图 2-21　工作文件创建对话框

“Workfile structure type”选项区中共有 3 种类型（图 2-22）：①非结构/非日期型（Unstructured/Undated）；②日期-规则频率型（Dated-regular frequency）；③平衡面板型（Balanced Panel）。默认状态是 Dated-regular frequency。在默认状态下，选项区“Date specification”（日期设定区）有 8 种可选的日期设定频率（图 2-23），分别是年度的（Annual）、半年的（Semi-annual）、季度的（Quarterly）、月度的（Monthly）、周度的（Weekly）、5 天一周以天计的（Daily-5 day week）、7 天一周以天计的（Daily-7 day week）和整天数计的（Integer date）。需要注意的是，在输入季度、月度和周度数据时，都需要在年度后相应加上 Q、M、W 和相应的数字，比如数据范围从 2009 年第一季度到 2018 年第二季度，起始期（Start）应输入“2009Q1”，终止期（End）相应输入“2018Q2”。

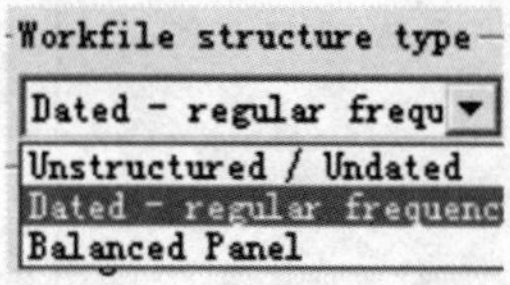

图 2-22　“Workfile structure type”选项区

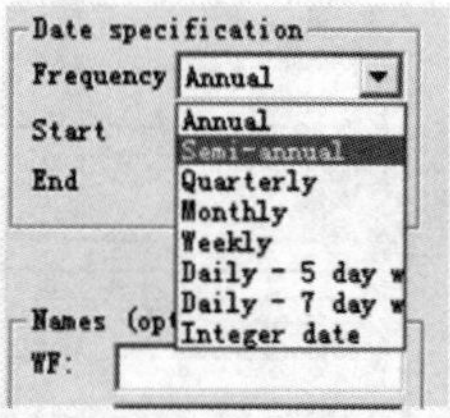

图 2-23　Date specification 选项框

如果“Workfile structure type”选项区选择了“Unstructured/Undated”，对话框就变成如图 2-24 所示的模样，需要在“Date range”选择区输入观测值个数，即时间序列长度或样本数据个数。相应地，如果“Workfile structure type”选项区选择了“Balanced Panel”，对话框相应变成如图 2-25 所示的样子，在“Panel specification”（面板设定区域）有 4 个选择区。数据频率（Frequency）选择区包含 8 种与图 2-23 所示一样的选项。起始期（Start）和终止期（End）分别输入序列数据的开始时间和终止时间。个体个数（Number of cross）选择区要求输入面板数据中所包括的个体个数。按照数据分析要求设定完成后单击“OK”按钮，就建立了一个新工作文件。

2. 创建时间序列

工作文件建立之后，应创建待分析处理的数据序列。在主窗口的菜单选项或工作文件窗口的工具栏中选择“Object→New Object”，屏幕会出现如图 2-26 所示的对话框。用户可以在左侧列表中选择希望生成的对象类型。对时间序列而言，通常选择“Series”，同时在右边对话框为新序列命名（默认为“Untitled”），如命名为“a”（Eviews 软件不区分序列名字的字母大小写表示），定义完毕后单击“OK”按钮。此时已经建立了一个名为“a”的序列，打开它主要有三种方法：①双击序列“a”；②选中“a”，在工作文件窗口选择“View”→

“Open Selected” → “One Window”；③在工作文件窗口中单击“Show”或在主窗口中选择“Quick” → “Show”后，在出现的对话框中输入序列名“a”，单击“OK”按钮就打开了一个尚未录入数据的年度时间的时间序列“a”，序列对象窗口如图 2-27 所示。

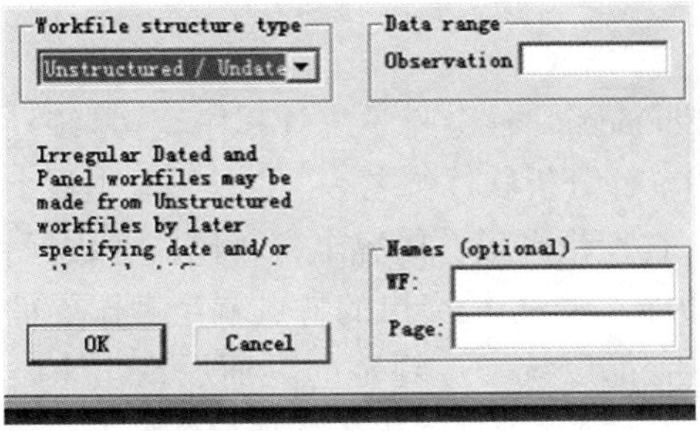

图 2-24　Unstructured/Undated 对话框

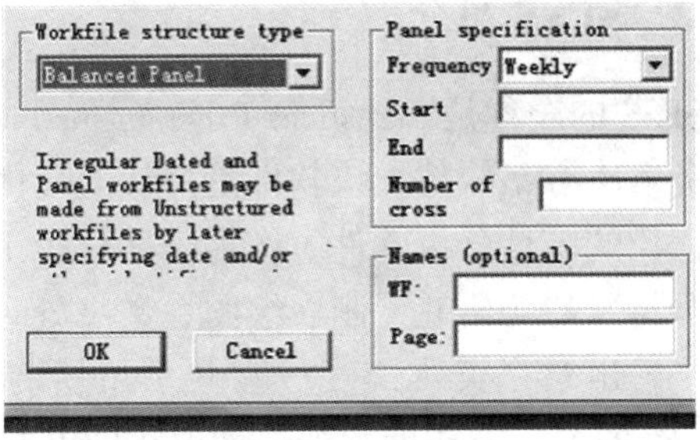

图 2-25　Balanced Panel 对话框

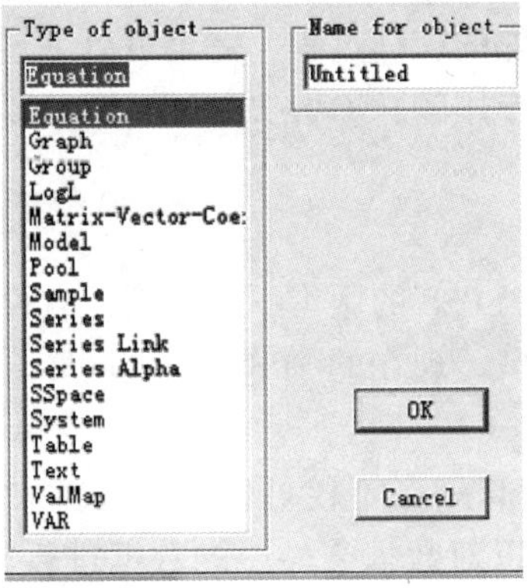

图 2-26　对象定义对话框

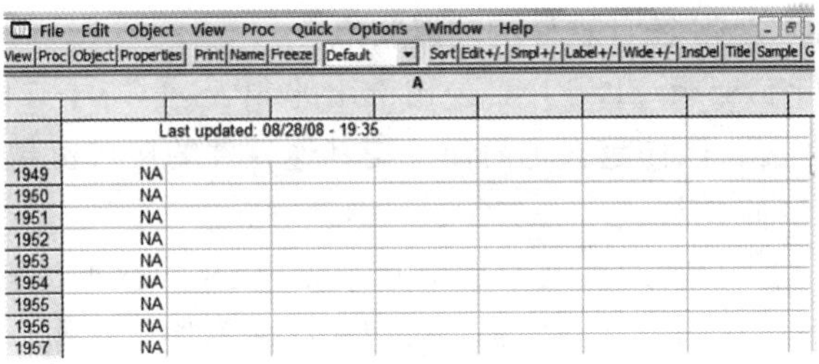

图 2-27　序列对象窗口

在给对象命名时需要注意，Eviews 软件本身有很多保留字符不能使用：ABS、ACOS、AR、ASIN、C、CON、CNORM、COEF、COS、D、DLOG、DNORM、ELSE、ENDIF、EXP、LOG、LOGIT、LPT1、LPT2、MA、NA、NRND、PDL、RESID、RND、SAR、SIN、SMA、SQR 和 THEN。

3. 时间序列数据录入、调用与编辑

Eviews5.0 版本提供了多种导入数据的方法，主要介绍两种：

（1）手动录入数据。建立工作文件后，新生成或打开一个序列，都会出现如图 2-27 所示的序列对象窗口。在工具栏上单击“Edit+/-”按钮进入编辑状态，用户可输入或修改序列观测值，录入或修改数据完毕后必须再次单击“Edit+/-”按钮恢复只读状态；“Smpl+/-”按钮可在显示工作文件时间范围内全部数据和只显示样本数据之间切换；“Label+/-”按钮在是否显示对象标签两种模式间进行切换。

（2）导入已有数据文件。Eviews5.0 允许导入三种格式的数据：Text-ASCⅡ、Lotus 和 Excel 工作表。有三种方式可以导入：①主菜单“File” → “Import” → “Read Text-Lotus-Excel”；②主菜单“Proc” → “Import” → “Read Text-Lotus-Excel”；③工作文件工具栏“Proc” → “Import” → “Read Text-Lotus-Excel”。无论选择哪种导入方式，选择后都能找到

并打开目标文件。对应于不用类型的文件会出现不同的对话框，时间序列分析通常以 Excel 工作表数据的读入最为常见，但要求 Excel 工作表中的序列名称一定不能出现汉字，因为 Eviews 没经过汉化。

2.5.3 SPSS 简介

SPSS 的全称是 Statistical Program for Social Sciences（社会科学统计程序），是统计产品与服务解决方案软件。该软件是公认的最优秀的统计分析软件包之一，也是当今世界上应用最为广泛的统计分析软件。作为统计分析工具，它理论严谨、内容丰富，包括了数据管理、统计分析、趋势研究、制表绘图、文字处理等功能。SPSS 最突出的特点就是操作界面极为友好，输出结果美观漂亮。它几乎将所有的功能都以统一、规范的界面展现出来，使用 Windows 的窗口方式展示各种管理和分析数据方法，对话框展示出各种功能选择项。用户只要掌握一定的 Windows 操作技能，粗通统计分析原理，就可以使用该软件为特定的科研工作服务。SPSS 采用类似 Excel 表格的方式输入与管理数据，数据接口较为通用，能方便地从其他数据库中读入数据。其统计过程包括了常用的、较为成熟的统计过程，完全可以满足非统计专业人士的工作需要。输出结果十分美观，存储时则是专用的 SPO 格式，可以转存为 HTML 格式和文本格式。

1. SPSS 统计软件的功能特点

自 1985 年 SPSS INC 公司推出的 SPSS/PC V1.0 以来，SPSS 的版本不断更新，软件功能不断完善，操作越来越简便，与其他软件的接口也越来越多。现在的 SPSS for Windows 具有以下几种功能。

（1）SPSS 的数据编辑功能。在 SPSS 的数据编辑器窗口中，不仅可以对打开的数据文件进行增加、删除、复制、剪切和粘贴等常规操作，还可以对数据文件中的数据进行排序、转置、拆分、聚合、加权等操作，对多个数据文件可以根据变量或个案进行合并。可以根据需要把将要分析的变量集中到一个集合中，打开时只要指定打开该集合即可，而不必打开整个数据文件。

（2）表格的生成和编辑。利用 SPSS 可以生成数十种风格的表格，根据功能又可有一般表、多响应表和频数表等。可以利用专门的编辑窗口或直接在查看器中编辑所生成的表格。在 SPSS 的高版本中，统计成果多被归纳为表格和（或）图形的形式。

（3）图形的生成和编辑。利用 SPSS 可以生成数十种基本图和交互图。其中基本图包括条形图、线图、面积图、饼图、高低图、帕累托图、控制图、箱图、误差条图、散点图、直方图、*P-P* 概率图、*Q-Q* 概率图、序列图和时间序列图等，有的基本图又可进一步细分。交互图比基本图更漂亮，可有不同风格的二维、三维图。交互图包括条形交互图、点形交互图、线形交互图、带形交互图、饼形交互图、箱形交互图、误差条形交互图、直方交互图和散点交互图等。图形生成以后，可以进行编辑。

（4）与其他软件的连接。SPSS 能打开 Excel、dbBase、Foxbase、Lotus 1-2-3、Access、文本编辑器等生成的数据文件。SPSS 生成的图形可以保存为多种图形格式。

现在的 SPSS 软件支持 OLE 技术和 ActiveX 技术，使生成的表格或交互图对象可以与其他同样支持该技术的软件进行自动嵌入与链接。SPSS 还有内置的 VBA 客户语言，可以通过 Visual Basic 编程来控制 SPSS。

（5）SPSS 的统计功能。SPSS 的统计功能是 SPSS 的核心部分，利用该软件，几乎可以完成所有的数理统计任务。具体来说，SPSS 的基本统计功能包括：样本数据的描述和预处理、假设检验、方差分析、列联表、相关分析、回归分析、对数线性分析、聚类分析、因子分析、对应分析、时间序列分析、生灭分析、可靠性分析。

2. 利用 SPSS 进行统计处理的基本过程

SPSS 功能强大，但操作简单，这一特点突出地体现在它统一而简单的使用流程中。SPSS 进行统计处理的基本过程如图 2-28 所示。

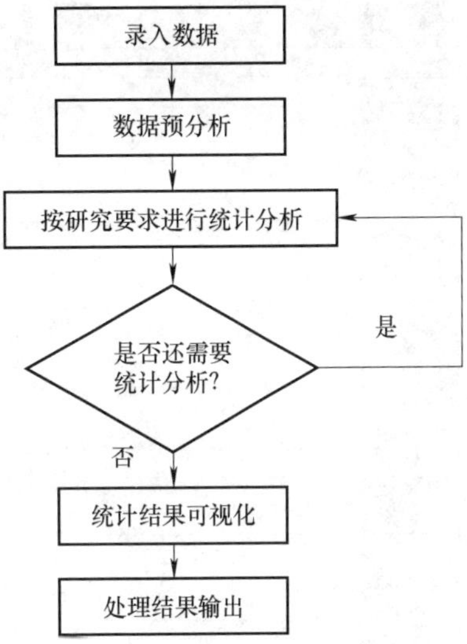

图 2-28　SPSS 统计处理流程图

其基本步骤如下：

（1）数据的录入。将数据以电子表格的方式输入到 SPSS 中，也可以从其他可转换的数据文件中读出数据。数据录入的工作分两个步骤，一是定义变量，二是录入变量值。

（2）数据的预分析。在原始数据录入完成后，要对数据进行必要的预分析，如数据分组、排序、分布图、平均数、标准差的描述等，以掌握数据的基本特点和基本情况，保证后续工作的有效性，也为确定应采用的统计检验方法提供依据。

（3）统计分析。按研究的要求和数据的情况确定统计分析方法，然后对数据进行统计分析。

（4）统计结果可视化。在统计过程进行完后，SPSS 会自动生成一系列数据表，其中包含了统计处理产生的整套数据。为了能更形象地呈现数据，需要利用 SPSS 提供的图形生成工具将所得数据可视化。如前所述，SPSS 提供了许多图形来进行数据的可视化处理，使用时可根据数据的特点和研究的需求来进行选择。

（5）保存和导出分析结果。数据结果生成完之后，则可将它以 SPSS 自带的数据格式进行存贮，同时也可利用 SPSS 的输出功能以常见的数据格式进行输出，以供其他系统使用。

3. SPSS 数据文件的建立

在使用 SPSS 软件进行数据分析时，首先要建立数据文件。通常一个数据文件的建立包括定义变量、数据输入、数据的简单计算、数据文件的保存和输出等内容。

（1）变量的定义。输入数据前要定义变量，包括定义变量名、变量类型、变量宽度、变量标签和变量格式。定义变量的步骤如下：

1）打开定义变量的界面。启动 SPSS，进入主界面，单击图 2-29 所示的屏幕左下角的“Variable View”选项卡，打开定义变量的表格。

2）输入变量名。在“名称”列的第一个单元格输入第一个变量名，如“编号”。SPSS 10.0 支持中文变量名。

3）确定变量类型。单击“类型”列的第一个单元格，如图 2-30 所示，SPSS 的默认变量类型为数值型。单击数值型变量后的“ ”，弹出如图 2-31 所示的对话框，用户可以从该对话框中选择其他的变量类型。

在图 2-31 的对话框中列出了 9 种可选的基本变量类型：数字型（Numerric）、逗号型

（Comma）、点型（Dot）、科学记数法型（Scientific notation）、日期型（Date）、美元型（Dollar）、定制货币型（Custom Currency）、字符串型（String）和受限数值型。

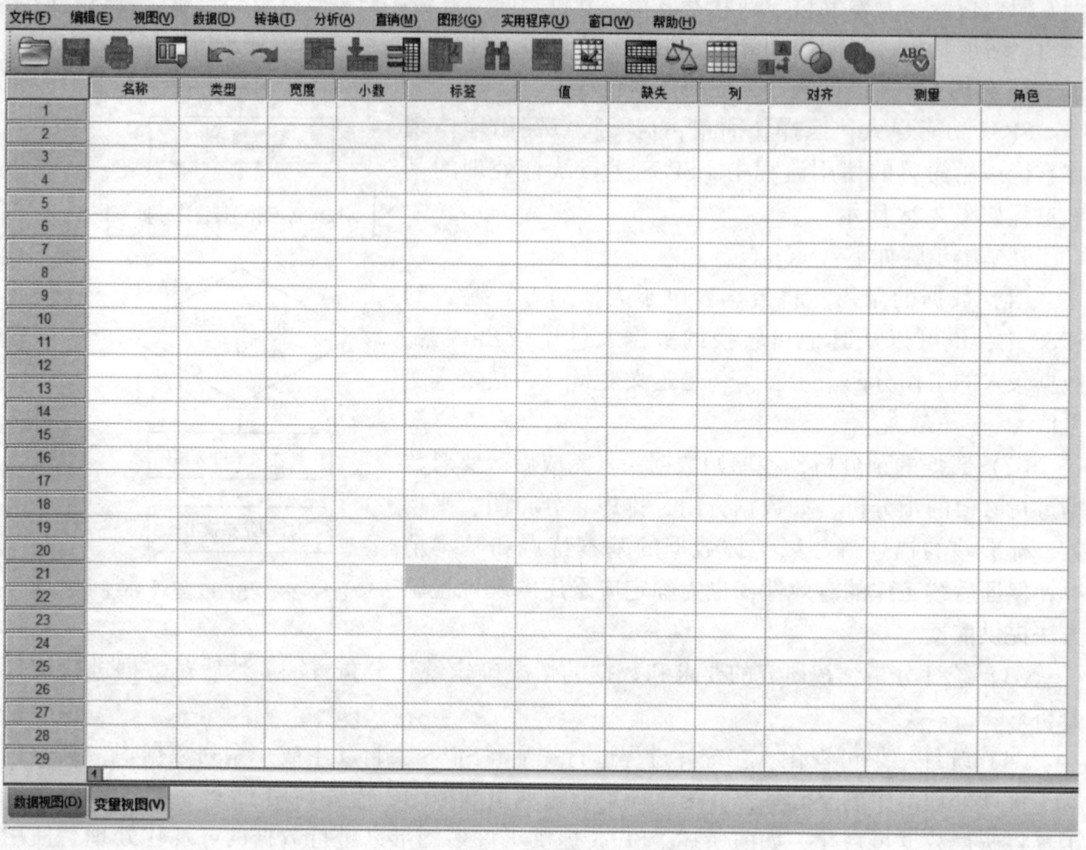

图 2-29　SPSS 定义变量的界面

名称	类型	宽度	小数	标签	值	缺失	列	对齐	测量	角色
编号	数值	8	2		无	无	8	右	未知	输入

图 2-30　确定变量类型

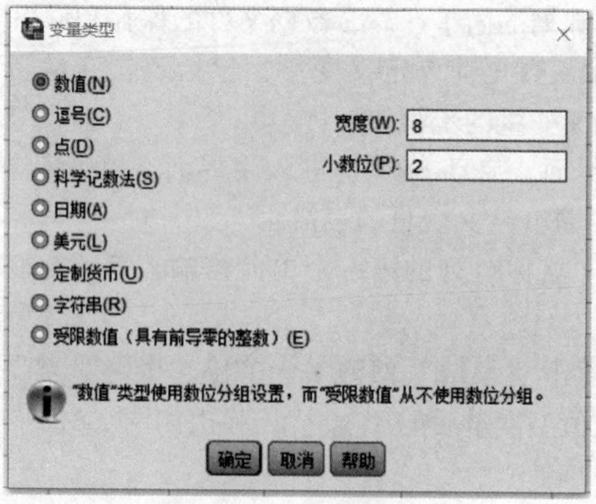

图 2-31　设置变量类型

4）设置变量的其他属性。在图 2-30 所示的表格中，“宽度”表示变量的总宽度，“小数”表示小数位数，“标签”表示变量标签，“值”表示变量的值，“缺失”表示缺失值，“对齐”表示对齐方式，“测量”表示变量的种类。这些属性如果不是特殊需要，一般不要进行修改。

（2）数据的输入。定义好变量后，单击“变量视图”选项卡旁的“数据视图”选项卡，进入数据输入窗口，按照 SPSS 表格直接输入数据即可。

（3）数据的简单计算。当输入完数据后，有时要根据已经存在的变量建立新变量，可以使用“计算变量”来完成。

1）选择“转换”→“计算变量”命令，弹出“计算变量”对话框，如图 2-32 所示。

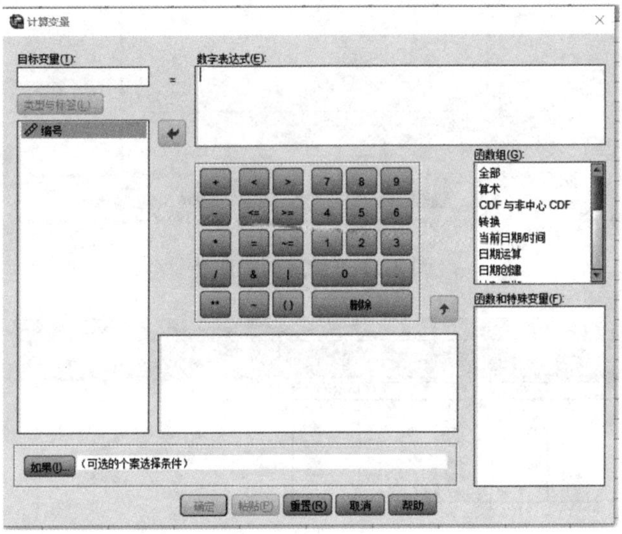

图 2-32　“计算变量”对话框

2）在“目标变量”框中输入新的目标变量名，用来接收计算的值。

3）利用“数字表达式”下面的框中输入计算新变量的数字表达式。方法如下：

① 在左侧选择原始变量名进入“数字表达式”。

② 在“数字表达式”上选择数字或操作符，形成表达式，如“编号>=10”（图 2-33）。

③ 在“函数组”框中选择表达式需要的函数，使表达式出现在其后括号中。

④ 单击“确定”按钮，生成新的变量。

（4）保存数据文件。在查看器窗口中，进行以下操作，保存数据内容：

1）单击主菜单中的“文件”菜单，打开“文件”菜单条。

2）单击“保存”选项，弹出“将数据保存为”对话框。

3）输入文件名称，SPSS 保存的文件类型为“ *. sav”，单击“保存”按钮。

（5）数据与统计结果的输出。SPSS 的文件输出是指将统计分析后的数据与结果以表格或图形的形式显示出来。SPSS 的输出窗口如图 2-34 所示，窗口的右侧以图表的形式显示输出结果。

SPSS 可以对输出的文件进行保存，保存的类型为“ *. spo”。

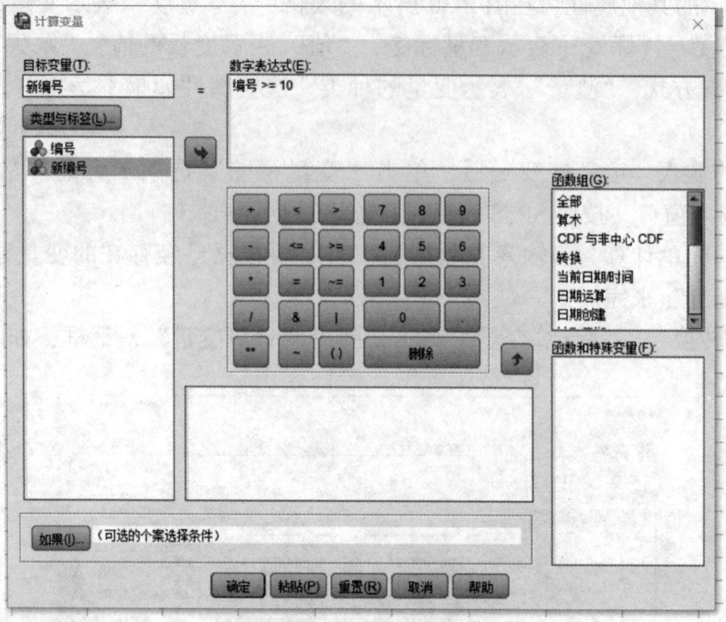

图 2-33　计算新的变量

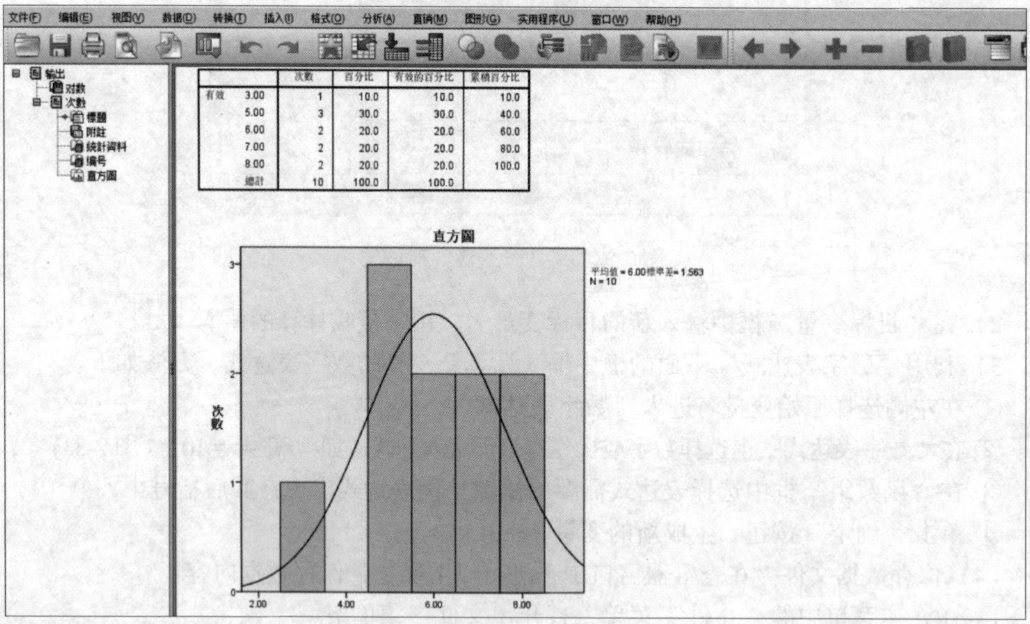

图 2-34　数据与分析结果输出窗口

如果要单独保存表格或是图形，就在其上单击鼠标右键，选择相应的复制命令，将表格或图形输出。SPSS 支持的表格或图形的输出格式有很多种，根据选择的输出方式不同，输出文件的格式也不同，一般可以保存为＊. htm、＊. jpg、＊. tif、＊. bmp、＊. png 等。

2.5.4　SAS 简介

SAS 系统是一个模块化的集成软件系统，是美国软件研究所（SAS Institute Inc.）经多年研制于 1976 年推出的，目前已被许多国家和地区的机构所采用。SAS 系统广泛应用于金融、医疗卫生、生产、运输、通信、政府、科研和教育等领域。它运用统计分析、时间序列分析、运筹决策等科学方法进行质量管理、财务管理、生产优化、风险管理、市场调查和预测等业务，并可将各种数据以灵活多样的报表、图形和三维透视的形式直观地表现出来。在数据处理和统计分析领域，SAS 系统一直被誉为国际上的标准软件系统。

1. SAS 系统的特点

最大特点是把数据管理和数据分析融为一体，主要特点如下：

（1）使用灵活方便，功能齐全。SAS 的宗旨是为所有需要进行数据处理、数据分析的非计算机专业人员提供一种易学易用、完整可靠的软件系统。

1）使用简单方便。用户把要解决的问题，用 SAS 语言表达出来，组成 SAS 程序，提交给 SAS 系统就可以解决提出的问题。执行的情况和输出结果都在屏幕上显示出来。用户操作是在很友好的界面下进行的。

2）功能齐全。SAS 系统的模块结构，用户根据需要可灵活地选择使用。SAS 系统提供的 20 多个模块可完成各方面的实际问题，功能非常齐全。

（2）SAS 语言是编程能力强且简洁易学的非过程语言。SAS 语言是 SAS 系统的基础，是用户与系统对话的语言。SAS 语言是功能强大的程序设计语言，SAS 语言是非过程语言，不必告诉 SAS 怎样做，只需告诉它你要“做什么”。

（3）SAS 系统把数据处理与统计分析融为一体。SAS 程序的结构由两个基本步骤任意组合而成。DATA 用于对数据的加工处理；PROC 用于分析数据和编写报告。

（4）SAS 系统的支持技术。SAS 系统始终致力于应用先进的信息技术和计算机技术对业务和历史数据进行更深层次的加工。SAS 系统现在是以下三种技术的主要提供者：数据仓库技术、数据挖掘技术、决策支持技术。

2. 运行 SAS 程序的步骤

1）在“PROGRAM EDITOR”窗口中键入程序，一个典型的 SAS 程序如图 2-35 所示。

2）提交这段程序。有四种方法可以提交这段程序：①在命令框中直接键入命令“SUBMIT”；②用鼠标选择菜单命令“Locals ”→“ Submit”；③按功能键<F3>；④用鼠标单击标准工具栏的第一个按钮。

另外，还可以用菜单命令“Locals ”→“ Submit top line”来提交“PROGRAM EDITOR”程序窗口中的某一条 SAS 语句，常用来测试这条语句的执行结果。

3）查看 LOG 窗口的信息。

4）重新调出刚才提交的程序。命令框中发布“RECALL”命令。

5）在“OUTPUT”窗口查看运行结果。

如果需要修改和增加运行结果报告的标题，操作如下：①选择“Globals”→“Options”→“Titles”命令；②出现“TITLES”窗口，删除原第一大标题的内容“The SAS system”；③在第一行和第二行分别输入所需要的大小标题的内容，如图 2-35 所示；④选择“Options”→“Save settings now”命令，保存刚才的修改。

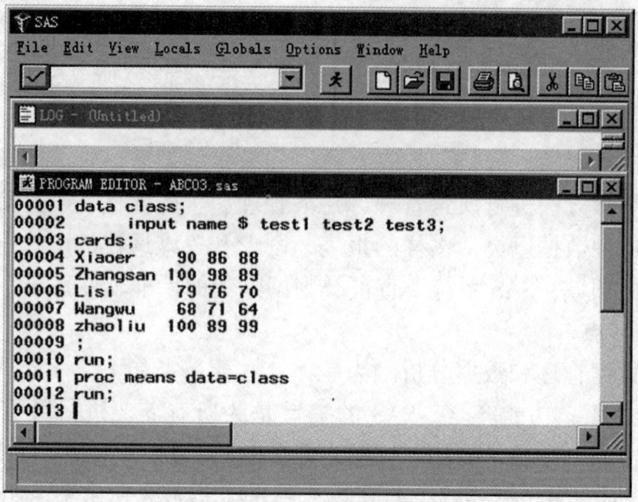

图 2-35　一个典型的 SAS 程序实例

6）存储程序。再发布 RECALL 命令重新调出刚才提交的程序，然后可用“File ”→“Save as ” 菜单命令把程序存储到外部文件中（也可发布“FILE”命令达到相同的目的）。

如果今后要重新运行这个程序，用“File ”→“ Open”菜单命令把这个外部程序重新调入到 SAS 系统的“PROGRAM EDITOR”窗口中。

如果今后要将这个程序插入到正在“PROGRAM EDITOR”窗口编辑的某程序的某处，可发布“INCLUDE”命令把外部这个程序导入到某程序中

SAS 程序文件的扩展名为 . sas。

【例 2-8】　假定某公司生产小型机器和计算机两类机器，这些机器由公司的职员负责在四个地区销售。表 2-11 给出了数据包括销售人员的名字（NAME），销售的地区（REGION），机器的类型（TYPE），和年销售量（SALES）。利用这些资料，想知道每个地区的年销售总量是多少，每种类型的机器卖了多少，及每类机器的人均销售量是多少。

表 2-11　机器销售情况表

名　字	年销售量/台	销售的地区	机器的类型
Stafer	9664	east	sm
Young	22969	east	sm
Stride	27253	east	sm
Topin	86432	east	c
Speak	99210	east	c
Vetter	38928	west	c
Curci	21531	west	sm
Marco	79345	west	c
Greco	18523	west	sm

（续）

名　字	年销售量/台	销售的地区	机器的类型
Ryan	32915	west	sm
Tomas	42109	west	sm
Thaiman	94320	south	c
Moore	25718	south	sm
Allen	64700	south	c
Stelam	27634	south	sm
Farlow	32719	north	sm
Smith	38712	north	sm
Wilsom	97214	north	c

【解】 在 SAS 系统中提交下列程序并运行：

```
data sale;
input name $ sales region $ type $ ;
   cards;
stafer  9664   east   sm
young    22969 east   sm
stride  27253 east   sm
topin    86432 east   c
speak    99210 east   c
vetter  38928 west   c
curci    21531 west   sm
marco     79345 west   c
greco    18523 west   sm
ryan      32915 west   sm
tomas    42109 west   sm
thaiman 94320 south c
moore    25718 south sm
allen    64700 south c
stelam   27634 south sm
farlow   32719 north sm
smith    38712 north sm
Wilson   97214 north c
;
run;

proc print;
run;
proc freq;
  tables type * region;
```

```
run;
proc sort;
    by type;
run;
proc means;
title' means of two kinds of sales data';
by type;
run;
```

2.5.5 Stata 简介

Stata 最初由美国计算机资源中心（Computer Resource Center）研制，现在为 Stata 公司的产品。它操作灵活、简单、易学易用，是一个非常有特色的统计分析软件，现在已越来越受到人们的重视和欢迎，并且和 SAS、SPSS 一起，被称为新的三大权威统计软件。

Stata 最为突出的特点是短小精悍、功能强大，包含了全部的统计分析、数据管理和绘图等功能，尤其是它的统计分析功能极为全面。另外，由于 Stata 在分析时是将数据全部读入内存，在计算全部完成后才和磁盘交换数据，因此运算速度极快。

1. Stata 操作界面

Stata 7.0 启动后的界面，如图 2-36 所示，除了 Windows 版本软件都有的菜单栏、工具栏，状态栏等外，Stata 的界面主要是由四个窗口构成，分述如下：

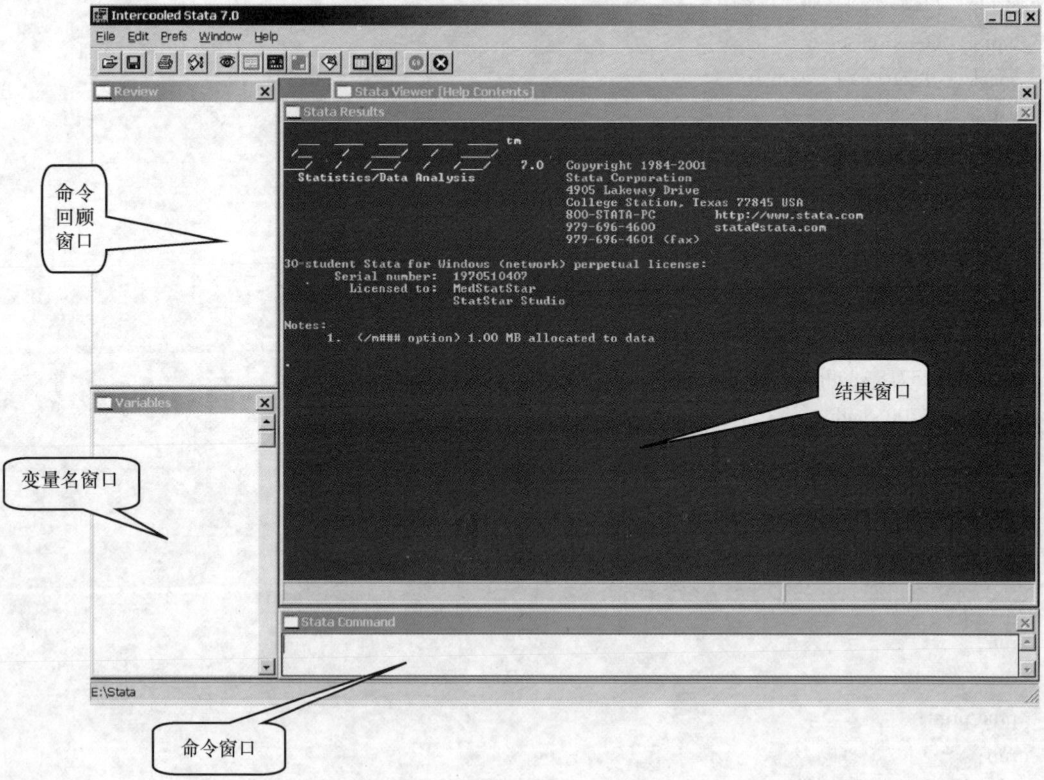

图 2-36 Stata 7.0 启动后的界面

1）结果窗口：位于界面右上部，软件运行中的所有信息，如所执行的命令、执行结果和出错信息等均在这里列出。窗口中会使用不同的颜色区分不同的文本，如白色表示命令，红色表示错误信息。

2）命令窗口：位于结果窗口右下方，相当于 DOS 软件中的命令行，此处用于键入需要执行的命令，回车后即开始执行，相应的结果则会在结果窗口中显示出来。

3）命令回顾窗口：即“Review”窗口，位于界面左上方，所有执行过的命令会依次在该窗口中列出，单击后命令即被自动拷贝到命令窗口中；如果需要重复执行，用鼠标双击相应的命令即可。

4）变量名窗口：位于界面左下方，列出当前数据集中的所有变量名称。

除以上四个默认打开的窗口外，在 Stata 中还有数据编辑窗口、程序文件编辑窗口、帮助窗口、绘图窗口、Log 窗口等，如果需要使用，可以用“Window”或“Help”菜单将其打开。

2. 数据的录入与储存

Stata 为用户提供了简捷，但是非常完善的数据接口，熟悉它的用法是使用 Stata 的第一步。在 Stata 中读入数据可以有三种方式：直接从键盘输入、打开已有数据文件和复制、粘贴方式交互数据。

（1）从键盘输入数据。在 Stata 中可以使用命令行方式直接建立数据集，首先使用“input”命令制定相应的变量名称，然后一次录入数据，最后使用“end”语句表明数据录入结束。

【例 2-9】　在某实验中得到如下数据，请在 Stata 中建立数据集。

观测数据：

X　1　3　5　7　9

Y　2　4　6　8　10

【解】　此处需要建立两个变量 X、Y，分别录入相应数值，Stata 中的操作如下，其中画线部分为操作者输入部分。

```
. drop _ all

. input x y
   x   y
1. 1   2
2. 3   4
3. 5   6
4. 7   8
5. 9   10
6. end
```

（2）用 stata 的数据编辑工具。

1）进入数据编辑器。进入 Stata 界面，在命令栏键入“edit”或在“Stata”的“Window”下拉菜单中单击“Data Editor”或单击编辑图标 （注意： 是浏览图标，单击后

只能浏览，不能编辑）即可进入 Stata 数据编辑器。Stata 界面如图 2-36 所示。

2）数据编辑。Stata 数据编辑器界面如图 2-37 所示，此时进入了数据全屏幕编辑状态。

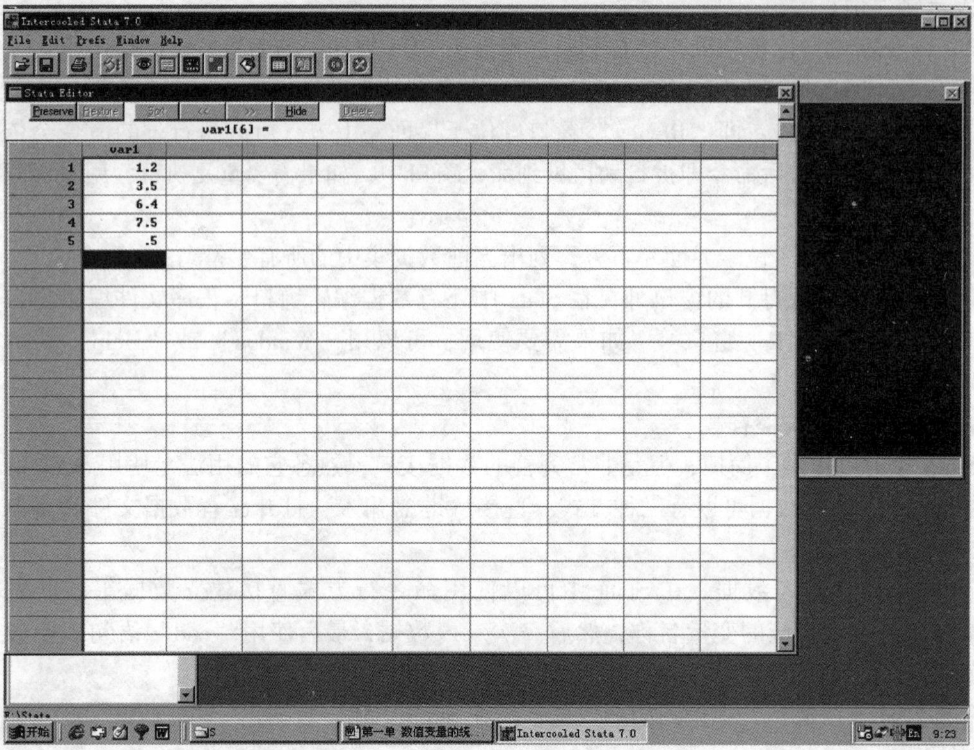

图 2-37 **Stata 数据编辑器界面**

在第一列输入数据后，Stata 第一列自动命名为“var1”；在第二列输入数据后，第二列自动命名为“var2”，依次类推。在输入数据后，双击纵格顶端的变量名栏（如“Var1”或“Var2”处），可以更改变量名，并可以在“Label”栏中注释变量名的含义，单击“OK”按钮确认，如图 2-38 所示。仍沿用图 2-37 中的数据，双击观察值所在列顶端的变量名栏，更改变量名为“x”，并在“Label”栏中注明“7 岁男童身高（cm）”，如图 2-39 所示。

数据输入完毕后，单击“Preserve 按钮”确认所输数据，按关闭键 即可退出编辑器。

（3）复制、粘贴方式交互数据。Stata 的数据编辑窗口是一个简单的电子表格，可以使用复制、粘贴方式直接和 Excel 等软件交互数据，在数据量不大时，这种方式操作极为方便。

【例 2-10】 现在 Excel 中已录入了三个变量，共五条记录，格式如图 2-40 所示，请将数据读入 Stata。

【解】 首先将 Excel 中的 A1 ~ C6 全部 18 个单元格选中，选择菜单“编辑”→“复制”，将数据复制到剪贴板上；然后切换到 Stata，选择菜单“Window”→“Data Editor”，打开数据编辑窗口；再选择“Edit”→“Paste”，相应的数据就会被直接粘贴到数据编辑窗口中，并且变量名、记录数、变量格式等均会被自动正确设置，如图 2-41 所示。

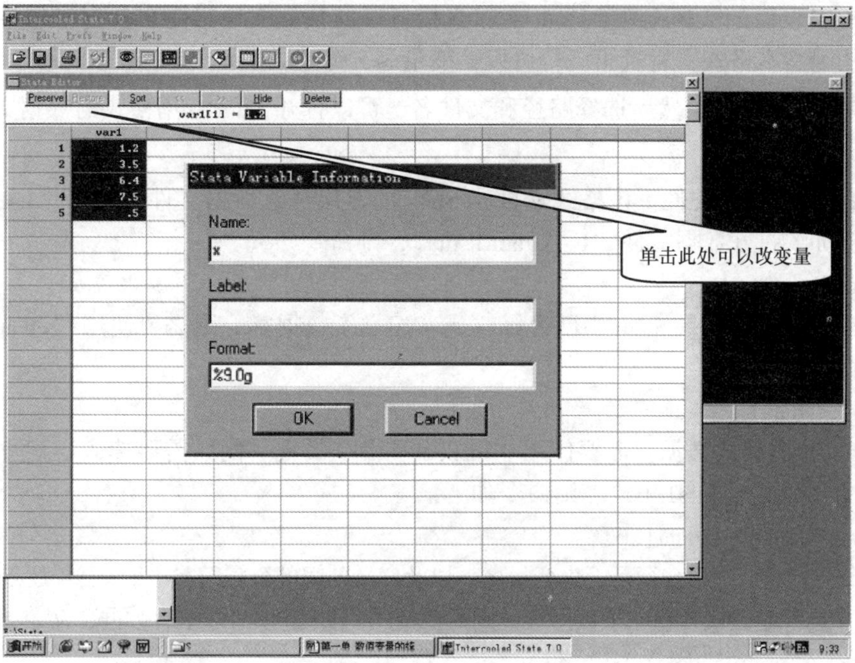

图 2-38　更改变量名窗口

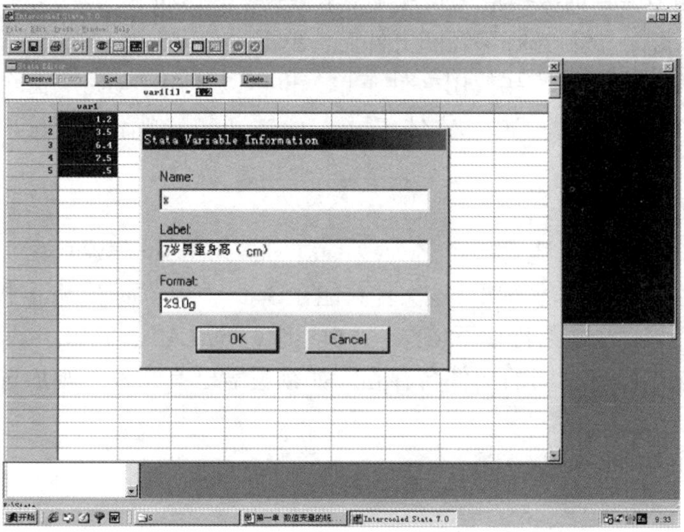

图 2-39　“Label”栏中注释变量名的含义窗口

	A	B	C
1	x	y	z
2	1	2	q
3	3	4	wqw
4	5	6	e
5	7	8	dfw
6	9	10	f

图 2-40　在 Excel 中的数据格式

	x	y	z
1	1	2	q
2	3	4	wqw
3	5	6	e
4	7	8	dfw
5	9	10	f

图 2-41　粘贴入 Stata 后的数据格式

（4）打开已有的数据文件。Stata 能够直接打开的数据文件只能是自身专用格式或者以符号分隔的纯文本格式，后者第一行可以是变量名，分述如下：

1）单击图标 ，然后选择路径和文件名，可以打开 Stata 专用格式的数据文件，并且扩展名为“. dta”。

2）打开 Dta 数据文件：该格式文件是 Stata 的专用格式数据文件，使用“use”命令即可打开。例如要打开数据文件“C：\ data1. dta”，则命令如下：

. use c：\ data1

即扩展名可以省略。如果 Stata 中已经修改或者建立了数据集，则需要使用“clear”选项清除原有数据，命令如下：

. use c：\ data1 ，clear

3）读入文本格式数据：需要使用“insheet”命令实现。例如需要读入已建立好的文本格式数据文件“C：\ data1. txt”，则命令如下：

. insheet using c：\ data1. txt

该命令会自动识别第一行是否为变量名，以及变量列间的分隔符是 tab、逗号还是其他字符。如果 Stata 中已经修改或者建立了数据集，则需要使用 clear 选项清除原有数据，命令如下：

. insheet using c：\ data1. txt ，clear

（5）数据文件的保存。为了方便以后重复使用，输入 Stata 的数据应存盘。Stata 实际上只能将数据存为自身专用的数据格式或者纯文本格式，分述如下：

1）单击图标，然后选择路径和文件名，单击“保存”按钮。

2）存为 dta 格式：可以直接使用文件菜单，也可以使用“save”命令操作，如欲将上面建立的数据文件存入“C：\ ”中，文件名为“Data1. dta”，则命令如下：

. save c：\ data1

file c：\ data1. dta saved

该指令将在 C 盘根目录建立一个名为“data1. dta”的 Stata 数据文件，扩展名“. dta”可以在命令中省略，会被自动添加。该文件只能在 Stata 中用“use”命令打开。如所指定的文件已经存在，则该命令将给出如下信息：“file c：\ data1. dta already exists”，告诉用户在该目标盘及子目录中已有相同的文件名存在。如欲覆盖已有文件，则加选择项“replace”。命令及结果如下：

. save c：\ data1. dta，replace

file c：\ data1. dta saved

3）存为文本格式：需要使用“outsheet”命令实现，该命令的基本格式如下：

outsheet ［变量名列表］ using 文件名 ［，nonames replace ］

其中变量名列表如果省略，则将全部变量存入指定文件。

如欲将上面建立的数据文件存入文本文件“C：\ data1. txt”中，则命令如下：

. outsheet using c：\ data1. txt

此时建立的文件“data1. txt”第一行为变量名，第 2~6 行为变量值。变量列间用<Tab>键分隔。如果不希望在第一行存储变量名，则可以使用“nonames”选项。如果文件已经存在，则需要使用“replace”选项。

参考文献

[1] 徐建华．现代地理学中的数学方法［M］. 北京：高等教育出版社，1996.
[2] 王黎明，陈颖，杨楠．应用回归分析［M］. 上海：复旦大学出版社，2008.
[3] 樊丽淑．计量经济学［M］. 杭州：浙江大学出版社，2007.
[4] 尹希果．计量经济学：原理与操作［M］. 重庆：重庆大学出版社，2009.
[5] 郭为．旅游统计学［M］. 天津：南开大学出版社，2009.
[6] 陶长琪．计量经济学教程［M］. 上海：复旦大学出版社，2012.
[7] 徐建华，段舜山．区域开发理论与研究方法［M］. 兰州：甘肃科学技术出版社，1994.
[8] 庄玉良．基于逆向物流的企业资源计划系统基本理论与应用研究［M］. 徐州：中国矿业大学出版社，2007.
[9] 梁隆，冯丹，陈田．现代管理方法［M］. 兰州：甘肃人民出版社，2010.

第3章
线性规划方法

线性规划（Linear Programming，LP）是运筹学中研究较早、发展较快、应用广泛、方法较成熟的一个重要分支，它是辅助人们进行科学管理的一种数学方法。早在20世纪30年代末，就有人从运输问题开始研究应用线性规划的方法。自1947年丹泽（G. B. Dantzing）提出求解线性规划问题的一般方法——单纯形法之后，线性规划在理论上趋于成熟，在实际应用中日益广泛与深入。特别是随着电子计算机的发展和计算速度的不断提高，线性规划适用的领域更加广泛，用于从工程技术的优化设计到工业、农业、商业、交通运输规划及管理等诸多问题的研究。在工程项目管理中，提高工程项目管理效益、提升经济效果是人们不可缺少的要求。线性规划方法为合理地利用人力、物力、财力等资源，促使工程项目生产组织与计划不断改进，得到最优决策提供了科学的依据。本章将结合有关实例，介绍和探讨线性规划在工程项目管理研究中的应用。

3.1 线性规划及其单纯形法

3.1.1 线性规划数学模型

1. 线性规划实例

线性规划研究的问题主要有两类：一是某项任务确定后，如何统筹安排，以最少的人力、物力和财力去完成该项任务；二是面对一定数量的人力、物力和财力资源，如何安排使用，使得完成的任务最多。实际上，这是一个问题的两个方面，它们都属于最优规划的范畴。以下列举线性规划问题的若干实例，供读者研究。

（1）资源利用问题。

【例3-1】 某家具厂生产桌子和椅子两种家具，桌子售价50元/张，椅子售价30元/把，生产桌子和椅子都需要木工和油漆工两个工种。生产一张桌子需要木工4h，油漆工2h；生产一把椅子需要木工3h，油漆工1h。该厂每个月可用木工工时为120h，油漆工工时为50h。问该厂如何组织生产才能使每月的销售收入最多？

【解】 将一个实际问题转化为线性规划模型有以下几个步骤：

1）确定决策变量：x_1=生产桌子数量，x_2=生产椅子数量。

2）确定目标函数：家具厂的目标是销售收入最多

$$\max S = 50x_1 + 30x_2$$

3）确定约束条件

$$4x_1+3x_2\leqslant 120\ (\text{木工工时限制})$$
$$2x_1+x_2\leqslant 50\ (\text{油漆工工时限制})$$

4）变量非负限制：一般情况，决策变量只取正值（非负值），即 $x_1\geqslant 0$，$x_2\geqslant 0$。综上，列出线性规划模型

$$\max S=50x_1+30x_2$$
$$\text{s.t.}\begin{cases}4x_1+3x_2\leqslant 120\\2x_1+x_2\leqslant 50\\x_1,\ x_2\geqslant 0\end{cases}$$

（2）合理下料问题。

【例 3-2】　用某种原材料切割零件 $A_1,A_2,\cdots,A_m$ 的毛坯，现已设计出在一块原材料上有 $B_1,B_2,\cdots,B_n$ 种不同的下料方式，如用 B_j 下料方式可得 A_i 种零件 a_{ij} 个，设 A_i 种零件的需要量为 b_i 个。试问应该怎样组织下料活动，才能既满足需要，又使用掉的原材料最少？

【解】　设采用 B_j 方式下料的原材料数为 x_j，则上述问题可表示为：在约束条件

$$\begin{cases}\sum\limits_{j=1}^{n}a_{ij}x_j\geqslant b_i & (i=1,2,\cdots,m)\\x_j\geqslant 0 & (j=1,2,\cdots,n)\end{cases}$$

下，求一组整数变量 x_j（$j=1,2,\cdots,n$），使得

$$Z=\sum_{j=1}^{n}x_j\rightarrow\min$$

（3）运输问题。

【例 3-3】　假设某种物资（如煤炭、钢铁、石油等）有 m 个产地、n 个销地。第 i 产地的产量为 a_i（$i=1,2,\cdots,m$），第 j 销地的需求量为 b_j（$j=1,2,\cdots,n$），它们满足产销平衡条件 $\sum\limits_{i=1}^{m}a_i=\sum\limits_{j=1}^{n}b_j$。如果产地 i 到销地 j 的单位物资的运费为 c_{ij}，试问如何安排该种物资调运计划，才能使总运费最少？

【解】　设 x_{ij} 表示由产地 i 供给销地 j 的物资数量，则上述问题可以表述为求一组实值变量 x_{ij}（$i=1,2,\cdots,m$；$j=1,2,\cdots,n$），使其满足

$$\begin{cases}\sum\limits_{i=1}^{m}x_{ij}=b_j & (j=1,2,\cdots,n)\\\sum\limits_{j=1}^{n}x_{ij}=a_i & (i=1,2,\cdots,m)\\x_{ij}\geqslant 0 & (i=1,2,\cdots,m;\ j=1,2,\cdots,n)\end{cases}$$

而且使

$$Z=\sum_{i=1}^{m}\sum_{j=1}^{n}c_{ij}x_{ij}\rightarrow\min$$

2. 线性规划数学模型

线性规划应用的实例还有很多，譬如生产布局问题、连续投资问题等，不一一列举。从

以上的例子可以看出，尽管它们表示的形式不尽相同，但它们都具有以下共同的特征：

1）每一个问题都用一组未知变量（$x_1,x_2,\cdots,x_n$）表示某一规划方案，这组未知变量的一组定值代表一个具体的方案，而且通常要求这些未知变量的取值是非负的。

2）每一个问题都有两个主要组成部分：一是目标函数，按照研究问题的不同，常常要求目标函数取最大或最小值；二是约束条件，它定义了一种求解范围，使问题的解必须在这一范围之内。

3）每一个问题的目标函数和约束条件都是线性的。

根据上述三个基本特征，可以抽象出线性规划问题的数学模型。它一般地可表示为：在线性约束条件

$$\sum_{j=1}^{n} a_{ij}x_j \leqslant (\geqslant, =) b_i \qquad (i=1,2,\cdots,m) \tag{3-1}$$

以及非负约束条件

$$x_j \geqslant 0 \quad (j=1,2,\cdots,n) \tag{3-2}$$

下，求一组未知变量 x_j（$j=1,2,\cdots,n$）的值，使

$$Z=\sum_{j=1}^{n} c_j x_j \to \min(\max) \tag{3-3}$$

若采用矩阵记号，上述线性规划模型的一般形式可进一步描述为：在约束条件

$$\boldsymbol{AX} \leqslant (\geqslant, =) \boldsymbol{b} \tag{3-4}$$

以及

$$\boldsymbol{X} \geqslant \boldsymbol{0} \tag{3-5}$$

下，求未知向量 $\boldsymbol{X}=[x_1,x_2,\cdots,x_n]^{\mathrm{T}}$，使得

$$Z=\boldsymbol{CX} \to \min(\max) \tag{3-6}$$

其中

$$\boldsymbol{b}=[b_1,b_2,\cdots,b_m]^{\mathrm{T}}$$
$$\boldsymbol{C}=[c_1,c_2,\cdots,c_n]$$
$$\boldsymbol{A}=\begin{bmatrix} a_{11} & a_{12} & \cdots & a_{1n} \\ a_{11} & a_{11} & \cdots & a_{2n} \\ \vdots & \vdots & & \vdots \\ a_{m1} & a_{m2} & \cdots & a_{mn} \end{bmatrix}$$

3.1.2 线性规划的标准形式

1. 线性规划的标准形式

为了讨论与计算上的方便，常常需要将线性规划问题的数学模型转化为标准形式，即在约束条件

$$\begin{cases} a_{11}x_1 + a_{12}x_2 + \cdots + a_{1n}x_n = b_1 \\ a_{21}x_1 + a_{22}x_2 + \cdots + a_{2n}x_n = b_2 \\ \qquad \vdots \\ a_{m1}x_1 + a_{m2}x_2 + \cdots + a_{mn}x_n = b_m \end{cases} \tag{3-7}$$

以及

$$x_j \geqslant 0 \qquad (j = 1,2,\cdots,n) \tag{3-8}$$

下，求一组未知变量 x_j $(j=1,2,\cdots,n)$ 的值，使

$$Z = \sum_{j=1}^{n} c_j x_j \to \min \tag{3-9}$$

其缩写形式为：在约束条件

$$\sum_{j=1}^{n} a_{ij} x_j = b_i \qquad (i = 1,2,\cdots,m) \tag{3-10}$$

以及

$$x_j \geqslant 0 \quad (j = 1,2,\cdots,n) \tag{3-11}$$

下，求一组未知变量 x_j $(j=1,2,\cdots,n)$ 的值，使得

$$Z = \sum_{j=1}^{n} c_j x_j \to \min \tag{3-12}$$

采用矩阵记号，上述标准形式还可以进一步简记为：在约束条件

$$\boldsymbol{AX} = \boldsymbol{b} \tag{3-13}$$

以及

$$\boldsymbol{X} \geqslant \boldsymbol{0} \tag{3-14}$$

下，求未知向量 $\boldsymbol{X}$，使得

$$Z = \boldsymbol{CX} \to \min \tag{3-15}$$

在通常情况下，$\boldsymbol{b}$ 和 $\boldsymbol{c}$ 为已知常数向量；$\boldsymbol{A}$ 为已知常数矩阵，且 $\boldsymbol{A}$ 的秩为 m 。

上述标准形式的线性规划，常被记为如下更为紧凑的形式：

$$\begin{cases} \min Z = \sum_{j=1}^{n} c_j x_j \\ \sum_{j=1}^{n} a_{ij} x_j = b_i \qquad (i = 1,2,\cdots,m) \\ x_j \geqslant 0 \qquad (j = 1,2,\cdots,n) \end{cases}$$

或

$$\begin{cases} \min Z = \boldsymbol{CX} \\ \boldsymbol{AX} = \boldsymbol{b} \\ \boldsymbol{X} \geqslant \boldsymbol{0} \end{cases}$$

2. 化为标准形式的方法

具体的线性规划问题，其数学模型常常是各式各样的，它们不一定符合线性规划标准形式的要求，为了将其转化为标准形式，常常需要对目标函数或约束条件采用一定的变换方法进行转换。

（1）目标函数化为标准形式的方法。如果其线性规划问题的目标函数为

$$\max Z = \boldsymbol{CX}$$

则令 $Z'' = -Z$ ，显然

$$-\max Z = \min(-Z) = \min Z''$$

所以，可将原问题的目标函数换为

$$\min Z'' = -\boldsymbol{CX}$$

这就是标准形式的目标函数了。

(2) 约束方程化为标准形式的方法。如果第 k 个约束方程为不等式，即

$$a_{k1}x_1 + a_{k2}x_2 + \cdots + a_{kn}x_n \leqslant (\geqslant) b_k$$

则只需在原问题中引入松弛变量 $x_{n+k} \geqslant 0$，并将第 k 个方程改写为

$$a_{k1}x_1 + a_{k2}x_2 + \cdots + a_{kn}x_n \pm x_{n+k} = b_k$$

而将其目标函数看作

$$z = \sum_{j=1}^{n} c_j x_j$$

这样就将原问题转化为标准形式的线性规划模型了。

3.1.3 线性规划的解及其性质

1. 线性规划的解

(1) 可行解与最优解。在线性规划问题中，称满足约束条件（即满足线性约束和非负约束）的一组变量值 $\boldsymbol{x}=[x_1,x_2,\cdots,x_n]^{\mathrm{T}}$ 为可行解。所有可行解组成的集合称为可行域。使目标函数最大或最小化的可行解称为最优解。

(2) 基本解与基本可行解。在线性规划问题式（3-13）~式（3-15）中，如果把约束方程组的 $m \times n$ 阶系数矩阵 $\boldsymbol{A}$ 写成由 n 个列向量组成的分块矩阵

$$\boldsymbol{A} = [\boldsymbol{p}_1, \boldsymbol{p}_2, \cdots, \boldsymbol{p}_n] \tag{3-16}$$

则 $\boldsymbol{p}_j = [a_{1j}, a_{2j}, \cdots, a_{mj}]^{\mathrm{T}}$ $(j=1,2,\cdots,n)$ 是对应变量 x_j 的系数列向量。

如果 $\boldsymbol{B}$ 是 $\boldsymbol{A}$ 中的一个 $m \times m$ 阶的非奇异子阵，则称 $\boldsymbol{B}$ 为该线性规划问题的一个基。不失一般性，不妨设

$$\boldsymbol{B} = \begin{bmatrix} a_{11} & a_{12} & \cdots & a_{1m} \\ a_{11} & a_{11} & \cdots & a_{2m} \\ \vdots & \vdots & & \vdots \\ a_{m1} & a_{m2} & \cdots & a_{mm} \end{bmatrix} = [\boldsymbol{p}_1, \boldsymbol{p}_2, \cdots, \boldsymbol{p}_m] \tag{3-17}$$

则称 $\boldsymbol{p}_j$ $(j=1,2,\cdots,m)$ 为基向量，与基向量 $\boldsymbol{p}_j$ 相对应的变量 x_j $(j=1,2,\cdots,m)$ 为基变量，而其余的变量 x_i $(i=m+1,m+2,\cdots,n)$ 为非基变量。

如果 $\boldsymbol{X}_B = [x_1, x_2, \cdots, x_m]^{\mathrm{T}}$ 是方程组

$$\boldsymbol{BXB} = \boldsymbol{b} \tag{3-18}$$

的解，则 $\boldsymbol{X}_B = [x_1, x_2, \cdots, x_m, 0, 0, \cdots, 0]^{\mathrm{T}}$ 是方程组式（3-13）的一个解，称之为对应于基 $\boldsymbol{B}$ 的基本解。

满足非负约束条件的基本解，称为基本可行解。对应于基本可行解的基称为可行基。

线性规划问题的以上几个解的关系可用图 3-1 来描述。

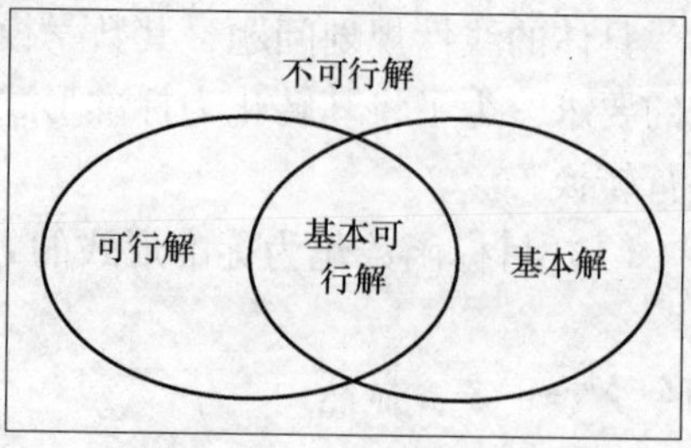

图 3-1 线性规划解的关系

2. 线性规划解的性质

(1) 凸集和顶点。为了说明线性规划解的性质，

需要引入凸集和顶点的概念。

若连接 n 维点集 S 中的任意两点 $\boldsymbol{X}(1)$ 和 $\boldsymbol{X}(2)$ 之间的线段仍在 S 中，则称 S 为凸集。例如，三角形、平行四边形、正多边形、圆、球体、正多面体等都是凸集，而圆环、空心球等都不是凸集。若凸集 S 中的点 $\boldsymbol{X}(0)$ 不能成为 S 中任何线段的内点，则称 $\boldsymbol{X}(0)$ 为 S 的顶点或极点。例如，三角形、平行四边形、正多边形、正多面体的顶点以及圆周上的点等都是极点。

（2）线性规划解的性质。可以证明，线性规划问题的解具有以下性质：

1）线性规划问题的可行解集（可行域）为凸集。

2）可行解集 S 中的点 $\boldsymbol{X}$ 是顶点的充要条件为 $\boldsymbol{X}$ 是基本可行解。

3）若可行解集有界，则线性规划问题的最优值一定可以在其顶点上达到。由于系数矩阵 $\boldsymbol{A}$ 中的基是有限的，因此基本可行解也是有限的，这就是说可行解集的顶点数目是有限的。所以，如果线性规划问题有最优解，就只需从其可行解集的有限个顶点中去寻找。

3.1.4　线性规划问题的求解方法——单纯形法

单纯形方法（Simplex Method）基本思路：

1）从可行域中某个基本可行解（一个顶点）开始（称为初始基本可行解）。

2）如可能，从可行域中求出具有更优目标函数值的另一个基本可行解（另一个顶点），以改进初始解。

3）继续寻找更优的基本可行解，进一步改进目标函数值。当某一个基本可行解不能再改善时，该解就是最优解。

1. 单纯形表

在标准形式线性规划式（3-13）~式（3-15）中，不妨设 $\boldsymbol{B}=[\boldsymbol{p}_1,\boldsymbol{p}_2,\cdots,\boldsymbol{p}_m]$ 是一个基，令 $\boldsymbol{N}=[\boldsymbol{p}_{m+1},\boldsymbol{p}_{m+2},\cdots,\boldsymbol{p}_n]$，则 $\boldsymbol{A}=[\boldsymbol{B},\ \boldsymbol{N}]$。记基变量为 $\boldsymbol{x}_B=[x_1,x_2,\cdots,x_m]^{\mathrm{T}}$，非基变量为 $\boldsymbol{x}_N=[x_{m+1},x_{m+2},\cdots,x_n]^{\mathrm{T}}$，则运用分块矩阵的运算法则可知，式（3-13）可以被进一步改写为

$$\boldsymbol{B}\boldsymbol{X}_B+\boldsymbol{N}\boldsymbol{X}_N=\boldsymbol{b} \tag{3-19}$$

用 $\boldsymbol{B}^{-1}$ 左乘式（3-19）两端，并做适当整理，可得

$$\boldsymbol{X}_B=\boldsymbol{B}^{-1}\boldsymbol{b}-\boldsymbol{B}^{-1}\boldsymbol{N}\boldsymbol{X}_N \tag{3-20}$$

式（3-20）就是用非基变量表示基变量的关系式。

相应地，记 $\boldsymbol{C}_B=[c_1,c_2,\cdots,c_m]$，$\boldsymbol{C}_N=[c_{m+1},c_{m+2},\cdots,c_n]$，$\boldsymbol{C}=[\boldsymbol{C}_B,\boldsymbol{C}_N]$，则目标函数亦可以改写为

$$Z=\boldsymbol{C}_B\boldsymbol{B}^{-1}\boldsymbol{b}+(\boldsymbol{C}_N-\boldsymbol{C}_B\boldsymbol{B}^{-1}\boldsymbol{N})\boldsymbol{X}_N \tag{3-21}$$

显然，$\boldsymbol{X}_B=\boldsymbol{B}^{-1}\boldsymbol{b}$，$\boldsymbol{X}_N=\boldsymbol{0}$ 构成了对应于基 $\boldsymbol{B}$ 的基本解，其相应的目标函数值为 $Z=\boldsymbol{C}_B\boldsymbol{B}^{-1}\boldsymbol{b}$。

如果 $\boldsymbol{B}^{-1}\boldsymbol{b}\geqslant\boldsymbol{0}$，则 $\boldsymbol{X}_B=\boldsymbol{B}^{-1}\boldsymbol{b}$，$\boldsymbol{X}_N=\boldsymbol{0}$ 构成了一个基本可行解，$\boldsymbol{B}$ 是一个可行基。

如果 $\boldsymbol{C}_B\boldsymbol{B}^{-1}\boldsymbol{N}-\boldsymbol{C}_N\leqslant\boldsymbol{0}$，则由式（3-21）可以看出，对于一切可行解 $\boldsymbol{X}$，有 $Z=\boldsymbol{C}\boldsymbol{X}\geqslant\boldsymbol{C}_B\boldsymbol{B}^{-1}\boldsymbol{b}$。这就是说，对应于 $\boldsymbol{B}$ 的基本可行解为最优解，这时，$\boldsymbol{B}$ 也被称为最优基。

由于

$$\boldsymbol{C}_B\boldsymbol{B}^{-1}\boldsymbol{A}-\boldsymbol{C}=\boldsymbol{C}_B\boldsymbol{B}^{-1}[\boldsymbol{B},\ \boldsymbol{N}]-[\boldsymbol{C}_B,\ \boldsymbol{C}_N]$$

$$= [C_B, C_B B^{-1} N] - [C_B, C_N]$$
$$= [0, (C_B B^{-1} N - C_N)] \tag{3-22}$$

即 $C_B B^{-1} N - C_N \leqslant 0$ 与 $C_B B^{-1} A - C \leqslant 0$ 等价，故可得以下最优性判定定理。

定理：对于基 B，若 $B^{-1} b \geqslant 0$，且 $C_B B^{-1} A - C \leqslant 0$，则对应于基 B 的基本解为最优解，B 为最优基。

由式（3-21）和式（3-22）可得

$$Z + (C_B B^{-1} A - C) X = C_B B^{-1} b \tag{3-23}$$

用 B^{-1} 左乘式（3-13）两端，得

$$B^{-1} A X = B^{-1} b \tag{3-24}$$

联合式（3-23）和式（3-24）可得

$$\begin{bmatrix} 1 & C_B B^{-1} A - C \\ 0 & B^{-1} A \end{bmatrix} \begin{bmatrix} Z \\ X \end{bmatrix} = \begin{bmatrix} C_B B^{-1} b \\ B^{-1} b \end{bmatrix} \tag{3-25}$$

式中，称系数矩阵

$$\begin{bmatrix} C_B B^{-1} b & 1 & C_B B^{-1} A - C \\ B^{-1} b & 0 & B^{-1} A \end{bmatrix}$$

或

$$\begin{bmatrix} C_B B^{-1} b & C_B B^{-1} A - C \\ B^{-1} b & B^{-1} A \end{bmatrix}$$

为对应于基 B 的单纯形表，记作 $T(B)$ 。

如果记 $C_B B^{-1} b = b_{00}, C_B B^{-1} A - C = [b_{01}, b_{02}, \cdots, b_{0n}], B^{-1} b = [b_{10}, b_{20}, \cdots, b_{m0}]^{\mathrm{T}}$，以及

$$B^{-1} A = \begin{bmatrix} b_{11} & b_{12} & \cdots & b_{1n} \\ b_{21} & b_{22} & \cdots & b_{2n} \\ \vdots & \vdots & & \vdots \\ b_{m1} & b_{m2} & \cdots & b_{mn} \end{bmatrix}$$

则

$$T(B) = \begin{bmatrix} b_{00} & b_{01} & b_{02} & \cdots & b_{0n} \\ b_{10} & b_{11} & b_{12} & \cdots & b_{1n} \\ b_{20} & b_{21} & b_{22} & \cdots & b_{2n} \\ \vdots & \vdots & \vdots & & \vdots \\ b_{m0} & b_{m1} & b_{m2} & \cdots & b_{mn} \end{bmatrix} \tag{3-26}$$

式（3-26）表明，单纯形表就是把非基变量作为参数，表示基变量和目标函数时的系数矩阵。b_{00} 就是对应于基 B 的基本解下的目标函数值；$b_{10}, b_{20}, \cdots, b_{m0}$ 就是对应于基 B 的基本解的基变量值；$b_{01}, b_{02}, \cdots, b_{0n}$ 为检验系数，如果这组数均非正，则这一基本可行解就是最优解。

2. 单纯形法的计算步骤

单纯形法求解线性规划问题的计算步骤如下：

第一步，找出初始可行基 $\boldsymbol{B}=[\boldsymbol{p}_{j1},\boldsymbol{p}_{j2},\cdots,\boldsymbol{p}_{jm}]$，建立初始单纯形表。

第二步，判别、检查所有的检验系数 b_{0j} $(j=1,2,\cdots,n)$。

1）如果所有的 $b_{0j}\leqslant 0$ $(j=1,2,\cdots,n)$，则由最优性判定定理知，已获最优解。

2）若检验系数 b_{0j} $(j=1,2,\cdots,n)$ 中，有些为正数，但其中某一正的检验系数所对应的列向量的各分量均非正，则线性规划问题无解。

3）若检验系数 b_{0j} $(j=1,2,\cdots,n)$ 中，有些为正数，且它们所对应的列向量中有正的分量，则进行换基迭代。

第三步，选主元。在所有 $b_{0j}>0$ 的检验系数中选取最大的一个 b_{0s}，其对应的非基变量为 $\boldsymbol{X}_s$，对应的列向量为 $\boldsymbol{p}_s=[b_{1s},b_{2s},\cdots,b_{ms}]^{\mathrm{T}}$。如果

$$\theta=\min\left\{\frac{b_{i0}}{b_{is}}\mid b_{is}>0\right\}=\frac{b_{r0}}{b_{rs}}$$

则确定 b_{rs} 为主元项。

第四步，在基 $\boldsymbol{B}$ 中调进 p_s，换出 p_{jr}，得到一个新的基 $\boldsymbol{B}'=[\boldsymbol{p}_{j1},\boldsymbol{p}_{j2},\cdots,\boldsymbol{p}_{jr-1},\boldsymbol{p}_s,\boldsymbol{p}_{jr+1},\cdots,\boldsymbol{p}_{jm}]$。

第五步，在单纯形表上进行初等行变换，使第 **s** 列向量变为单位向量，又得一张新的单纯形表。

第六步，转入上述第二步。

3.2　线性规划的对偶理论

3.2.1　对偶问题的提出

对于 3.1 节中所介绍的资源利用问题

$$\begin{cases}\max Z=\sum\limits_{j=1}^{n}c_jx_j\\ \sum\limits_{j=1}^{n}a_{ij}x_j\leqslant b_i \quad (i=1,2,\cdots,m)\\ x_j\geqslant 0 \quad (j=1,2,\cdots,n)\end{cases}\tag{3-27}$$

也可以从另一个角度去做这样的考虑，即资源拥有者为了实现一定的收入目标，他可以不用这 m 种资源去生产 n 种产品，而是将其所拥有的资源出售。这时，他就必须考虑给每一种资源如何定价的问题。

如果用 y_i $(i=1,2,\cdots,m)$ 表示出售单位数量的第 i 种资源的价格。显然，资源拥有者在做出出售资源的决策时，必须考虑到：出售资源的收入不应该低于生产所获得的收入，这样就有

$$\sum_{j=1}^{m}a_{ij}y_j\leqslant c_i \quad (i=1,2,\cdots,n)$$

显然

$$y_i\geqslant 0 \quad (i=1,2,\cdots,m)$$

如果资源拥有者将所有资源出售，则他得到的总收入为

$$\boldsymbol{W} = \sum_{i=1}^{m} b_i y_i$$

对于资源拥有者来说，他当然希望 W 越大越好；但对于资源接受者来说，他当然希望 W 越小越好。所以，资源拥有者出售每一种资源的最低估价，应该通过求解线性规划问题而得到。

$$\begin{cases} \min W = \sum_{i=1}^{m} b_i y_i \\ \sum_{i=1}^{m} a_{ij} y_i \leqslant c_j \qquad (j = 1, 2, \cdots, n) \\ y_i \geqslant 0 \qquad (i = 1, 2, \cdots, m) \end{cases} \tag{3-28}$$

上述讨论表明，对于同样一个资源利用问题，从两个不同的角度去考虑，可以得到两个不同但又相互联系的线性规划模型，这就是线性规划的对偶问题。其中，式（3-27）称为原线性规划问题，式（3-28）称为原线性规划问题的对偶线性规划问题。

一般地，称线性规划问题

$$\begin{cases} \max Z = \boldsymbol{CX} \\ \boldsymbol{AX} \leqslant \boldsymbol{b} \\ \boldsymbol{X} \geqslant \boldsymbol{0} \end{cases} \tag{3-29}$$

与线性规划问题

$$\begin{cases} \min W = \boldsymbol{Yb} \\ \boldsymbol{YA} \geqslant \boldsymbol{C} \\ \boldsymbol{Y} \leqslant \boldsymbol{0} \end{cases} \tag{3-30}$$

为相互对偶的线性规划问题。这就是说，如果将式（3-29）看作原问题，则式（3-30）为其对偶问题；反之，如果将式（3-30）看作原问题，则式（3-29）为其对偶问题。式（3-29）与式（3-30）是线性规划原问题与对偶问题的标准形式，它们之间的变换关系是对称形式（表 3-1）。因此，根据原问题的系数矩阵就能很容易地写出它的对偶问题。

表 3-1　变换关系的对称形式

x_1	y_1				原关系	min
	x_1	x_2	…	x_n		
y_1	a_{11}	a_{12}	…	a_{1n}	$\leqslant$	b_1
y_1	a_{21}	a_{22}	…	a_{2n}	$\leqslant$	b_2
⋮	⋮	⋮		⋮	⋮	⋮
y_m	a_{m1}	a_{m2}	…	a_{mn}	$\leqslant$	b_m
对偶关系	$\geqslant$	$\geqslant$	…	$\geqslant$	$\max Z = \min W$	
$\max Z$	c_1	c_2	…	c_n		

当原问题的约束条件中含有等式约束方程时，原问题与其对偶问题之间的变换关系就是非对称形式了。这时，对偶问题的求法可按以下步骤进行：

1）首先将原问题的约束条件中的每一个等式约束方程都用两个不等式约束方程代替，从而使原问题的约束条件中的所有约束方程都变为同号不等式约束。

2）按对称形式变换关系（表 3-2）写出它的对偶问题。

表 3-2　原问题与对偶问题的形式变换关系

原问题（或对偶问题）		对偶问题（或原问题）	
目标函数 max$Z$		目标函数 min$W$	
变量	个数 n	约束方程	个数 n
	$\geqslant 0$		$\geqslant$
	$\leqslant 0$		$\leqslant$
	无约束		=
约束方程	个数 m	变量	个数 m
	$\geqslant$		$\geqslant 0$
	$\leqslant$		$\leqslant 0$
	=		无约束
约束方程右端项		目标函数中变量的系数	
目标函数中变量的系数		约束方程右端项	

譬如对于线性规划问题

$$\begin{cases} \max Z = \sum\limits_{j=1}^{n} c_j x_j \\ \sum\limits_{j=1}^{n} a_{ij} x_j = b_i \qquad (i = 1,2,\cdots,m) \\ x_j \geqslant 0 \qquad (j = 1,2,\cdots,n) \end{cases}$$

可以按下述步骤求出其对偶问题：

第一步，将约束条件中的每一个约束方程（等式约束）都分解为两个不等式约束方程。这样，上述线性规划问题就可表示为

$$\begin{cases} \max Z = \sum\limits_{j=1}^{n} c_j x_j \\ \sum\limits_{j=1}^{n} (a_{ij}) x_j \leqslant b \\ \sum\limits_{j=1}^{n} (-a_{ij}) x_j \leqslant -b \\ x_j \geqslant 0 \qquad (j = 1,2,\cdots,n) \end{cases}$$

第二步，设 y_i' 和 y_i''（$i=1,2,\cdots,m$）分别代表对应于 $\sum\limits_{j=1}^{n}(a_{ij})x_j \leqslant b$ 和 $\sum\limits_{j=1}^{n}(-a_{ij})x_j \leqslant -b$ 的对偶变量，则可以按对称形式变换关系（表 3-2）写出它的对偶问题

$$\begin{cases} \min W = \sum\limits_{i=1}^{m} b_i y'_i + \sum\limits_{i=1}^{m} (-b_i y''_i) \\ \sum\limits_{i=1}^{m} a_{ij} y'_i + \sum\limits_{i=1}^{m} (-a_{ij} y''_i) \geqslant c_j \qquad (j = 1,2,\cdots,n) \\ y'_i \geqslant 0,\ y''_i \geqslant 0 \qquad (i = 1,2,\cdots,m) \end{cases}$$

上述线性规划问题的各式，经过整理后得到

$$\begin{cases}\min W = \sum_{i=1}^{m} b_i(y_i' - y_i'') \\ \sum_{i=1}^{m} a_{ij}(y'_i - y''_i) \geqslant c_j \qquad (j = 1,2,\cdots,n) \\ y'_i \geqslant 0,\ y''_i \geqslant 0 \qquad (i = 1,2,\cdots,m)\end{cases}$$

令 $y_i = y_i' - y''_i$，由于 $y'_i \geqslant 0, y''_i \geqslant 0$，可见 y_i 不受正、负限制，将 y_i 代入上述线性规划问题，便可得到原线性规划问题的对偶问题

$$\begin{cases}\min W = \sum_{i=1}^{m} b_i y_i \\ \sum_{i=1}^{m} a_{ij} y_i \geqslant c_j \qquad (i = 1,2,\cdots,n) \\ y_i\ (i = 1,2,\cdots,m)\ \text{无约束}\end{cases}$$

3.2.2 原问题与对偶问题的关系

综上所述，线性规划原问题与对偶问题之间的形式变换关系可以由表 3-2 予以概述。利用表 3-2 所描述的形式变换关系，可以写出任何一个线性规划问题的对偶问题。譬如，对于线性规划问题

$$\begin{cases}\min Z = 2x_1 + 3x_2 - 5x_3 + x_4 \\ x_1 + x_2 - 3x_3 + x_4 \geqslant 5 \\ 2x_1 + 2x_3 - x_4 \leqslant 4 \\ x_2 + x_3 + x_4 = 6 \\ x_1 \leqslant 0;\ x_2,\ x_3 \geqslant 0;\ x_4\ \text{无约束}\end{cases}$$

其对偶问题为

$$\begin{cases}\max Z' = 5y_1 + 4y_2 + 6y_3 \\ y_1 + 2y_2 \geqslant 2 \\ -3y_1 + 2y_2 + y_3 \leqslant -5 \\ y_1 - 2y_2 + y_3 = 1 \\ y_1 \leqslant 0,\ y_2 \geqslant 0,\ y_3\ \text{无约束}\end{cases}$$

可以证明，原线性规划问题的对偶问题具有以下基本性质：

1）对称性。即对偶问题的对偶是原问题。

2）弱对偶性。即若 $\bar{X}$ 是原问题的可行解，$\bar{Y}$ 是对偶问题的可行解，则存在如下关系：

$$C\bar{X} \leqslant \bar{Y}b$$

3）无界性。若原问题（对偶问题）为无界解，则其对偶问题（原问题）无可行解。

4）对偶定理。若原问题有最优解，那么对偶问题也有最优解，而且它们的最优目标值相等。

5）松紧定理。若 $\boldsymbol{X}'$ 与 $\boldsymbol{Y}'$ 分别为原问题与对偶问题的可行解，则它们为最优解的充要条件为 $\boldsymbol{CX}'=\boldsymbol{Y}'\boldsymbol{b}$

6）设原问题是

$$\begin{cases}\max Z = \boldsymbol{CX} \\ \boldsymbol{AX} + \boldsymbol{Xa} = \boldsymbol{b} \\ \boldsymbol{X} \geqslant \boldsymbol{0},\ \boldsymbol{X}_S \geqslant \boldsymbol{0}\end{cases}$$

它的对偶问题是

$$\begin{cases}\min W = \boldsymbol{CX} \\ \boldsymbol{YA} - \boldsymbol{Xa} = \boldsymbol{b} \\ \boldsymbol{X} \geqslant \boldsymbol{0},\ \boldsymbol{X}_S \geqslant \boldsymbol{0}\end{cases}$$

则原问题单纯形表的检验数行对应其对偶问题的一个基解，其对应关系见表 3-3。

表 3-3　对应关系

$\boldsymbol{X}_B$	$\boldsymbol{X}_N$	$\boldsymbol{X}_S$
$\boldsymbol{0}$	$\boldsymbol{C}_N - \boldsymbol{C}_B\boldsymbol{B}^{-1}\boldsymbol{N}$	$-\boldsymbol{CBB}^{-1}$
$\boldsymbol{Y}_{S1}$	$-\boldsymbol{Y}_{S2}$	$-\boldsymbol{Y}$

7）互补松弛性。若 $\hat{\boldsymbol{X}}$ 和 $\hat{\boldsymbol{Y}}$ 分别是原问题和对偶问题的可行解。$\hat{\boldsymbol{Y}}\boldsymbol{X}_S=0$ 和 $\boldsymbol{Y}_S\hat{\boldsymbol{X}}=0$，当且仅当 $\hat{\boldsymbol{X}}$ 和 $\hat{\boldsymbol{Y}}$ 为最优解

3.2.3　对偶单纯形法

由线性规划原问题与对偶问题的解之间的关系可知，在单纯形表中进行迭代时，在 $\boldsymbol{b}$ 列中得到的是原问题的基本可行解，而在检验数行中得到的是对偶问题的基本解。通过逐步迭代，当在检验数行中得到对偶问题的解也是基本可行解时，它就是最优解，这时原问题与对偶问题都是最优解。

根据对偶问题的对称性，也可以这样考虑问题：若保持对偶问题的解是基本可行解，即 $c_j - \boldsymbol{C}_B\boldsymbol{B}^{-1}\boldsymbol{P}_j \leqslant 0$，而原问题在非可行解的基础上，通过逐步迭代达到基本可行解，这样也就得到了最优解。这种思路就是对偶单纯形法求解线性规划的思想。这种方法的优点是原问题的初始解不一定是基本可行解，可从非基本可行解开始迭代。对偶单纯形法的基本原理如下：

对于原问题

$$\begin{cases}\max Z = \boldsymbol{CX} \\ \boldsymbol{AX} = \boldsymbol{b} \\ \boldsymbol{X} \geqslant \boldsymbol{0}\end{cases}$$

设 $\boldsymbol{B}$ 是一个基，不失一般性，令 $\boldsymbol{B}=[\boldsymbol{P}_1,\boldsymbol{P}_2,\cdots,\boldsymbol{P}_m]$，它的应基变量为 $\boldsymbol{X}_B=[x_1,x_2,\cdots,x_n]$。当非基变量都为零时，可以得到 $\boldsymbol{X}_B=\boldsymbol{B}^{-1}\boldsymbol{b}$。若在 $\boldsymbol{B}^{-1}\boldsymbol{b}$ 中至少有一个负分量，设 $(\boldsymbol{B}^{-1}\boldsymbol{b})_i<0$，且在单纯形表的检验数行中的检验数都为非正，则对偶问题保持可行解，它的各分量如下：

对应基变量 $x_1,x_2,\cdots,x_n$ 的检验数是

$$\sigma_i = c_i - Z_i = c_i - \boldsymbol{C}_B\boldsymbol{B}^{-1}\boldsymbol{P}_i = 0 \qquad (i=1,2,\cdots,m)$$

对应非基变量 $x_{m+1},\cdots,x_n$ 的检验数是

$$\sigma_j = c_j - Z_j = c_j - \boldsymbol{C}_B\boldsymbol{B}^{-1}\boldsymbol{P}_j \leqslant 0 \qquad (j = m+1,\cdots,n)$$

每次迭代是将基变量中的负分量 x_1 取出，去替换非基变量中的 x_k，经基变换，所有检验数仍保持非正。从原问题来看，经过每次迭代，原问题由非可行解往可行解靠近，当原问题得到可行解时，便得到了最优解。

对偶单纯形法的计算步骤如下：

1）根据线性规划问题，列出初始单纯形表，检查 $\boldsymbol{b}$ 列中的各分量，若都为非负，且检验数都为非正，则已得到最优解，停止计算。若 $\boldsymbol{b}$ 列中至少有一个负分量，检验数保持非正，则需要进行以下计算。

2）确定换出变量。按照法则

$$\min\{(\boldsymbol{B}^{-1}\boldsymbol{b})_i \mid (\boldsymbol{B}^{-1}\boldsymbol{b})_i < 0\} = (\boldsymbol{B}^{-1}\boldsymbol{b})_l$$

确定对应的基变量 x_l 为换出变量。

3）确定换入变量。在单纯形表中检查 x_l 所在行的各系数 a_{lj}（$j = 1,2,\cdots,n$），若所有 $a_{lj}\geqslant 0$，则无可行解，停止计算。若存在 $a_{lj}<0$（$j=1,2,\cdots,n$），计算

$$\theta = \min\left\{\frac{c_j - z_j}{a_{lj}} \mid a_{lj} < 0\right\} = \frac{c_k - z_k}{a_{lk}}$$

按 θ 规则所对应的列的非基变量 x_k 为换入变量，这样才能保持得到的对偶问题的解仍为可行解。

4）以 a_{lk} 为主元素，按原单纯形法在表中进行迭代运算，得出新的单纯形表。

5）重复步骤1)~4)，直至求得最优解。

参考文献

[1] 王沙果，张小龙．浅谈线性规划方法用于工程项目管理的决策分析［J］．河南水利与南水北调，2014（10）：74-75.

[2] 徐泽水，达庆利．区间数排序的可能度法及其应用［J］．系统工程学报，2003，18（1）：67-70.

[3] 王应明．判断矩阵排序方法综述［J］．决策与决策支持系统，1995（3）：101-114.

[4] 薛静芳．线性规划的单纯形算法研究及应用［D］．大连：大连海事大学，2013.

[5] 邓佑满，张伯明，相年德．配电网络电容器实时优化投切的逐次线性整数规划法［J］．中国电机工程学报，1995（6）：375-383.

第4章 多目标规划方法

多目标规划是数学规划的一个分支，研究的是多于一个的目标函数在给定区域上的最优化，又称多目标最优化。多目标规划在资源分配、计划编制、生产调度等方面有一定的应用。纵观项目管理领域，决策问题可谓种类繁多，因为除了一些普遍的原则以外，更多的决策问题取决于项目本身的关注点和具体的目标要求。然而有一点是能达成共识的，即在多项目组合管理中，如何在确保实现整体战略目标的基础上，兼顾各个项目的目标，并自上而下地平衡和协调各个项目的资源使用，使现有资源最大化利用，是项目组合资源优化管理中的核心问题。当出现多个目标互为制约和矛盾时，通过多目标规划方法，能够使一些线性规划无法解决的问题能得到满意的解答。为了满足项目管理多目标决策问题研究之需要，本章拟结合有关实例，对多目标规划方法及其在工程项目管理研究中的应用问题做一些介绍和探讨。

4.1 多目标规划及其求解技术简介

4.1.1 多目标规划及其非劣解

1. 多目标规划数学模型

传统的单目标规划问题，一般可用如下数学模型描述：

$$\begin{cases}\max(\min) Z = f(\boldsymbol{X}) \\ \boldsymbol{\phi}(\boldsymbol{X}) \leqslant \boldsymbol{G}\end{cases} \tag{4-1}$$

式中，$\boldsymbol{X}=[x_1,x_2,\cdots,x_n]^{\mathrm{T}}$ 为规划决策变量向量；$Z=f(x)$ 是多元标量函数；$\boldsymbol{\phi}(\boldsymbol{X})$ 是 m 维函数向量；$\boldsymbol{G}$ 是 m 维的常数向量，m 是约束条件个数。

对于多目标规划问题，其数学模型也可以类似地描述为如下形式：

$$\begin{cases}\max(\min) \boldsymbol{Z} = \boldsymbol{F}(\boldsymbol{X}) \\ \boldsymbol{\phi}(\boldsymbol{X}) \leqslant \boldsymbol{G}\end{cases} \tag{4-2}$$

式中，$\boldsymbol{X}=[x_1,x_2,\cdots,x_n]^{\mathrm{T}}$ 为规划决策变量向量；$\boldsymbol{Z}=\boldsymbol{F}(x)$ 是 K 维函数向量，K 是目标函数的个数；$\boldsymbol{\phi}(\boldsymbol{X})$ 是 m 维函数向量；$\boldsymbol{G}$ 是 m 维常数向量，m 是约束方程的个数。

对于线性多目标规划问题，式（4-2）可以进一步写作

$$\begin{cases}\max(\min) \boldsymbol{Z} = \boldsymbol{AX} \\ \boldsymbol{B}(\boldsymbol{X}) \leqslant \boldsymbol{b}\end{cases} \tag{4-3}$$

式中，$\boldsymbol{A}$ 为 $K \times m$ 阶矩阵；$\boldsymbol{B}$ 为 $m \times n$ 阶矩阵，$\boldsymbol{b}$ 为 m 维的向量；$\boldsymbol{X}$ 为 n 维决策变量向量。

2. 多目标规划的非劣解

对于上述多目标规划问题，求解就意味着需要做出如下的复合选择：

1）每一个目标函数取什么值，原问题可以得到最满意的解决？

2）每一个决策变量取什么值，原问题可以得到最满意的解决？

在单目标规划问题中，各种方案的目标值之间是可以比较的，因此各种方案总是可以分出优劣的。但在多目标规划中，问题就变得比较复杂。例如，当规划问题是要求所有的目标都取最大值时，一个目标值的增大就有可能导致另一个目标值的减小。因此，多目标规划问题的求解就不可能像在单目标规划中那样，只追求一个目标的最优（最大或最小）化，而置其他目标于不顾。

在多目标规划问题的求解中，非劣解是一个十分重要的概念，对于这一概念，我们可用图 4-1 说明。在图 4-1 中，就方案①和②来说，①的目标值 f_2 比②大，但其目标值 f_1 比②小，因此无法确定这两个方案的优与劣。在各个方案之间，显然：③比②好，④比①好，⑦比③好，⑤比④好。而对于方案⑤、⑥、⑦，它们之间无法确定优劣，而且又没有比它们更好的其他方案，它们就被称为多目标规划问题的非劣解或有效解，其余方案都称为劣解。所有非劣解构成的集合称为非劣解集。图 4-1 所示的双目标规划中，⑤⑥⑦即为非劣解集。

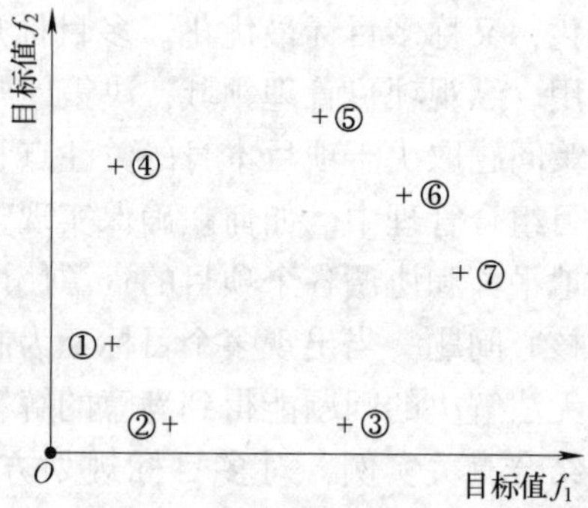

图 4-1 多目标规划的关系

4.1.2 多目标规划求解技术

多目标规划问题的求解，就是要在非劣解集中寻求一个最为满意的规划方案。然而，非劣解集中往往包含有许多非劣解，究竟哪一个最为满意呢？为了解决这一问题，常常需要将多目标规划问题转化为单目标规划问题去处理。实现这种转化，有以下几种建模方法可供借鉴。

1. 效用最优化模型

效用最优化模型建立的依据是基于这样一种假设：规划问题的各个目标函数可以通过一定的方式进行求和运算。这种方法将一系列的目标函数与效用函数建立相关关系，各目标之间通过效用函数协调，从而使多目标规划问题转化为传统的单目标规划问题：

$$\begin{cases}\max \boldsymbol{Z} = \boldsymbol{\psi}(\boldsymbol{X}) \\ \boldsymbol{\phi}(\boldsymbol{X}) \leqslant \boldsymbol{G}\end{cases} \tag{4-4}$$

式中，$\boldsymbol{\psi}$ 是与各目标函数相关的效用函数的和函数。在用效用函数作为规划目标时，需要确定一组权值 λ_i 来反映原问题中各目标函数在总体目标中的权重，即

$$\begin{cases}\max \psi = \sum_{i=1}^{k} \lambda_i \psi_i \\ \phi_i(x_1, x_2, \cdots, x_n) \leqslant g_i \qquad (i = 1, 2, \cdots, m)\end{cases} \tag{4-5}$$

在式（4-5）中，诸 λ_i 应满足

$$\sum_{i=1}^{k} \lambda_i = 1$$

若采用向量与矩阵记号，则上述模型可以进一步改写为

$$\begin{cases}\max\boldsymbol{\phi}=\boldsymbol{\lambda}^{\mathrm{T}}\boldsymbol{\phi}\\ \boldsymbol{\phi}(\boldsymbol{X})\leqslant\boldsymbol{G}\end{cases}\tag{4-6}$$

2. 罚款模型

如果对每一个目标函数，规划决策者都能提出一个所期望的值（或称满意值）f_i^*，那么，就可以通过比较实际值 f_i 与期望值 f_i^* 之间的偏差来选择问题的解。罚款模型的数学表达式为

$$\begin{cases}\min Z=\sum_{i=1}^{k}a_i(f_i-f_i^*)^2\\ \boldsymbol{\phi}(\boldsymbol{X})\leqslant\boldsymbol{G}\end{cases}\tag{4-7}$$

或写成矩阵形式

$$\begin{cases}\min\boldsymbol{Z}=(\boldsymbol{F}-\boldsymbol{F}^*)^{\mathrm{T}}\boldsymbol{A}(\boldsymbol{F}-\boldsymbol{F}^*)\\ \boldsymbol{\phi}(\boldsymbol{X})\leqslant\boldsymbol{G}\end{cases}\tag{4-8}$$

式中，a_i 是与第 i 个目标函数相关的权重；$\boldsymbol{A}$ 是由诸 a_i（$i=1,2,\cdots,k$）组成的 $m\times m$ 阶对角矩阵。

3. 目标规划模型

目标规划模型与罚款模型类似，它也需要预先确定各个目标的期望值 f_i^*。目标规划模型的数学形式为

$$\begin{cases}\min Z=\sum_{i=1}^{k}(f_i^++f_i^-)\\ \phi_i(x_1,x_2,\cdots,x_n)\leqslant g_i\qquad(i=1,2,\cdots,m)\\ f_i+f_i^--f_i^+=f_i^*\qquad(i=1,2,\cdots,m)\end{cases}\tag{4-9}$$

式中，f_i^+ 和 f_i^- 分别表示与 f_i 相应的、与 f_i^* 相比的目标超过值和不足值。

采用矩阵形式表示，则式（4-9）可以进一步简记为

$$\begin{cases}\min\boldsymbol{Z}=\boldsymbol{v}^{\mathrm{T}}(\boldsymbol{F}^++\boldsymbol{F}^-)\\ \boldsymbol{\phi}(\boldsymbol{X})\leqslant\boldsymbol{G}\\ \boldsymbol{F}+\boldsymbol{F}^--\boldsymbol{F}^+=\boldsymbol{F}^*\end{cases}\tag{4-10}$$

式中，$\boldsymbol{v}$ 表示各元素均为 1 的 k 维列向量。

4. 约束模型

约束模型的立论依据是：如果多目标规划问题的某一目标可以给出一个可供选择的范围，则该目标就可以作为约束条件而被排除出目标组，进入约束条件组中。

假如，除了第一个目标外，其余目标都可以提出一个可供选的范围，则按上述思路，该多目标规划问题就可以转化为单目标规划问题：

$$\begin{cases}\max(\min Z)=f_1(x_1,x_2,\cdots,x_n)\\ \phi_i(x_1,x_2,\cdots,x_n)\leqslant g_i\qquad(i=1,2,\cdots,m)\\ f_j^{\min}\leqslant f_j\leqslant f_j^{\max}\qquad(j=1,2,\cdots,k)\end{cases}\tag{4-11}$$

采用矩阵记号，上述模型可以进一步改写为如下形式：

$$\begin{cases} \max(\min \boldsymbol{Z}) = \boldsymbol{f}_1(\boldsymbol{X}) \\ \boldsymbol{\phi}(\boldsymbol{X}) \leqslant \boldsymbol{G} \\ \boldsymbol{F}_1^{\min} \leqslant \boldsymbol{F}_1 \leqslant \boldsymbol{F}_1^{\max} \end{cases} \tag{4-12}$$

4.2 目标规划方法

目标规划方法，是在线性规划的基础上逐步发展起来的一种多目标规划方法。这一方法是由美国学者查恩斯（A. Charnes）和库伯（W. W. Cooper）于 1961 年首先提出来的。后来，查斯基莱恩（U. Jaashelainen）和李（Sang. Lee）等人在查恩斯和库伯研究工作的基础上，给出了求解目标规划问题的一般性方法。

4.2.1 目标规划数学模型

目标规划的基本思想是，给定若干目标以及实现这些目标的优先顺序，在有限的资源条件下，使总的偏离目标值的偏差最小。为了具体说明目标规划与线性规划在处理问题方法上的区别，本节首先通过下面的例子来介绍目标规划的有关概念及数学模型。

【例 4-1】 设某企业利用某种原材料和现有设备可生产甲、乙两种产品，甲、乙两种产品的单价分别为 8 元和 10 元，生产单位甲、乙两种产品需要消耗的原材料分别为 2 个单位和 1 个单位，需要占用的设备分别为 1 台时和 2 台时。已知原材料拥有量为 11 个单位，可利用的设备总台时为 10 台时，试问：该企业应如何确定其生产方案？

【解】 如果决策者所追求的唯一目标是使总产值达到最大，则这个企业的生产方案可以由如下的线性规划模型给出：

求 x_1、x_2 使

$$\max Z = 8x_1 + 10x_2 \tag{4-13}$$

且满足：

$$\begin{cases} 2x_1 + x_2 \leqslant 11 \\ x_1 + 2x_2 \leqslant 10 \\ x_1,\ x_2 \geqslant 0 \end{cases} \tag{4-14}$$

式中，x_1 和 x_2 为决策变量；Z 为目标函数值。

将上述问题化为标准形后，用单纯形法求解可得最佳决策方案为 $x_1^* = 4$，$x_2^* = 3$，$Z^* = 62$（元）。

在实际决策时，企业领导者必须考虑市场等一系列其他条件，如：

① 根据市场信息，甲种产品的需求量有下降的趋势，故甲种产品的产量不应大于乙种产品的产量。

② 超过计划供应的原材料，需用高价采购，这就会使生产成本增加。

③ 应尽可能地充分利用设备的有效台时，但不希望加班。

④ 应尽可能达到并超过计划产值指标 56 元。这样，该企业生产方案的确定，便成为一个多目标决策问题，这一问题可用目标规划方法进行求解。

下面引入与建立目标规划数学模型有关的一些概念。

（1）在目标规划数学模型中，除了决策变量外，还需要引入正、负偏差变量 $\boldsymbol{d}^{+}$、$\boldsymbol{d}^{-}$。其中，正偏差变量 $\boldsymbol{d}^{+}$表示决策值超过目标值的部分，负偏差变量 $\boldsymbol{d}^{-}$表示决策值未达到目标值的部分。因为决策值不可能既超过目标值同时又未达到目标值，故恒有 $\boldsymbol{d}^{+}\times\boldsymbol{d}^{-}=0$ 成立。

（2）绝对约束和目标约束。绝对约束是指必须严格满足的等式约束和不等式约束，譬如，线性规划问题的所有约束条件都是绝对约束，不能满足这些约束条件的解称为非可行解，所以它们是硬约束。

目标约束是目标规划所特有的。可以将约束方程右端项看作是追求的目标值，在达到此目标值时允许发生正或负的偏差，因此在这些约束条件中加入正、负偏差变量，它们是软约束。线性规划问题的目标函数，在给定目标值和加入正、负偏差变量后可变换为目标约束，也可以根据问题的需要将绝对约束变换为目标约束。譬如，线性问题式（4-13）和式（4-14）中的目标函数 $Z = 8x_1 + 10x_2$ 可变换为目标约束 $8x_1 + 10x_2 + d - 1 - d + 1 = 56$，绝对约束 $2x_1 + x_2 \leqslant 11$ 可变换为 $2x_1 + x_2 + d - 2 - d + 2 = 11$。

（3）优先因子（优先等级）与权系数。一个规划问题常常有若干个目标，决策者对这些目标的考虑是有主次或轻重缓急的不同。凡要求第一位达到的目标赋予优先因子 P_1，次位的目标赋予优先因子 P_2，以此类推，并规定 $P_k > P_{k+1}(k=1,2,\cdots,K)$，表示 P_k 比 P_{k+1} 有更大的优先权。这就是说，首先保证 P_1 级目标的实现，这时可以不考虑次级目标；而 P_2 级目标是在实现 P_1 级目标的基础上考虑的；以此类推。若要区别具有相同优先因子 P_k 的目标差别，这时可分别赋予它们不同的权系数 kl（$l=1,2,\cdots,L$）。这些都由决策者按具体情况而定。

（4）目标规划的目标函数（准则函数）是按各目标约束的正、负偏差变量和赋予相应的优先因子而构造的。当每一目标值确定后，决策者的要求是尽可能缩小偏离目标值。因此，目标规划的目标函数只能是

$$\min \boldsymbol{Z} = \boldsymbol{f}(\boldsymbol{d}^{+},\ \boldsymbol{d}^{-}) \tag{4-15}$$

式（4-15）的基本形式有三种：

1）要求恰好达到目标值，即正、负偏差变量都要尽可能地小。这时，有

$$\min \boldsymbol{Z} = \boldsymbol{f}(\boldsymbol{d}^{+} + \boldsymbol{d}^{-}) \tag{4-16}$$

2）要求不超过目标值，即允许达不到目标值，就是正偏差变量要尽可能地小。这时，有

$$\min \boldsymbol{Z} = \boldsymbol{f}(\boldsymbol{d}^{+}) \tag{4-17}$$

3）要求超过目标值，即超过量不限，但必须使负偏差变量要尽可能地小。这时，有

$$\min \boldsymbol{Z} = \boldsymbol{f}(\boldsymbol{d}^{-}) \tag{4-18}$$

对于每一个具体的目标规划问题，可根据决策者的要求和赋予各目标的优先因子来构造目标函数。

对例 4-1 所描述的生产方案的决策问题，如果决策者在原材料供应受严格限制的基础上考虑：首先是甲种产品的产量不超过乙种产品的产量；其次是充分利用设备的有效台时，不加班；再次是产值不小于 56 元。并分别赋予这三个目标 P_1、P_2、P_3 优先因子。则这一决策问题的目标规划模型就是

$$\min Z = P_1 d_1^{+} + P_2(d_2^{-} + d_2^{+}) + P_3 d_3^{-}$$
$$2x_1 + x_2 \leqslant 11$$

$$x_1 - x_2 + d_1^- - d_1^+ = 0$$
$$x_1 + 2x_2 + d_2^- - d_2^+ = 10$$
$$8x_1 + 10x_2 + d_3^- - d_3^+ = 56$$
$$x_1, x_2, d_i^-, d_i^+ \geqslant 0 \quad (i = 1,2,3)$$

目标规划的一般性数学模型如下：

假定有 L 个目标, K 个优先级 $(K \leqslant L)$, n 个变量。在同一优先级 P_k 中不同目标的正、负偏差变量的权系数分别为 ω_{kl}^+ 、ω_{kl}^- ，则多目标规划问题可以表示为

$$\min Z = \sum_{k=1}^{K} P_k \sum_{l=1}^{L} (\omega_{kl}^+ d_l^+ + \omega_{kl}^- d_l^-) \tag{4-19}$$

$$\sum_{l=1}^{L} c_j^{(1)} x_j + d_l^- - d_l^+ = g_l \quad (l = 1,2,\cdots,L) \tag{4-20}$$

$$\sum_{l=1}^{L} a_{ij} x_j \leqslant (=, \geqslant) b_l \quad (i = 1,2,\cdots,m) \tag{4-21}$$

$$x_j \geqslant 0 \quad (j = 1,2,\cdots,L) \tag{4-22}$$

$$d_l^+,\ d_l^- \geqslant 0 \quad (l = 1,2,\cdots,L) \tag{4-23}$$

式中，ω_{kl}^+、ω_{kl}^- 分别为赋予优先因子的第 l 个目标的正、负偏差变量的权系数；g_l 为第 l 个目标的预期值；x_j 为决策变量；d_l^+、d_l^- 分别为第 l 个目标的正、负偏差变量；式（4-19）为目标函数，式（4-20）为目标约束，式（4-21）为绝对约束，式（4-22）和式（4-23）为非负约束；$c_j^{(1)}$ 、a_{ij}、b_i 分别为目标约束、绝对约束中决策变量的系数及约束约值。其中，$i=1, 2,\cdots,m$；$j=1,2,\cdots,n$；$k=1,2,\cdots,K$；$l=1,2,\cdots,L$。

下面介绍目标规划的求解方法。

4.2.2 求解目标规划的单纯形方法

目标规划的数学模型结构，与线性规划的数学模型结构没有本质的区别，所以可用单纯形法求解目标规划问题。但考虑到目标规划模型的特点，在用单纯形法求解目标规划时，应做以下规定：

1）因为目标规划问题的目标函数都是求最小值，所以 $c_j - Z_j \geqslant 0$（$j=1,2,\cdots,n$）为最优判别准则。

2）因为非基变量的检验数中含有不同等级的优先因子，即 $c_j - Z_j = \sum_{k=1}^{K} a_{kj} P_k$ ($j = 1,2,\cdots, n$)，而且 $P_1 > P_2 > \cdots P_k$ ，所以从每个检验数的整体来看，检验数的正、负首先决定于 P_1 的系数 a_{1j} 的正、负，若 $a_{1j} = 0$，则检验数的正、负就决定于 P_2 的系数 a_{2j} 的正、负，下面可依此类推。

求解目标规划问题的单纯形法计算步骤如下：

1）建立初始单纯形表，在表中将检验数行按优先因子个数分别排成 K 行，置 $k=1$。

2）检查该行中是否存在负数，且对应的前 $k-1$ 行的系数是零。若有，取其中最小者对应的变量为换入变量，转 3）步骤。若无负数，则转 5）步骤。

3）按最小比值规则（ θ 规则）确定换出变量。当存在两个和两个以上相同的最小比值时，选取具有较高优先级别的变量为换出变量。

4）按单纯形法进行基变换运算，建立新的计算表，返回 2）步骤。

5）当 $k = K$ 时，计算结束，表中的解即为满意解。否则置 $k = k + 1$，返回 2）步骤。

4.3 案例应用

作为多目标规划方法在工程项目管理研究中的应用实例，本节拟主要介绍 PPP 项目定价方式模型。

近年来，我国通过引入 PPP 模式，推进了基础设施和公共服务等公用事业领域投融资的市场化，公私伙伴关系（PPP）已经成为政府提供公共产品和服务的重要方式。其中，PPP 项目产品/服务的定价直接决定项目运营期的现金流和投资项目的价值评估，同时也关系到社会公众的切身利益。因此，PPP 项目的定价问题便成为公共部门和私人部门合作中最关心的问题，也是影响公私合作项目成败的关键因素。PPP 产品或服务的定价，首要考虑的因素是社会效益最大化，故 PPP 产品和服务的定价不能单纯以盈利为目的，只能按微利或保本来定价。

4.3.1 PPP 项目产品/服务定价影响因素分析

影响价格决策的因素包括企业的营销目标、成本、顾客、市场需求、竞争对手和其他外部因素。然而，由于公共产品或服务特殊的经济性，PPP 项目产品/服务与一般的市场产品或服务不同，PPP 项目定价的根本目标是实现社会效益的最大化。与此同时，私人部门的参与决定了产品/服务的成本依然是影响 PPP 项目定价的重要因素。PPP 项目产品和服务的价格要在公众的经济承受能力之内，消费者支付能力也是影响产品价格的重要因素。PPP 项目的另一个重要特性就是具有自然垄断性，因此，竞争对手这一因素对 PPP 模式下产品、服务价格的影响甚小。PPP 项目的其他影响因素如经济周期、通货膨胀和利率等对 PPP 项目的定价也都有一定的影响，在本文中暂不讨论。

通过分析，影响 PPP 项目产品/服务的价格的因素主要包括以下 5 个：

1）定价目标。

2）社会公众的承受能力（CA）。

3）产品/服务成本（C）——保证私人部门盈利或不亏损的量化指标，由固定成本 C_0 和单位变动成本 C_1 组成。

4）市场需求（Q）——市场的供求状况影响价格策略制定的科学性。

5）政府的补贴和优惠（w）。

4.3.2 PPP 项目产品/服务价格决策目标确定

PPP 项目的利益相关者主要有三方，即产品和服务的质量管制者——政府，产品和服务的提供者——私人部门，产品和服务的使用者——社会公众，即消费者。结合三方面的不同要求，PPP 项目产品/服务的价格决策从三个角度出发，确立以下主要目标：

1）政府——社会效益最大化目标。对政府而言，PPP 项目的成果作为准公共产品应当实现其公益性，以有限的资源产生最大的社会效益。

2）私人部门——企业利益最大化目标。对私人部门而言，利益是企业最根本的追求，如何使得收益与成本的差额最大，即利益最大化，是企业的最终目标。

3）社会公众——使用者成本最小化目标。消费者总希望在保证产品和服务质量的前提下，使用公共产品和服务的费用越小越好。公众的成本包括两个部分，政府的财政补贴和公众自身实际的支出。

然而，PPP 项目产品/服务以上三个定价目标并不能同时满足，减小社会公众的使用成本就势必造成私人部门盈利的降低，提高私人部门的利益就势必造成政府或公众的财政负担加重。PPP 产品/服务价格必定是综合考虑和均衡各方利益，达到各级目标的合理优化 。

4.3.3 PPP 项目定价的多目标规划模型

1. 目标函数建立

事实上，PPP 项目产品/服务定价的三个决策目标组合起来便是该投资项目的社会效益目标。社会效益是指产品和服务对社会所产生的好的后果和影响。根据公共经济学原理，公共产品和服务产生的社会效益主要由消费者剩余（社会公众）、生产者（私人部门）剩余、负的外部效应组成。生产者剩余是指生产者出售一种商品得到的收入（p_1Q）减去成本（C），即企业赚的利润。消费者剩余是指消费者为购买一种商品愿意支付的货币量（p_0Q）减去实际支付量（pQ）的节余部分。根据公共产品和服务的经济特性，消费者剩余可用政府的补贴额度（w）来表示。负外部效应（E），又称外部不经济，是指未能在价格中得以反映的，对交易双方之外的第三者所带来的成本。比如造纸厂会污染环境，即给出造纸厂之外的其他人造成损失。公共产品或服务的负外部效应用 E 表示。

因此，目标函数——社会效益最大化函数，可用下式表达：

$$\mathrm{Max}S = p_1Q - C + p_0Q - pQ - E$$

且有：① $p \leqslant p_1 \leqslant p_0$；② $pQ + w = p_0Q$

2. 前提条件设定

1）负外部效应为投资项目造成的必然效益损失，可以计量。

2）各种限制性相关参数设置科学合理。

3）不存在信息不对称，成本数据真实。

3. 约束条件设置

1）政府对价格的限制。政府对公共项目公私合作的产品和服务通常有价格上限和价格下限约束，假设价格上限为 $p_{\max}$，价格下限为 $p_{\min}$，则政府的限价约束条件为

$$p_{\min} \leqslant p \leqslant p_1 \leqslant p_0 \leqslant p_{\max}$$

2）社会公众承受能力的限制（使用成本约束）：$p \leqslant CA$

3）社会需求约束。公共产品的社会需求与其价格仍存在一定的函数关系，即 $Q = X(p)$，且 $X'(p) \leqslant 0$，具体函数关系要视具体的产品/服务而定。一般公共产品的约束条件为

$$Q = X(p) \qquad Q_{\min} \leqslant Q \leqslant Q_{\max}$$

式中，$Q_{\min}$ 为最低社会需求；$Q_{\max}$ 为生产者最大生产能力。

4）政府财政补贴约束。一个国家或地区的财政投资能力毕竟有限，这也是 PPP 模式产生的主要原因，因此，政府在对社会公众和企业进行财政补贴和优惠时必须要考虑政府的财政能力，在预算范围内进行合理的补贴和优惠，以提高合作和项目运营的效率。

$$0 \leqslant w \leqslant w_0$$

5）企业合理盈利约束。公共产品/服务由于具有公益性质，其必然要求企业的盈利是在合理的区间 $[a, b]$ 内，而不是像一般的市场产品那样，单纯地由市场决定其盈利。

$$a \leqslant Qp_1 - C \leqslant b$$

综上，PPP 项目中产品/服务的定价的多目标规划模型为

目标函数：
$$\text{Max}S = p_1Q - C + p_0Q - pQ - E$$

约束条件：
$$p_{\min} \leqslant p \leqslant p_1 \leqslant p_0 \leqslant p_{\max}$$
$$p \leqslant CA$$
$$Q_{\min} \leqslant Q \leqslant Q_{\max}$$
$$0 \leqslant w \leqslant w_0$$
$$a \leqslant Q\,p_1 - C \leqslant b$$
$$Q = X(p)$$
$$pQ + w = p_0Q$$

参考文献

[1] 杨文昌. 多目标线性规划在项目管理中的应用 [J]. 中国管理信息化，2013，16（4）：61-63.
[2] 叶晓甦，杨俊萍. 基于多目标规划模型的PPP项目定价方式研究 [J]. 统计与决策，2012（6）：74-77.

第5章 随机型决策方法

当决策方案面临两个或两个以上不确定自然状态的时候，这种决策关系叫作随机型决策。随机型决策方法是一种处理随机型决策问题的决策技术，它是工程项目决策研究中必不可少的方法之一。本章拟结合有关实例，介绍和探讨随机型决策方法在工程项目决策研究中的应用问题。

5.1 随机型决策基本内容

5.1.1 决策的基本概念

对于决策的定义，不同的学者看法不同。一种简单的定义是“从两个以上的备选方案中选择一个的过程就是决策”。一种较具体的定义是“所谓决策，是指组织或个人为了实现某种目标，而对未来一定时期内有关活动的方向、内容及方式的选择或调整过程”。

本书将决策定义为“管理者识别并解决问题以及利用机会的过程”。对于这一定义，可做如下理解：

1）决策的主体是管理者（既可以是单个的管理者，也可以是多个管理者组成的集体或小组）。

2）决策的本质是一个过程，这一过程由多个步骤组成。

3）决策的目的是解决问题或利用机会，这就是说，决策不仅仅是为了解决问题，有时也为了利用机会。

决策是管理的基本要素。计划、组织、领导和控制都是管理的职能，而每项职能都要求做出迅速且明确的决定，这些都是决策问题。“管理过程是决策的过程”，赫伯特·西蒙的这句话说明了决策与管理的关系。决策有广义和狭义之分。狭义的决策就是为达到某个目标，从众多方案中选定一个满意方案的行为，也就是通常所说的“决定”“拍板”或“决断”。广义的决策是指人们为了实现目标，根据客观条件，通过调查和研究，在掌握大量有关信息和经验的基础上，借助一定的方法和手段，从众多方案中选择一个最满意或合理的方案并付诸实施的过程。

5.1.2 决策的原则

对决策者来说，要想使决策达到最优。必须：

1）获得与决策有关的全部信息。

2）了解全部信息的价值所在，并据此制定所有可能的方案。

3）准确预测每个方案在未来的执行结果。

由于以下原因，现实中上述这些条件往往得不到满足。

1）组织内外存在的一切，对组织的现在和未来都会直接或间接地产生某种程度的影响，但决策者很难收集到反映这一切情况的信息。

2）对于收集到的有限信息，决策者的利用能力也是有限的，从而决策者只能制定数量有限的方案。

3）任何方案都要在未来实施，而人们对未来的认识是不全面的，对未来的影响也是有限的，从而决策时所预测的未来状况可能与未来的实际状况有出入。

综上所述，决策遵循最优原则很难实现，一般为遵循满意原则。

5.1.3　决策的依据

管理者在决策时离不开信息，信息的数量和质量直接影响决策水平。这要求管理者在决策之前以及决策过程中尽可能地通过多种渠道收集信息，作为决策的依据。但这并不是说管理者要不计成本地收集各方面的信息。管理者在决定收集什么样的信息、收集多少信息以及从何处收集信息等问题时，要进行成本-收益分析。只有在收集的信息所带来的收益（因决策水平提高而给组织带来的利益）超过因此而付出的成本时，才应该收集信息。

5.1.4　决策的程序

一项重大问题的决策，绝不是一个人或少数几个人“灵机一动”瞬间行动的产物，而是由许多人参加的，有准备、有分析、有计算、有决定、有实施、有检查、有修正、有控制的全过程。

科学的决策是一个动态的过程，在决策中需要一个健全的科学决策程序，其每一个步骤都有科学的含义，相互间又有有机的联系。

决策的程序大致分为发现问题、搜集资料、确定目标、制定方案、方案评估、优选方案、贯彻实施、反馈与追踪八个过程。这种划分也是相对的，既可以进一步细分，也可以简化。

1. 发现问题

任何决策都是从发现和提出问题开始的。所谓的问题是指应该或可能达到的状况同现实状况之间存在的差距，也表现为需求、机会、挑战、竞争、愿望等，是客观存在的矛盾在主观世界中的反映。矛盾的复杂性决定着决策问题的复杂程度。在很多的矛盾中，并非任何问题都要决策，而是需要决策者经过一系列的思维活动，对问题进行归纳、筛选、提炼，抓住关键性的、有价值的问题。如果对问题抓得不准，势必捡了芝麻丢了西瓜，决策不到关键点上。反映决策能力的水平，并不是表现在决策者自己能出多少主意，而是看他能不能在纷繁的事物中及时发现问题，抓着关键性问题，这也是对决策者的洞察力和卓识远见的检验。矛盾是普遍存在的，问题也是层出不穷的，如果一个领导者为复杂的矛盾所困扰、理不出头绪，头痛医头、脚痛医脚，成天忙于应付，不能从大局出发，以战略眼光观察分析矛盾的重要性、紧迫性，从而分类排除，抓住主要矛盾，那么，他就不是一个称职的领导者。

发现问题有两层意思。一是要弄清问题的性质、范围、程度以及它的价值和影响。不能只停留在表面现象和笼统的感觉上，要分析问题的各种表现同未来需求的不适应状况，区分问题的不同类型。诸如全局性的或局部性的，战略性的或战术性的，长远性的或暂时性的，已经显现的或潜在的，能够解决的或暂时无条件解决的等。要排查清楚问题之间的相关性、层次性、时间性，认识其状态趋势和特点。没有对问题本质的、整体的认识，没有把握客观事物的运动规律，就没有决策的正确方向和前提。二是要找出问题产生的原因，分析其主观原因和客观原因，主要因素与次要因素，直接关系与间接关系。对问题产生的原因要做纵向和横向剖析。纵向解剖是指从问题的表面开始进行分析，层层深入，究其根本。横向解剖是将同一层次的原因及其相互关系搞清楚，从而找出主要原因。

解决问题固然不容易，而发现问题也不是轻而易举的。在某种意义上来讲，发现问题更难，水平更高。

2. 搜集资料

全面、准确、及时的情报信息，是决策的前提条件。决策过程首先是一个信息沟通的过程，这一过程如果受阻，就会增加决策失误的风险性。企业经营管理的全部信息分为两大部分：一部分是决策的原材料，也叫资源信息；另一部分是决策的产品，又称为管理信息。

决策要做到心中有数，这个“数”就是决策所需要的各种信息。信息量的大小、正确与否，直接影响到决策的质量。要想在决策上不失误，必须有丰富可靠的信息源、迅速的信息传递、准确的情报分析，这是决策科学化的重要物质技术基础。

决策总是为了解决某一个问题，因此先要把问题搞得一清二楚，情况明了时才能决心大。如果情况不明而决心很大，结果事与愿违，南辕北辙，偏离目标更远。为此，必须认真而细致地搜集、整理与问题有关的资料，并通过对这些资料的分析，对问题的性质、特征、范围、背景、条件、原因等得到一个非常清晰的概念。如果对问题只有一个模糊的、粗浅的、朦胧的、笼统的印象，那就无法建立一个明确的目标。

信息资料的来源，一是调查研究，二是科学预测。调查研究的范围非常广泛，应该包括国内的、国外的、历史的、现代的、文献的、经验的……，要有目的地收集大量的统计数据，并要取其精华，去其糟粕，去伪存真地加工整理、传递、使用，包括运用电子计算机来进行数据处理和采用德尔菲法广泛征集各方面专家的建议与看法。

科学的决策一定要建立在科学预测的基础上。对事物的过去和现在进行调查研究和搜集资料是很重要的，但还不够，必须要有对将来发展趋势的预测资料。决策上的失误，其中一个重要的教训是科学依据不足，尤其缺乏预测的依据。只有通过科学的预测，获得决策所必要的未来发展信息，才能做出可靠的科学决策。

3. 确定目标

决策是为了达到一定的预期目标。无目标即无决策，达不到目标的决策便是失策。

所谓目标是指在一定条件下，根据需要与可能，在预测的基础上所企求的终极要求。

确定目标就是明确要干什么、要达到什么要求。特别是对于多目标决策，首先，要明确决策问题的关键性目标，分清主次，有些目标是必须达到的，有些则是希望达到的。只有把那些与问题有关的主要因素和关系选择出来，把次要因素和关系舍弃，才能使问题明朗化，便于人们思索和分析。对于必须达到的目标是不能打折扣的，对于希望达到的目标，就不必建立绝对的限制，只要表示出相对的需要就行了。如果能把多目标决策转化为单目标来择优，那就简化多了。

古今中外由于错误地确定目标而导致失败的决策事例是不少的。例如，20 世纪 30、40

年代德、日、意法西斯的妄想吞并全球，50 年代苏联的发展锗晶体管等。

确立目标必须一看需要，二看可能；要有针对性、准确性、先进性和可靠性；在时间、地点和数量上都要求明确而具体。决策者都有一个体会，目标一旦确定好，决策问题就解决一半了。

4. 制定方案

决策者根据信息来确定目标，并利用有关科学知识（数学、电子计算机、经济学、心理学等）进行预测和可行性研究，在此基础上提出各种可能的行动方案。众所周知，好与坏、优与劣，都是在比较中发现的，因此，只有拟订出一定数量和质量的可能方案对比选择，决策才能做得合理。如果只有一个方案，就无法比较出优劣，也就没有什么选择的余地了。

有了明确的目标，就可以据此拟订多个行动方案。首先，可以大胆地设想，哪些方案是可行的，大致勾画出这些方案的轮廓。创造性的思维是一个十分复杂的心理过程。拟订方案时能否创新，这主要取决于决策人员的知识、能力、精神三方面。广博的知识是研究问题和创新的基础，能力是把各种知识融会贯通起来并用于解决实际问题的本领，而精神是看一个人敢不敢冲破习惯势力与环境压力的束缚。第二，要对可能入选的方案进行深入分析，精心设计。一个合理的决策只有好的主意还不行，必须有具体措施。因此，必须通过制定具体措施，包括组织作业，安排日程，配备人员，落实经费等。如果是战略性决策方案，还应当制定出解决方案实施的策略方案，否则战略方案就会落空。总之，拟订方案时，要勇于广开思路，打破常规，善于创新，出奇制胜。我们所说的精心设计，需要的是冷静的头脑，求实的作风，严密的论证，反复地计算，细心地推敲，认真地比较，要经得起怀疑者和反对者的挑剔。

5. 方案评估

评价工作十分重要，否则，方案的优劣无从识别。要对决策方案从战略到战术，从客观到主观，从宏观到微观，从全局到局部，从目标到措施，从经济价值到社会效应，周密地进行审定。而且要对各方案计算或预计各种自然状态下可能出现的概率及期望损益值。对于简单的任务或技术性较强的问题来说，各方案执行的情况能较容易地估计其结果。但对于复杂的决策问题，方案的执行结果，有时无法计算出来，这就需要进行预测分析。

对于待决策的方案，必须先评审，后决策。这个顺序不能颠倒。过去我们不大懂得按这个科学的决策程序办事，吃了不少苦头，造成严重的经济损失。例如：某省统计，从 1958—1977 年的 20 年间，报废了 81 个较大的建设项目，其中厂址选择不好报废的 41 个，建成后因产品已被淘汰而不能生产的 4 个，长期达不到生产能力而亏损报废的 27 个，因设计不配套而报废的 9 个。当然原因是多方面的，但主要是缺乏科学严密的论证与评审，从而导致决策失误。

在估计方案执行的结果时应注意：①必须预计到明显影响目标的全部后果，不能有遗漏；②对决策方案执行的结果，不能仅做技术上的推论，而且应当充分考虑到人的因素。这样方案评估的结果，才会更加合理。但是，这还不能作为方案选择的最后标准。因为方案本身的最优，不一定是方案在执行中的最优。必须把方案的最优、可行性的大小和决策目标三者统一起来，建立决策满意的标准，最后才可决断。

6. 优选方案

有比较才有鉴别，对若干个可行方案要根据目标的要求和决策的价值进行全面的比较。通过比较，使各个方案的正面和反面、优点和缺点、利与弊被充分揭示出来，然后才能从中择优。

优选的标准是在同样的约束条件下，看看哪一个方案能以最低的代价、最短的时间、最优的效益，实现既定目标。决策者要以战略的眼光、全局的观点，高瞻远瞩地分析问题，即从局部到整体，从现在到将来，从特殊到一般，从必然到偶然……，对各种预选方案进行通盘考虑和系统分析。

决策者对各种方案优选的依据通常包括以下三个方面：

1）经验。依赖于长期积累的实践经验。这种总结过去成功与失败的基本原因之后的经验，是可贵的经验，在决策中往往起很大的作用。但也必须经过仔细分析而不应盲目套用。

2）试验。通过试验来检验方案是较好的办法。实践是检验真理的唯一标准。不过，进行试验是要花费很多人力、物力、财力的。而且有些方案是根本无法都做试验的。再者，经过一次试验之后，所证明的事物还会存在一定的差距，因为未来不会是现在简单的重复。

3）研究。对重大决策，行之有效的办法之一是进行可行性研究。它包含对关键变量、约束条件和前提之间相互关系的研究。其特点是用数学关系对问题所处条件下的变量进行模拟，因此，需要把问题概念化和建立模型。有关研究分析的方法很多，其中以系统工程的方法最有效。

7. 贯彻实施

这是决策程序的最终阶段。通过上一阶段的试验实证，可靠程度一般是较高的，但是在实施过程中仍然可能会发生这样或那样偏离目标的情况，因此必须通过反馈和追踪检查来调整。

8. 反馈与追踪

反馈的任务在于准确而迅速地把决策实施过程中出现的问题，即决策本身与客观环境之间矛盾的信息输送到决策系统，从而使决策系统能够及时根据客观条件的变化，对决策进行相应的调整与修正。信息系统必须随时保持信息网络的反馈功能，做到广泛收集，及时归纳，迅速上报，把出现的问题，解决于萌芽之中。如果主客观条件发生重大变化，以致必须重新确定目标，那就要进行追踪决策了。

当原来决策存在失误时，进行追踪决策，不仅可减少损失，甚至还会获得更佳效益。例如上海某钢铁厂相关部门，不顾国情单纯追求钢产量的高指标，未做科学的技术经济论证，就贸然决定新建一个采用全套进口设备的钢铁联合企业，总投资 207 亿元。由于厂址选择不当，对软土地基打桩加固要花 9.3 亿元；从国外运进矿石，分别在 ZJ 和 BG 建码头，投资 9.3 亿元；铁矿石从澳大利亚、巴西等五国运来，运距一万多海里，原料及成本费很贵，每吨钢的投资比另外一家钢铁厂高出六倍。因此，大家意见很大，中途曾决定缓建，后来经过专家论证恢复建设。仓促上马，固然不对，但还有若干合理因素：从现实出发，投资已用了 2/3，如果下马，损失更大。专家做了损益比较，并在此基础上进行追踪决策，才为领导者所接收。

以上是决策的通用程序。当然，对此不宜机械理解和教条式套用。在实际工作中，情况是复杂的，不能拘泥于这刻板的程序，而应根据实际情况灵活地处理决策程序，使决策真正建立在科学的基础上，这就是“实事求是”。

从马克思主义观点来看，政策辩论是领导和管理工作中群众路线的集中体现，最能代表科学决策的民主化。显然，决策程序在调查研究阶段和反馈阶段，都包含着某种意义上的“政策辩论”。但是，在最重要的政策成型阶段，都缺乏政策辩论的明确程序，而往往是最高决策者将自己的目标（或意图）告诉下属并贯彻到基层。高层决策者过早地表达了自己的政策方案，使其他方案得不到充分的发表和争论的机会，结果，导致了不少可以避免的严重决策失误，应引以为戒。

5.1.5　领导者要努力提高科学决策水平

1. 领导与管理

研究“领导”总是要先界定领导与管理，这也几乎成了研究“领导”的一个模式。不管怎样，领导与管理的确是两个不同的概念，但在经营实践中，人们经常将两个概念混为一谈。似乎这并不是一件多么重大的事情，但是概念的混淆势必会影响到个体在领导和管理中的行为表现。为了更好地理解领导行为，分析领导与管理的异同还是非常必要的。在深入分析领导与管理时，因为研究的目的和角度不同，研究对象的情况不同，研究者会有不同的归纳。领导学家约翰·科特在《现代企业的领导艺术》一书中指出：一方面，管理和领导并不互相排斥，两者相互补充，有时是重叠的；另一方面，同领导相比，管理更正规、更科学，而且也更为普遍。也就是说，管理是一套看得见的工具和技术，这些工具和技术建立在合理性和实验的基础上。在之后的一系列著作中，科特又进一步从过程的角度分析比较了企业组织中的管理和领导，具体见表 5-1。

表 5-1　归纳比较复杂企业组织中的管理与领导

过　程	管　理	领　导
制定议程	计划、预算过程——确定实现计划的详细步骤和日程安排，调拨必需资源以实现计划	确定经营方向——确定将来，通常是遥远的将来的远期目标，并为实现远期目标制定进行变革的战略
发展完成计划所需的人力网络	企业组织和人员配备——根据完成计划的要求建立企业组织机构，配备人员，赋予他们完成计划的职责和权利，制定政策和程序，对人们进行引导，并采取某些方式或创建一定系统来监督计划的执行情况	联合群众——通过言行将所确定的企业经营方向传达给群众，争取有关人员的合作，并形成影响力，使相信愿景目标和战略的人们形成联盟，并得到他们的支持
执行计划	控制、解决问题——相当详细地监督计划的完成情况，如发现偏差点，则制订计划，组织人员解决问题	激励和鼓舞——通过唤起人们常未得到满足的最基本的需求，激励人们战胜变革过程中遇到的主要障碍
结果	在一定程度上实现预期计划，维持秩序，并具有能持续满足利益相关者主要期望的潜力（如顾客总是要求准时，而股东则要求实现预算）	引起变革，通常是剧烈变革，并形成非常积极的变革潜力（例如，生产出顾客需要的新产品，寻求新的劳资关系协调办法，增强企业的竞争力等）

2. 领导者要提高科学决策水平

领导要掌握科学决策，必须加强自身科学素养。在现代大生产的情况下，领导者凭个人得到知识、经验、智慧、胆略而做出的决策，有时也是正确的，并取得成功。

（1）领导者应具备的条件。肩负决策重任的领导者，应具备下列的条件：

1）领导者要具备一定的科学素养。要懂得马列主义和经济理论；要有丰富的专业知识，要懂得运筹学、预测和科学决策；要熟悉党和国家的在各个时期的方针、政策和经济发展趋势。

2）决策者的目光要敏锐，有辨别分析能力，能一针见血地看出问题的本质，思维敏捷，勇于变革现实，不安于现状，能站在趋势发展的前列。

3）要有高度的民主作风，善于团结和自己意见不同的人，能耐心地听取他人的意见，善于在众说纷纭中找到符合客观规律的东西和吸取各种方案的优点加以综合。

4）有决断的魄力和组织能力。通过民主讨论之后能果断地加以集中，当机立断，决不坐失良机；要抓紧时间付诸实施；能够组织全体人员，齐心协力，坚决执行；在执行中发现新情况，及时反馈进行追踪决策，即使发现有过失，也要勇于承担责任。

（2）领导者提高决策科学性的方法。一般领导者可按下述四个方面提高自己决策的科学性。

1）着重审查决策目标是否有效达到，是否符合当初确定的价值准则。

决策的目标是衡量决策方案有效性的最高尺度。方案是可变的，目标是不可变的。目标变了，就成为另一种决策了。偏离目标的方案，再精细完善，运用了再多的科学方法和再高深的数学分析，也是没有实际意义的。

价值准则主要是权衡那些不可直接比较的内容，因为，在不可比的内容之间唯一可判断的因素是价值。一般价值有三种类型：学术价值、经济价值、社会价值。这三类价值，都有客观评价，领导者要充分了解，不可偏废。

决策权衡的一个重要方面是利害原则。它不外乎是有利无害、有害无利、有利有害三种情况。同时，在有利有害中又有利大于害、利等于害、利小于害三种状态。在有利无害、有害无利中也有利大或害大、利小或害小之分。领导者需要注意的是，并非只有“利大于害”才是决策的原则，在现实的许多情况下，两害相权取其轻，也是决策的一个重要原则。例如，开发某种新产品或者是建设某项工程，由于当初决策错误，或者是现实情况发生重大改变，继续下去成功的希望很小，那么，虽已投资上亿元，也应坚决果断地下马，以免造成更严重的损失。切忌对某种方案偏爱，将错就错，固执到底。在某种特定情况下，甚至要取小害方可图大利。如军事上放弃某个城市，损失某些辎重或兵力，以求得战略上的主动就属此例；商品竞争中为了占领市场和取得信誉，采取降价赔本也是常见的策略之一。总之，目光短浅，只注意眼前利益，而忽视长远利益，不区分具体情况，总是一厢情愿地幻想一本万利的领导者，不可能做出最佳的决策。

2）不同决策类型的思考原则。

决策按其性质及未来的响应性如何，大体上可划分为确定型、非确定型和风险型三种，领导者要按不同的类型，分别给予不同的考虑。

对于确定型决策，既然结果是确有把握的，那么决策就应该根据已有情报选择最佳方案。不仅如此，领导者还要以坚定的意志，竭尽全力去实现最佳的结果。决心不大，措施不力，优柔寡断，就会耽误工作，纵然是选取最佳方案，也会因延误时机而得不到最佳效果，这种教训是很多的。决必行，行必果，看准了，就要全力以赴，这是确定型决策的基本原则。

对于非确定型决策，要重点考虑以下四点：

① 因为事物的非确定型，要采用“摸着石头过河”的策略，试探着前进，不可轻率莽撞，更不能过于自信。

② 多方案并进，每个方案都要有原则差异。这样不仅成功的希望大了几倍，而且纵然失败，也积累了更多的教训，为新的成功打下良好基础。

③ 稳扎稳打，步子不能太快。过快了，摸石头也罢，多方案也罢，都失去了意义，结果，即使正确的方案，也会欲速不达。

④ 要注意收集反馈信息，及时总结。僵化不变，必然失误。当然，在非确定型决策中，失误也是难免的，神机妙算的诸葛亮也有街亭之失，但必须适时总结经验教训，改弦更张。就怕固执错误，维护面子，失误了还僵化不改错上加错，这将导致灭顶之灾。须重视对失误的分析，后来人的正确，往往是从先驱者的失误中增长才干的，即所谓“前车之鉴”。

对于风险型决策，可着重考虑以下四点：

① 一般选择概率最大、最有希望成功的方案行动。

② 准备好必要的应变方案，从而尽可能在不测事件发生时，得以应对自如。

③ 充分认识各种主客观条件，尽量因势利导、化险为夷。通过试点、实验，及时收集新的情报，使风险型决策化为确定型决策。

④ 要留有余地，最忌讳孤注一掷。如同水利水电工程建设要设置溢洪道、放空洞一样，对风险型决策要尽可能具有有效的保险手段（例如作战方案中要有预备队，投资建设中要有后备金），以及通过思想工作，提高人们对决策的信心等。它们不仅在决策实施的关键时刻可以保证决策胜利，而且在决策失误时也可把损失减少到最低限度，并安然过渡到新的决策方案。

3）要从系统的观念出发，从战略的观念着想。

任何事物都不是孤立存在的，它总是处于系统的层次之中。系统的局部与全局有着十分复杂的交叉效应，局部有利的事，并不总是对全局有利，甚至会损害全局的利益。反之，对全局不利而取得局部利益也是不稳固的。全局的决策错了，局部即使能取得某些效益，也是十分有限的。对于局部的特定问题，如果不把握全局，不了解它在全局中的地位、上下左右的联系及各方面的交叉效应，是不可能做出正确决策的。所以领导者必须注意：

① 决策者必须充分考虑到大系统、相关系统以及过去的决策系统，要彼此协调适应。

② 要充分了解决策的后果，将要涉及的系统，从而要引起相关系统进行相应的变革和对策。

③ 决策本身要系统地展开。不仅决策本身是一项系统的工程，决策的实施也要按系统层层展开。下一层次的小系统必须服务于上一层次的大系统，才能保证决策目标的实现。决策若不能系统展开，就是一个空架子的口号，在实施中难免南辕北辙。杜拉克列举了一个很好的例子：某公司决定进行改革，可是又重用了几个保守人物任总经理，结果改革失败了，这就是违背决策系统展开的缘故。一个重要的子系统（用人）与决策（改革）相抵触，怎能不失败呢？此类情况，在现实中屡见不鲜。

在系统决策时，领导者必须牢记，先抓大局，再看细节。大局不抓好，细节抓得再好，也是枉然。例如，一项发展规划，首先应该抓制定规划的战略思想，抓总的方向和基本原则，绝不可一头栽入具体项目之中。各个项目（即使是具有世界水平）加在一起并不等于规划，只有各个项目按照战略目标和原则有机地组织起来，构成合理的整体结构，才是真正的规划。规划的目的不是争取一、二项夺魁的技术水平，而是为了提高整个技术发展能力。当然，也不可忽视细节。在大局清楚之后，由于某个细节失败而功亏一篑的事也是有的。

4）要特别重视不同的意见和学术讨论。

不同的意见对于形成正确的决策方案是十分重要的。第一，不同意见的发表，实质上等于提出了更多的可供选择方案。只有一种意见，也无所谓决策。第二，不同意见之争论，有助于激发人的思维想象力和创造力，彼此互相启迪、开阔视野、深化思路，从而使各方案的利弊得失充分显示出来，利于扬长避短，找到满意或最优方案。第三，不同意见的讨论，本身就是统一决策认识的过程。一旦做出决策，就可同心同德、上下一致、付诸实现。不同意见的讨论既大大减少阻力，又不易走样，有利于发挥大家的能动性和创造力。第四，不同意见有助于提高决策的可靠性。当实施方案的过程中，发现决策有错误时，原来的反对意见，往往是一个现成的补救方案，不致临渴掘井、束手无策。

一个英明的决策者，必须尽可能多听取各方面的意见（包括反对者意见），但也不要为意见分歧所困扰。不同意见有助于领导者决策，但不应成为决策的障碍。一听到不同意见，就以为不得了，畏缩不前、拖延不决、贻误工作，这是领导者缺乏自信心和责任感的表现，也说明领导者的决策能力差、思想糊涂、易为不同意见所左右、缺乏果断的决策能力。所以，领导者必须加强学习，努力提高决策素养。

5.1.6 确定型决策与随机型决策

根据人们对决策问题的自然状态的认识程度不同，可以把决策问题划分为两种基本类型，即确定型决策问题和随机型决策问题。

所谓确定型决策问题，是指决策者已经确切地知道将发生什么样的自然状态，从而可以在既定的自然状态下选择最佳行动方案的一类决策问题。换句话说，对于确定型决策问题，只存在一个唯一确定的自然状态。

确定型决策问题看起来很简单，但在实际工作中，决策者所面临的方案数目可能是很大的，其最佳决策方案的选择往往需要采用各种规划方法（如线性规划、目标规划、动态规划等方法）才能实现。

所谓随机型决策问题，是指决策者所面临的各种自然状态是随机出现的一类决策问题。一个随机型决策问题，必须具备以下几个条件：

1）存在着决策者希望达到的明确目标。

2）存在着不以决策者的主观意志为转移的两个以上的自然状态。

3）存在着两个以上的可供选择的行动方案。

4）不同行动方案在不同自然状态下的损益值可以计算出来。

随机型决策问题，又可以进一步分为风险型决策问题和非确定型决策问题。风险型决策是指对未来的情况不太清楚，只能运用统计分析手段，通过确定其发生概率进行决策。风险型决策是企业经营中大量碰到的决策问题。对于这类问题，由于决策者无法肯定未来的情况，无论选择哪种方案都有一定的风险，在决策时，通常根据期望值对各备选方案的优劣进行评价。非确定型决策是指决策过程中面临许多不确定因素，既不能确定各方案的结果，也不能确定其发生的概率的一种决策。这类决策比较复杂，难度大，风险也大，只有把科学方法与决策者的经验结合起来，才有可能做比较正确的选择。

5.2 风险型决策方法

未来情况未知，但各种自然状态出现的概率已知，这种条件下的决策称为风险型决策。它以概率或者概率密度为基础，具有随机性。例如，虽然厂家不知道新型组合家具投产后的实际购买率如何，但可以根据历史资料，得到几种可能购买率及相应的概率，这对于生产厂家进行决策是有帮助的。这种决策由于各种自然状态的发生与否是与概率相关联的，而决策又是根据概率做出的选择，因而具有一定的风险，所以称为风险型决策。风险型决策具备如下五个条件：

1）存在决策人希望达到的目标（收益最大或损失最小）。

2）存在两个或两个以上的备选方案可供决策人选择，最后只能选定一个方案。

3）存在两个或两个以上的自然状态。

4）不同的备选方案在不同自然状态下的相应损益值可以计算出来。

5）相对应于各种自然状态发生的概率可以预先估计或计算出来。

在风险型决策中，主要采用以下几种准则进行判断：最大可能准则、最优期望值准则和边际概率准则。

决策过程包括确定目标、判定自然状态及其概率、拟定多个备选方案、评价方案和选择最优（或满意）方案五个步骤。

【例 5-1】 某工程队需要决定第二天是否施工。若进行施工，当天下雨时将损失 1000 元，若当天不下雨则收益 10000 元；若不进行施工，无论是否下雨，由于窝工将损失 300 元。根据天气预报，决策者估计第二天下雨的可能性为 0.3，不下雨的可能性为 0.7。

在这个问题中，需要决策者在面对第二天是否下雨这样具有随机因素的问题时，对是否施工做出决策，使工程队收益最大。

风险型决策经常运用到的方法有矩阵表示法、决策树法、最大可能准则、期望值准则、边际概率准则、灵敏度分析方法等。

5.2.1 矩阵表示法

损益矩阵由三部分组成：

(1) 可行方案。可行性方案也称为备选方案，是由各方面的专家根据决策目标，综合考虑资源条件及实现的可能性，经过充分讨论研究而制定出来的。备选的方案必须有两个或者两个以上，如果只有一个方案，那么只要照此采取行动就可以，而不需要进行选择。例如：天阴是否带雨具的问题，它的备选方案集合为｛带雨具，不带雨具｝；又如一个工程应该在上半年哪个月份开工合适，它的备选方案集合为｛1 月，2 月，3 月，4 月，5 月，6 月｝，需要根据目标的实际情况采取相应的方案。

(2) 自然状态及其发生的概率。自然状态是指各种可行方案可能遇到的客观情况和状态，是不以决策者主观意识为转移的客观环境条件。例如，是否开发一个新楼盘的问题，

{楼盘销量好，楼盘销量一般，楼盘销量差} 构成了自然状态集，这些情况和状态来自系统的外部环境，决策者不能控制。

（3）损益值，即各种可行方案的可能结果。它是根据不同可行方案在不同的自然状态下的资源条件、生产能力的状况，应用综合分析的方法计算出的收益值或损失值，如企业的投资效果、利润总额、亏损额等。

设状态空间为 S，是由各自然状态构成的集合，$S=\{S_1,S_2,\cdots,S_n\}$；设决策空间为 D，是由各备选方案构成的集合，$D=\{d_1,d_2,\cdots,d_m\}$；设收益为 $C_{ij}=f(d_i,S_j)$，表示第 i 种方案在第 j 种自然状态下的损益值。这样，决策问题可以用表 5-2 所示的矩阵形式表示出来，其中：P_i是针对 S_i 状态的概率，$\sum P_i=1$，$0\leqslant P_i\leqslant 1$，$i=1,2,\cdots,n$。

我们用损益矩阵来解析例 5-1 的决策问题，见表 5-3。

表 5-2　损益矩阵表

方　案	状态与概率
	S_1　S_2　$\cdots$　S_n P_1　P_2　$\cdots$　P_n
d_1	C_{11}　C_{12}　$\cdots$　C_{1n}
d_2	C_{21}　C_{22}　$\cdots$　C_{2n}
$\vdots$	$\vdots$　$\vdots$　　$\vdots$
d_m	C_{m1}　C_{m2}　$\cdots$　C_{mn}

表 5-3　例 5-1 的决策问题

方案	状态与概率	
	S_1 天下雨	S_2 天不下雨
	$P_1=0.3$	$P_2=0.7$
开工 d_1	$C_{11}=-1000$	$C_{12}=10000$
不开工 d_2	$C_{21}=-300$	$C_{22}=-300$

5.2.2　决策树分析法

决策树方法又称概率分析决策方法。它实质上是将期望值准则方法用图形表示的一种图解法。它使决策问题形象化，以便于理解研究。决策树方法不仅可以解决单级决策问题，而且对于那些不宜用矩阵表示的多阶顺序决策问题，决策树方法更能发挥作用。

1. 决策树法的一些基本概念

在一般的情况下，一个完整的决策问题，应当考虑以下几个基本要素：

1）要有两个或两个以上可供决策者选择的可行方案。所有可行方案的集合为 $A=\{A_1,A_2,\cdots,A_m\}$。

2）对决策产生影响的自然状态。自然状态又叫作客观条件。客观条件实际上指的就是周围环境，任何方案的实施，都离不开特定的环境，而环境即为限制条件。这种限制包括很多因素，如自然因素、社会因素、经济因素、战争因素等。因此，在实际中凡是同一问题总免不了面临几种自然状态，自然状态的集合为 $S=\{S_1,S_2,\cdots,S_m\}$。自然状态是个不确定的因素，决策者是不可控制的，但它出现的可能性的大小即概率值，决策者往往事先可以根据对历史资料的统计分析和社会调查，以及经验推断，把它确定下来，记 P_j 为 S_j 出现的概率。

3）衡量决策效果的损益值。由于决策者所选择的方案不同，遇到不同的客观环境就会有不同的效果。所以衡量决策效果的损益值，是可行方案和自然状态的函数，记 a_{ij} 为所要采取的第 A_i 方案时自然状态为 S_j 的损益值。

4）期望值准则。所谓期望值准则，就是把每个可行方案的期望值都求出来，然后加以比较。如果决策目标是收益最大，则选用期望值最大的方案。若是损益矩阵的元素是损失值，而且决策目标是使损失值最小，则应选用期望值最小的可靠方案。这里所说的期望值是以决策矩阵表为依据，计算出的每个方案的加权平均值。这个加权平均值就是将各方案在不同自然状态下的损益值与相应自然状态下的概率乘积之和，其计算公式为

$$E(A_I) = \sum_{j=1}^{n} P_j a_{ij} \tag{5-1}$$

2. 决策树的结构

研究风险型决策问题，决策树（Decision Tree）作为一种决策分析的工具非常直观，一目了然。决策树是用图来表示可做出的选择和可能的结果。这种决策分析方法，其求解过程模仿着树的生长。它自左至右伸展开来，像大树一样，树干上生长着枝条，在决策问题中，表示可能发生的多层连续相关事件，故形象地称之为决策树。

决策树主要是以方块和圆圈为节点，并由直线连接而成的一种结构，它由左向右，由简到繁所构成一个树状图形，如图 5-1 所示。

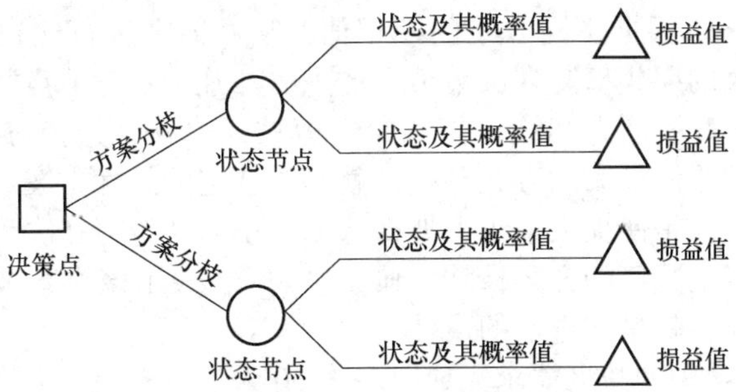

图 5-1　决策树结构

图 5-1 中符号的意义如下：

□——表示决策点。从这个点引出的分枝叫作方案分枝，每个分枝代表一个可行方案。

○——表示状态节点。从这个点引出的分枝表示不同的自然状态，叫作概率分枝。在每条概率分枝上标明一种自然状态及其出现的概率值，同一状态节点引出的概率分枝的概率之和等于 1。

△——表示结果的节点，或称末梢。在它旁边标上该方案在自然状态下的损益值。

【例 5-2】　某战区在某地上构筑一个指挥所，有 A、B 两点可供选择，由于时间紧和没有钻探设备，对地质条件掌握不准确，预测 A、B 两点地质条件好的概率为 0.8。又由于供水、场地等条件的限制，A 点在地质条件好时预计完成时间为 20 天，地质条件差时完成时间为 40 天；B 点在地质条件好时完成时间为 25 天，地质条件差时完成时间为 35 天。请绘出决策树。

【解】　决策者可以在地点 A 和地点 B 这两地点中选一个，这就构成了两个方案分枝。在地点 A 和地点 B 分别由两种自然状态，即地质条件好，地质条件差。在 A 点好的概率为 0.8，差的概率为 0.2，在 B 点也有相同的好坏概率，这就是概率分枝。在 A 点构筑指挥所，若地质条件好则需 20 天完成任务，这 20 天就表示在地点条件好的情况下的收益值，可以标在末梢。其他损益值可用图 5-2 表示。

3. 决策步骤

（1）画决策树。画决策树的过程就是拟定各种可行方案的过程，也是决策者对未来可能发生的各种情况进行周密思考和逐步深入探索的过程。

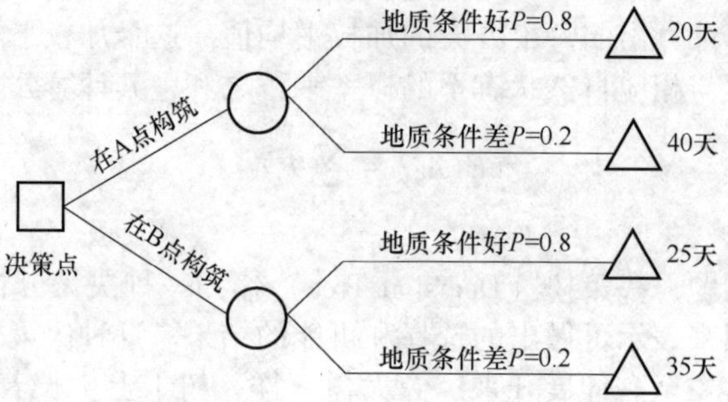

图 5-2 各状态下的损益值

（2）计算损益期望值。期望值的计算是由右向左反方向进行的。根据各种自然状态发生的概率和右端的损益值，计算出期望值的大小，并将结果标在相应的状态节点处。

（3）选择最优方案。根据不同方案的期望值，从右向左进行比较。如果决策目标是收益最大，那么选取最大的期望值写在决策节点的上方。凡是状态节点数值小于决策点上数值的方案枝画上“⧣”，表示该方案被剪掉，叫作剪枝或修枝。选择方案的过程就是剪枝过程，最后只剩下一个期望值最大的方案分枝，就是被选定的最优方案。如果损益矩阵的元素是损失值，而且决定目标是使损失最小，那么选取最小的期望写在决策节点的上方，凡是状态节点数值大于决策点上数值的方案枝均要画上“⧣”，表示该方案被剪掉，最后剩下一个期望值最小的方案分枝，就是被选定的最佳方案。

【例 5-3】 若例 5-2 中的战区要求完成时限为 30 天，试选最优方案。

【解】 计算损益期望值：

$$E(A_1) = (0.8 \times 20 + 0.2 \times 40)\ 天 = 24\ 天$$

$$E(A_2) = (0.8 \times 25 + 0.2 \times 35)\ 天 = 27\ 天$$

由于本问题的要求是尽可能快完成任务，所以应选用平均时间最短的可行方案，选用 A 点构筑指挥所，平均时间 24 天，比选用 B 点所花时间更少，而且也在时限 30 天内。所以，本问题的最优方案是选在 A 点构筑指挥所。图 5-3 所示为经过剪枝的决策树。

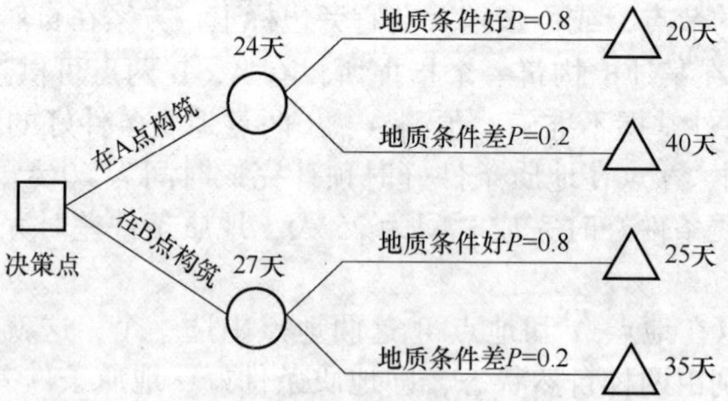

图 5-3 战区规划决策树

在遇到比较复杂的决策问题时，一级决策不能解决问题，需要进行两次或两次及以上的决策，才能选出最优的叫作多级决策。在实际工程中，常常遇到多级决策，下面介绍一个多级决策的例子。

【例 5-4】 某企业在制定 5 年规划时，面临 3 种选择：扩大生产，新建企业，承包给工人生产。该企业生产的产品由于市场价格变动，利润也不相同。根据市场预测，5 年内价格高、中、低的可能性分别为 0.3、0.5、0.2，根据计算，5 年内的损益值见表 5-4，那么企业应该采取哪一种方案？

表 5-4 损益值矩阵 （单位：万元）

决策方案	自然状态		
	高（0.3）	中（0.5）	低（0.2）
扩建	60	35	-30
新建	75	40	-45
承包	70	40	-30

【解】 第一步，画出决策树（图 5-4）。

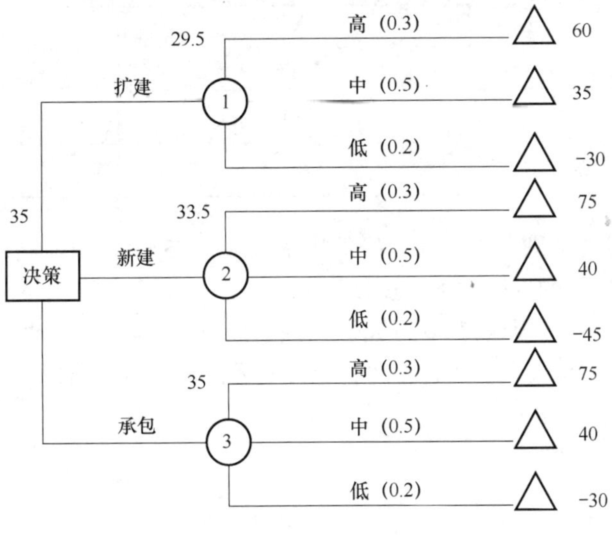

图 5-4 企业规划决策树

第二步，计算各点的期望值。

点①：[0. 3×60+0. 5×35+0. 2×(−30)] 万元＝29. 5 万元。

点②：[0. 3×75+0. 5×40+0. 2×(−45)] 万元＝33. 5 万元。

点③：[0. 3×70+0. 5×40+0. 2×(−30)] 万元＝35 万元。

第三步，确定方案。

点①、点②、点③的期望值相比较，点③的期望值最大，因此合理的方案应该是实行承包。

通过上面的两个例子，可以看到决策树不仅表示出不同的决策方案在不同的自然状态下的结果，而且显示出了决策过程，思路清晰，可以随时进行修改和补充，是工程项目指挥人员进行决策的有力工具。

5.2.3 最大可能准则

所谓最大可能准则，是在具有最大概率的状态下根据收益值大小进行决策，而不考虑其他状态。最大可能准则是基于概率论中关于状态的概率越大、发生的可能性就越大的思想提出来的。由于最大可能状态也是仅以一定的概率出现的，所以按这一准则决策具有一定的风险。

根据概率的定义，在几种自然状态中，概率越大，则发生的可能性越大。因此，把风险型决策问题当作确定型决策处理，取其概率最大的自然状态作为确定型问题的自然状态，按确定型决策来找出最优解。

【例 5-5】 其建筑公司根据气象预报资料，预报下月天好的概率是 0.95，天气不好的概率是 0.05，其损益值见表 5-5，为使收益最大，应该如何决策？

表 5-5 各天气状态下的损益值 （单位：万元）

行动方案	损益值	
	S_1（天气好）	S_2（天气不好）
	95%	5%
d_1（开工）	10	−2
d_2（不开工）	−0.5	−0.5

【解】 按最大可能准则，由于天气好的概率很大（95%），明显高于天气不好的自然状态概率（5%），故以天气好的自然状态出现为前提，当作确定型决策问题来解决，采取开工的方案（d_1），其收益可望获得 10 万元。当然，尚有 5%的概率下月天气不好，万一出现这种天气状态，不仅没有收入，而且将要付出 2.0 万元的代价，所以，这样的决策是要承担风险的。

5.2.4 期望值准则

1. 含义及特点

期望值准则是根据各备选方案在各自然状态下的损益值的概率平均的大小，决定各方案的取舍。这里所说的期望值就是概率论中离散随机变量的数学期望。

$$E(d_i) = \sum C_{ij}P_j \tag{5-2}$$

式中，$E(d_i)$ 就是第 i 个方案的期望值

期望值准则是把每个备选方案的期望值求出来，加以比较。如果决策目标是效益最大，则采取期望值最大的备选方案；如果损益矩阵的元素是损失值，而且决策目标是使损失最小，则应选定期望值最小的备选方案。

2. 决策步骤

矩阵表示法中的决策步骤如下：

1）各行计算各状态下的损益值与概率值乘积之和，得到期望值。

2）比较各行的期望值，根据决策目标，选出最优者，其所在备选方案就是决策方案。

【例 5-6】 某构件公司，现在生产能力为 70 万 m^3，不能满足近几年来住宅建设的需要，

因而公司领导提出两个方案，一个是扩建现有的工厂规模，另一个是转包给其他公司来完成。根据前几年的统计资料可知，年度销量在（90~110）万 m^3 的可能性占 80%，而年销售量在（70~90）万 m^3 和（110~130）万 m^3 的可能性各占 10%。根据估算，各种销量水平的年度利润见表 5-6，那么该构建公司应该选择哪种方案？

表 5-6　各方案状态下的销售水平及年度利润

可能方案	扩建工厂方案（d_1）			转包方案（d_2）		
概率	0.1	0.8	0.1	0.1	0.8	0.1
销售量/万 m^3	70~90	90~110	110~130	70~90	90~110	110~130
年利润/万元	-40	50	60	20	30	60

【解】　这是以产出最大为最优决策方案。

扩建方案：

$$E(d_1) = [0.1 \times (-40) + 0.8 \times 50 + 0.1 \times 60]\text{ 万元} = 42\text{ 万元}$$

转包方案：

$$E(d_2) = [0.1 \times 20 + 0.8 \times 30 + 0.1 \times 60]\text{ 万元} = 32\text{ 万元}$$

根据计算结果，应以扩建工厂（d_1）方案为优，可获得期望利润 42 万元。

【例 5-7】　某项工程施工，可供选择的施工方案有三个，可能遇到的天气状态也有三种，其中第 i 种施工方案在第 j 种天气状态下的施工费用列于表 5-7。根据过去历史资料分析，各种天气状态出现的概率为

$$P(S_1) = 0.5;\ P(S_2) = 0.3;\ P(S_3) = 0.2$$

试选择一个合适的施工方案，使花在施工上的总费用最省。

【解】　本题中天气状态是随机的，现在从统计资料获悉，在各个自然状态下的概率分布，因此，按照式（5-2）可计算出各个施工费用期望，具体计算过程可见表 5-7。

表 5-7　各自然状态下的施工费用期望计算　　（单位：万元）

施工方案	损益值			施工费用期望计算
	S_1	S_2	S_3	
	0.5	0.3	0.2	
d_1	12	20	8	12×0.5+20×0.3+8×0.2=13.6
d_2	16	16	10	16×0.5+16×0.3+10×0.2=14.8
d_3	10	10	15	10×0.5+10×0.3+15×0.2=11.0

根据计算结果，可以得知第三种施工方案的施工费用期望是最低的，相应最省的期望施工费用为 11.0 万元，故应该选择第三种施工方案。

所谓损益期望值是指今后可能得到的，并不代表必然实现的结果。因此，以损益期望值为依据而选定的决策方案，实际上也不一定是最好的方案。但是从统计学的观点来看，以期望值作为评价方案优劣的标准是比较合理的，比只凭直观感觉或主观想象进行决策要合理得多。如果这类问题重复出现多次，则期望值好的方案肯定优于期望值劣的方案。

5.2.5 边际概率准则

边际概率准则是运用边际分析原理，计算风险型决策问题的边际概率，以此为标准选择决策的最佳方案。

边际分析的基本思想是：在某一个产量水准时，分析提高此水准后的利弊关系。当利大于弊，自然应当提高水准；反之，则应降低产量水准；当提高水准利弊相当时，此产量水准即是最佳产量水准。

运用边际概率准则解决风险类决策问题时，要弄清边际收入、边际损失和边际概率三个概念。

边际收入是指每多生产一个产品能售出而新增加的收入，即某产量水平增加一个单位产品能带来的收入，用 MP 表示。

边际损失是指每多生产一个产品不能售出而新增加的损失，即某产量水平增加一个单位产品所带来的损失，用 ML 表示。

企业的生产水平或订购水平，一般都是按市场需求而定的，因此在这一水平上增加单位产品，都有售出和售不出的可能性。将某产量水平增加一个单位产品售出的概率定为 P，则其售不出的概率就是 $1-P$。这样，在分析风险型决策问题的边际收入和边际损失时，就必须考虑售出概率和售不出的概率，即计算边际收入期望值和边际损失期望值。

边际收入期望值是边际收入与增加单位产品售出概率的乘积，为 $\mathrm{MP}\times P$。边际损失期望值是边际损失与增加的单位产品售不出概率的乘积，为 $\mathrm{ML}\times(1-P)$。显然，当边际收入期望值大于边际损失期望值时，属于有利可图，应增加该单位产品；反之，当边际收入期望值小于边际损失期望值时，属于无利可图，不应该增加该单位产品；而当边际收入期望值等于边际损失期望值时，增加该单位产品对企业经营利弊相当，这种情况的产量水平被称为最佳产量生产水平或最佳订货水平，此时的单位产品售出概率记为 P_0，于是有公式：

$$\mathrm{MP} \times P_0 = \mathrm{ML} \times (1 - P_0)$$

边际概率公式为

$$P_0 = \frac{\mathrm{ML}}{\mathrm{MP} + \mathrm{ML}}$$

边际概率是使产品边际收入期望值与边际损失期望值相等时的单位产品售出概率，它表示产品能够售出的最低概率，又称临界概率或转折概率。

在风险型决策中，按边际概率准则选择方案的步骤如下：

1）根据已知条件，明确该决策的边际收入和边际损失，计算边际概率 P_0。

2）计算各备选方案的售出概率 P_i。

3）将各备选方案的售出概率 P_i 与边际概率 P_0 进行比较，选出 $P_i = P_0$，或 $P_i > P_0$ 且最接近 P_0 的 A_i 方案为最佳方案。

【例 5-8】 某冷饮店拟订某种冷饮 7、8 月份的日进货计划。该品种冷饮进货成本为每箱 30 元，销售价格为 50 元，当天销售后每箱可获利 20 元。但如果当天剩余一箱就要亏损 10 元。现市场需求情况不清楚，但有前两年同期 120 天的日销售量资料，见表 5-8。试用边际概率准则对进货计划进行决策。

表 5-8　某冷饮店 120 天的日销售量资料

日销售量/箱	完成日销售量的天数/天	概　率　值
100	24	24/120=0.2
110	48	48/120=0.4
120	36	36/120=0.3
130	12	12/120=0.1
合计	120	1.0

【解】　根据题意，明确决策问题的边际收入，即进货每增加一箱，顺利售出可以多得利润 20 元，即边际利润为 20 元，未能售出将会蒙受损失 10 元，即边际损失 10 元。这样就可计算边际概率：

$$P_0 = \frac{ML}{MP + ML} = \frac{10}{20 + 10} = 0.33$$

市场日销售量至少为 100 箱的售出概率为 1.0，因为日销售量为 110 箱、120 箱、130 箱时，都已把销售 100 箱包括在内，所以至少销售 100 箱的概率为 4 种日销售量的销售概率之和，即 0.2+0.4+0.3+0.1=1.0。但至少销售 110 箱的概率，则不包括只销售 100 箱的概率在内，其售出概率为 0.4+0.3+0.1=0.8，以此类推，日销售 120 箱和 130 箱的售出概率分别为 0.4 和 0.1，见表 5-9。

表 5-9　售出概率

日销售/箱	概　率	售出概率 P_i
100	0.2	1.0
110	0.4	0.8
120	0.3	0.4
130	0.1	0.1

观察表 5-9，以 $P_0=0.33$ 为标准，最接近且大于 P_0 的 $P_i=0.4$，相应的日销售量为 120 箱，也就是选择进货 120 箱的方案为最佳方案。

5.2.6　灵敏度分析方法

所谓的灵敏度分析，就是利用变换某些因素的输入信息，以观察该因素的变化对该优选方案的影响程度。如果对优选方案影响不大，则可认为该方案的选择是合理的；如果因为一些因素的变化对优选方案影响甚大，则必须改变策略。

在决策问题中，由各行动方案所计算出来的损益值并不是现实，而是根据过去的统计资料或是预测与经验判断的某种自然状态的概率，往往都不是十分准确。因此，在实际工作中，必须进行灵敏度分析，以了解最优方案对于主要变量变化的敏感程度。

【例 5-9】　某建筑材料公司的水泥和红砖这两种材料的供应比较紧张。因此，计划从外地联系货源。但限于运输条件，明年只能保证一种材料的供应。如果红砖资源落实，就先解决红砖的供应问题；如果水泥货源先落实，就先解决水泥的供应问题。在此前提下，公司明年有两大施工任务可以选择，一是砖混结构工程，一是钢筋混凝土框架结构，需视水泥或红砖的供应情况而定。如果明年红砖的供应有保障，则承包砖混结构，可望获利 2500 万元，否则将亏损 500 万元，若是水泥供应有保障，则应承包钢筋混凝土结构工程，可望获利 4000 万元，否则将亏损 1500 万元。根据情报预测，明年水泥供应保证率是 0.6，红砖的供应保证率是 0.4。面对这一现实，公司领导应该承包何种结构的建筑物，使获利最高。

【解】 按照之前的决策树法先画出决策树，如图 5-5 所示

计算各个节点的期望值。

点①：[0.6×(−500)+0.4×2500] 万元=700 万元。

点②：[4000×0.6+0.4×(−1500)] 万元=1800 万元。

显然，以选择承包钢筋混凝土框架结构工程为最优，期望利润是 1800 万元。

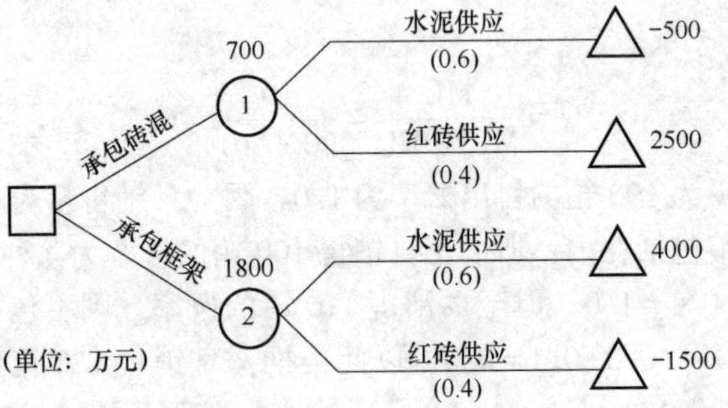

图 5-5 各状态下的决策期望值（一）

水泥和红砖的供应保证率是根据市场调查预测得出的。一旦明年的实际供应情况发生了某些波动，则上述决策方案会有什么样的变化呢？这就要进行灵敏度分析。

假设明年水泥和红砖供应保证率各占 50%，这时可以画出决策树，并计算出其数学期望的值，具体如图 5-6 所示。

点①：[0.5×(−500)+0.5×2500] 万元=1000 万元。

点②：[0.5×(−1500)+0.5×4000] 万元=1250 万元。

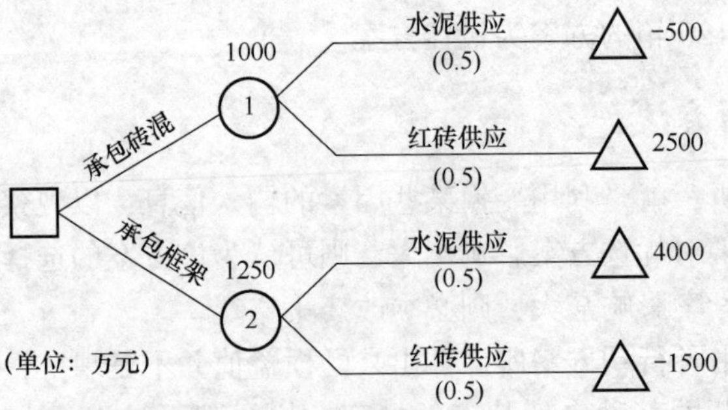

图 5-6 各状态下的决策期望值（二）

仍以选择钢筋混凝土框架结构工程为最优。

若是明年的水泥供应保证率变为 0.4，而红砖供应的保证率提高到 0.6，那又会是什么样的情况呢？

根据之前的做题步骤，画出决策树，算出期望值，如图 5-7 所示。

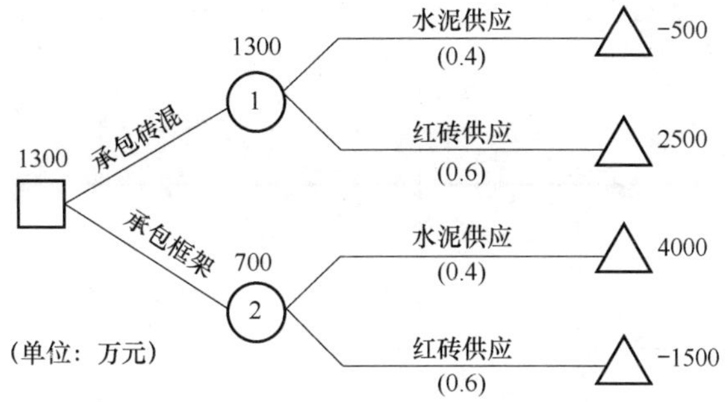

图 5-7　各状态下的决策期望值（三）

可以得知现在应该以承包砖混结构工程为最优了。

在这里，就会思考一个问题，到底水泥供应的保证率变化到什么值时，会使决策方案的选择发生根本性的变化？我们可以用求转折点概率的方法来说明情况。

设 P 代表水泥供应的保证率，$(1-P)$ 代表红砖供应的保证率，并使两个方案的期望值相等，即

$$P\times(-500)+(1-P)\times2500=P\times4000+(1-P)\times(-1500)$$

整理上面的式子可以计算出：

$$8500P = 4000$$

故

$$P = 0.47$$

就是说，当水泥的供应的保证率 $P>0.47$ 时，以承包钢筋混凝土框架结构工程为最优决策；当 $P<0.47$ 时，则应以承包砖混结构工程为最优决策；而 $P=0.47$ 时，是转折点，无论是承包钢筋混凝土结构，或是承包砖混结构工程，期望值一样的。选择其中一种任何一个方案都是最优决策。

这里要注意：当自然状态发生的概率接近转折概率时，对问题的决策要特别地小心，切不可轻率从事，以防由于考虑不周而带来较大的经济损失。

在实际工作中，往往要把概率值、损失值等在可能发生的误差范围内做几次不同的变动，反复计算，然后比较所得的期望值，看看是否相差较大，是否显著影响到最优方案的选择。通过灵敏度分析，可以知道原方案是否稳定，它能进一步提高决策方案的可靠性。

5.2.7　风险型决策方法在工程投标中的运用

1. 从多个工程项目种选择投标工程项目

【例 5-10】　某承包商拥有资源有限，只能在 A、B 两项工程中选择一项进行投标，或者两项工程都不投标。根据过去参加投标的经验资料分析，A 工程投高标的中标概率为 0.3，低标中标概率为 0.5，投标成本 3 万元；B 工程投高标中标概率 0.4，投低标中标概率 0.7，投标成本 2 万元。每种投标方案施工结果可能得到的收益及出现的概率见表 5-10，那么该承包商如何投标最优？

表 5-10 不同投标施工方案施工结果

方案	效果	概率	可能的利润/万元
$A_{高}$	好	0.3	150
	中	0.5	100
	差	0.2	50
$A_{低}$	好	0.2	110
	中	0.7	60
	差	0.1	0
$B_{高}$	好	0.4	110
	中	0.5	70
	差	0.1	30
$B_{低}$	好	0.2	70
	中	0.5	30
	差	0.3	−10
不中标	—	—	0

【解】 决策步骤如下：

1）画出该案例的决策树图（图 5-8），标明各方案的概率和可能利润值。

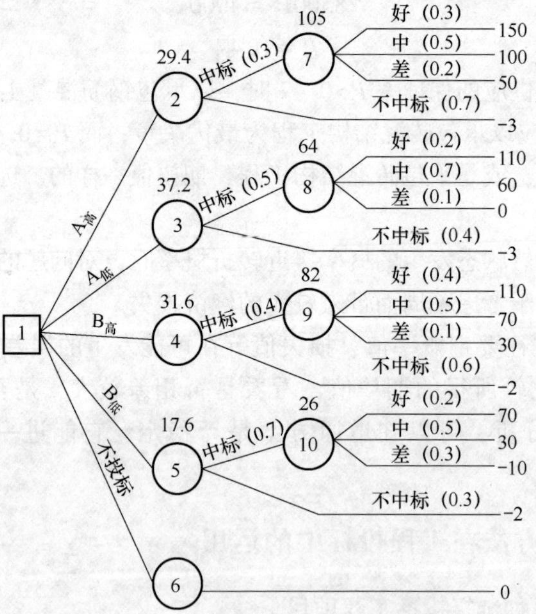

图 5-8 承包商投标项目规划决策树

2）决策分析的过程：从各个概率枝末端开始，逐级推求事件点的收益期望值 E_i；再比较最初一级事件点的收益期望值 E_i，其中最大者对应的方案即为最优投标方案。最大的收益期望值就是决策点的收益期望值 E_i。

计算公式为

$$E_i = \sum P_i B_i$$

式中，P_i 为事件点引出的各概率枝的概率值；B_i 为各概率枝末端的收益值（或下一级事件点的收益期望值）。下面仅例图 5-8 中几个事件点的期望值计算过程，其余直接标在图上。

点⑦：[150×0.3+100×0.5+50×0.2] 万元=105 万元。

点②：[105×0.3-3×0.7] 万元=29.4 万元。

通过比较点，③的期望值最大，故应该选择 A 工程项目低标方案。

2. 投标标价的决策

对一个工程项目进行投标时往往有多种报价方案可供选择，为了更好地进行投标报价决策，首先要依据自身的管理水平和技术水平预测好工程成本，拟定几种投标利润方案；再根据自己积累的投标资料及对手报价动态的研究，分析统计各种情况下中标概率。成本的预测是投标报价的基础，也是施工阶段进行成本控制的依据和指标。做的工作越细，投标成本越大，不中标损失就大；但中标，在施工中亏损的风险就小。投标报价的高低会直接影响中标率。一般来讲，一个承包商工程任务饱满时，它就不急于赢标，此时投标报价可能比平均水平高。反之，报价可能要比平均水平低。研究各个对手的这种报价动态，可以对自己中标概率做出更准确的估计。

【例 5-11】 某承包商决定参与一个工程投标，经测算，该工程的成本为 1500 万元，其中材料费占 60%。拟议高、中、低 3 个报价方案的利润率分别为 10%、7%、4%，根据过去类似工程的投标经验及对竞争对手的分析，相应的中标概率分别为 0.3、0.6、0.9。投标成本 5 万元。又该工程业主在招标文件中明确采用固定总价合同。据分析，在施工中材料费可能平均上涨 3%，其发生的概率为 0.4。试列出该公司的最优投标方案。

【解】 为确定该承包商应采用的投标方案以及相应报价，首先将材料不会涨价定为效果较好，材料涨价定为效果差。

1）计算投标方案的利润。材料涨价而增加成本为（1500×60%×3%）万元=27 万元。各种方案下利润见表 5-11。

表 5-11　各种方案的利润

方　案	效　果	概　率	利润（万元）
高标	好	0.6	150
	差	0.4	123
中标	好	0.6	105
	差	0.4	78
低标	好	0.6	60
	差	0.4	33

2）画出决策树，标明各方案的概率和利润（图 5-9）。

3）计算各事件点的期望值，并标在各个机会点上方。

4）决策结论：因为点③的期望利润最大，故应选择中报价方案投标，相应的报价为 [1500×(1+7%)] 万元=1605 万元。

选择投标工程项目和投标报价是一种综合策略，受多方面因素的共同影响。从承包商角度来看，要想在竞争中夺标并获取较好的经济效益，必须要立足于提高本企业的管理水平和技术水平，提高企业的经济实力，来增强其在投标中的竞争力。同时在工程运作的过程中，自身要多积累各种资料，也要多收集、了解竞争对手的各方面情况，特别是以往类似工程投标报价情况。在确定自己投标报价的过程中充分考虑这些不可避免的易变因素，才能为投标中的风险决策提供可靠的依据，从而进行高水平的投标决策。

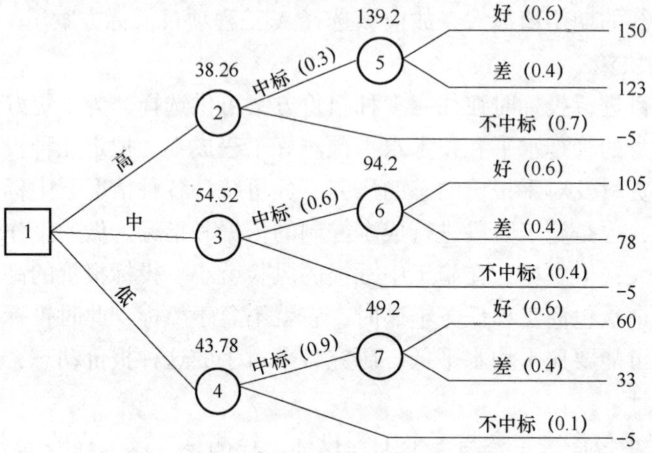

图 5-9　承包商投标报价规划决策树

5.3　非确定型决策方法

非确定型决策的特点是：决策者对于今后将出现的哪一种自然状态完全缺乏信息，不能预料哪一种状态将出现。这种决策最为困难，至今尚无更好的准则可遵循，决策的成败，取决于决策人的特性及其判断。例如，既不知道下个月是否会下雨，也不能预报各种天气状态在下月可能出现的概率，要在这种情况下，做出下个月是开工还是不开工的决定。这样的决策问题，由于行动结果随状态不同而异，而状态又不为决策者所知晓，因此，怎样去确定一个行动优于另一个行动，就成了值得研究的问题。对于此类非确定性决策问题，通常有三种决策方法，下面将分别介绍。

5.3.1　乐观法——大中取大法

这是一种“好中求好”的决策方法。采用这种方法的管理者对未来持乐观的看法，认为未来会出现最好的自然状态，因此不论采取哪种方案，都能获取该方案的最大收益。在决策者对随机状态的信息一点也不知道的情况下，采取最冒进的决策方法。即从最好的客观状态出发，从中找出预期效果最好的那个方案。当求目标函数极大值时，它以“产出”最大为最优决策；反之，若是求目标函数的极小值，则应以“投入”最少为最优决策。

运用最大原则决策法，其求解步骤如下：

第一步：从损益矩阵表的各行中分别圈出最大元素，然后把这个被圈元素的数值，抄录于表中右边的一列中。

第二步：在最右边这一列中找出最大元素，并用双圈把它圈出，该元素值就是可望获得的最大收益值，所在的行就是最优决策方案。

【例 5-12】　某建筑公司，拟在下一季度承包一些施工项目。可供选择的施工对象有四个，可能遇到得到天气状态有三种，其中第 i 个施工对象是第 j 种天气状态下的收益值，可见表 5-12，现要求公司决策者选定一个最合适的施工对象，以期获得的收益最高。

【解】　按照上述的解题步骤，先从各行中分别圈出最大元素㊺、⑦⓪、㊄⑤、⑨⓪然后又从最右列的所有元素中圈出◎95，故选择第三个施工单位能获得最大的收益。

表 5-12　损益矩阵（大中取大法）　（单位：万元）

施工对象	收益值			优选方案
	天气不好	天气一般	天气好	
d_1	40	㊺	20	45
d_2	⑦⓪	30	50	70
d_3	50	20	㊄⑤	◎95
d_4	20	80	⑨⓪	90

这种决策方法，以期待着今后出现的情况最为有利为前提，往往过于乐观。但客观现实并不以人的意志为转移的，这种最乐观的收益值并不一定能兑现。因此，最乐观的愿望，往往也最冒险，容易导致失败。

5.3.2　悲观法——小中取大法

采用小中取大法的管理者对未来持悲观的看法，认为未来会出现最差的自然状态，因此不论采取哪种方案，都只能获取该方案的最小收益。采用小中取大法进行决策时，其解题步骤如下：

第一步：计算各方案在不同自然状态下的收益，并找出各方案所带来的最小收益，即在最差自然状态下的收益。在损益矩阵表的各行中，分别圈出最小元素，并把这个被圈元素登记在表的最右一列中。

第二步：进行比较，选择在最差自然状态下收益最大或损失最小的方案作为所要的方案。从最右列中再用双圈圈出最大元素，于是可求出最优方案的收益值。

仍以例 5-12 来说明求解的情况，即先从表的各行圈出每行的最小值并将其数值填在每行的最后一个位置，即最优方案所对应的列；又从表中的最右的那一列圈出本列的最大值，即可得到最优方案的收益值。故最优方案的收益值是 30 万元，见表 5-13。

表 5-13　损益矩阵（小中取大法）　（单位：万元）

施工对象	收益值			最优方案
	天气不好	天气一般	天气好	
d_1	40	45	⑳	20
d_2	70	㉚	50	◎30
d_3	50	⑳	95	20
d_4	⑳	80	90	20

这是期望今后出现的是最不利的情况，选取最不利情况下的有利方案。这种从最坏的情况着眼的，带有保守性质的决策方法，反映了决策者的悲观情绪。小中取大原则在某些场合下应用是合适的。例如，企业规模小，资金薄弱，经不起大的经济冲击；或者是决策者认为最坏情况发生的可能性极大，而对好的状态出现缺乏信心。某些行动将可能导致重大损失，企业倒闭，人身伤亡等时，决策者也往往来取较为稳妥的方法。

5.3.3 最小最大后悔值法

管理者在选择了某方案后，如果将来发生的自然状态表明其他方案的收益更大，那么他(或她)会为自己的选择而后悔。最小最大后悔值法就是使后悔值最小的方法。采用这种方法进行决策时，首先计算各方案在各自然状态下的后悔值（某方案在某自然状态下的后悔值=该自然状态下的最大收益-该方案在该自然状态下的收益)，并找出各方案的最大值，然后进行比较，选择最大后悔值最小的方案作为所要的方案。

仍然例 5-12 来说明这种方法的解题步骤：

第一步：先从表 5-14 中的各列分别找出一个最大元素，如 70、80、95。

第二步：用该列最大的元素减每行元素，便可求得后悔值，把此后悔值填入表中。

第三步：在表的最右列增添一列，登记出各行的最大后悔值。

表 5-14 例 5-12 各状态下的后悔值表（单位：万元）

施工对象	收益值			后悔值			最大后悔值
	天气不好 T_1	天气一般 T_2	天气好 T_3	70-f（dT_1）	80-f（dT_2）	95-f（dT_3）	
d_1	40	45	20	30	35	75	75
d_2	70	30	50	0	50	45	45
d_3	50	20	95	20	60	0	60
d_4	20	80	90	50	0	5	50
相对利润最大值	70	80	95				
最大后悔值中的最小方案及方案代号							45 S_2

第四步：取最右边（最大后悔值）一列的最小值，作为最优决策方案，现在第二施工对象为最优方案。

5.3.4 综合分析

以上的三种非确定型决策方法，在无法掌握未来发展信息的条件下，提供了一些定量择优的手段，体现了这类问题决策的科学性。同时也应该指出，由于自然状态难以掌握，人们对问题求解的标准必然存在着不同的看法，从而导致不同的结果。因此，这里没有什么唯一的好的决策办法。每一种方法都有它存在的理由，但是也有其片面性，究竟哪一种决策更为合理，尚难肯定，因此，在实际应用时，需要决策者酌情而定。决策者可以根据决策的目标、企业的条件和对风险的态度而自行取舍。无论哪一种决策方法都带有相当程度的主观任意性，因此，决策的成败与得失就取决于决策者的经验和智慧，要想做出正确的决策，必须提高决策者的素质。

综上所述，对于解决非确定性决策问题，理论上尚不能证明哪一种方法最合理，国内外许多学者仍在探讨这个问题。

5.3.5　非确定型决策在工程中的运用

非确定型问题在实际生活和工作中随处可见，平时如果需要对某一问题经过反复权衡才能得出最优选择，这样的问题多半就是非确定型的问题。在实际工作中，有很多未知的情况，它们具有不确定性，只能把可能出现的某种随机状态分为几类，但在决策过程中无法取得即将出现状态的预报信息，并因缺乏足够的统计资料也得不到各种状态出现的概率。例如，面临 N 种选择需要做出一项最优决定，而每项选择都受 M 种客观因素影响，最终会有 $M\times N$ 个后果产生，决策者要做的就是针对这 $M\times N$ 个后果进行经验分析。分析通常遵循三种原则：乐观原则、悲观原则、最大后悔值最小化原则。决策者在选择最优决策时需要有一个评价方案优劣的标准。对于同一个问题由于决策者所选用的评价标准不同，其决策方法及得到的最优决策也可能有所不同。在施工生产中，我们不妨有针对性地使用确定型问题分析方法。在某些情况下，因为有源数据的存在，许多问题可以经过一系列运算得出科学结论，如目标成本管理、质量分析等。但是，遇到内、外因比较复杂的问题，不妨运用非确定型问题分析方法。

【例 5-13】 有一项大型工程，关键部位施工阶段所处的气候状态比较复杂（可能出现的天气状态为 T_1、T_2、T_3、T_4），有四位技术人员分别提出了四种施工方法（S_1、S_2、S_3、S_4），每种施工方法对应四种天气状态下带来的利润指数 $f(ST)$ 列于表 5-15 中，在保证工期和质量的前提下，要求项目管理者选择一种利润最大化的施工方法。

表 5-15　四种不同天气状态下分别采用四种施工方法所带来的利润指数分析表

施工方法	利润指数			
	T_1	T_2	T_3	T_4
S_1	4	8	2	11
S_2	10	7	6	3
S_3	8	5	9	6
S_4	6	6	7	8

【解】 如果决策者是位冒险者，他会遵循乐观原则，倾向于选取那个在最好状态下能带来最大效果的方案，每个方案的最大利润指数分别为

$$\mathrm{Max}[f(S_1T)]=\mathrm{Max}\{4,8,2,11\}=11$$

$$\mathrm{Max}[f(S_2T)]=\mathrm{Max}\{10,7,6,3\}=10$$

$$\mathrm{Max}[f(S_3T)]=\mathrm{Max}\{8,5,9,6\}=9$$

$$\mathrm{Max}[f(S_4T)]=\mathrm{Max}\{6,6,7,8\}=8$$

故取这四个利润中的最大值，则 $\mathrm{Max}[f(ST)]=\mathrm{Max}\{11,10,9,8\}=11$，则最优方案采用第一种施工方法。

如果决策者是个保守者，则他会趋向于认为未来会出现最差的自然状态，因此为避免风

险起见，决策时只能以各方案的最小收益值进行比较，从中选取相对收益较大的方案。

分析过程为：

$$\text{Min}[f(S_1T)] = \text{Min}\{4,8,2,11\} = 2$$

$$\text{Min}[f(S_2T)] = \text{Min}\{10,7,6,3\} = 3$$

$$\text{Min}[f(S_3T)] = \text{Min}\{8,5,9,6\} = 5$$

$$\text{Min}[f(S_4T)] = \text{Min}\{6,6,7,8\} = 6$$

接下来选择这四个最小值的最大值，故 $\text{Max}[f(ST)] = \text{Max}\{2,3,5,6\} = 6$，最优方案是采用第四种施工方法。

考虑到决策者在选定某一方案并实施后，如果在未来实际遇到的天气状态并不与决策时的判断相吻合，这就意味着当初如果选取其他的方案反而会使该工程收到最大的收益，无形中表明这次决策存在一种机会损失，它构成了决策的“遗憾值”或“后悔值”。也就是说，选择了一种方案，实际上就放弃了其他方案可能增加的收益，所以决策者将为此而后悔。为了将这种后悔的程度减少到最低，可以遵循“最大后悔值”最小化原则分析此问题，见表 5-16。

表 5-16　例 5-13 各状态下的后悔值表

施工方案	利润指数				后悔值				最大后悔值
	T_1	T_2	T_3	T_4	$10-f(ST_1)$	$8-f(ST_2)$	$9-f(ST_3)$	$11-f(ST_4)$	
S_1	4	8	2	11	6	0	7	0	7
S_2	10	7	6	3	0	1	3	8	8
S_3	8	5	9	6	2	3	0	5	5
S_4	6	6	7	8	4	2	2	3	4
相对利润最大值	10	8	9	11					
最大后悔值中的最小方案及方案代号									4 S_4

故若采用的是最大最小后悔值法，则应该选用第四种方案。

不同心态的决策者对同一问题的选择结果不尽相同。可见，非确定型问题决策方法教会大家的是如何从系统的角度去观察、分析问题的各个方面和影响因素，它的指导思想是让人们在比较中寻求问题的最好解决办法。

参考文献

[1] 罗宾斯，库尔特．管理学：第 9 版［M］．孙健敏，译．北京：中国人民大学出版社，2008.

[2] 周三多，陈传明，贾良定．管理学：原理与方法［M］．6 版．上海：复旦大学出版社，2014.

[3] 柯小玲．房地产项目投资风险及决策优化研究［M］．武汉：中国地质大学出版社有限责任公司，2017.

[4] 张玉廷，黄斌．工程保障的科学决策［M］．沈阳：白山出版社，1991.

[5] 张盛开，张亚东．现代对策（博弈）论与工程决策［M］．大连：东北财经大学出版社，2005.

[6] 何霞．决策方法与工具［M］．上海：上海财经大学出版社，2015.

[7] 杨林泉. 预测与决策方法应用 [M]. 北京：冶金工业出版社，2011.
[8] 詹丽，杨昌明，何伟军. 项目风险评价决策：方法与论证 [M]. 成都：西南交通大学出版社，2009.
[9] 冯文权，傅征. 经济预测与决策技术 [M]. 6版. 武汉：武汉大学出版社，2018.
[10] 孙妍. 非确定型问题决策的应用探讨 [J]. 吉林水利，2007 (3)：17-20.
[11] 胡成江. 企业非确定型决策问题决策探讨 [J]. 现代商贸工业，2013，25 (1)：21-22.
[12] 陈燕平. 基于不确定型决策方法的铁路方案优选 [J]. 铁道工程学报，2016，33 (4)：46-49；69.
[13] 李强，雷晓军，罗莎红，等. 不确定型决策分析的方法及相关应用 [J]. 铜仁学院学报，2014，16 (4)：176-180.
[14] 范伊琳，王乐，段美华. 现代管理学中的决策方法 [J]. 商场现代化，2010 (26)：28.
[15] 王立新. 企业非确定型决策与中庸 [J]. 渝州大学学报（社会科学版），2002 (5)：49-50.
[16] 高技师. 非确定型决策在企业中的应用 [J]. 合作经济与科技，2015 (21)：70-72.
[17] 饶卫振，刘晶. 不确定型决策方法探索 [J]. 商场现代化，2008 (22)：96-97.

第6章 AHP决策分析方法

层次分析方法（Analytical Hierarchy Process，AHP）是由美国运筹学家匹兹堡大学数学教授萨蒂（T. L. Saatty）为美国国防部研究“根据各个工业部门对国家福利的贡献大小而进行电力分配”课题时，应用网络系统理论和多目标综合评价方法，提出的一种定性与定量相结合的决策分析方法。这种方法就是把系统的复杂问题中的各种因素，通过划分为相互联系的有序层次，使之条理化，根据对一定客观现实的判断就每一层次相对重要性给予定量表示，利用数学方法确定表达每一层次的全部元素的相对重要次序的权值，并通过排序的结果分析和解决问题的一种决策分析方法。AHP具有高度的逻辑性、系统性、灵活性、简洁性，十分适用于解决实际应用问题，许多社会、经济、科学以及数学问题都可以纳入这种分析过程。AHP在工程项目管理领域也得到了广泛的运用，如投资风险评价、成本风险评价、安全风险评价、管理效果评价以及项目投融资模式的选择等。

6.1 AHP的产生及应用

6.1.1 AHP的产生

面对千变万化、错综复杂的世界，人们需要一种有效的决策工具。它应当既能适应大社会、大科学、大工程、大系统的规模庞大性、状态多变性、影响广泛性，又能对定性问题及定量问题进行综合分析；在理论上要可靠、科学、合理，在具体使用方法上通俗、简便、易行。社会的急切需求，无疑是对人类的一种挑战，它要求人类正视它，解决它，AHP方法就是在这样一种环境背景下诞生的。

AHP的发展过程可以追溯到20世纪70年代初期。1971年，美国匹兹堡大学数学教授T. L. Saaty在为美国国防部研究“应急计划”中，充分注意到了当前社会的特点及很多决策科学方法的弱点，他开始寻求一种能综合进行定性与定量分析的决策方法。这种方法不仅能够保证模型的系统性、合理性，还能让决策人员充分运用其有价值的经验与判断能力。在此期间，Saaty开始逐步形成了AHP法的核心思想：决策问题的关键往往就是对行为、方案、决策对象进行评价、选择，而这种评价选择总是要求把决策对象进行优劣排序，取优汰劣。在进行优劣评判排序中，人们需要建立完整的评价系统，而很多评价系统则可以简化为有序的递阶系统，即大指标下有小指标，小指标下还可以有子指标的系统。对于任何简洁有序的递阶系统，人们可以运用简单的两两比较方法对系统中各有关因素进行比较评判。通过对这种比较评判结果的综合计算处理，则可以得到关于决策对象、方案、行为的优劣排序，从而为决策者提供定量形式的决策依据。

1972 年 Saaty 发表了《用于排序和计划的特征根分配模型》，1975 年发表了《层次和排序——特征根分析》，1977 年又发表了一系列关于 AHP 应用方面的文章，其中有《运输计划中的推论与排序：在苏丹的应用》以及《苏丹的运输研究》。这项为苏丹政府提供决策依据的研究工作始于 1973 年，Saaty 在工作中成功地应用了 AHP 方法，并获得了瞩目的成果，Saaty 也因此获得了 1977 年美国管理研究院的最佳应用研究奖。同年，Saaty 在第一届国际数学建模会议上发表了《无结构决策问题的建模——层次分析理论》，从此，AHP 方法开始受到人们的广泛注意，并得到深入的研究和应用。1980 年，Saaty 著写了《层次分析法》一书并得以出版，该书全面论述了 AHP 方法的原理、应用及数学基础。这本书可以称之为 AHP 方法的经典著作。此后，Saaty 又与其他学者合作，陆续写出了注重 AHP 应用的三本著作：《排序的逻辑 · 商业、能源、健康及运输中的应用》（1981 年）、《领导者的决策》（1982 年）以及《计划的排序》（1985 年）。到 1986 年，Saaty 完成了 AHP 的公理证明，这使 AHP 方法拥有了更加扎实坚厚的数学基础。

6.1.2 AHP 法的优缺点及应用

在 Saaty 教授开展 AHP 研究工作的同时，大批专家学者也加入了 AHP 研究的行列，其发展速度及成果的影响是人们所料不及的。1986 年，美国著名的《社会经济规划科学》杂志以及日本的《运筹学》杂志分别出版发行了关于 AHP 理论研究及应用研究的专辑。尤其值得一提的是，《社会经济规划科学》杂志发表了芬兰学者关于运用 AHP 方法解决能源资源规划的文章。芬兰学者及芬兰国会议员们运用 AHP 方法为是否要建造第五座核电站做出了令人信服的决策。这是一个争议多年、众说纷纭的大决策，最后的结论是建造方案遭到否决。AHP 的应用范围十分广泛，其涉及面主要有以下几个：

1）经济与计划。

2）能源政策与资源分配。

3）政治问题及冲突。

4）人力资源管理。

5）预测。

6）项目评价。

7）教育发展。

8）环境工程。

9）企业管理与生产经营决策。

10）会计。

11）医疗卫生。

12）军事指挥、武器评价。

13）法律。

以上种种只是给出一些总体范围，在每个范畴内，又有许多具体不同的应用。AHP 之所以能在如此短的时间里得到如此迅速的发展和广泛的应用，与它在理论上的合理及应用上的简便分不开的。下面对 AHP 的优缺点做一个大概的归纳。

1. 优点

（1）系统性。系统分析是当今大科学、大工程、大社会背景下的一种必需的决策分析方法。系统分析的思想要求把分析对象看作一个整体。大系统中的每个子系统乃至每个子元素都是与系统内其他部分相互关联、彼此影响的。尽管每个子系统、子元素具有自身特定的功能和特点，有时彼此间甚至是相互冲突的，但它们都要为大系统的整体功能服务。另外，系统分析思想要求把系统分清层次。任何复杂系统都具有一定的层次结构，下层因素受到上层因素的支配，反过来上层因素又要受到下层因素的影响。AHP 的思想基础与系统分析的原则是一致的，它要求决策者在对问题进行决策分析时，首先要为分析对象的诸因素建立起彼此相关的层次递阶的系统结构。这种层次递阶的系统结构可以清晰地反映出诸相关因素（目标、准则、对象）的彼此关系，可以使决策者在进行决策分析时，把复杂问题自千头万绪之中理顺轻重缓急。

（2）综合性。在目前大量的决策问题中，决策者所要考虑的很多因素是属于定性化因素，这些因素不能以某种定量的标度进行表现。诸如芬兰人在制定能源规划时，不仅要考虑经济收益投资成本，还要考虑到政治影响、环境污染、与其他国家的关系、公众的反应等大量的定性因素。Saaty 在用 AHP 分析如何处理伊朗人质危机问题中所面临的问题也属于定性化问题。事实上，人们在日常生活决策中所遇到的问题，多半属于定性化分析判断问题，如家具的造型，房屋的构造乃至配偶的选择等。AHP 在对事物进行决策分析时，能对定性问题与定量问题进行综合分析处理，并能得到明确的定量化结论，以优劣排序的形式表现出来。这有助于决策者做出判别，孰取孰舍，泾渭分明。这也正是 AHP 决策分析法区别于其他很多决策优化方法的一个重要特征。

（3）简便性。由于世界的千变万化，社会的迅速发展，从事实际工作的决策者们对决策方法的简便性有很高要求。因为世界对决策反应的速度要求越来越快，而一些繁复的决策方法耗时、耗人、耗资金，在很多场合不具有令人满意的实用价值。而 AHP 对事物的评判决策过程十分简便，一个只要具有高中文化程度的人就不难掌握其运算方法，辅以学生用计算器便能完成全部的决策分析过程。若有计算机及有关程序，则整个计算就更方便迅速了。

（4）准确性。近代决策更多的是追求“满意的决策”，而不是“最优的决策”。AHP 的准确性表现在它可以为人们提供“满意的决策”或“最优”的决策。AHP 丰富的数学原理为该方法的准确性提供了可信的基础。同时，AHP 还能吸取决策者个人或集团的阅历、经验、智慧、判断能力，从而使得决策建立在更扎实的基础上。

从以上所介绍的优点来看，人们不难理解，为什么 AHP 能在很短的时间里获得如此广泛的应用。

2. 缺点

（1）不能为决策提供新方案。层次分析法的作用是从备选方案中选择较优者。这个作用正好说明了层次分析法只能从已有方案中进行选取，而不能为决策者提供解决问题的新方案。对于大部分决策者来说，一种分析工具能替我分析出在我已知的方案里的最优者，然后指出已知方案的不足，再提出改进方案，这种分析工具才是比较完美的。但显然，层次分析法还没能做到这点。

（2）定量数据较少，定性成分多，不易令人信服。在如今对科学方法的评价中，一般都认为一门科学需要比较严格的数学论证和完善的定量方法。但现实世界的问题和人脑考虑问题的过程很多时候并不能简单地用数字来说明一切。层次分析法是一种带有模拟人脑的决策方式的方法，因此必然带有较多的定性色彩。这样，当一个人应用层次分析法来做决策时，其他人就会说：为什么会是这样？能不能用数学方法来解释？如果不可以的话，你凭什么认为你的这个结果是对的？你说你在这个问题上认识比较深，但我也认为我的认识比较深，可我和你的意见是不一致的，以我的观点做出来的结果也和你的不一致，这个时候该如何解决？

比如，评价衣服的指标往往是舒适度和耐用度，然而女士们却未必认同。在她们看来，美观度才是其最主要的评价指标。无论耐穿、舒适与否，只要美观，穿一次也值得。这样，对于一个分析“购买衣服时的选择方法”的题目，则演变为“男士购买衣服的选择方法”。因此，当定性成分较多的时候，某研究能解决的问题就会相对较少。

（3）指标过多时数据统计量大，且权重难以确定。当希望能解决较普遍的问题时，指标的选取数量很可能也就随之增加。这就像系统结构理论里，要分析一般系统的结构，要搞清楚关系环，就要分析到基层次；而分析到基层次上的相互关系时，要确定的关系就非常多了。指标的增加就意味着要构造层次更深、数量更多、规模更庞大的判断矩阵，那么就需要对许多的指标进行两两比较的工作。由于一般情况下对层次分析法的两两比较，是用标度 1~9 来说明其相对重要性，如果有越来越多的指标，那么对每两个指标之间的重要程度的判断就可能出现困难，甚至会对层次单排序和总排序的一致性产生影响，使一致性检验不能通过。也就是说，由于客观事物的复杂性或对事物认识的片面性，通过所构造的判断矩阵求出的特征向量（权值）不一定是合理的。一致性检验不能通过，就需要调整，这在指标数量多的时候是个很痛苦的过程，因为根据人的思维定式，你觉得这个指标应该是比那个重要，那么就比较难调整过来，同时，也不容易发现指标相对重要性的取值里是哪个有问题，哪个没问题。这就可能花了很多时间，仍然不能通过一致性检验，而更糟糕的是根本不知道哪里出了问题。也就是说，层次分析法里面没有办法指出判断矩阵里哪个元素出了问题。

（4）特征值和特征向量的精确求法比较复杂。在求判断矩阵的特征值和特征向量时，所用的方法和多元统计所用的方法是一样的。在二阶、三阶的时候，还比较容易处理，但随着指标的增加，阶数也随之增加，在计算上也变得越来越困难，因此在实践中通常和积法、方根法做近似运算处理。

6.1.3　AHP 的应用现状

随着科学研究不断深入地发展，AHP 现在通常与多种决策方法相结合应用于工程领域。其中包括 AHP 和模糊数、AHP 和神经网络、AHP 和 DEA、AHP 和 WBS-RBS、AHP 和熵权法等。AHP 其本质是将问题结构化，把定量和定性因素结合，所以灵活性较强且适用于各种决策问题。但目前单独应用 AHP 进行研究，被认为是不充分的。AHP 缺点主要是在实际运用中受到专家组规模大小以及专家组成员学术背景差异的影响，定量数据可能较少，定性成分较多，评判结果主观性太强。

近几年我们可以发现在社会科学领域单独使用 AHP 进行的研究较多，而在管理科学领域中仅用 AHP 进行研究略显不足。我们应用 AHP 时不仅可与多目标决策方法一起应用，还可以与信息技术、工程技术等多种方法联合应用。AHP 与多目标方法结合应用时，其主要将问题结构化，构造主要目标和次要目标的层次结构，再求出不同目标的权重，然后将得出的权重带入其他方法进行优化以获得最终决策。而 AHP 与其他方法结合使用时，通常是对已求出的权重进行排序，以获得最终结果。

6.1.4 关于 AHP 的评述

层次分析法的决策过程体现了人们分解—判断—综合的思维特征，是一种好的决策思维方式。层次分析法自 20 世纪 70 年代诞生以来，在理论和应用上的发展十分迅速。但在实际应用中也发现了一些问题，有些是一些评价问题本身的通病，而有些是 AHP 所固有的。一些学者提出了 AHP 的改进版本，具体如下：

1. 关于标度的争议和改进思路

在实际应用中，对于判断矩阵的给出往往感到比较棘手和困难。它不容易用 1~9 的标度表示各元素的相对重要性程度，即使给出，也往往给出一个两可性的判断。这种两可性的判断会使判断矩阵带有很大的主观臆断性，从而使决策矩阵的可信度下降。

标准 AHP 使用九分法的比例标度，或称 SAATY 标度（不具有传递性）。九分法的合理性没有论证过，经常引起争议。在 AHP 的应用中，学者们提出了不同的标度，以构建量化的两两比较矩阵。其中有代表性的是几何标度、MA-ZHENG 标度和 Salo-Haemaelaeinen 标度，这些标度也被广泛应用。这几种标度的数学表达方式如下：

（1）SAATY 标度（不具有传递性）

$$f(s)=\begin{cases} I(s)+1 & s\geqslant s_0 \\ \dfrac{1}{1-I(s)} & s<s_0 \end{cases}$$

式中，$I(s)$ 的取值为 1~9 的整数

（2）几何标度

$$f(s)=(\sqrt{c})^{I(s)}$$

（3）MA-ZHENG 标度

$$f(s)=\begin{cases} \dfrac{9}{9-I(s)} & s\geqslant s_0 \\ \dfrac{9+I(s)}{9} & s<s_0 \end{cases}$$

式中，$I(s)$ 为 1~9 的整数

（4）Salo-Haemaelaeinen 标度

$$f(s)=\begin{cases} 0.5+I(s)\times e \\ 0.5-I(s)\times e \end{cases}$$

式中，$e=\dfrac{1}{20}$或 $e=\dfrac{1}{17}$

2. AHP 从精确数向模糊数扩展

AHP 的另一个改进体现在模糊层次分析法的提出，其目的是为了更好地反映决策者的思维判断一致性。

在传统层次分析法中，两两比较判断矩阵中的元素是精确数，即要求决策者对每个选择的相对重要性有非常清楚的认识，但实际中，由于客观事物的复杂性以及人的思维对于模糊概念运用，用准确的数来描述相对重要性就显得很困难，而用一些模糊概念来进行描述就更

为合理一些。因此学者们提出了 AHP 扩展模型，即用模糊集来取代判断矩阵中的数，并提出根据判断矩阵求模糊权重的方法，同时，对于区间数多指标决策问题也提出了模糊层次分析法。这些方法既考虑了模糊判断，又相继提出了解决模糊判断一致性问题的一些方法，使其更具科学性。

3. AHP 在不断地发展

为了解决一些更复杂的决策问题，AHP 已发展到 ANP（见第 7 章）。

AHP 已在系统决策分析中得到了广泛应用，但 AHP 相对简单。AHP 只考虑层次结构中、上层元素对下层元素的支配作用，假设同一层次中的元素彼此独立。在复杂决策问题中，各层次内部元素往往是依存的、互相影响的，低层元素对高层元素亦有支配作用，即存在反馈，这样的系统结构更类似于网络结构。正是为了解决这类存在反馈效应的复杂系统决策，Saaty 提出了网络分析法（ANP）。

4. 关于 AHP 的争议

关于 AHP 的争议体现在以下几点，在应用 AHP 进行多属性决策时应加以考虑：

1）九分法的合理性没有论证过，经常引起争议，而其他标度法会导致不同的方案排序。

2）AHP 假设事物的比较可以基于比率标度，但是客观事物并非如此。基于比率标度的比较，隐含了距离的概念。但是，如果比较的是舒适度、形象或生活质量等，不存在自然的参照点，则不适合用比例标度进行比较。区间值更适用于偏好的比较。

3）AHP 违反了决策应独立于方案的合理性，假设 AHP 的判断矩阵及权重确定仅仅考虑目前已有的方案，当有新方案纳入决策问题时，则会出现逆序现象。

4）决策者偏好信息的两两比较欠精确，九分法中使用的语义标度的（如定性判断“比较重要”“相当重要”等）数字意义没有解释。

5）特征向量法容易导致不一致问题，最小二乘法简单实用。

6）指标权重的理解：AHP 的两两比较判断矩阵最大特征值对应的特征向量，经归一化即得权重向量。这就要求在确定权重时考虑所有可能的方案，不具有可操作性。

7）AHP 中属性的分解影响权重。如果一个属性分解成两层或更多层子属性，下层子指标权重的总和应与上层指标权重相符，但分解后的属性权重之和往往大于不分解情况下的指标权重。

8）指标分解层次结构及指标所处层次的深度影响权重。指标所处的层次越深，其权重越偏小。

6.2　AHP 法的基本原理

层次分析法基本原理可归纳为层次的数学原理——特征向量方法、递阶层次结构原理、两两比较标度与判断原理、层次排序原理。

通俗地讲，层次分析法基本原理就是把所要研究的复杂问题看作一个大系统，通过对系统的多个因素的分析，划分出各因素间相互联系的有序层次，再请专家对每一层次的各因素进行较客观的判断后，相应给出相对重要性的定量表示，进而建立数学模型，计算出每一层次全部因素的相对重要性的权值，加以排序，最后根据排序结果规划决策和选择解决问题的措施。

为了说明 AHP 的基本原理．让我们首先分析下面这样一个简单的事例。

假定我们已知 n 个西瓜的重量总和为1，每个西瓜的重量分别为 $W_1, W_2, \cdots, W_n$，若不是，则用

$$W_i = W_i / \sum_{i=1}^{n} W_i \qquad (i = 1, 2, \cdots, n)$$

代替 W_i 即可。把这 n 个西瓜的重量两两比较或相除，很容易得到表示 n 个西瓜相对的重量关系的比较矩阵，以下称之为判断矩阵：

$$\boldsymbol{A} = \begin{bmatrix} W_1/W_1 & W_1/W_2 & \cdots & W_1/W_n \\ W_2/W_1 & W_2/W_2 & \cdots & W_2/W_n \\ \vdots & \vdots & & \vdots \\ W_n/W_1 & W_n/W_2 & \cdots & W_n/W_n \end{bmatrix} = (a_{ij})_{n\times n}$$

于是，对于任意的 i，j，显然有 $a_{ii} = 1$，$a_{ij} > 0$，且 $a_{ij} = \dfrac{1}{a_{ji}}$，又由于 $\forall i$，j 有

$$a_{ij} = \frac{a_{ik}}{a_{jk}} \text{或} a_{ij} a_{jk} = a_{ik} \cdot$$

则有

$$\boldsymbol{AW} = \begin{bmatrix} W_1/W_1 & W_1/W_2 & \cdots & W_1/W_n \\ W_2/W_1 & W_2/W_2 & \cdots & W_2/W_n \\ \vdots & \vdots & & \vdots \\ W_n/W_1 & W_n/W_2 & \cdots & W_n/W_n \end{bmatrix} \begin{bmatrix} W_1 \\ W_2 \\ \vdots \\ W_n \end{bmatrix} = \begin{bmatrix} nW_1 \\ nW_2 \\ \vdots \\ nW_3 \end{bmatrix} = n\boldsymbol{W} \cdot$$

由上式可知，n 是 $\boldsymbol{A}$ 的一个特征根，即每个西瓜的重量恰好是 $\boldsymbol{A}$ 所对应特征根 n 的特征向量。

很自然，我们会提出一个相反的问题：如果事先不知道每个西瓜的重量，也没有衡器称量，但可通过两两比较判断出两两西瓜重量之比，能否由此计算出这 n 个西瓜的相对重量呢？这就是相当于，在一个模型中，能否通过人对 n 个因素进行两两的比较（一般来说，这是可以做到的），然后得出这 n 个因素的权重值。注意到，这是 AHP 思想的关键。

在判断矩阵 $\boldsymbol{A}$ 具有完全一致性的条件下，我们能够通过解判断矩阵 $\boldsymbol{A}$ 的最大特征值问题

$$\boldsymbol{AW} = \lambda_{\max} \boldsymbol{W}$$

求出正规化特征向量或权重向量，即若假设 n 个西瓜总重量为1，能够得到每个西瓜相对重量。同理，对于复杂的工程项目问题，通过建立层次分析结构模型，构造出判断矩阵，利用特征值方法即可确定各种方案和措施的重要性排序权值，以供决策者参考。

这样，判断矩阵 $\boldsymbol{A}$ 在满足完全一致性的条件下，能够通过求其最大特征值的正规特征向量，得到 n 个西瓜的相对重量。所谓完全一致性，即是判断矩阵满足如下关系：

$$a_{ij} = \frac{a_{ik}}{a_{jk}} \qquad (i, j, k = 1, 2, \cdots, n)$$

此时矩阵最大特征根 $\lambda_{\max}=n$，其余特征根均为零，可是，问题并非仅此简单而已，因为通过两两西瓜比较其重量而给予判断是有误差偏离的。因此，判断矩阵常常不满足完全一致性。在一般情况下，可以证明判断矩阵的最大特征根为单根，且

$$\lambda_{\max} \geqslant n$$

当判断矩阵具有满意的一致性时，稍大于矩阵阶数 n，其余特征根接近于零。这时，基于 AHP 得出的结论才基本合理。由于客观事物的复杂性和人们认识上的多样性，要求所有判断都有完全的一致性是不可能的，但我们要求一定程度上的判断一致，因此对构造的判断矩阵需要进行一致性检验。

6.3　AHP 计算的基本步骤、方法

用 AHP 分析问题大体要经过以下五个步骤：①建立层次结构模型；②构造判断矩阵；③层次单排序；④层次总排序；⑤一致性检验。

6.3.1　建立层次结构模型

AHP 方法中最关键的一环在于建立层次结构模型。我们必须根据建筑工程所处的不同阶段，以及各参与方的不同角度，对各因素和其层次进行分析，进而设计层次结构的表示模型。

为解决建模问题，Saaty 将问题中所包含的因素划分为不同层次，大体上分为最高层、中间层、最低层三大层。

最高层，又称目标层，表示解决问题的目的，即层次分析要达到的总目标。

中间层，是指策略层、约束层或准则层，表示采取某种措施、政策、方案等来实现预定总目标所涉及的中间环节。根据问题的复杂程度以及所需要分析的详尽程度来决定是否有必要进一步细分出子准则层，以及子准则层的层数。根据心理学的研究结果，如果同一目标下需要比较的元素多于 8 个，将会造成思维方面的困难。在这种情况下，就有必要将这些元素归类以形成子准则层。当然，即使同一目标下需要比较的元素少于 8 个，也可以根据需要，将准则按类别分出层次。

最低层，包括指标层、方案层、措施层等，表示要选用的解决问题的各种措施、政策、方案等。

但要注意，递阶层次结构中仅有相邻两层之间存在彼此联系，并且同一层次的各因素之间无彼此联系。图 6-1 表示了一个典型的递阶层次结构。

AHP 中的递阶层次结构有下面一些特点：

第一，从上到下顺序的支配关系。这种关系在某种意义上类似于集合、子集、元素间的从属关系。

第二，整个结构中层次数不受限制。层次的多少取决于决策分析的需要，最高层次的元素一般只有一个，其他层次的元素一般不超过 9 个，这是出于两两比较判断要尽可能一致的考虑。当层次中元素过多时，可以进一步划分为子层次，因此不超过 9 的限制并不会给逐阶层次结构的建立带来困难。

第三，层次之间的联系比同一层次各元素间的联系要大得多。如果实际问题中层次内部元素的联系非常密切，以至难以忽略，则 AHP 的基本排序原则不再适用，代之以反馈系统的排序方法。递阶层次结构的层次位置必须是确定的，同一层次元素的位置无须确定。

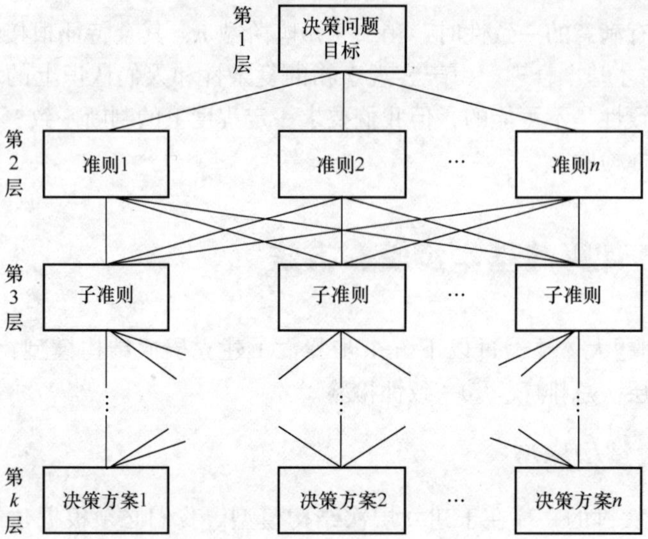

图 6-1　递阶的层次结构模型

从递阶层次结构的特点可以看出，AHP 使用中，层次结构的建立有着很大的灵活性和抗干扰性，某一个层次包含的元素发生变化时，对整个层次结构变化的影响是有限的。特别是，由于决策目标的实现要经过自上而下几个层次的分析判断，即使某一层次中若干判断失误，对决策目标的影响比采用非层次决策方法要小得多。层次结构使得人们的思维条理化，在决策面临的问题比较复杂时，采用 AHP 的递阶层次结构会使问题的分析清楚容易，便于迅速地做出决策。由于递阶层次结构在一定程度上反映了系统的有序性，AHP 提供了一种深入认识和处理系统的方式，把看起来杂乱无章无从下手的各种复杂的决策因素统一起来并进行深入研究。总之，使用递阶层次的方式进行思维决策有许多明显的优点。

下面用一个购买房子的例子来说明建立层次结构的过程。

一个公司决定要购买一幢房子，经过初步的调查研究确定三幢候选的房子 A、B 和 C。问题是决定购买哪一幢房子，即要选择一幢较满意的房子。

从经济、地理和建筑三个因素出发考虑，购买满意房子的决策判据有 8 个：

1）面积：指房间的数目、大小、总面积等。

2）交通：指交通是否方便，离公交路线是否近。

3）环境：指环境是否安静，清洁，污染少等。

4）房龄：指房子建筑年龄，老化程度等。

5）空地：花园，停车场地。

6）设备：煤气、卫生、水电、暖气等。

7）建筑结构：地板，门窗，装饰，房屋结构，维修。

8）价格。

我们把公司购买房子的问题分解成一个层次结构，在第一层里总目标是购买满意的房子，第二层是满意房子的上述 8 个决策判据，第三层是三幢候选的房子，我们将要用第二层的 8 个判据来评价这三幢房子。图 6-2 所示就是购买房子的层次结构。

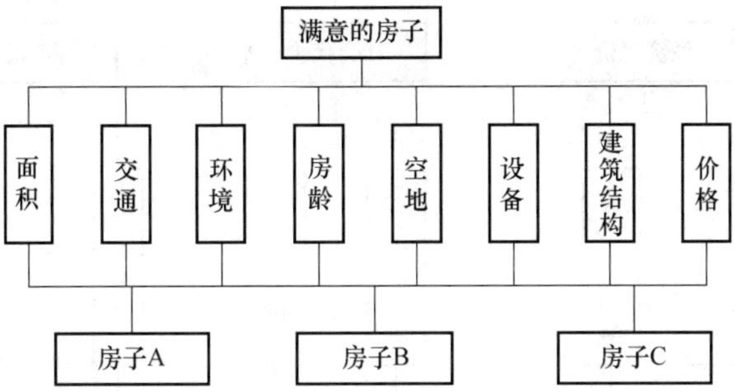

图 6-2　购买房子的层次结构

在构造问题的层次结构中，遵循层次连续性定律是很重要的。该定律要求下一层的元素能根据邻近层的某个元素来做成对的两两比较，这种过程要到层次的最高层为止。在做成对比较时，要对如下一些问题提供意义明确的回答：对于环境条件，房子 A 和房子 B 或房子 C 比较起来其满意度如何；对于满意的房子说来，房子面积大小相对于交通其重要度如何等。当不确定是否要引入某一层次时，可对照层次连续性定律，其目的是要尽可能好地导出最后一层的方案对于最高层目标的排序。

另外，必须指出：层次分析法中的层次结构，是参加者在决策过程中做出的。在购买房子的例子里，公司的代表可根据自己对公司用房要求的理解和对资金等约束的理解以及可供选择的房子（选择机会）来构造问题的层次结构。

假定某部门负责主管该地区桥梁、隧道等建设，今要决定是在一条江上新建过江桥梁或隧道以代替现有的轮渡。影响过河的两个因素是效益和代价，分别用两个层次结构给出(图 6-3 和图 6-4)。这些因素又可分为经济、社会和环境三类。过河的效益代价比则被用来做抉择，即从桥梁、隧道和轮渡三个方案中选择一个。

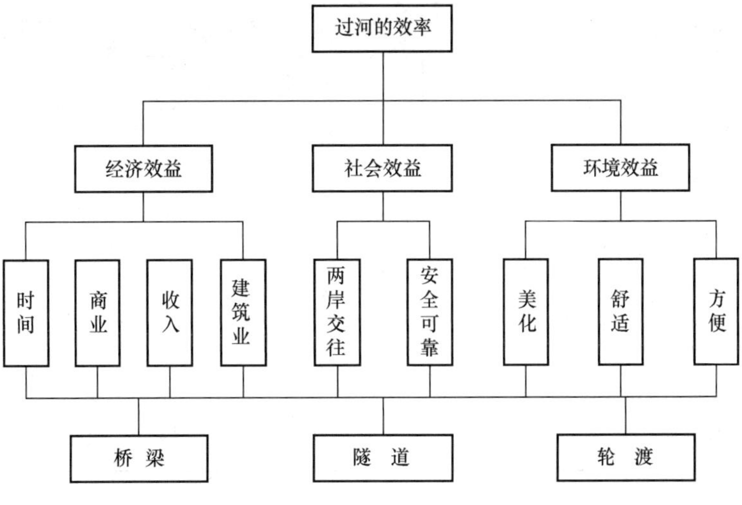

图 6-3　过河效率层次结构

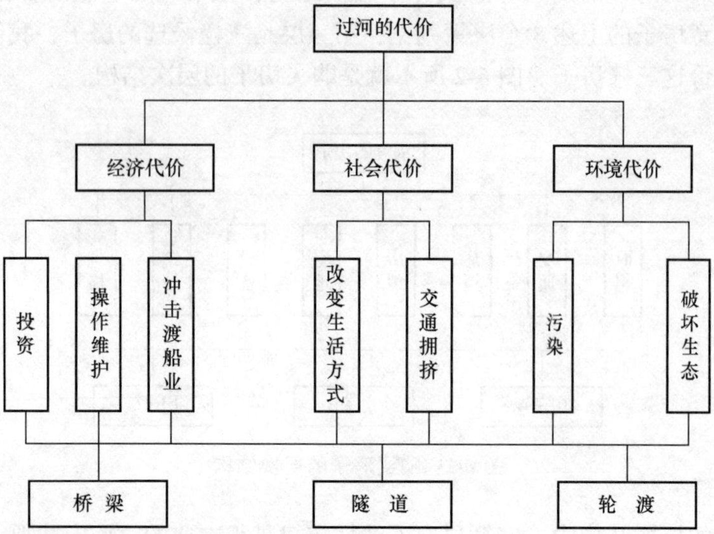

图 6-4 过河代价层次结构

6.3.2 选取判断标度和构造判断矩阵

判断矩阵是 AHP 工作的出发点，构造判断矩阵是 AHP 的关键一步。请专家就考核指标体系中同一层次的各个指标运用两两比较的方法建立比较判断矩阵。矩阵用来表示同一层次各个指标的相对重要性，其数值由若干位专家来判定。考虑到专家对若干指标直接评价权重的困难，根据心理学家提出的“人区分信息等级的极限能力为 7±2”的研究结论，AHP 在对指标的相对重要程度进行测量时，引入了九分位的相对重要的比例标度，构成一个判断矩阵 $\boldsymbol{B}$。矩阵 $\boldsymbol{B}$ 中各元素 b_{ij} 表示横行指标 $\boldsymbol{B}_i$ 对各列指标 $\boldsymbol{B}_j$ 的相对重要程度的两两比值。b_{ij} 表示甲指标与乙指标相比的重要性，指标相对重要程度量化取值表见表 6-1。依量化取值表构造比较判断矩阵见表 6-2。

表 6-1 指标相对重要程度量化取值表

两两指标比较情况	比较结果	量化参考值
两个指标同等重要	同等重要	1
一个比另一个稍微重要	稍微重要	3
一个比另一个更为重要	更为重要	5
一个比另一个确实重要	确实重要	7
一个比另一个绝对重要	绝对重要	9
两个指标比较介于上述情况之间，需折中计量	两相邻程度中间值	2，4，6，8
若元素 i 与元素 j 重要性之比为 b_{ij}，那么元素 j 与元素 i 重要性之比为 $b_{ji}=1/b_{ij}$	倒数	1，1/2，1/3，1/4，1/5，1/6，1/7，1/8，1/9

表 6-2　比较判断矩阵

A_K	B_1	B_2	…	B_n
B_1	b_{11}	b_{12}	…	b_{1n}
B_2	b_{21}	b_{22}	…	b_{2n}
⋮	⋮	⋮		⋮
B_n	b_{n1}	b_{n2}	…	b_{nn}

采用 1~9 的比例标度的依据是：①心理学的实验表明，大多数人对不同事物在相同属性上差别的分辨能力在 5~9 级之间，采用 1~9 的标度反映了大多数人的判断能力；②大量的社会调查表明，1~9 的比例标度早已为人们所熟悉和采用；③科学考察和实践表明，1~9 的比例标度已完全能区分引起人们感觉差别的事物的各种属性。

6.3.3　单准则下的排序

所谓层次单排序是指根据判断矩阵计算对于上一层某因素而言本层次与之有联系的因素的重要性次序的权值。它是本层次所有因素相对上一层次而言的重要性进行排序的基础。

层次单排序可以归结为计算判断矩阵的特征根和特征向量问题，即对判断矩阵 $\boldsymbol{B}$，计算满足 $\boldsymbol{BW}=\lambda_{\max}\boldsymbol{W}$ 的特征根与特征向量。式中，$\lambda_{\max}$ 为 $\boldsymbol{B}$ 的最大特征根；$\boldsymbol{W}$ 为对应于 $\lambda_{\max}$ 的正规化特征向量；$\boldsymbol{W}$ 的分量 W_i 即是响应因素单排序的权值。

为了检验矩阵的一致性，需要计算它的一致性指标 CI，定义 $\mathrm{CI}=(\lambda_{\max}-n)/(n-1)$。显然，当判断矩阵具有完全一致性时，CI = 0。$\lambda_{\max}-n$ 越大，CI 越大，矩阵的一致性越差。为了检验判断矩阵是否具有满足的一致性，需要将 CI 与平均随机一致性指标 RI 进行比较。对于 1~9 阶矩阵，RI 取值见表 6-3。

表 6-3　1~9 阶矩阵的平均随机一致性指标

阶数	1	2	3	4	5	6	7	8	9
RI	0.00	0.00	0.58	0.90	1.12	1.24	1.32	1.41	1.45

对于 1 阶、2 阶判断矩阵，RI 只是形式上的，按照我们对判断矩阵所下的定义，1 阶、2 阶判断矩阵总是完全一致的；当阶数大于 2 时，判断矩阵的一致性指标 CI 与同阶平均随机一致性的指标 RI 之比称为判断矩阵的随机一致性比例，记为 CR，即 $\mathrm{CR}=\dfrac{\mathrm{CI}}{\mathrm{RI}}$。当计算的 $\mathrm{CR}\leqslant 0.10$ 时，则认为判断矩阵具有满意的一致性，其特征向量元素表示层次单排序的权重基本合理。否则，就需要调整判断矩阵，直到获得满意的一致性指标为止。

6.3.4　层次总排序

层次总排序就是给出层次结构中每一层的所有元素相对于总目标的权重。利用同一层次所有的层次单排序的结果，综合出对于最高层次的相对重要性的权重值。若层次较多，可以以最低层的权重值分别乘以上一层次的权重值，如此由下而上逐层顺序进行，即可得到各层次各因素的相对于总目标的权重。同样，需要对层次排序结果进行一致性检验。

假定上一层次所有因素 A_1，A_2，…，A_m 的总排序已完成，得到的权值分别为 $a_1, a_2, \cdots,$

a_m，与 a_i 对应的本层次因素 $B_1, B_2, \cdots, B_n$ 单排序的结果为 $b_{1i}, b_{2i}, \cdots, b_{ni}$。这里，若 B_j 与 A_i 无关，则 $b_{ji}=0$。层次总排序见表 6-4 所示。

表 6-4 层次总排序

层　次	A_1	A_2	…	A_m	B 层次的总排序
	a_1	a_2	…	a_m	
B_1	b_{11}	b_{12}	…	b_{1m}	$\sum_{i=1}^{m} a_i b_{1i}$
B_2	b_{21}	b_{22}	…	b_{2m}	$\sum_{i=1}^{m} a_i b_{2i}$
⋮	⋮	⋮		⋮	⋮
B_n	b_{n1}	b_{n2}	…	b_{nm}	$\sum_{i=1}^{m} a_i b_{ni}$

显然，$\sum_{i=1}^{n}\sum_{i=1}^{m} a_i b_{ij} = 1$，即层次总排序仍然是归一化正规向量。

由于对专家所做出的主观判断进行了科学的数学处理，消除了指标赋权中的纯主观因素，保证了权数的精确度和可靠度。需要说明的是，与其他确定指标权重系数的方法相比，AHP 的最大优点在于通过一致性检验保持专家思想逻辑上的一致性。所谓判断思路的一致性是指专家在判断指标重要性时，当出现 3 个以上的指标互相比较时，各判断之间协调一致，不会出现内部相互矛盾的结果。如指标 a、b、c 之间两两比较，在 a 比 b 略重要，b 比 c 略重要的情况下，如再出现 c 比 a 略重要的评价，则称专家思维非一致性，出现矛盾。这类不一致性的矛盾，在多阶判断中极容易发生，只不过不一致性的程度不同而已。

6.3.5 AHP 的计算问题

1. AHP 计算中的幂法

层次分析法计算的根本问题是如何计算判断矩阵最大特征根及其对应的特征向量。计算矩阵特征根的幂法使我们有可能利用计算机得到任意精确度的最大特征根及其对应的特征向量，这一方法的计算步骤如下：

1）取与判断矩阵 $\boldsymbol{B}$ 同阶的正规化初值向量 $\boldsymbol{W}^0$。

2）计算 $\overline{\boldsymbol{W}}^{k+1} = \boldsymbol{B}\boldsymbol{W}^k$（$k=0,1,2,\cdots$）。

3）令 $\beta = \sum_{i=1}^{n} \overline{W}_i^{\,k+1}$，计算 $\boldsymbol{W}^{k+1} = \frac{1}{\beta}\overline{\boldsymbol{W}}^{k+1}$（$k=0,1,2,\cdots$）。

4）对于预先给定的精确度 ε，当

$$\left| \overline{W}_i^{k+1} - W_i^k \right| < \varepsilon$$

对所有的 $i=1, 2, \cdots, n$ 成立时，则 $\boldsymbol{W} = \boldsymbol{W}^{k+1}$ 为所示的特征向量。

5）计算判断矩阵最大特征根

$$\lambda_{\max} = \sum_{i=1}^{n} \frac{W_i^{k+1}}{nW_i^k}$$

一般来说，计算判断矩阵的最大特征根及其对应特征向量，并不需要追求较高的精确度，这是因为判断矩阵本身有相当的误差范围。应用层次分析法给出的层次中，各种因素优先排序权值从本质上来说是表达某种定性的概念。尽管使用幂法计算判断矩阵最大特征根及其对应的特征向量很容易在计算机上实现，但是人们还是希望寻找更简单的近似算法。所以，下面重点介绍两种近似算法，即方根法及和积法。

2. AHP计算中的方根法

计算矩阵最大特征根及其对应特征向量的方根法计算步骤如下：

1）计算判断矩阵每一行元素的乘积 M_i：

$$M_i = \prod_{j=1}^{n} b_{ij} \qquad (i=1,2,\cdots,n)$$

2）计算 M_i 的 n 次方根 $\overline{W}_i$：

$$\overline{W}_i = \sqrt[n]{M_i}$$

3）对向量 $\overline{\boldsymbol{W}} = [\overline{W}_1, \overline{W}_2, \cdots, \overline{W}_n]^{\mathrm{T}}$ 正规化：

$$W_i = \frac{\overline{W}_i}{\sum_{i=1}^{n} \overline{W}_i}$$

则 $\boldsymbol{W} = [W_1, W_2, \cdots, W_n]^{\mathrm{T}}$ 即为所求的特征向量。

4）计算判断矩阵的最大特征根 $\lambda_{\max}$：

$$\lambda_{\max} = \sum_{i=1}^{n} \frac{(AW)_i}{nW_i}$$

式中，$(AW)_i$ 表示向量 $\boldsymbol{AW}$ 的第 i 个元素。

3. AHP计算中的和积法

1）将矩阵每一列正规化：

$$\bar{b}_{ij} = \frac{b_{ij}}{\sum_{i=1}^{n} b_{ij}} \qquad (i,j = 1,2,\cdots,n)$$

2）每一列经正规化后的判断矩阵按行相加：

$$\overline{W}_i = \sum_{j=1}^{n} \bar{b}_{ij} \qquad (i = 1,2,\cdots,n)$$

3）对向量 $\overline{\boldsymbol{W}} = [\overline{W}_1, \overline{W}_2, \cdots, \overline{W}_n]^{\mathrm{T}}$ 正规化：

$$W_i = \frac{\overline{W}_i}{\sum_{i=1}^{n} \overline{W}_i}$$

则 $\boldsymbol{W} = [W_1, W_2, \cdots, W_n]^{\mathrm{T}}$ 即为所求的特征向量。

4）计算判断矩阵的最大特征根 $\lambda_{\max}$：

$$\lambda_{\max} = \sum_{i=1}^{n} \frac{(AW)_i}{nW_i}$$

式中，$(AW)_i$ 表示向量 $\boldsymbol{AW}$ 的第 i 个元素。

6.4 案例应用

6.4.1 AHP 在工程项目评标中的应用

确定工程建设项目施工承包单位的重要实现形式是招标投标，而评标又是招标投标工作的重中之重，选择合适的评标方法，对于保证工程质量及工期具有重大的意义。目前常用的几种评标方法，由于受到各方面因素的影响，具有一些难以克服的弊端。AHP 用于项目评标有如下优点：

1）采用层次分析法进行工程评标，可以充分考虑影响选择中标单位的众多复杂因素，并将定性指标定量化，使之条理化、科学化，提高了决策工作的科学性和可靠性。还可以及时地提示人们对某类问题的主观判断是否前后矛盾，具有广泛的实用价值。

2）这种科学评标方法简便易行，层次划分明确，使问题一目了然。通过建立判断矩阵、排序计算和一致性检验，得到的最后结果具有说服力，较打分法和模糊综合评标方法有明显的优越性。

3）运用这种评标方法，解决了决策者与决策分析者相互间难以沟通的困难。决策者可直接利用 AHP 进行决策，提高了决策的有效性。另外，层次分析模型中判断矩阵的标度赋值采用专家综合取值，克服了主观判断上的个人偏好，有效地保证了元素赋值的一致性，使决策更加科学可靠。

【例 6-1】 参加某体育馆工程项目投标的有甲 、乙 、丙 3 家建筑公司，各自的投标情况见表 6-5。现要从中选择出最佳中标单位。

表 6-5 各公司投标情况表

内 容	甲 公 司	乙 公 司	丙 公 司
造价/万元	1061	1016	1125
工期/月	11	12	11.5
三材用量：			
钢材/t	1349	1420	1234
木材/m^3	1074	963	1011
水泥/t	4362	4022	4352
技术方案：			
施工组织方案	好	较好	一般
技术措施	较先进	尚先进	一般
质量保证措施	较好	较好	好
信誉：			
履约状况	较好	尚好	尚好
内部管理	好	好	较好
技术装备	较好	好	好
工程胜任程度	好	好	较好

【解】 首先进行层次分解，评标选择分为三层：

① 目标层。指要选择最佳的中标单位。

② 准则层。准则层一般有 5 个评价指标：造价、工期、三材用量、技术方案、信誉。每一准则下再分子准则，如三材用量准则下包括钢材、木材、水泥的用量；技术方案准则下含有施工组织方案、技术措施、质量保证措施；信誉准则可分为履约状况、内部管理、技术装备、工程胜任程度。

③ 方案层。方案层包括符合上述准则的若干个投标单位。如有甲、乙、丙 3 个建筑公司参加投标，则在方案层中就有 3 个待选择的方案，需要对这 3 个方案进行排序，从中选出最佳方案。

根据以上分析，构建的层次结构模型如图 6-5 所示。

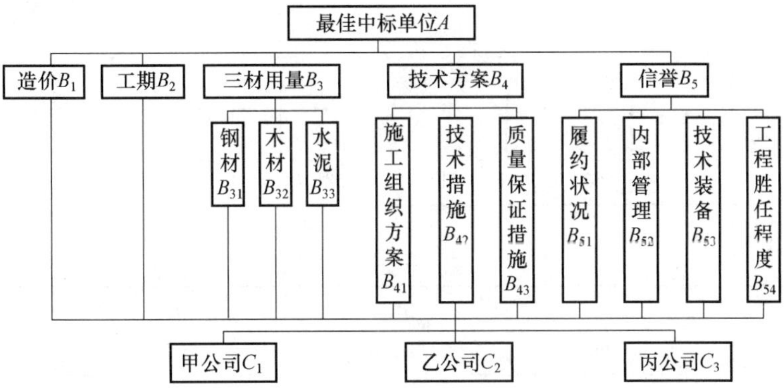

图 6-5　工程评标层次结构

在图 6-5 所示的层次分析模型中，首先需要对每一层各个因素相对重要性给出判断，邀请有关专家根据表 6-1 所述标度进行赋值，然后计算得到判断矩阵见表 6-6~表 6-15。

表 6-6　判断矩阵 A-B_i

A	B_1	B_2	B_3	B_4	B_5	W_j	$\overline{W}_j$
B_1	1	11/2	5/2	4	7	385	0.471
B_2	2/11	1	1/4	2/5	5/2	0.045	0.077
B_3	2/5	4	1	5/2	11/2	22	0.266
B_4	1/4	5/2	2/5	1	4	1	0.143
B_5	1/7	2/5	2/11	1/4	1	0.003	0.044
λ_{max}=5.145，CI=0.036，RI=1.12，CR=0.032<0.10							

表 6-7　判断矩阵 B_1-C

B_1	C_1	C_2	C_3	$\overline{W}_j$
C_1	1	1/265	3.35	0.282
C_2	265	1	5	0.616
C_3	1/3.35	1/5	1	0.102
λ_{max}=3.000，CI=0.012，RI=0.58，CR=0.02<0.10				

表 6-8 判断矩阵 B_2-C

B_2	C_1	C_2	C_3	$\overline{W}_j$
C_1	1	6	3.5	0.669
C_2	1/6	1	1/3.5	0.088
C_3	1/3.5	3.5	1	0.243
$\lambda_{max}=3.057$，CI=0.029，RI=0.58，CR=0.05<0.10				

表 6-9 判断矩阵 B_3-B_{3i}

B_3	B_{31}	B_{32}	B_{33}	$\overline{W}_{3i}$
B_{31}	1	5/2	4	0.596
B_{32}	2/5	1	5/2	0.276
B_{33}	1/4	2/5	1	0.128
$\lambda_{max}=3.022$，CI=0.011，RI=0.58，CR=0.019<0.10				

表 6-10 B_3 层次总排序

B_3	B_{31} 0.596	B_{32} 0.276	B_{33} 0.128	$\overline{W}_i$
C_1	0.184	0.085	0.120	0.148
C_2	0.082	0.646	0.748	0.323
C_3	0.734	0.269	0.132	0.529
CR=0.05<0.10				

表 6-11 判断矩阵 B_4-B_{4i}

B_4	B_{41}	B_{42}	B_{43}	$\overline{W}_{4i}$
B_{41}	1	1.5	2	0.460
B_{42}	2/3	1	3/2	0.319
B_{43}	1/2	2/3	1	0.221
$\lambda_{max}=3.002$，CI=0.001，CR=0.002<0.10				

表 6-12 B_4 层次总排序

B_4	B_{41} 0.460	B_{42} 0.319	B_{43} 0.221	$\overline{W}_i$
C_1	0.637	0.540	0.167	0.489
C_2	0.258	0.297	0.167	0.256
C_3	0.105	0.163	0.666	0.255
CR=0.017<0.10				

表 6-13　判断矩阵 B_5-B_{5i}

B_5	B_{51}	B_{52}	B_{53}	B_{54}	$\overline{W}_{5i}$
B_{51}	1	5/3	3	7/3	0.417
B_{52}	3/5	1	7/3	5/3	0.279
B_{53}	1/3	3/7	1	3/5	0.122
B_{54}	3/7	3/5	5/3	1	0.182
$\lambda_{max}=4.012$，CI=0.004，RI=0.89，CR=0.005<0.10					

表 6-14　B_5 层次总排序

B_5	B_{51} 0.417	B_{52} 0.279	B_{53} 0.122	B_{54} 0.182	$\overline{W}_i$
C_1	0.6	0.4	0.595	0.4	0.507
C_2	0.2	0.4	0.276	0.4	0.301
C_3	0.2	0.2	0.128	0.2	0.192
CR=0.002<0.10					

表 6-15　各投标方案相对于总目标 A 的总排序

A	B_1 0.417	B_2 0.077	B_3 0.266	B_4 0.143	B_5 0.044	总 排 序
C_1	0.282	0.669	0.148	0.489	0.507	0.316
C_2	0.616	0.088	0.323	0.256	0.301	0.432
C_3	0.102	0.243	0.529	0.255	0.192	0.252
CR=0.002<0.10						

综合考虑各项评标准则后，由表 6-15 排序结果，得甲、乙、丙三个建筑公司的相对优劣排序值为 $W_1=0.316$，$W_2=0.432$，$W_3=0.252$。可见，乙公司的投标方案优于其他两个单位，其次是甲公司的投标方案，可据此排序结果选择出最佳中标单位。

6.4.2　AHP 在工程项目风险评价的中的应用

风险分析中对风险因素的优先排序以及系统的总风险评价，是涉及众多定性与定量变量的多准则判断问题。传统的概率分析方法和概念化方法，往往不能有效地处理这一难题。

近年来风险分析的理论方法和实践应用都有了较大发展。风险分析方法一般分为基于概率论的方法和模糊逻辑方法两类。基于概率论的风险分析方法，在实际应用时会遇到两方面的困难：第一，要确定风险发生的概率和风险发生所产生的后果，必须有大量的历史资料可供参考；第二，在对风险因素进行描述时，要做到严格的定量化或准确是不现实的。这两方面的困难可以说是概率方法实际应用中的难以克服的障碍。基于模糊逻辑的风险分析方法，在对风险因素的估计难以用数字精确描述时，需要风险分析人员和有关专家做出主观估计，其估计结果往往用“大小”“强弱”“高低”等文字语言进行描述。这种方法中隶属度函数不易建立，使得该方法目前不能在工程实际中广泛应用。

AHP 作为一种多准则下的决策评价方法，可以在工程风险分析中获得有效应用。采用 AHP，即使历史资料较少，也能获得反映工程实际的评价结果。AHP 层次结构的建立，可以在风险评价的同时考虑多个准则，一些在传统概率方法中不易考虑的准则也比较容易被充分考虑。

【例 6-2】 某城市引水供水工程，输水线路设计全长 97km，其中隧洞全长约 87km，隧洞共分为 30 段，单段最长约为 6. 7km 。有 10%左右的隧洞处在不稳定围岩地段，成洞条件差。输水线路北段和南段地震基本烈度为Ⅶ 和Ⅷ 度。沿线根据不同的地形、地质和水文条件布置有倒虹吸、沟埋管和管桥等建筑物。该输水工程线路长，沿线无水库调节，全程自流输水，高地震区，倒虹吸水头高，管道直径大，地形地质水文条件极其复杂。在工程设计、施工及运行管理中会遇到众多的风险因素（不确定因素）影响。因此，对这些风险因素进行全面、准确的评价，在工程建设风险管理中有十分重要的意义。试应用 AHP 进行风险因素的排序。

【解】 在风险因素重要度排序层次结构中，最高层准则为风险因素重要度。

第二层为准则层，要考虑风险因素发生的概率、风险发生时的损失和风险因素的不可控制性三个方面。通常风险分析中，对风险因素的风险度排序仅考虑风险概率和风险损失两项内容，但这样会带来一定的评价偏差和风险响应误导。考虑到在工程中，对于能够进行有效控制（预防转移、补偿及分担）的风险因素与不能有效控制的风险因素，所采取的风险减免措施会有较大的区别，在风险因素排序时，风险因素的不可控制性应该作为一项重要的评价准则。因此，在第二层次准则中，把风险因素的不可控制性作为与风险概率和风险损失一个等级的评价准则。

第三层为工程风险分类，一般可分为自然风险、技术风险、经济风险、管理风险和其他风险。

第四层为结构的最底层，包括各风险类中具体风险因素。

按照图 6-6 和图 6-7 所示层次结构，经过对工程有关设计、施工及管理技术人员的调查咨询，获得了各个层次的比较矩阵原始数据。该输水工程各层比较矩阵及其相对权重计算结果见表 6-16~表 6-24，权重由方根法计算得出。

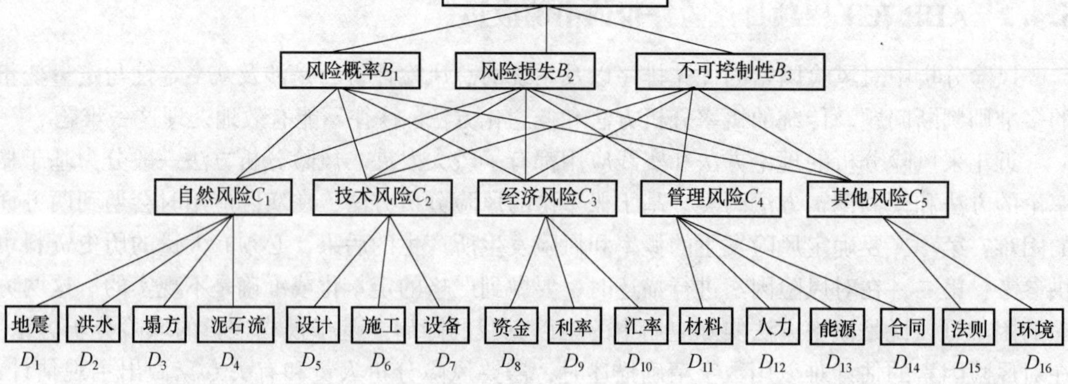

图 6-6 风险因素排序层次结构

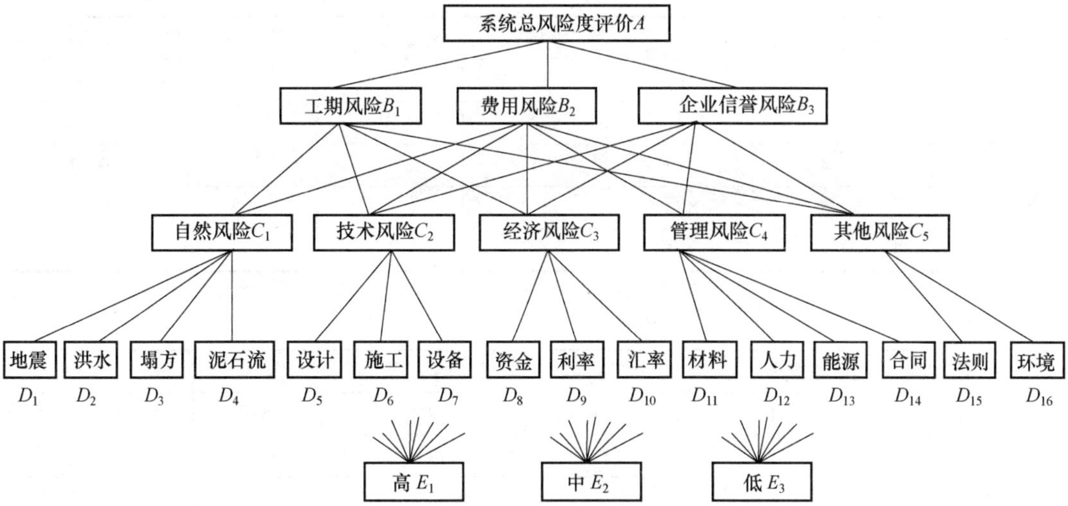

图 6-7　系统总风险评价层次结构

表 6-16　判断矩阵 *A-B*

A	B_1	B_2	B_3	W_A
B_1	1	1	2	0. 387
B_2	1	1	3	0. 443
B_3	1/2	1/3	1	0. 170

表 6-17　判断矩阵 B_1-C

B_1	C_1	C_2	C_3	C_4	C_5	W_{B1}
C_1	1	1/7	1/5	1/6	1/4	0. 038
C_2	7	1	3	2	5	0. 424
C_3	5	1/3	1	1/2	2	0. 162
C_4	6	1/2	2	1	5	0. 288
C_5	4	1/5	1/2	1/5	1	0. 088

表 6-18　判断矩阵 B_2-C

B_2	C_1	C_2	C_3	C_4	C_5	W_{B2}
C_1	1	8	9	7	9	0. 638
C_2	1/8	1	2	1/2	5	0. 108
C_3	1/9	1/2	1	1/3	4	0. 070
C_4	1/7	2	3	1	4	0. 152
C_5	1/9	1/5	1/4	1/4	1	0. 032

表 6-19　判断矩阵 B_3-C

B_3	C_1	C_2	C_3	C_4	C_5	W_{B3}
C_1	1	1/2	1/4	1/5	1/3	0.067
C_2	2	1	2	3	6	0.388
C_3	4	1/2	1	3	2	0.271
C_4	5	1/3	1/3	1	1/3	0.118
C_5	3	1/6	1/2	3	1	0.156

表 6-20　判断矩阵 C_1-D

C_1	D_1	D_2	D_3	D_4	W_{C1}
D_1	1	1/7	1/8	1/6	0.041
D_2	7	1	1/3	3	0.267
D_3	8	3	1	3	0.513
D_4	6	1/3	1/3	1	0.159

表 6-21　判断矩阵 C_2-D

C_2	D_5	D_6	D_7	W_{C2}
D_5	1	1/5	1/2	0.117
D_6	5	1	4	0.683
D_7	2	1/4	1	0.200

表 6-22　判断矩阵 C_3-D

C_3	D_8	D_9	D_{10}	W_{C3}
D_8	1	5	3	0.651
D_9	1/5	1	3	0.222
D_{10}	1/3	1/3	1	0.127

表 6-23　判断矩阵 C_4-D

C_4	D_{11}	D_{12}	D_{13}	D_{14}	W_{C4}
D_{11}	1	5	3	2	0.476
D_{12}	1/5	1	1/2	1/4	0.081
D_{13}	1/3	2	1	1/2	0.155
D_{14}	1/2	4	2	1	0.288

表 6-24　判断矩阵 C_5-D

C_5	D_{15}	D_{16}	W_{C5}
D_{15}	1	1/3	0.25
D_{16}	3	1	0.75

由表 6-16~表 6-24 中各层次的相对权重，各风险因素的总风险度排序计算结果如下：

$$\boldsymbol{W}=[w_1,w_2,\cdots,w_{16}]=[0.013,\ 0.085,\ 0.163,\ 0.050,\ 0.033,\ 0.190,\ 0.055,\ 0.090,\ 0.031,\ 0.018,\ 0.094,\ 0.016,\ 0.031,\ 0.057,\ 0.018,\ 0.056]$$

根据 **W** 中各因素的相对权重大小，可以给出下列风险度排序结果（按相对权重从大到小顺序）：

① 施工、塌方（权重≥0.100）。

② 材料、资金、洪水、合同、环境、设备、泥石流（权重≥0.050）。

③ 设计、能源、利率、汇率、法规、人员、地震（权重<0.050）。

上述排序按照相对重要度划分为三个等级。第一个等级是风险度较大的风险因素，包括施工风险和塌方风险。其中施工风险最大，其次是塌方风险。显然这是对该工程隧洞施工量比较准确地反映。因此，在工程施工中应该加强施工技术方案的研究和论证，确保技术方案的科学、合理和可行。同时，要在地质勘探方面进行细致周密的工作，减少施工过程中意外地质情形引起塌方而对工程进度的影响。

处于第二个等级的共有 7 项风险因素，其中材料和资金相对风险较大。工程的恶劣施工环境和资金短缺会造成工程材料供应风险，尤其是资金问题需要引起足够重视。除此以外还要注意洪水预防、加强合同管理、搞好施工周边环境、建立和实施设备检修制度等减免风险损失。

6.4.3　AHP 在项目选址中的应用

1. 预制梁厂选址

预制梁厂是采用预制梁架设桥梁工程的一个重要施工场所，其设计和布置直接影响到该桥梁工程的施工进度和施工成本，而预制梁厂的选址是施工单位进行预制梁厂设计和布置的基础和保障。目前，我国的施工单位普遍认为预制梁生产成本在整个桥梁工程成本中所占比重较轻，因而对预制梁厂的选址和设计不太重视。在进行预制梁厂选址时，施工人员完全依赖于个人的经验进行选址决策。由于缺乏科学定量的方法指导，考虑选址因素不全面，往往造成预制梁生产成本和整个桥梁工程施工成本的增加，甚至延误工程工期。鉴于此，本节结合对预制梁厂选址因素的分析，利用层次分析法，建立针对预制梁厂选址问题的综合的评价指标体系，以定量方法帮助施工决策人员进行科学的决策。

首先进行厂址选择影响因素分析。根据实际调研和查阅资料情况，从施工要求、施工技术和成本等角度出发将影响预制梁厂的选址因素归纳为以下几点：

（1）运输成本。主要指运送预制梁到各个工地的成本，可以直观地用运输距离与运输量乘积大小来衡量。运输距离短可以保证预制梁运输的安全，并可提高架梁的施工进度，降低运输费用，因此预制梁厂的厂址大都距离架设工地较近。

（2）交通方便。预制梁厂的位置应尽量与公路或施工便道相连，这样既利于大型制梁设备和大量的制梁原材料如成品混凝土、钢筋等运输进厂，也利于使用一般的运送工具进行预制梁的运送，加快了运梁速度。举例来说，一般的运梁车的最大可用爬坡度为 3%，若预制梁厂位置坡度过大则需要吊运装车，因此预制梁厂选址时要考虑这一点。

（3）土地征用。预制梁厂的设计布置要在满足制梁工期和存梁要求的前提下，尽量少占用耕地，减少拆迁量。在客观条件下，借用车站、广场等设置预制梁厂也可行，但是必须满足预制梁厂生产对场地面积的要求。预制梁厂选址规划时也要考虑厂址周围环境及土地征用难易程度等问题。

(4) 自然条件。预制梁厂选址既要考虑生产过程中的用水，也要考虑雨水、积水。预制梁厂缺水就会影响预制梁生产的顺利进行，也会影响到工人的正常生活。而恶劣的雨雪天气，会形成大量的积水，妨碍预制梁的正常生产。此外，大雨会破坏模板的缝隙处理，雨水会影响模板脱模剂的涂刷，这不但影响预制梁的质量，而且可能会对生产设备造成一定程度的破坏。因此，尽量不要将预制梁厂布置在缺水缺电的地方，也不要将其布置在洼地内。

总之，预制梁厂的厂址选择应综合考虑各方面的因素，既要考虑经济层面，也要顾全技术层面。但是影响预制梁厂选址的因素大部分都是定性的，不能够通过确切的数字来比较优劣，所以需要一种定性和定量分析相结合的评价方法——层次分析法（AHP）来辅助选择预制梁厂厂址。

【例 6-3】 某桥梁工程施工单位要为该工程设置预制梁厂，根据实际调查确定了 4 个候选位置，分别记为 B_1、B_2、B_3、B_4，请从中选择出一个最佳的位置来布置预制梁厂。

【解】 建立预制梁厂选址 AHP 模型的步骤如下：

1）构建层次结构模型，如图 6-8 所示。

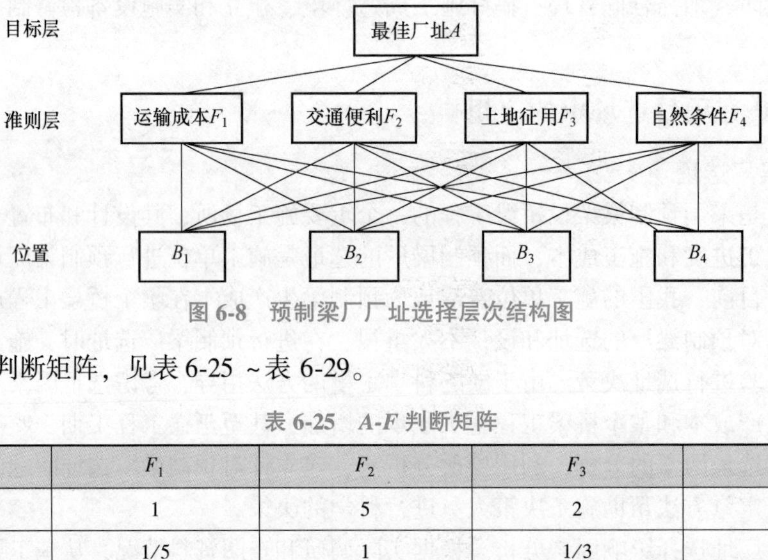

图 6-8 预制梁厂厂址选择层次结构图

2）构造判断矩阵，见表 6-25 ~表 6-29。

表 6-25 *A-F* 判断矩阵

A	F_1	F_2	F_3	F_4
F_1	1	5	2	4
F_2	1/5	1	1/3	1/2
F_3	1/2	3	1	2
F_4	1/4	2	1/2	1

表 6-26 F_1-B 判断矩阵

F_1	B_1	B_2	B_3	B_4
B_1	1	1/7	1/3	1/5
B_2	7	1	5	3
B_3	3	1/5	1	1/3
B_4	5	1/3	3	1

表 6-27　F_2-B 判断矩阵

F_2	B_1	B_2	B_3	B_4
B_1	1	5	3	1/3
B_2	1/5	1	1/3	1/7
B_3	1/3	3	1	1/5
B_4	3	7	5	1

表 6-28　F_3-B 判断矩阵

F_3	B_1	B_2	B_3	B_4
B_1	1	2	3	4
B_2	1/2	1	2	3
B_3	1/3	1/2	1	3
B_4	1/4	1/3	1/3	1

表 6-29　F_4-B 判断矩阵

F_4	B_1	B_2	B_3	B_4
B_1	1	1	2	3
B_2	1	1	2	3
B_3	1/2	1/2	1	1
B_4	1/3	1/3	1	1

3）相对重要度计算及其一致性检验。

根据方根法求解，针对 A-F 的判断矩阵计算见表 6-30。

表 6-30　A-F 判断矩阵的特征向量求解及归一化表

A	F_1	F_2	F_3	F_4	归一化 W
F_1	1	5	2	4	0. 507
F_2	1/5	1	1/3	1/2	0. 086
F_3	1/2	3	1	2	0. 265
F_4	1/4	2	1/2	1	0. 142

由 $\boldsymbol{BW}=\lambda_{\max}\boldsymbol{W}$、$\mathrm{CI}=(\lambda_{\max}-n)/(n-1)$、$\mathrm{CR}=\mathrm{CI}/\mathrm{RI}$ 计算的相对重要度为

$\boldsymbol{W}=[0.564, 0.263, 0.118, 0.055]^{\mathrm{T}}$，$\lambda_{\max}=4.136$，$\mathrm{CI}=0.046$，$\mathrm{CR}=0.050<0.1$

同理，计算其他判断矩阵并进行一致性检验如下所示：

针对 F_1-B 的判断矩阵计算的结果为

$\boldsymbol{W}_1=[0.055, 0.564, 0.118, 0.263]^{\mathrm{T}}$，$\lambda_{\max}=4.117$，$\mathrm{CI}=0.039$，$\mathrm{CR}=0.043<0.1$

针对 F_2-B 的判断矩阵计算的结果为

$\boldsymbol{W}_2=[0.026, 0.055, 0.118, 0.564]^{\mathrm{T}}$，$\lambda_{\max}=4.117$，$\mathrm{CI}=0.039$，$\mathrm{CR}=0.043<0.1$

针对 F_3-B 的判断矩阵计算的结果为

$\boldsymbol{W}_3=[0.459, 0.273, 0.174, 0.094]^{\mathrm{T}}$，$\lambda_{\max}=4.006$，$\mathrm{CI}=0.022$，$\mathrm{CR}=0.024<0.1$

针对 F_4-B 的判断矩阵计算的结果为

$\boldsymbol{W}_4=[0.355, 0.355, 0.160, 0.131]^{\mathrm{T}}$，$\lambda_{\max}=4.020$，$\mathrm{CI}=0.007$，$\mathrm{CR}=0.043<0.1$

各个层次的指标符合一致性检验。

4）层次总排序及方案选择。

厂址选择层次总排序见表 6-31。通过表 6-31 可以看出位置 B_2 的综合评价最好，其评价值为 0.384，优于其他位置，所以位置 B_2 最适合选为预制梁厂厂址。该方法为选择合适的厂址提供了有效的工具，为预制梁厂选址提供了有效的依据。

表 6-31　厂址选择层次总排序

A	F_1	F_2	F_3	F_4	$\sum W_i W_j$
	0.564	0.263	0.118	0.055	
B_1	0.055	0.564	0.118	0.263	0.112
B_2	0.026	0.055	0.118	0.564	0.384
B_3	0.459	0.273	0.174	0.094	0.128
B_4	0.355	0.355	0.160	0.131	0.314

2. 工业项目选址

作为项目技术经济可行性研究的一项重要内容，厂址选择对工业项目成功实施的影响重大。无论企业生产什么，以何种工业设备生产，以及以多大规模生产，都必须以一定的地点作为平台。厂址一旦选定，就不易变动。厂址选择不当，会使项目的成本增加，建设工期拖长；所形成的费用将给企业带来先天不足，造成经济上的长期不合理，给所在城镇和地区的经济发展与环境保护带来长期不利的影响。厂址选择得当，则可以为企业的建设和生产创造良好的条件，从而保证投资项目顺利建成投产并在投产后有效地发挥作用。

【例 6-4】　某市拟建一工业项目，有甲、乙、丙三地可供建设，请问如何抉择。

【解】

（1）工业项目厂址选择的层次结构。工业项目厂址选择，涉及指标众多，各企业在实施的过程中，可能会根据自身实际，选择相应的指标体系。依据原国家计委办公厅委托中国国际工程咨询公司编写的《投资项目可行性研究指南（试用版）》一书，工业项目厂址选择主要包括工程条件和经济条件，而后者又包括建设投资和运营费用两部分。据此，本节构建的工业项目厂址选择层次结构如图 6-9 所示。

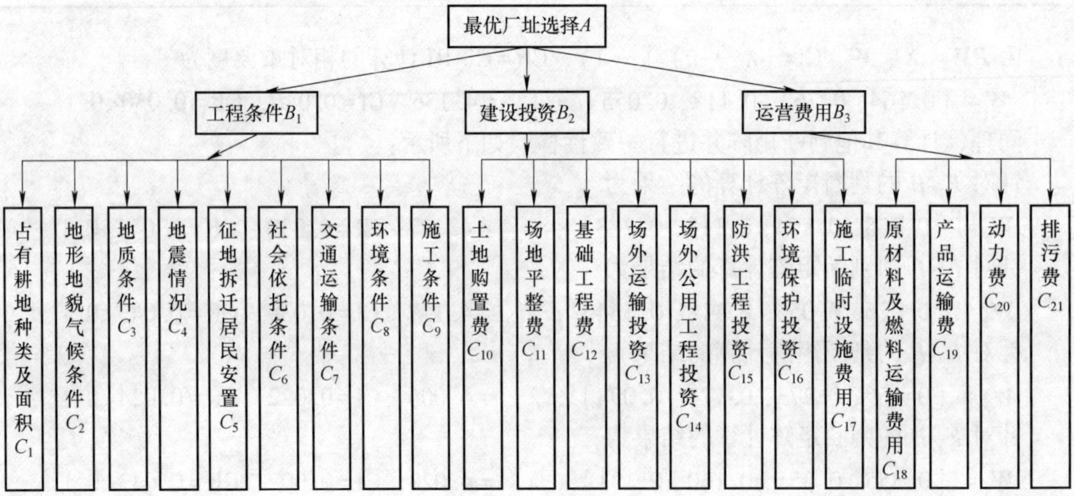

图 6-9　工业项目厂址选择的层次结构

（2）建立判断矩阵及单层次排序。采用 1～9 标度法，对各指标因素进行两两对比，通过专家群体对所有指标的相对重要性进行选择建立判断矩阵，并采用方根法对各层次进行单排序，见表 6-32～表 6-35。

表 6-32　*A-B* 判断矩阵及权重

A	B_1	B_2	B_3	W_i
B_1	1	2	1/2	0. 297
B_2	1/2	1	1/3	0. 163
B_3	2	3	1	0. 540

表 6-33　B_1-*C* 判断矩阵及权重

B_1	C_1	C_2	C_3	C_4	C_5	C_6	C_7	C_8	C_9	W_i
C_1	1	1/3	1/2	1/2	1/3	1	1/4	1/3	1	0. 048
C_2	3	1	2	2	1/3	2	1/3	1	2	0. 113
C_3	2	1/2	1	1/2	1/3	2	1/2	1/2	1	0. 071
C_4	2	1/2	2	1	1/2	3	1/3	1	2	0. 101
C_5	3	3	3	2	1	2	1	3	5	0. 212
C_6	1	1/2	1/2	1/3	1/2	1	1/4	1/2	1/2	0. 048
C_7	4	3	2	3	1	4	1	4	6	0. 249
C_8	3	1	2	1	1/3	2	1/4	1	3	0. 106
C_9	1	1/2	1	1/2	1/5	2	1/6	1/3	1	0. 052

表 6-34　B_2-*C* 判断矩阵及权重

B_2	C_{10}	C_{11}	C_{12}	C_{13}	C_{14}	C_{15}	C_{16}	C_{17}	W_i
C_{10}	1	3	1	1/2	1/2	3	2	2	0. 147
C_{11}	1/3	1	1/2	1/4	1/3	1/2	1/2	1/2	0. 050
C_{12}	1	2	1	1/2	2	2	2	1	0. 145
C_{13}	2	4	2	1	1	4	2	2	0. 223
C_{14}	2	3	1/2	1	1	3	2	3	0. 184
C_{15}	1/3	2	1/2	1/4	1/3	1	1/2	1	0. 065
C_{16}	1/2	2	1/2	1/2	1/2	2	1	3	0. 108
C_{17}	1/2	2	1	1/2	1/3	1	1/3	1	0. 078

表 6-35　B_3-*C* 判断矩阵及权重

B_3	C_{18}	C_{19}	C_{20}	C_{21}	W_i
C_{18}	1	1	4	3	0. 413
C_{19}	1	1	2	2	0. 314
C_{20}	1/4	1/2	1	1	0. 132
C_{21}	1/3	1/2	1	1	0. 142

（3）一致性检验。对于 A-B 判断矩阵，根据最大特征值公式，计算得到最大特征值为 $\lambda_{max}=3.009$。

将其代入一致性指标公式，得到

$$CI=\frac{\lambda_{max}-n}{n-1}=\frac{3.009-3}{3-1}=0.005<0.1$$

将此结果代入随机一致性比率公式，得到

$$CR=\frac{CI}{RI}=\frac{0.005}{0.58}=0.009<0.1$$

故 A-B 判断矩阵具有满意的一致性。

同理，可以得到其他判断矩阵的一致性检验结果，将其整理为表 6-36 所示的表格。

表 6-36　判断矩阵一致性检验

评判矩阵	阶　次	CI	RI	CR	比　较	一致性判断
A-B	3	0.005	0.58	0.009	<0.1	一致
B_1-C	9	0.055	1.45	0.038	<0.1	一致
B_2-C	8	0.063	1.41	0.045	<0.1	一致
B_3-C	4	0.015	0.9	0.017	<0.1	一致

由检验结果可知，所建立的判断矩阵满足一致性要求，可以用于项目分析。

（4）层次总排序。据计算（略），厂址选择的各因素的最后权重见表 6-37。

表 6-37　各因素的最终权重

指标因素	权　重	指标因素	权　重	指标因素	权　重
C_1	0.014	C_9	0.015	C_{17}	0.013
C_2	0.034	C_{10}	0.024	C_{18}	0.223
C_3	0.021	C_{11}	0.008	C_{19}	0.170
C_4	0.030	C_{12}	0.024	C_{20}	0.071
C_5	0.063	C_{13}	0.036	C_{21}	0.077
C_6	0.014	C_{14}	0.030		
C_7	0.074	C_{15}	0.011		
C_8	0.031	C_{16}	0.018	总权数	1.00

据此，可以得到厂址选择的判断方程为

$$G=0.014\times C_1+0.034\times C_2+0.021\times C_3+0.030\times C_4+0.063\times C_5+0.014\times C_6+0.074\times C_7+0.031\times C_8+0.015\times C_9+0.024\times C_{10}+0.008\times C_{11}+0.024\times C_{12}+0.036\times C_{13}+0.030\times C_{14}+0.011\times C_{15}+0.018\times C_{16}+0.013\times C_{17}+0.223\times C_{18}+0.170\times C_{19}+0.071\times C_{20}+0.077\times C_{21}$$

（5）方案选取。据《投资项目可行性研究指南（试用版）》的要求，采用上述 21 个指标，进行厂址选择。通过专家对三地的实际考察比较，得分值见表 6-38。

表 6-38　方案评分表

厂址	C_1	C_2	C_3	C_4	C_5	C_6	C_7	C_8	C_9	C_{10}	C_{11}	C_{12}	C_{13}	C_{14}	C_{15}	C_{16}	C_{17}	C_{18}	C_{19}	C_{20}	C_{21}
甲	85	87	65	76	85	79	85	69	78	65	76	65	65	87	75	68	85	65	64	80	68
乙	65	65	73	80	68	67	75	84	67	68	65	78	85	80	64	76	68	67	65	69	67
丙	62	65	65	84	65	65	85	76	60	68	68	75	84	86	68	84	78	87	83	80	85

利用上述评判方程，计算求得甲、乙、丙三地的最终得分，见表 6-39。

表 6-39　判断矩阵一致性检验

厂　址	得　分	排　序
甲	71. 945	2
乙	69. 901	3
丙	80. 056	1

因此，厂址首选丙地。

（6）结论分析。由上述分析可知，在影响工业项目厂址选择的 21 个因素中，最关键的因素为原材料及燃料运输费，其次为产品运输费，再次为工程条件中的交通运输条件，这与工业企业原材料、燃料及产品等运输量大从而运输成本高的现实情况是一致的。因此，在进行厂址决策时，应优先考虑这几个因素，在此基础上，结合其他各因素，利用上述厂址选择的评判方程，给各厂址打分，综合考虑，其得分最高者为厂址优先选择地。

把层次分析法应用于工业项目的厂址选择，有效地解决了厂址选择中由于因素众多所带来的决策困难。AHP 分析过程层次清楚，数学处理简单可行，具有很强的可操作性，为工业项目厂址选择提供了一种有效的决策手段。

参考文献

[1] 侯进军，肖艳清，谭敏，等. 数学建模方法与应用［M］. 南京：东南大学出版社，2012.
[2] 陈又星，徐辉，吴金椿. 管理科学研究方法［M］. 上海：同济大学出版社，2013.
[3] 谭跃进，等. 系统工程原理［M］. 长沙：国防科技大学出版社，1999.
[4] 苏俊. 常用管理分析评价方法汇编［M］. 北京：中国科学技术出版社，2007.
[5] 刘新宪，朱道立. 选择与判断：AHP（层次分析法）决策［M］. 上海：上海科学普及出版社，1990.
[6] 杨建梅. 数据、模型与决策［M］. 广州：华南理工大学出版社，2008.
[7] 杨保安，张科静. 多目标决策分析：理论、方法与应用研究［M］. 上海：东华大学出版社，2008.
[8] 文传浩，程莉，张桂君，等. 经济学研究方法论：理论与实务［M］. 重庆：重庆大学出版社，2015.
[9] 沈良峰，李启明. 层次分析法（AHP）在建筑工程项目评标中的应用［J］. 施工技术，2005，34（2）：64-66.
[10] 钟登华，张建设，曹广晶. 基于 AHP 的工程项目风险分析方法［J］. 天津大学学报（自然科学与工程技术版），2002，35（2）：162-166.
[11] 程涛. AHP 与多目标方法结合应用综述［J］. 现代商贸工业，2017（25）：181-182.
[12] 郭卫东. 基于 AHP 的桥梁工程预制梁厂选址模型研究［J］. 洛阳理工学院学报（自然科学版），2011，21（2）：32-35.

第 7 章 网络层次分析方法

网络层次分析方法（Analytic Network Process，ANP）是由美国运筹学家匹兹堡大学的 T. L. Saaty 教授于 1996 年提出的一种适应非独立的递阶层次结构的决策方法，ANP 是层次分析方法（ Analytic Hierarchy Process，AHP）的深化，AHP 是 ANP 的一个特例。ANP 能够更好地考虑元素集之间、元素集内部间的相互作用与反馈，对无法用精确数学模型描述的社会、经济、行为等系统的决策与评价问题有更好的适用性。该方法用网络结构关系代替了递阶层次关系，不仅考虑了元素间的依存关系，而且处理决策问题更具灵活性、可信性和合理性，适用于复杂系统建模，并能真实地描述问题。网络层次分析法一般划分为两大部分：

1）控制层，包括决策目标和决策准则，该层内所有准则相互独立，对上隶属于目标，对下分别控制着一个网络结构。

2）网络层，它由若干受控制层支配的元素集组成，元素集内部可能相互影响，也可能影响另一元素。

网络层次分析法在工程领域有很多应用，如风险评价、风险要素分析、施工进度影响要素评价等。

7.1 ANP 的基本概念

7.1.1 BOCR 模型

在 ANP 的决策分析中经常会考虑到决策的利益、机遇、成本、风险，考虑它们的综合影响而形成的模型称为 BOCR 模型。

1. 利益

利益是决策者必须要考虑的重要因素，是决策者得到的最大回报。政府的决策面临的问题就是人民的利益，人民会得到什么好处，能否创造更多就业机会，能否促进经济增长，能否增加国际贸易。决策使人民生活改善了，权利得到保障了，那么这个决策就是个好的决策，是个值得称颂的决策，反之就是不好的决策。当然人民的利益是指绝大多数人的利益。公司的经营决策包括企业的发展战略决策、企业的市场营销策略决策。此类决策的利益不言而喻就是企业能否得到最好的投资回报率，能否获得最大的利润，能否使企业得到更大的市场份额，能否使企业充满活力和创新，能否保持可持续发展的势头，能满足上述利益的就是一个好的决策，否则就是一个不良的决策。

2. 机遇

机遇通俗地讲就是机会。机会就是社会政治环境、自然环境、人们的心态，即“天时”“地利”“人和”。机会无时不在，但是人们难以分清。机会是个动态的过程，某时、某地、某个阶段是处于这样的情况，过段时间又会处于另外种状态。决策的难题是看不到机遇，机遇稍纵即逝，抓不住机遇，丧失很多决策良机。对于从事决策分析的科学家们，在分析决策问题时要把握决策问题的机会，审时度势，做出一个好的决策支持。经济发展会给失业问题一个解决的机会；改革开放政策给企业界、文化界、教育界的发展带来了极大的机会；取消农业税又给农业的发展带来了机会；降息、增加贷款利率又给抑制通货膨胀带来了机会。

3. 成本

成本在经济学范畴中原意是从事生产经营活动需要消耗原材料、燃料、辅助材料等生产物质，需要使用机器，还需要支付职工工资及其他各项费用，也就是进行生产经营活动需要付出的代价。成本核算是企业经营的中心，尽可能地降低成本、提高盈利，是企业管理人员的追求。

作为决策主体，决策目标成本也是很重要的指标。产品的高性能是产品开发人员追求的目标，但如果提高某一性能指标会提高产品的成本，即要消耗更多的原材料，要更新机器设备，增加工时，那么企业管理决策时就需要综合考虑。社会系统的决策也需要考虑成本，比如要在江上造桥还是修江底隧道、增加公务员工资、抑制消费指数等。决策除了要考虑上述的显性成本外，还需要考虑隐性成本。所谓隐性成本即暂时显性成本不突出，但内涵牵涉到的成本，或者须经过很长一段时间才会逐步地凸显出来的成本。比如一项公共决策，牵涉到相当一部分人的感情、自尊心，虽满足了当时的需求，亦是花费最小的成本，但是长时间就会留下一段后遗症，需要花费很大的代价才能消除这个后遗症。化工企业的上马与选择就是需要综合考虑显性成本和隐性成本。决策显性成本是建厂的花费、设备的花费工艺的花费、人工的花费、销售的花费，隐性成本则要考虑化工产品对人员的损害、对环境的污染、对环保的要求。

4. 风险

风险是指未来结果的不确定性或损失。风险也可以定义为“个人和群体在未来遇到伤害的可能性以及对这种可能性的判断和认知”。风险也可分为广义风险和狭义风险。所谓广义风险即风险表现为不确定性，其风险的产生可能带来损失、获利，或者无损失也无获利。狭义风险表现为损失的不确定性，风险只能表现出损失，在风险中无获利的可能性。

风险从属性上来讲具有存在的普遍性、客观性，以及表现的损失性和不确定性。风险还有一个概念是风险程度，亦即损失程度，即发生风险一次损失价值占整体价值的百分比。风险频率与风险程度成互反关系。发生风险频率高，风险程度就小；发生风险频率低，其风险程度就大。风险因素根据性质不同，又可分为下列三种：

（1）物质风险因素。决策过程中涉及的有形的并直接影响事物物理功能的因素。例如，地震飓风造成的房屋倒塌，环境污染造成的疾病增加。总之物质风险因素会增加人身或财产损失的机会及损失的幅度。

（2）道德风险因素。道德风险是经济哲学范畴的一个概念，即经济当事人在追求自身效益的同时又做出了不利于他人的行动。在经济活动中，道德风险是普遍存在的现象。例如，车辆保险业务中有防盗险种，保险公司照理应该有利润可赚，但也要考虑到道德风险的存在，往往有的车主认为反正已上了保险，安全防盗措施就会减弱，给不良分子造成了机会，这种被保险人的不作为行为，就是道德风险。在决策分析过程中，必须对这些因素加以综合考虑和评估。有的企业明明资不抵债还要贷款，有的借时就没有考虑偿还，这实际上也是企业法人的道德风险问题。

(3) 心理风险因素。所谓心理风险是与人的心理状态有关的无形因素。经济活动人的粗心、侥幸、依赖等有可能增大损失的幅度和频率，决策分析中必须针对具体的个体加以考虑。

对于决策而言的风险，是在决策过程中，由于各种不确定因素的作用，决策方案在一定时间内出现不利后果的可能性以及可能损失的程度。决策方案选择时，单从风险角度而言，应选择不利后果小、可能损失程度低的方案。当然不光要考虑由物质风险而造成的直接后果和损失，还须考虑由道德风险、心理风险而造成的间接后果和损失。我们应尽可能地降低决策风险，减少决策失误，使决策活动达到预期的目的。

7.1.2 优势及优势度

两个元素相对于准则而言进行两两比较，哪一个元素贡献大或者更多地满足准则，就称该元素具有优势，也可以说这个元素比另一个元素更更重要。例如，关于样式，两辆汽车中哪一辆更让人喜欢，哪一辆就具有优势。

1. 直接优势度

给定一个准则，两元素相对于这个准则进行重要程度的两两比较，就是某个元素相对于该准则的直接优势度。

2. 间接优势度

给定一个准则，两个元素在该准则下对第三个元素（也可称为次准则）的影响程度进行比较，就是该元素对第三个元素的间接优势度。

直接优势度适用于元素间相互独立的情形，间接优势度适用于元素之间相互依存的情形。

7.1.3 ANP 的基本结构形式

1. 网络循环结构

许多实际问题都属于系统问题，系统中的某一层次既处于支配地位又直接或间接地接受其他层次支配，它们可用带节点的网络表示。一个节点（或是元素集），或者对应着某个层次，既存在递阶层次结构，又存在循环支配结构，层次结构内部存在依赖性，这种系统结构称为反馈系统结构，也就是网络循环结构，如图 7-1 所示。

图 7-1 上每个元素集可以描述成一个部门的管理者，也可以是一个工业总公司，或者是与人类有关的环境污染和保护，或者是经济的高速发展和通货膨胀。

2. 结构形式

ANP 的典型结构描述由两大部分组成：一部分是网络控制层（一般简称为控制层），另一部分是影响网络层（一般简称为网络层），如图 7-2 所示。

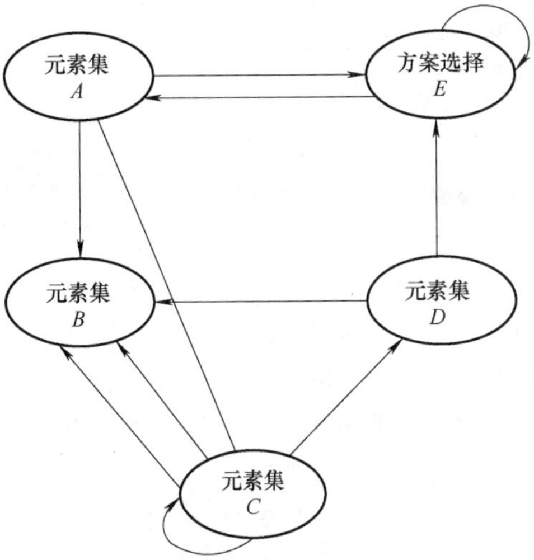

图 7-1　网络循环结构

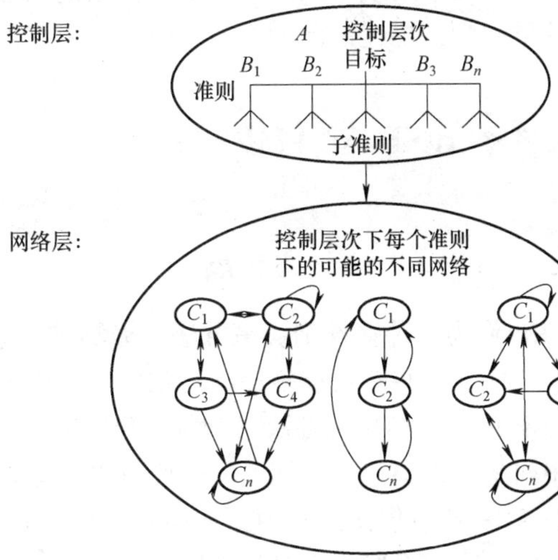

图 7-2　ANP 典型的层次结构

（1）控制层。在网络层次分析法（ANP）理论中，控制层是个非常重要的概念。网络分析法是以各元素间的影响和相互影响为依据进行分析的，控制它们影响的传递是控制层，也称为控制准则层。在这一个层面有若干控制准则如 $B_1, B_2, \cdots, B_n$。例如，在选择最好环境的决策中，就有经济影响、社会影响、环境影响几个控制准则。

控制层实际上类似于一个递阶层次结构，递阶层次结构每个准则支配的不是一个简单的内部独立的元素，而是一个相互依存、反馈的网络结构，而控制层内的所有准则彼此独立，下一个准则只受上个准则支配。

控制准则层在网络层次系统结构中是顶层，是最高层次，也是最高准则。控制准则也有两种类型：一种是显准则，在层次目标结构中，可以直接地连接到该结构系统中，也可称为“连接”准则；另一种准则不能直接连接到网络系统结构中，但它能够“诱导”网络的比较，这种控制准则被称为“诱导”准则。虽然目标结构层次系统是相同的，但如何根据该准则进行考虑是不同的。工业中原料的投入产出就是一例，电力工业向其他工业领域包括其自身供应电力，但它对煤炭工业的依赖要大于其自身用于运转的电力的依赖。

控制层的准则以及子准则有助于考虑影响的传递。对于一个经济领域、社会领域的决策问题，就要利用利益、机遇、成本、风险相关的控制准则推导出它们的优先级，利用准则来比较一个系统中的分量，或者用一个子准则来比较分量内的要素。一般情况下，给定任一分量内的要素，相对于一个控制子准则，成对要素中的一个给定元素对另外一个元素有多大的影响是通过分量的权值来体现的。分量的权值是通过层次分析法的两两比较，然后综合排序得来的。用这个权值就可以对与被影响分量相对应的超级矩阵进行加权，而超级矩阵中的极限权矩阵是按照相应子准则的优先级来进行加权的。

（2）影响网络。影响网络由若干个元素集构成，彼此互不隶属，互不独立。影响网络体现了决策元素集的本质特征，每个元素或元素集彼此都不独立，某一元素集可能影响整个网络系统中的任一元素集，反之亦可能受其影响。元素集中的元素之间可能相互影响，也可能影响另一元素集或受其影响。影响网络的构建较好地解决了层次分析法由于假设而带来的决策效果问题，描述的问题更符合实际，考虑的因素更全面、更系统。

7.2 ANP 与 AHP

7.2.1 AHP 向 ANP 的扩展

AHP 作为一种多准则决策方法，能够综合运用定性和定量指标集成专家的知识和经验，特别适合处理一些多目标多层次且难以完全用定量方法分析与决策的社会系统工程的复杂问题。AHP 用层次结构描述决策问题，反映其递阶控制关系，如图 6-1 所示，最高层为决策目标，中间是准则层，根据问题的需要可以有更多的子准则层，最下层为方案层。

在 AHP 递阶层次结构中，上层元素控制并影响下层元素，决策者基于上层目标对指标两两比较，决定下层元素对于上层元素的重要度，即权重。同样，基于某个指标，对方案进行两两比较，决策各个方案在指标上表现的相对优劣。

层次分析法是基于以下两个假设进行决策的，而两个假设均与某些实际决策问题有背离：

1）决策问题可分为多个层次，上层元素对下层元素起控制作用，同一层次的元素间相互独立，不存在内部的相互依赖性。比如同一指标层上的各个指标间偏好独立（质量和价格彼此独立）。而实际决策问题中某些指标间往往存在相互影响。

2）各个层次间只是存在相邻两个层次间自上而下的影响作用，没有考虑下层对上层的反作用（反馈）。非相邻层次间的相互影响没有考虑。而在实际决策中下层元素对上层元素有反作用（反馈）。

网络分析法（ANP）则取消了这些假定，在理论上允许决策者考虑复杂动态系统中各要素的相互作用，从而更符合决策问题的实际情况。网络分析法把系统分为控制层与网络层两个部分。控制层包括问题目标与决策准则，其结构与 MIP 控制层的结构相同，而网络层则由所有受控制层支配的元素组成，构成相互依存反馈的网络结构。网络层表达了现实决策问题中复杂的动态系统。

7.2.2 ANP 与 AHP 的比较

1. ANP 与 AHP 的相同之处

ANP 与 AHP 的相同之处在于面对的问题都是无结构和半结构的决策问题，涉及的领域大多是社会经济系统用数学模型无法精确描述的复杂性问题。实际上 ANP 具有 AHP 的主要特征，例如在准则的构造、元素聚合和相互关系的建立上以及在导出准则、各元素集和元素权重上、采用两两比较分析方法上。在通过求解特征向量导出相对排序权重、超矩阵结构划分、极限排序及结果应用上，ANP 与 AHP 也是相似的。因此，可以说 ANP 本质上是 AHP 的延伸，ANP 的理论支撑是 AHP。另外一方面 ANP 允许相互依存关系存在，又可以说 AHP 是 ANP 的一个特例。

2. ANP 与 AHP 的不同之处

AHP 是将复杂的问题分解成各个组成因素，按自上而下的层次关系，形成有序的递阶层次结构，按照比例标度，经过人们两两比较的判断，先确定各元素相对上一层次各个准则的相对重要性，然后经过综合排序，确定相对总目标的各决策要素的重要性排序。AHP 处理的层次结构，是元素内部独立的递阶层次结构树，任一元素隶属于一个层次，同一层次中任意两个元素之间不存在支配和从属的关系，且层次的内部独立，不相邻的两个层次的任意两个元素不存在支配关系。

ANP 的网络结构关系相比 AHP 的层次结构关系具有更大的灵活性。ANP 处理问题考虑到元素之间的相互依存关系，即内部依存性，以及元素集之间的相互依存关系，即外部依存性，这两种依存关系。ANP 侧重于准则、元素集、元素之间的相互影响关系，而不仅仅是由上而下的支配层次关系，避免了 AHP 在层次结构的划分中的许多假设，与实际状态更加符合。

ANP 是一种非线性结构，ANP 的层次可以分为源泉、中间层和吸收层，如图 7-3 所示。

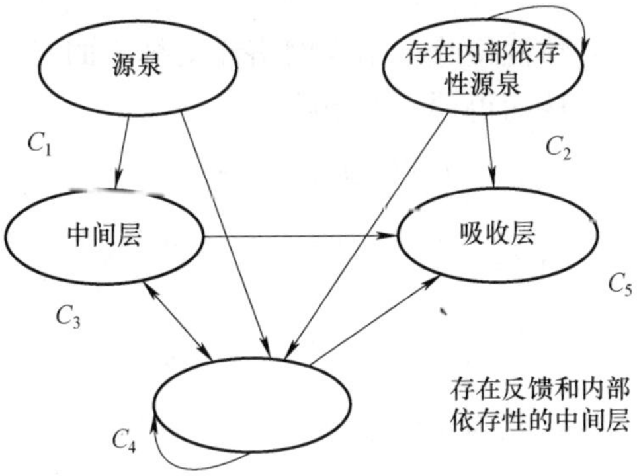

图 7-3　ANP 的层次关系

ANP 网络结构中的每个节点表示一个元素或一个元素集。系统中的每个元素集都可能互相影响，元素集中的每个元素也都可能影响其他元素，也有可能受其他元素的影响和支配。

ANP 的排序不仅针对元素，而且也包含了准则和元素集。

在两两比较分析中，AHP 是相对重要性的比较分析，呈现支配与被支配的特征；ANP 关注的是影响力，两个元素相对另一个元素以及自身的影响力的比较，即考虑其施加的影响程度，又考虑其接受的影响。ANP 与 AHP 相比，处理决策问题更加贴切实际，更具灵活性，更加合理，结果更加可信。

7.3　ANP 的计算问题

7.3.1　ANP 的超矩阵算法

为了考虑复杂问题内部各因素的依赖性和反馈性，Saaty 设计并构造超矩阵计算算法，实现 ANP 的功能。

设网络 ANP 中控制层的元素为 $p_1, p_2, p_3, \cdots, p_m$，网络层有元素组为

$$C_1, C_2, \cdots, C_i, C_j, \cdots, C_N, (i,j=1,2,\cdots,N)$$

式中，$\boldsymbol{C}_i$ 有元素 $e_{i1}, e_{i2}, \cdots, e_{in_i}$。以控制层元素 $p_s(s=1,\cdots,m)$ 为准则，以 $\boldsymbol{C}_j$ 中元素 $e_{j_l}(l=1,2,\cdots,n_j)$ 为次准则，比较分析元素组 $\boldsymbol{C}_i$ 中的元素 $e_{i1}, e_{i2}, \cdots, e_{in_i}$ 对于 e_{j_l} 的重要程度，即基于 e_{j_l} 对元素组 $\boldsymbol{C}_i$ 中的元素 $e_{i1}, e_{i2}, \cdots, e_{in_i}$ 进行两两比较，构造判断矩阵，见表 7-1。

表 7-1　ANP 判断矩阵

e_{j1}	e_{i1}，e_{i2}，…，e_{in_i}	归一化特征向量
e_{i1}		$w_{i1}^{(j1)}$
e_{i2}		$w_{i2}^{(j1)}$
⋮		⋮
e_{in_j}		$w_{in_i}^{(j1)}$

如果上述特征向量满足一致性检验，则为网络元素排序向量（权重）。同理，可以得到相对于其他元素的排序向量，从而得到一个矩阵

$$\boldsymbol{W}_{ij} = \begin{bmatrix} w_{i1}^{(j1)} & w_{i1}^{(j2)} & \cdots & w_{i1}^{(jn)} \\ w_{i2}^{(j1)} & w_{i2}^{(j2)} & \cdots & w_{i2}^{(jn)} \\ \vdots & \vdots & & \vdots \\ w_{in_1}^{(j1)} & w_{in_2}^{(j2)} & \cdots & w_{in_i}^{(jn)} \end{bmatrix}$$

矩阵 $\boldsymbol{W}_{ij}$ 表达了 j 元素组对 i 元素组的影响。矩阵的列向量代表的是元素 $e_{i1}, e_{i2}, \cdots, e_{in_i}$ 对 $\boldsymbol{C}_j$ 中元素 $e_{j1}, e_{j2}, \cdots, e_{jn_j}$ 的重要度排序向量，且回答了以下问题：i 元素组中各元素对 j 元素组中各元素的相对重要性。

如果 $\boldsymbol{C}_i$ 中元素不受 $\boldsymbol{C}_j$ 中元素的影响，则 $\boldsymbol{W}_{ij}=\boldsymbol{0}$。所有网络层元素组内和组间的相互影响的排序向量组合起来构成控制元素 p_s 下的超矩阵 $\boldsymbol{W}$，$\boldsymbol{W}$ 由 $\boldsymbol{W}_{ij}$ 构成其子块。

$$\boldsymbol{W} = \begin{array}{cc} & \begin{array}{ccc} \boldsymbol{C}_1 & \boldsymbol{C}_2 & \cdots \quad \boldsymbol{C}_N \\ e_{11}\cdots e_{1n_1} & e_{21}\cdots e_{2n_2} & \cdots\; e_{N1}\cdots e_{Nn_N} \end{array} \\ \begin{array}{cc} \boldsymbol{C}_1 & \begin{array}{c} e_{11} \\ \vdots \\ e_{1n_1} \end{array} \\ \boldsymbol{C}_2 & \begin{array}{c} e_{21} \\ \vdots \\ e_{2n_2} \end{array} \\ & \vdots \\ \boldsymbol{C}_N & \begin{array}{c} e_{N1_1} \\ \vdots \\ e_{Nn_N} \end{array} \end{array} & \begin{bmatrix} \boldsymbol{W}_{11} & \boldsymbol{W}_{12} & \cdots & \boldsymbol{W}_{1N} \\ \boldsymbol{W}_{21} & \boldsymbol{W}_{22} & \cdots & \boldsymbol{W}_{2N} \\ \vdots & \vdots & & \vdots \\ \boldsymbol{W}_{N1} & \boldsymbol{W}_{N2} & \cdots & \boldsymbol{W}_{NN} \end{bmatrix} \end{array}$$

式中，超矩阵的行表示汇；超矩阵的列表示源。针对网络结构中的相互作用和反馈信息，基于源对汇中的元素进行两两比较，求解源对于汇的相对偏好和重要性。

超矩阵的每一元素 W_{ij}（$i,j=1,2,\cdots,N$）都是基于一个两两比较矩阵获得的归一化特征向量，列和为 1。但是，W 不是归一化矩阵，为此，以控制元素 p_s 为准则，对控制元素 p_s 下的各元素组对各元素组 C_j（$j=1,2,\cdots,N$）的重要性进行比较，得到一个归一化的排序向量，见表 7-2。

表 7-2　ANP 超矩阵排序向量

C_j	C_1，⋯，C_N	归一化特征向量
C_1		a_{1j}
⋮		⋮
C_{N_i}		a_{Nj}

所有的排序向量综合起来构成以下元素组权重矩阵 A。

$$A=\begin{bmatrix} a_{11} & \cdots & a_{1N} \\ \vdots & & \vdots \\ a_{N1} & \cdots & a_{NN} \end{bmatrix}$$

把矩阵 A 与 W 相乘得到加权超矩阵：$\overline{W}_{ij}=a_{ij}W_{ij}$（$i,j=1,2,\cdots,N$）。加权超矩阵的元素就是网络系统各元素的相对重要性。

在网络分析法 ANP 中，为了反映元素之间的依存关系，加权超矩阵 W 需要做一个稳定处理，即计算极限相对排序向量：

$$\lim_{k\to\infty}(1/N)\sum_{k=1}^{N}\overline{W}^{k}$$

如果此极限值收敛，而且唯一，则 $\overline{W}^{\infty}$ 的第 j 列就是控制元素下网络层各元素对于元素 j 的极限相对排序。

7.3.2　ANP 极限超矩阵的极限相对排序和极限绝对排序

ANP 处理决策问题时，网络结构中已不同于 AHP 中的递阶层次结构，不存在起整体支配作用的单个元素或最高层次。那么类似递阶层次结构的方案综合排序已没有意义，取而代之的是网络的影响排序。网络的影响排序是指所有元素对于某个元素的影响作用排序，实际上是把某个元素作为准则，其他元素对其的影响重要性排序。网络系统中各元素既存在外部的依存，又存在内部的依存，而且是交互的，A 元素影响 B，B 影响 C，C 又影响 A，如图 7-4 所示。对于这类排序必须找到影响的极限状态，这就是要求列出极限相对排序。

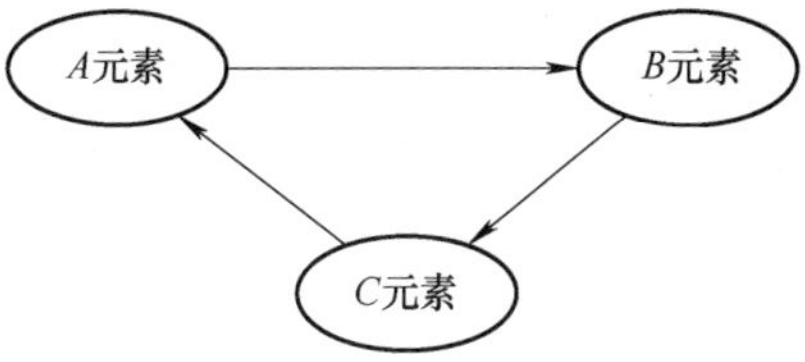

图 7-4　网络系统中元素的交互影响

绝对排序是指所有元素在系统中初始重要性排序 $Z^{(0)}$ 后，累计影响作用所得到的排序。这个排序是对整个系统而言，并非针对某个元素。

设超矩阵 $\overline{W}$ 的元素为 W_{ij}，则 W_{ij} 的大小反映元素 i 对元素 j 的第一步优势度，i 和 j 的优势度也可由 $\sum_{i=1}^{N}W_{ik}W_{kj}$ 得到，是称为第二步优势度，它是 $\overline{W}^2$ 的元素，$\overline{W}^2$ 是列归一化的。

设 $\overline{W}$ 是系统的超矩阵，记 $\overline{W}$ 的 t 次幂为

$$\overline{W}^t = (\overline{W}_{ii}^{(t)})$$

$$\overline{W}^{(1)} = \overline{W}_{ij}$$

$$\overline{W}^{(2)} = \sum_{m=1}^{N} W_{im}^{1} W_{mj}^{(1)}$$

绝对极限排序是累计影响作用，则元素 i 对元素 j 的累计 t 步影响为

$$\overline{W}_{ij}^{(t)} = \sum_{m=1}^{N} \overline{W}_{im}^{(1)} \overline{W}_{mj}^{(t)}$$

当 $\overline{W}^t$ 在 $t\to\infty$ 时极限存在，即

$$\overline{W}^{\infty} = \lim_{t\to\infty} \overline{W}^t$$

则 $\overline{W}^{\infty}$ 为第 j 列就是 B_N 下网络层中各元素对于元素 j 的极限相对应向量。

同理，$\overline{W}^{tz^{(0)}}$ 反映了超矩阵对初始排序的累计 t 步的影响。若 $\overline{W}^{tz^{(0)}}$ 在 $t\to\infty$ 时的极限存在，则有

$$Z^{\infty} = \overline{W}^{\infty} Z^{(0)} = \lim_{t\to\infty} \overline{W}^t Z^{(0)}$$

那么 Z^{∞} 为超矩阵的极限绝对排序。

7.3.3 极限超矩阵存在的基本定理

定理 7.1：设 A 为 n 阶非负矩阵，$\lambda_{\max}$ 为其模最大特征值，则

$$\min_i \sum_{j=1}^{n} a_{ij} \leqslant \lambda_{\max} \leqslant \max_i \sum_{j=1}^{n} a_{ij}$$

且列随机矩阵的最大特征值为 1。

定理 7.2：设非负列随机矩阵 A 的最大特征值 1 是单根，其他特征值的模均小于 1，则 A^{∞} 存在，且 A^{∞} 的各列相同，都是矩阵 A 的属于特征值 1 的归一化特征向量。

证：$\lambda_1, \lambda_2, \cdots, \lambda_n$ 满足

$$1 > |\lambda_2| \geqslant \cdots \geqslant |\lambda_n|$$

归一化的特征向量为 v_1，则非奇异矩阵 $T = [v_1, v_2, \cdots, v_n]$

则

$$T^{\mathrm{T}} A T = J \begin{bmatrix} 1 & & & \\ & J_2 & & \\ & & \ddots & \\ & & & J_r \end{bmatrix}$$

即

$$A^{\infty} = \lim_{k\to\infty} A^k = \lim_{k\to\infty} T J^k T^{-1} = T \begin{bmatrix} 1 & & & \\ & 0 & & \\ & & \ddots & \\ & & & 0 \end{bmatrix} T^{-1}$$

$$A = [A_1, A_2, \cdots, A_n]$$

$$A^\infty = [A_1^\infty, A_2^\infty, \cdots, A_n^\infty]$$

对任意 $X \in B^m$，设 $T^{-1}X = [x_{11}, \cdots, x_{n1}]^{\mathrm{T}}$，则

$$A^\infty X = TJ^\infty T^{-1}X = [v_1, \cdots, v_n]\begin{bmatrix} 1 & & & \\ & 0 & & \\ & & \ddots & \\ & & & 0 \end{bmatrix}\begin{bmatrix} x_{11} \\ \vdots \\ \\ x_{n1} \end{bmatrix} = x_{11}v_1$$

取 $X = [0, \cdots, 0, 1, 0, \cdots, 0]$，$i = 1, \cdots, n$ 时有

$$A^\infty X = A_i^\infty = x_{11}v_1$$

A_i^∞ 是列归一化，故 $x_{11} = 1, A^\infty = v_i\ (i = 1, \cdots, n)$。即 A_i^∞ 每一列均是特征值为 1 对应的特征向量。

由此可知，当超矩阵满足定理 7.2，只要求出特征向量 v_1，W^∞ 即可求得

$$W^\infty = [v_1, v_1, \cdots, v_1]$$

其每列均为极限相对应向量。

7.3.4　ANP 的主要结构及超矩阵

ANP 主要由内部独立的递阶层次结构（图 7-5）、内部依存的递阶层次结构（图 7-6）、内部独立的循环系统结构（图 7-7）、内部依存的循环系统结构（图 7-8）四种形式组成。

1. 内部独立的递阶层次结构超矩阵

内部独立的递阶层次结构如图 7-5 所示。

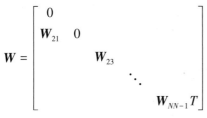

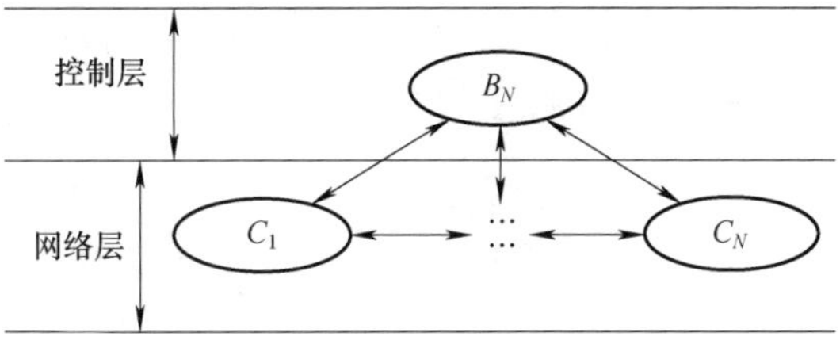

图 7-5　内部独立的递阶层次结构

其超矩阵为

$$W = \begin{bmatrix} 0 & & & & \\ W_{21} & 0 & & & \\ & & W_{23} & & \\ & & & \ddots & \\ & & & & W_{NN-1}T \end{bmatrix}$$

$$W^{N-1} = \begin{array}{c} \\ \end{array}\begin{array}{ccccc} C_1 & C_2 & \cdots & C_{N-1} & C_N \end{array}$$

$$W^{N-1} = \begin{bmatrix} 0 & 0 & \cdots & 0 & 0 \\ \vdots & \vdots & & \vdots & \vdots \\ 0 & 0 & \cdots & 0 & 0 \\ \vdots & \vdots & & \vdots & \vdots \\ W_{N,N-1}W_{N-1,N-2}\cdots W_{21} & W_{N,N-1}W_{N-1,N-2}\cdots W_{32} & \cdots & W_{N,N-1} & I \end{bmatrix}$$

（列依次对应 C_1, C_2, $\cdots$, C_{N-1}, C_N）

且 $W^N = W^{N-1}$，$WW^{N-1} = W^{N-1}$，W^{N-1} 每列都是 1 对应的特征向量，其第一列元素 $W_{N,N-1}W_{N,N-1}\cdots W_{21}$ 为元素对目标 B_1 的排列向量。

2. 内部依存的递阶层次结构超矩阵

内部依存的递阶层次结构如图 7-6 所示。

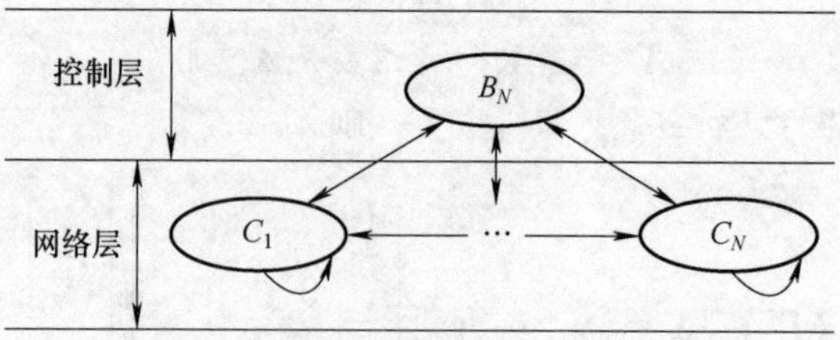

图 7-6　内部依存的递阶层次结构

其超矩阵为

$$\boldsymbol{W}=\begin{bmatrix}\boldsymbol{W}_{11} & & & & \\ \boldsymbol{W}_{21} & \boldsymbol{W}_{22} & & & \\ & \boldsymbol{W}_{32} & \boldsymbol{W}_{32} & & \\ & & \ddots & \ddots & \\ & & & \boldsymbol{W}_{N(N-1)} & \boldsymbol{W}_{NN}\end{bmatrix}$$

因 $\boldsymbol{W}_{NN}^{\infty}=\lim\limits_{K\to\infty}W_{NN}^{K}$ 存在，则

$$\begin{matrix} C_1 & C_2 & \cdots & C_N \end{matrix}$$

$$\boldsymbol{W}^{\infty}=\begin{bmatrix}0 & 0 & \cdots & 0\\ \vdots & \vdots & & \vdots\\ 0 & 0 & \cdots & 0\\ \boldsymbol{D}_1 & \boldsymbol{D}_2 & \cdots & \boldsymbol{D}_N\end{bmatrix}$$

若 W_{NN} 为常态，则

$$\boldsymbol{D}_N=\boldsymbol{W}_{N,N}^{\infty}$$

$$\boldsymbol{D}_{N-1}=\boldsymbol{D}_N\boldsymbol{W}_{N,N-1}(\boldsymbol{I}-\boldsymbol{W}_{N-1,N-1})^{-1}$$

$$\vdots$$

$$\boldsymbol{D}_i=\boldsymbol{D}_{i+1}\boldsymbol{W}_{i+I,i}(\boldsymbol{I}-\boldsymbol{W}_{ii})^{-1}$$

$$\vdots$$

$$\boldsymbol{D}_1=\boldsymbol{D}_2\boldsymbol{W}_{21}(\boldsymbol{I}-\boldsymbol{W}_{11})^{-1}$$

式中，$\boldsymbol{D}_1$ 为系统元素 C_1 的排列向量。

$\boldsymbol{W}_{11}=\cdots=\boldsymbol{W}_{N-1,N-1}=0$，若 $\boldsymbol{W}_{NN}=\boldsymbol{I}$，则为矩阵 $\boldsymbol{W}_{ij}$ 的结果。

3. 内部独立的循环系统超矩阵

内部独立的循环系统结构如图 7-7 所示。

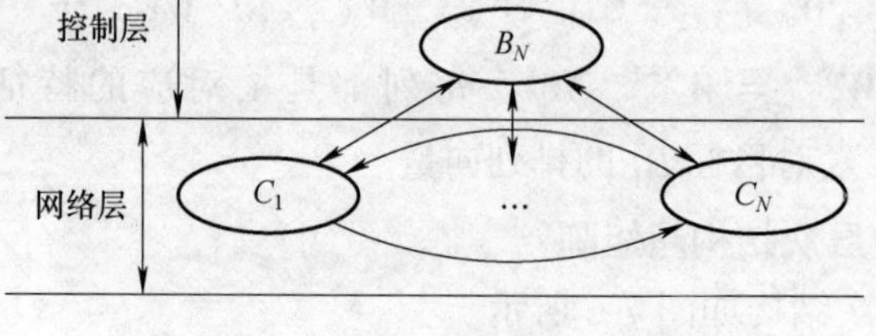

图 7-7　内部独立的循环系统结构

其超矩阵为

$$\boldsymbol{W}=\begin{bmatrix} 0 & & & & \boldsymbol{W}_N \\ \boldsymbol{W}_1 & 0 & & & \\ & \boldsymbol{W}_2 & & & \\ & & \ddots & \ddots & \\ & & & \boldsymbol{W}_{N(N-1)} & 0 \end{bmatrix}$$

$$\boldsymbol{W}^N=\begin{bmatrix} \boldsymbol{V}_1 & & & \\ & \boldsymbol{V}_2 & & \\ & & \ddots & \\ & & & \boldsymbol{V}_N \end{bmatrix} \boldsymbol{W}^{KN}=\begin{bmatrix} \boldsymbol{V}_1^K & & & \\ & \boldsymbol{V}_2^K & & \\ & & \ddots & \\ & & & \boldsymbol{V}_N^K \end{bmatrix}$$

$$\boldsymbol{V}_1=\boldsymbol{W}_N\boldsymbol{W}_{N-1}\cdots\boldsymbol{W}_1$$

$$\boldsymbol{V}_2=\boldsymbol{W}_1\boldsymbol{W}_N\cdots\boldsymbol{W}_2$$

$$\vdots$$

$$\boldsymbol{V}_N=\boldsymbol{W}_{N-1}\boldsymbol{W}_{N-2}\cdots\boldsymbol{W}_1\boldsymbol{W}_N$$

$$(\boldsymbol{W}_N)^{\infty}=\begin{bmatrix} \boldsymbol{V}_1^{\infty} & & & \\ & \boldsymbol{V}_2^{\infty} & & \\ & & \ddots & \\ & & & \boldsymbol{V}_N^{\infty} \end{bmatrix}$$

即

$$\lim_{K\to\infty}=\boldsymbol{W}^K=\lim_{K\to\infty}\boldsymbol{W}^{KN+r}(\boldsymbol{W}^N)^{\infty}\boldsymbol{W}^r$$

式中，$K=K^1N+r$，$1\leqslant r\leqslant N$。

极限值随 r 而变化，$\boldsymbol{W}^{\infty}$ 不存在。

取平均极限矩阵：

$$\overline{\boldsymbol{W}^{\infty}}=\frac{1}{N}\sum_{r=1}^{N-1}\boldsymbol{W}^r(\boldsymbol{W}^N)^{\infty}$$

取 $\boldsymbol{I}-\boldsymbol{W}^N$ 为对角均非零的准对角阵，$\boldsymbol{I}-\boldsymbol{W}^N$ 和 $\boldsymbol{I}-\boldsymbol{W}$ 可逆，即

$$\overline{\boldsymbol{W}^{\infty}}=\frac{1}{N}(\boldsymbol{I}-\boldsymbol{W}^N)(\boldsymbol{I}-\boldsymbol{W})^{-1}(\boldsymbol{W}^N)^{\infty}$$

可见：$\overline{\boldsymbol{W}^{\infty}}$ 的列向量就是 $\overline{\boldsymbol{W}^{\infty}}$ 的归一化特征向量，即是元素的平均极限相对排序向量。

4. 内部依存的循环系统超矩阵

内部依存的循环系统结构如图 7-8 所示。

超矩阵描述如下：

$$\boldsymbol{W}=\begin{bmatrix} \boldsymbol{W}_{11} & \boldsymbol{W}_{12} & \cdots & \boldsymbol{W}_{1N} \\ \boldsymbol{W}_{21} & \boldsymbol{W}_{22} & \cdots & \boldsymbol{W}_{2N} \\ \vdots & \vdots & & \vdots \\ \boldsymbol{W}_{N1} & \boldsymbol{W}_{N2} & \cdots & \boldsymbol{W}_{NN} \end{bmatrix}$$

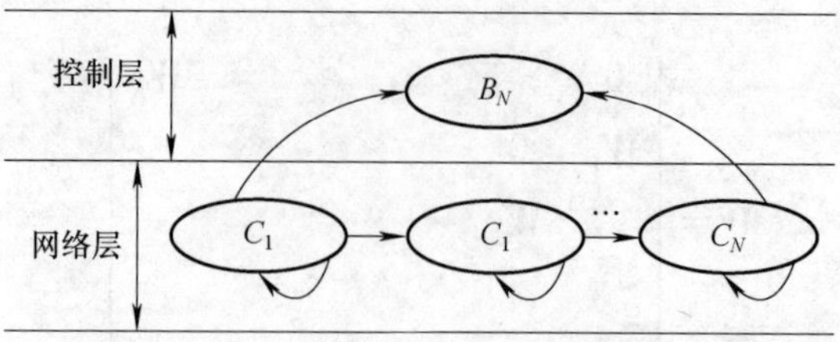

图 7-8　内部依存的循环系统结构

用幂法或带有位移的幂法求极限超矩阵 $\boldsymbol{W}^{\infty}$ 。

7.4　ANP 的决策步骤

基于超矩阵的概念，ANP 的决策步骤如下：

1）基于网络模型中各要素间的相互作用，进行两两比较。

2）确定未加权超矩阵。基于两两比较矩阵，使用特征向量法获得归一化特征向量值，填入超矩阵列向量。

3）确定超矩阵中各元素组的权重（保证各列归一）。

4）计算加权超矩阵（超矩阵加权）。

5）计算极限超矩阵。使用幂法，即求超矩阵的 n 次方，直到矩阵各列向量保持不变。

7.5　案例应用

7.5.1　ANP 在水电工程风险分析中的应用

水电工程建设项目一般具有规模大、技术复杂、投资巨大与多元化、建设周期长、对社会和环境影响大等特点。使得水电工程在建设过程中面临着来自技术、经济、自然和社会等诸多方面的干扰和威胁因素，这些因素一旦形成风险，往往会造成巨大经济损失和社会影响，并且这些风险因素之间相互影响，关系错综复杂。

大型水电工程项目的开发建设不仅涉及技术问题，而且还面临着自然环境、社会环境以及组织管理内部等方面的不确定性因素。这些不确定因素往往不能利用传统的数学模型和科学计算进行精确量化反映出来，因此许多学者利用层次分析法（AHP）能够处理可定量和不易定量问题的优点，通过人们对环境和组织的主观判断和认识，对所处的系统进行分层分组处理，将人们对事物的混沌认识清晰地反映出来，从而对工程的风险因素进行较为有效的分析。如今 AHP 已广泛应用于各种领域的风险分析中，但是由于 AHP 的应用前提是各层次中元素之间是相互独立的，因此在处理复杂系统中的相互关联元素的评价问题时受到了局限。而水电工程中涉及的各种技术、组织管理、自然和社会环境的风险往往是互相关联、互相影响的，所以 AHP 对元素相关问题不能更好地反映其本质联系。而在 AHP 基础上发展起来的网络分析法（ANP），正好能够解决元素反馈和相互影响的特性，弥补了 AHP 的缺憾。

如今随着 ANP 的逐渐发展和完善，已经在一些领域中对复杂系统的方案选择或指标评价有所应用，但是在风险分析领域的应用研究还很少。本节将基于 ANP 对水电工程项目中的风险因素进行分析研究，为进一步风险控制提供重要的参考。

【例 7-1】 某水电工程位于我国西南某河流的中游河段。该工程是以发电为主，兼顾防洪、灌溉、旅游等综合利用的水利水电枢纽工程。电站枢纽主要由挡水、泄洪排沙、引水系统及坝后式电站厂房等部分组成。其中，挡水建筑物由左岸及河中碾压混凝土重力坝和右岸心墙堆石坝组成，为混合坝。本工程为大（1）型Ⅰ等工程，其主要建筑物为 1 级建筑物，结构安全级别为Ⅰ级，坝址区场地的地震基本烈度为 7 度。

首先，建立 AHP 结构模型，如图 7-9 所示，对工程进行风险识别，取得工程面临的风险因素，见表 7-3。通过多方调查与研究得到各子工程项目下的风险因素影响关系表，根据关系表建立如图 7-10 的风险因素 ANP 结构模型。通过对 AHP 和 ANP 结构模型的求解得到了的风险因素总排序结果，见表 7-4。

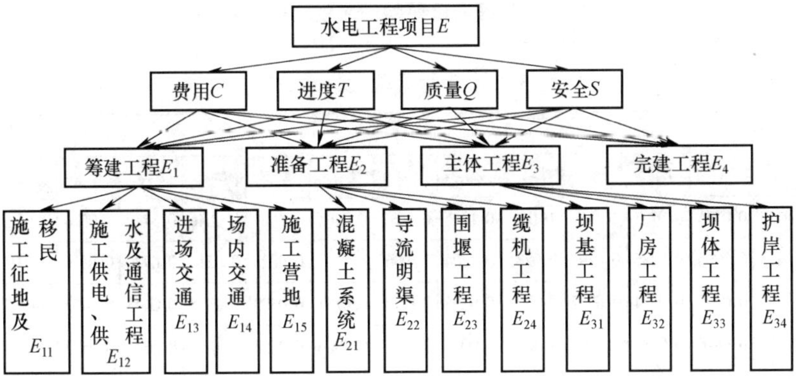

图 7-9　工程项目结构分解的 AHP 结构模型

表 7-3　某水电工程的主要风险因素

风险类别	自然风险 R_1						技术风险 R_2						经济风险 R_3						组织管理风险 R_4						社会政策风险 R_5				
风险因素	洪水	地震	滑坡	暴雨	地质情况不确定	其他突发意外（火灾、交通事故等）	施工质量	施工事故	设计变更	勘测不足	预测误差	设备材料供应	融资不利	费用超支	利率变化	物价变化	通货膨胀	电力市场变动	组织协调	人员行为、素质	合同缺陷	合同变更	施工违约	施工索赔	环境治理	行业政策变化	宏观经济调控	社会治安	社会舆论
	R_{11}	R_{12}	R_{13}	R_{14}	R_{15}	R_{16}	R_{21}	R_{22}	R_{23}	R_{24}	R_{25}	R_{26}	R_{31}	R_{32}	R_{33}	R_{34}	R_{35}	R_{36}	R_{41}	R_{42}	R_{43}	R_{44}	R_{45}	R_{46}	R_{51}	R_{52}	R_{53}	R_{54}	R_{55}

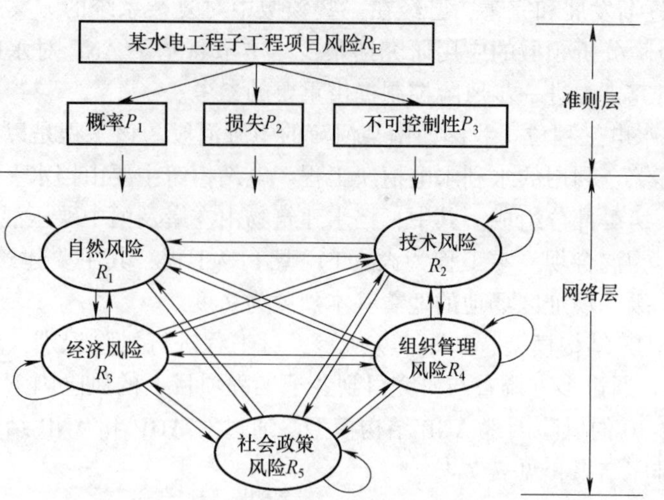

图 7-10 子工程项目风险因素的 ANP 结构模型

表 7-4 某水电工程风险因素总权重及排序

风险因素	子项目														总权重	总排序
	E_{11}	E_{12}	E_{13}	E_{14}	E_{15}	E_{21}	E_{22}	E_{23}	E_{24}	E_{31}	E_{32}	E_{33}	E_{34}	E_4		
	0.0227	0.0137	0.0355	0.0193	0.006	0.012	0.1215	0.0655	0.0201	0.1691	0.0646	0.3449	0.0524	0.0528		
R_{11}	0.0196	0.0293	0.0965	0.0836	0.0795	0.0281	0.1204	0.096	0	0.0828	0.0214	0.0736	0.0116	0.0316	0.0707	1
R_{12}	0.0119	0.0393	0.0315	0.0384	0.0362	0.0396	0.0266	0.0226	0.0751	0.0399	0.0378	0.0443	0.0452	0.0602	0.0396	11
R_{13}	0.016	0.0237	0.0876	0.0687	0.034	0.056	0.0044	0.0008	0.0806	0.0056	0	0.0041	0.0583	0.0052	0.0139	24
R_{14}	0.0232	0.0556	0.0976	0.1002	0.0993	0.0808	0.092	0.0688	0.055	0.0714	0	0.0838	0.0791	0.0351	0.072	2
R_{15}	0.0178	0.0377	0.0753	0.0881	0.0811	0.0719	0.0952	0.0325	0.0648	0.1117	0.0468	0.0377	0.0459	0.028	0.0604	4
R_{16}	0	0.0464	0.0166	0.0064	0.0733	0.0596	0.0031	0.0038	0.0082	0.0036	0.0197	0.0053	0.0042	0.0631	0.0106	25
R_{21}	0	0.0849	0.035	0.0039	0	0.0014	0.0037	0.0499	0.0793	0.0014	0.0479	0.0323	0.0297	0.0405	0.0259	18
R_{22}	0	0.007	0.072	0.0024	0	0.0223	0.0029	0.0026	0.0057	0.0022	0.0062	0.0064	0.0042	0.0027	0.007	27
R_{23}	0.0134	0.0611	0.0057	0.0017	0	0.0015	0.0019	0.0019	0.0019	0.0016	0.0418	0.0049	0.0594	0.0013	0.0096	26
R_{24}	0.0303	0.0528	0.0732	0.0805	0.0517	0.0401	0.0799	0.0705	0.1341	0.137	0.0356	0.0359	0.0638	0.0159	0.0654	3
R_{25}	0.0223	0.0376	0.0836	0.0685	0.0538	0.0301	0.0815	0.093	0.008	0	0.0183	0.0303	0.04	0.0143	0.0583	6
R_{26}	0	0	0	0	0	0.0685	0.008	0.0673	0.1032	0.0009	0.0647	0.0589	0.0354	0.001	0.0348	13
R_{31}	0.0428	0.0062	0.0088	0.0069	0.0053	0.0037	0.0047	0.0051	0.0058	0.0065	0.049	0.0382	0.0419	0.0061	0.0226	21
R_{32}	0.0446	0.007	0.0054	0.0269	0.0052	0.0048	0.0244	0.0277	0.0566	0.0352	0.0393	0.0466	0.0277	0.0504	0.0365	12
R_{33}	0.098	0.0093	0.0063	0.0172	0.002	0.0069	0.0108	0.0249	0.0278	0.0161	0.046	0.0474	0.0196	0.0291	0.0311	15
R_{34}	0.107	0.0096	0.0074	0.0125	0.0046	0.017	0.0172	0.045	0.059	0.0117	0.0332	0.033	0.016	0.0356	0.0277	17
R_{35}	0.0945	0.0129	0.0064	0.0209	0.0027	0.0172	0.0118	0.0149	0.0773	0.0196	0.0468	0.0316	0.0147	0.0515	0.0279	16
R_{36}	0.0116	0.0174	0.0135	0.0139	0.0084	0.0228	0.008	0.0016	0.0098	0.013	0.0668	0.0354	0.018	0.048	0.025	19
R_{41}	0.0891	0.0607	0.0471	0.0843	0.1094	0.102	0.0532	0.0683	0.0071	0.0453	0.0679	0.0618	0.041	0.0505	0.0573	8
R_{42}	0.0713	0.0337	0.0636	0.073	0.0923	0.0999	0.0314	0.0454	0.0078	0.0231	0.0573	0.0505	0.03	0.0348	0.0429	9

（续）

风险因素	子项目														总权重	总排序
	E_{11}	E_{12}	E_{13}	E_{14}	E_{15}	E_{21}	E_{22}	E_{23}	E_{24}	E_{31}	E_{32}	E_{33}	E_{34}	E_4		
	0.0227	0.0137	0.0355	0.0193	0.006	0.012	0.1215	0.0655	0.0201	0.1691	0.0646	0.3449	0.0524	0.0528		
R_{43}	0	0.0057	0.0044	0.0026	0	0.0423	0.0016	0.0065	0.0015	0.0014	0.0108	0.0022	0.0386	0.0159	0.006	29
R_{44}	0	0.0076	0.0047	0.0046	0	0.0562	0.0102	0.0528	0.0351	0.0046	0.0504	0.0059	0.0414	0.0162	0.0155	23
R_{45}	0	0.0082	0.0063	0.0034	0	0.0061	0.0061	0.0061	0.0016	0.0061	0.0046	0.0054	0.0064	0.0291	0.0067	28
R_{46}	0	0.0064	0.0049	0.0058	0.0058	0.0047	0.0259	0.0532	0.0085	0.0055	0.0415	0.0066	0.0496	0.0722	0.0196	22
R_{51}	0.0802	0.0692	0.0536	0.0636	0.0825	0.0016	0.08	0.0075	0.0139	0.0516	0.197	0.023	0.054	0.0778	0.0418	10
R_{52}	0.0513	0.0608	0.0078	0.0351	0.065	0.072	0.0758	0.0414	0.0362	0.0575	0.0571	0.0669	0.0483	0.065	0.0593	5
R_{53}	0.0592	0.0756	0.0087	0.0403	0.081	0.0275	0.0778	0.0547	0.0295	0.0664	0.0579	0.0566	0.0397	0.0609	0.0577	7
R_{54}	0.0377	0.0785	0.0054	0.0331	0.0192	0.007	0.0126	0.0041	0.0027	0.0185	0.0065	0.0342	0.0168	0.0392	0.0231	20
R_{55}	0.0583	0.0559	0.071	0.0135	0.0078	0.0086	0.0288	0.0311	0.004	0.0317	0.0052	0.037	0.0196	0.0188	0.0311	14

从表7-4中可以发现该水电工程面临的最大、最关键的风险依次是：R_{11}、R_{14}、R_{24}、R_{15}、R_{52}、R_{25}、R_{53}、R_{41}，其权值均大于0.05。现对这些风险重大风险因素简要分析：

1）自然风险因素中，R_{11} 洪水、R_{14} 暴雨、R_{15} 地质占主要部分。这些风险因素不可控制性很大，都极可能导致工程重大损失，且可能诱发其他风险发生，因此在工程开展过程中要加强前期调查、预测和预防。

2）技术风险类中的 R_{24} 勘测不足和 R_{25} 预测误差也是重要的风险因素。该水电工程地质条件为岩层软硬相间，层间错动和节理裂隙较发育，岩体完整性较差，不确定情况很大，致使在勘测工作中可能发现不了重大的地质缺陷，也使地质的预测难度加大，分析其根本原因还是地质风险造成的。预测误差大的另一个原因，是工程所在地气象条件复杂异常，历史资料较少，对气象和水文等方面的情况还了解不足，预测工作难度较大。因此在以后的工作中要重视这方面工作，要调动更多的资源以应对预防和控制这些风险给工程项目所带来的不确定性和干扰。

3）水电工程投资巨大，需要依靠强大的经济基础作为后盾，并且大型水电工程往往对社会产生巨大的影响，因此工程的顺利进行离不开区域经济或国家经济的发展和政策的支持，所以在此工程中 R_{53} 宏观经济调控和 R_{52} 行业政策变化也将是该工程面临的重大风险。因此在工程工作开展中要密切注意国家政策的动态，提前做好规避这方面风险的应对措施，避免风险发生给项目带来的巨大的损失。

4）工程的规模巨大、参与方众多等特点，给项目开发建设单位的管理带来了前所未有挑战。如果没有有效的组织管理工作，项目各参与方的团结协作将存在重重矛盾，引起的互相指责和扯皮将给项目造成严重的进度拖延和经济损失，因此 R_{41} 组织协调风险也是本工程项目面临的很重要的风险因素之一。

由于这些都是项目中极其重要的风险因素，所以在工程管理中要对其进行研究分析。只有深入地分析这些因素，有效地预防和控制了这些风险因素，才能在一定程度上降低了其他风险的发生概率和损失程度，从而能够有效地降低工程项目的总体风险水平。

比较重大的风险依次为 R_{42}、R_{51}、R_{12}、R_{32}、R_{26}、R_{55}、R_{33}、R_{35}、R_{34}、R_{21}、R_{36}，其权

值都在 0.05 和 0.025 之间。这些风险虽然不是最大风险，但是其对项目的影响也是重大的，必须也予以重视，在项目开展中也要对其进行预防控制和监测管理。

其余的风险都较小，但风险的可变性决定了其会随着环境和时间的改变而变化，所以在风险管理过程中要对其进行密切的监测。

7.5.2 ANP 在 PPP 项目风险评价中的应用

PPP 项目风险评价的过程是一个多目标决策过程，其结果是符合“帕累托”最优的。根据工程项目风险管理的一般方法，首先需要在风险识别的基础上建立相应的风险指标体系，进而采用各种评价方法对各风险因素进行一系列定性、定量的分析。

目前针对 PPP 项目的风险评价方法中，层次分析法所用甚广。该方法采取了层次结构与相对标度，因而比模糊综合评价法和专家打分法等决策方法更加灵活，更适合解决复杂问题，其结果也更具说服力，但 AHP 本身存在一定局限性，其假设所有评价指标相对独立，各层级之间没有交叉联系。然而 PPP 模式项目结构复杂，风险因素多样且相互关联。因此采用 AHP 不能很好地解释 PPP 项目风险因素之间的关系。

与 AHP 相比，ANP 的层次结构具有更大的灵活性。在处理风险评价问题时，ANP 考虑到了元素之间以及元素集之间的相互依存关系。ANP 是一种非线性型结构，其实质是把某个元素作为准则，把其他元素对该元素的影响重要性进行排序，并找出其极限状态，即极限相对排序。对于 PPP 项目风险评价问题而言，使用 ANP 更加合理，结果更加可信。

PPP 项目是一种涉及融资、设计、建设、运营，直到移交给政府的完整项目，其各个环节由不同的参与方负责完成，因此风险较一般项目更为复杂。

首先需要对 PPP 项目的风险进行识别，即建立风险清单。根据风险因素的来源不同，项目风险可分为宏观层面风险、中观层面风险和微观层面风险。

宏观层面风险指项目的外在风险。这个层面的风险集中于国家和行业状况，通常与法律环境、社会环境、经济环境和地质气候条件相关联。实际上，这些风险产生于系统边界之外的风险事件，但其结果跨越项目边界，影响到项目的进展和结果。

中观层面风险指项目内部的风险，即在项目实施过程中产生的风险，其主要包括项目在可行性分析、选址、设计、施工以及其他技术方面存在的风险。

微观层面风险同样是项目的内部风险，但其与中观层面风险的不同之处在于：微观层面风险主要反映项目中各参与方在相互协调关系时，出于所扮演的角色不同而产生的风险。这些风险主要包括双方合作关系风险和第三方风险。产生这两类风险的主要原因是公私两部门的驱动力不同：公共部门出于社会责任，私人部门则是由利益驱动。

在每一个风险分组中，又可以按照具体的风险特性将风险分类到各子类别，例如，经济、社会、法律、文化等分组。这种分类方法有利于公共和私营部门的项目利益相关者制定相应的风险管理战略方针，并给出相应的风险分析、风险处理以及后续风险监控的常用方法。

在确定了上述风险指标结构后，需要采用具体技术对各风险因素进行识别。在对 PPP 项目风险因素进行识别时采用问卷调查法。

【例 7-2】 某集团公司在当地成立了专门的项目公司，由该公司负责水电站的设计、建造和运营，并以自己的名义对外进行融资贷款。项目所在国政治经济环境复杂，与项目有关的风险种类众多，且相互之间交叉关联。因此，本例采用表 7-5 所示的风险指标体系进行风险识别，并采用 ANP 对该项目进行风险评价。

表 7-5　PPP 项目风险评价指标体系

风险类型	一级指标	二级指标	指标含义
宏观层面风险	政治政策风险	政府稳定性	项目所在国政府任期的稳定性及政府更替的频率
		被征用和国有化	中央或地方政府强行没收项目
		政治决策失误	程序不规范、官僚作风、缺乏 PPP 项目的运作经验和能力、前期准备不足和信息不对称
		政府信用	政府不履行或拒绝履行合同约定的责任和义务
	宏观经济风险	通货膨胀	整体物价水平上升，货币的购买力下降，导致项目成本增加
		利率风险	市场利率变动的不确定性
		外汇风险	外汇汇率变化和外汇能否兑现
		融资环境	与项目融资相关的国家经济形势
	社会风险	无成功 PPP 项目先例	项目所在国有无成功的 PPP 项目直接影响到所在国政府的信心
		公众对项目支持度	公众的利益能否得到有效保护
	自然风险	环境因素	政府对项目的环保要求提高
		地质气候条件	项目所在地客观存在的恶劣气候条件
中观层面风险	项目选择风险	项目需求度	客户对项目的需求程度
		土地获取	土地所有权获取困难
	项目融资风险	融资可能性	特许经营商融资手段和途径
		融资成本	融资成本高于预期收益
		项目对投资者的吸引力	投资者对项目兴趣的高低
	设计风险	项目审批的推迟	审批程序复杂且可调整性降低
		设计缺陷	设计未考虑周全导致索赔
	施工风险	施工费用超支	施工费用超过预期
		合同变更	项目完成之前变更导致索赔
	运营维护风险	运营成本变动频繁	项目经营过程中受经营状况或其他因素影响
		运营收入低于期望值	由于运营项目不合理导致运营收入不如预期
微观层面风险	合作关系风险	责任和风险的分配	各参与方责任和风险分配是否恰当
		合作关系中的权力分配	分属不同利益集团的参与各方在权力分配上不当
		合作方之间的承诺	参与各方追求自身不同利益最大化
	第三方风险	第三方侵权赔偿责任	代理人的代理行为损害参与方利益
		人事危机	人力资源管理不善而造成对企业重大不利

基于 ANP 的 PPP 项目风险评价模型如图 7-11 所示。

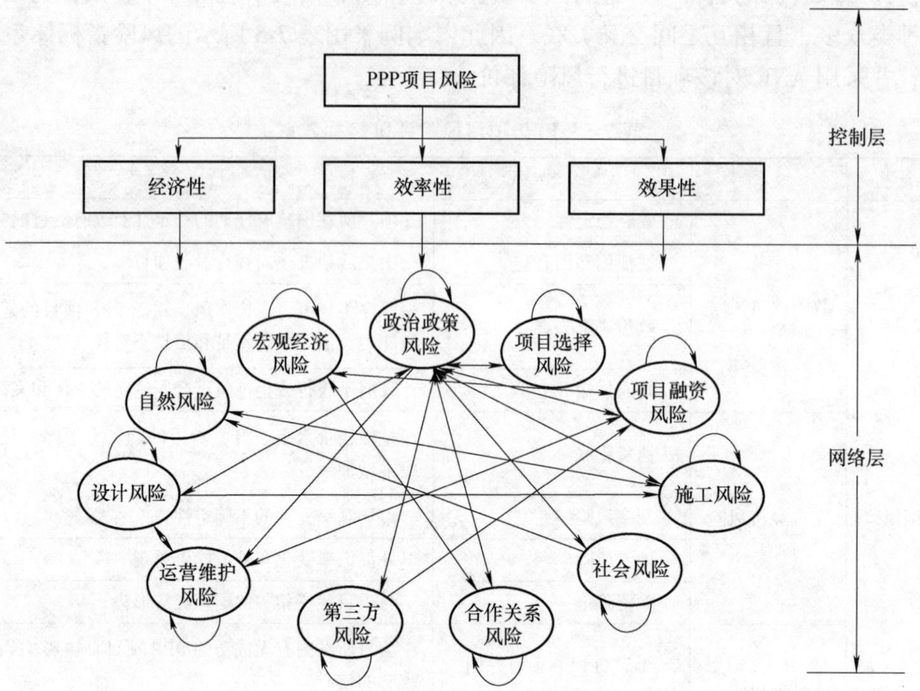

图 7-11　基于 ANP 的 PPP 项目风险评价模型

由于对项目的影响程度不同，需要对各风险因素的重要程度进行定量分析。本文采用 1~9 标度法，表示两个风险因素之间的重要程度，其中数值越大代表前者因素相对于后者因素的重要程度越明显。

按照 ANP 的原理，所构成的正负反判断矩阵即为超矩阵 $\boldsymbol{W}$：

$$\boldsymbol{W}=\begin{bmatrix}\boldsymbol{W}_{11} & \cdots & \boldsymbol{W}_{1N}\\ \vdots & & \vdots\\ \boldsymbol{W}_{N1} & \cdots & \boldsymbol{W}_{NN}\end{bmatrix}$$

超矩阵 $\boldsymbol{W}$ 是通过元素间相互比较而得出的，矩阵中的每一列都是在某个元素准则下的权重排序。将超矩阵每一列归一化，得到加权超矩阵 $\boldsymbol{W}$：

$$\boldsymbol{W}=\begin{bmatrix}a_{11} & \cdots & a_{1N}\\ \vdots & & \vdots\\ a_{Ni} & \cdots & a_{NN}\end{bmatrix}$$

将各元素组间的重要性进行比较，得到矩阵 $\boldsymbol{A}$，归一化得到加权超矩阵 $\overline{\boldsymbol{W}}$：

$$\overline{\boldsymbol{W}}=\boldsymbol{A}\boldsymbol{W}=\begin{bmatrix}a_{11}\boldsymbol{W}_{11} & \cdots & a_{1N}\boldsymbol{W}_{1N}\\ \vdots & & \vdots\\ a_{N1}\boldsymbol{W}_{N1} & \cdots & a_{NN}\boldsymbol{W}_{NN}\end{bmatrix}$$

加权超矩阵中的数值即为各风险因素的权重值。计算得到的结果见表 7-6。

表 7-6　指标归一化权重

一级指标及其权重	二级指标	权重值	排序
政治政策风险 0.1609	政府稳定性	0.0619	5
	被征用和国有化	0.0476	11
	政治决策失误	0.0208	18
	政府信用	0.0306	15
宏观经济风险 0.1755	通货膨胀	0.0358	13
	利率风险	0.0307	14
	外汇风险	0.0254	16
	融资环境	0.0836	2
社会风险 0.0558	无成功 PPP 项目先例	0.0014	28
	公众对项目支持度	0.0544	7
自然风险 0.1132	环境因素	0.0623	4
	地质气候条件	0.0509	9
项目选择风险 0.0706	项目需求度	0.0585	6
	土地获取	0.0121	21
项目融资风险 0.2241	融资可能性	0.0975	1
	融资成本	0.0731	3
	项目对投资者的吸引力	0.0536	8
设计风险 0.0512	项目审批的推迟	0.0491	10
	设计缺陷	0.0021	27
施工风险 0.0320	施工费用超支	0.0094	24
	合同变更	0.0226	17
运营维护风险 0.0305	运营成本变动频繁	0.0098	23
	运营收入低于期望值	0.0207	19
合作关系风险 0.0709	责任和风险的分配	0.0418	12
	合作关系中权力分配	0.0192	20
	合作方之间的承诺	0.0099	22
第三方风险 0.0154	第三方侵权赔偿责任	0.0074	26
	人事危机	0.0080	25

通过对表 7-6 进行分析可以看出，影响该项目的风险因素按影响程度依次为项目融资风险、宏观经济风险、政治政策风险、自然风险、合作关系风险。

在项目融资风险方面，项目融资可能性是最为重要的一个风险因素，在所有风险因素中排名第 1。项目东道国经济结构单一，工业基础薄弱，主要依赖外援，在当地融资难度较大。对于这一风险，项目的资金提供方以有限追索融资项目方式对该项目提供了融资支持，并且通过提前介入项目的实施程序来最大限度地控制风险水平。

在宏观经济风险方面，融资环境风险最为明显，排在所有风险因素的第 2 位。这与该国经济环境波动较大，对外开放程度不高，外汇管制严格，通胀压力显著有很大关系。

在政治政策风险方面，政府稳定性风险与被征用和国有化风险较为显著，分别排在第 5 位和第 11 位。该国政治制度脆弱，党派存在矛盾与纠葛，政治权力的分配受制于军事实力的对比，政府稳定性风险较大。而本项目中当地国家电力公司与该集团公司签订了为期 40 年的照付不议长期购电协议，保证了水电站全部发电量由东道国政府负责全部购买，因此被征用和国有化风险适中。

在自然风险方面，环境因素风险和地质气候条件风险都较为明显，分列第 4 位和第 9 位。这主要是因为该国地质气候条件复杂多变，且水量分配不均，雨水不足造成的。

在合作关系风险方面，各风险并不十分显著。责任和风险的分配、合作关系中权力分配以及合作方之间的承诺分别排在第 12 位、第 20 位和第 22 位。事实上，项目的融资涉及诸多参与者，各方执行的职责和承担的责任各不相同，项目融资的组织过程实质上是在协调各方以达到利益分配与风险分担平衡的过程。

由上述分析可知，在该东道国政治、经济环境不稳定的情况下，融资风险是制约该项目能否顺利实施的瓶颈。项目融资的安全性主要来自于两点：一是项目本身的经济强度；二是项目资产及项目参与者的各种担保，即项目保证结构。该国电力短缺，电力市场存在刚性需求，再者合作双方政府有着良好的合作关系，该国政府对经济可以实行强制干预并且签订照付不议长期购电协议以及对不可抗力事件提供担保，使得该项目融资风险有所降低，总体而言，具有很高的可行性。

7.5.3 ANP 在改建项目施工进度影响要素评价中的应用

在项目施工过程中，投资是关键，质量是根本，进度是重点。所谓项目施工进度控制，是指定期或不定期地对项目的实际施工进度与施工计划进行对比，发现其中的偏差，并采取有效措施对其进行修正的过程。改建项目涉及业主方、施工方、监理方及设计方等多方主体，并且主体内或主体间出现的任何问题，均会影响整个项目的施工进度。为了有效控制项目施工进度，必须对其进度影响因素进行全面、细致的分析和评价。综观已有研究成果可知，学者们分别从影响施工进度因素的主观性、影响项目进度因素与组织的关系、影响项目进度的主体等多个不同视角，对影响项目施工进度的诸多影响因素进行了阐述。与此同时，学者们还采用了主成分分析法、因子分析法、层次分析法等方法对项目施工进度影响要素进行了综合评价，这无疑均为本节评价方法的选择研究奠定了强大良好的理论前期基础。然而遗憾的是，已有文献仍存在研究内容及研究方法两方面的缺失。具体而言，在研究内容上，更为偏重关注项目进度管理技术和工具的应用或改进，缺乏对项目施工进度关键前因变量的系统分析与探讨；在研究方法上，则更多地采用了单纯的定性描述方法；即使存在少量的定量研究方法，也未考虑指标间及同一指标下各二级指标间的相互作用关系，从而无法客观、准确地描述复杂决策问题的真实情况，据此所提出的政策建议缺乏一定的实用性和可行性。

【例 7-3】 云南某机械总厂是一家集机床配件制造加工、烟草机械设备制造加工、农业机械制造加工、服装生产等产业多元化的现代大型国有企业。为满足快速增长的市场需求，该机械总厂于 2015 年初决定在原址上对已有厂房进行为期 1 年的改造项目。然而，由于各种原因，截至 2016 年，该机械总厂厂房改建项目仍处于主体工程建设阶段，与计划进度相差甚远，并且业主方、施工方、监理方及设计方等所涉主体对已有的进度延误现象各执一词，互相推诿。为了更为全面、客观地了解该机械总厂厂房改建项目施工进度延误原因，本节特以此案例为实证背景，定量评价业主方、施工方、监理方及设计方等所涉主体对该改建项目施工进度的影响程度，具体内容如下。

首先，识别案例项目施工进度的影响要素。

本例在综合已有研究成果、案例项目现场调查及专家访谈等资料的基础上，构建了如图 7-12 所示包括业主方（记为 U_1）、施工方（记为 U_2）、监理方（记为 U_3）、设计方（记为 U_4）等多主体的该改建项目施工进度影响要素评价指标体系。

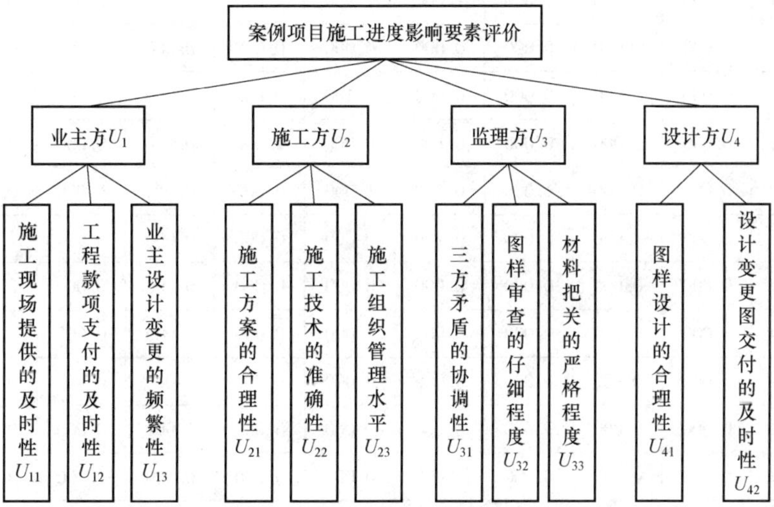

图 7-12　改建项目施工进度影响要素评价指标体系

结合案例项目的实际情况及专家意见，本例对图 7-12 中的施工进度各影响要素之间的关系进行了分析，最终得到了如图 7-13 所示的案例项目施工进度影响要素网络结构模型。其中，图 7-13 中的双箭头表示箭头和箭尾元素或元素组之间存在相互影响作用，单箭头表示箭尾元素或元素组单向影响箭头元素或元素组。

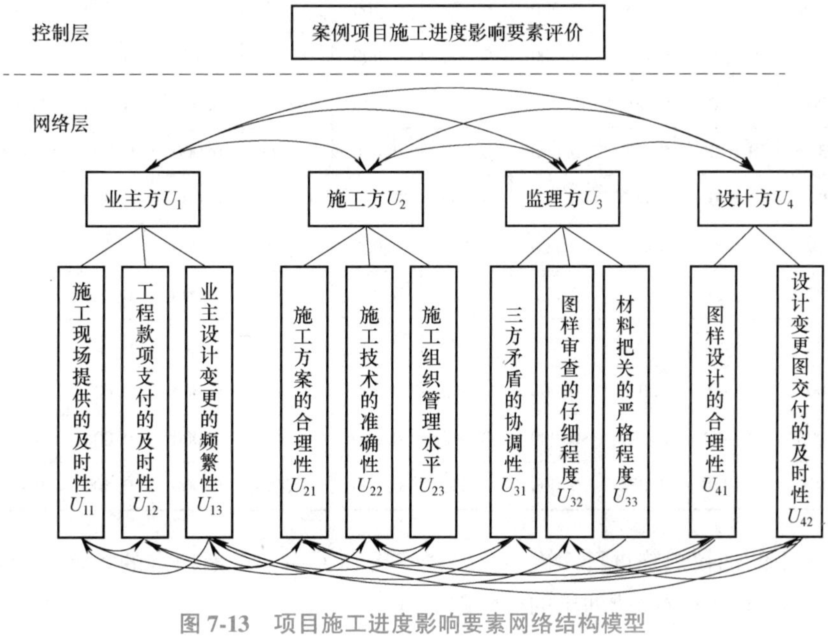

图 7-13　项目施工进度影响要素网络结构模型

为获得案例项目施工进度影响要素之间的未加权超矩阵，本例邀请了该改建项目的相关利益相关者采用 1~9 标度法对所涉的 11 个二级指标的重要性进行两两判断，最终计算得到了表 7-7 所列出的未加权超矩阵。

表 7-7　案例项目施工进度影响要素之间的未加权超矩阵表

U_{ij}	U_{11}	U_{12}	U_{13}	U_{21}	U_{22}	U_{23}	U_{31}	U_{32}	U_{33}	U_{41}	U_{42}
U_{11}	0.000	1.000	0.000	1.000	1.000	0.900	0.000	0.000	0.000	0.000	0.000
U_{12}	1.000	0.000	1.000	0.000	0.000	0.000	0.000	0.000	0.000	0.000	0.000
U_{13}	0.000	0.000	0.000	0.000	0.000	0.100	0.000	0.000	1.000	1.000	1.000
U_{21}	0.742	0.000	0.000	0.000	0.800	0.000	1.000	0.000	0.000	0.000	0.000
U_{22}	0.047	0.000	0.000	1.000	0.000	1.000	0.000	0.000	0.000	0.000	0.000
U_{23}	0.211	0.000	1.000	0.000	0.200	0.000	0.000	0.000	0.000	1.000	1.000
U_{31}	0.000	0.000	0.000	0.000	0.000	0.000	0.000	0.000	0.000	0.000	0.000
U_{32}	1.000	1.000	0.100	0.000	0.000	1.000	0.000	0.000	0.000	1.000	1.000
U_{33}	0.000	0.000	0.900	0.000	0.000	0.000	0.000	0.000	0.000	0.000	1.000
U_{41}	0.000	0.000	0.800	0.000	0.000	0.000	0.000	1.000	0.000	0.000	0.000
U_{42}	0.000	0.000	0.200	0.000	0.000	0.000	0.000	0.000	1.000	0.000	0.000

为将表 7-7 所列出的超矩阵进行加权，本文在对所涉四个一级指标进行两两判断并获得各自相对权重的基础上，计算得到了表 7-8 所列出的加权超矩阵。

表 7-8　案例项目施工进度影响要素之间的加权超矩阵表

U_{ij}	U_{11}	U_{12}	U_{13}	U_{21}	U_{22}	U_{23}	U_{31}	U_{32}	U_{33}	U_{41}	U_{42}
U_{11}	0.000	0.957	0.000	0.500	0.500	0.300	0.000	0.000	0.000	0.000	0.000
U_{12}	0.521	0.000	0.326	0.000	0.000	0.000	0.000	0.000	0.000	0.000	0.000
U_{13}	0.000	0.000	0.000	0.000	0.000	0.033	0.000	0.000	0.500	0.333	0.333
U_{21}	0.338	0.000	0.000	0.000	0.400	0.000	1.000	0.000	0.000	0.000	0.000
U_{22}	0.021	0.000	0.000	0.500	0.000	0.333	0.000	0.000	0.000	0.000	0.000
U_{23}	0.096	0.000	0.285	0.000	0.100	0.000	0.000	0.000	0.000	0.333	0.333
U_{31}	0.000	0.000	0.000	0.000	0.000	0.000	0.000	0.000	0.000	0.000	0.000
U_{32}	0.024	0.043	0.001	0.000	0.000	0.333	0.000	0.000	0.000	0.333	0.000
U_{33}	0.000	0.000	0.013	0.000	0.000	0.000	0.000	0.000	0.000	0.000	0.333
U_{41}	0.000	0.000	0.299	0.000	0.000	0.000	0.000	1.000	0.000	0.000	0.000
U_{42}	0.000	0.000	0.075	0.000	0.000	0.000	0.000	0.000	0.500	0.000	0.000

对表 7-8 中的加权矩阵进行多次演化，最终得到了一个长期稳定的矩阵，即矩阵中各行的值均相同，具体为表 7-9 所列出的极限超矩阵。

表 7-9 案例项目施工进度影响要素之间的极限超矩阵表

U_{ij}	U_{11}	U_{12}	U_{13}	U_{21}	U_{22}	U_{23}	U_{31}	U_{32}	U_{33}	U_{41}	U_{42}
U_{11}	0.320	0.320	0.320	0.320	0.320	0.320	0.320	0.320	0.320	0.320	0.320
U_{12}	0.176	0.176	0.176	0.176	0.176	0.176	0.176	0.176	0.176	0.176	0.176
U_{13}	0.028	0.028	0.028	0.028	0.028	0.028	0.028	0.028	0.028	0.028	0.028
U_{21}	0.151	0.151	0.151	0.151	0.151	0.151	0.151	0.151	0.151	0.151	0.151
U_{22}	0.107	0.107	0.107	0.107	0.107	0.107	0.107	0.107	0.107	0.107	0.107
U_{23}	0.075	0.075	0.075	0.075	0.075	0.075	0.075	0.075	0.075	0.075	0.075
U_{31}	0.002	0.002	0.002	0.002	0.002	0.002	0.002	0.002	0.002	0.002	0.002
U_{32}	0.061	0.061	0.061	0.061	0.061	0.061	0.061	0.061	0.061	0.061	0.061
U_{33}	0.003	0.003	0.003	0.003	0.003	0.003	0.003	0.003	0.003	0.003	0.003
U_{41}	0.073	0.073	0.073	0.073	0.073	0.073	0.073	0.073	0.073	0.073	0.073
U_{42}	0.004	0.004	0.004	0.004	0.004	0.004	0.004	0.004	0.004	0.004	0.004

表 7-10 则给出了案例项目施工进度各影响要素对于目标的相对权重。由表 7-10 可知，业主方、施工方、监理方及设计方对案例项目施工进度的影响权重分别为 0.524、0.333、0.066、0.077，即各主体对案例项目施工进度影响程度的大小排序为业主方>施工方>设计方>监理方，即业主方是影响该机械总厂厂房改建项目最为重要的参与主体。通过比较各二级指标的相对权重可知：这 11 个二级指标对案例项目施工进度影响程度的大小排序为 $U_{11}>U_{12}>U_{21}>U_{22}>U_{23}>U_{41}>U_{32}>U_{13}>U_{42}>U_{33}>U_{31}$，即施工场地提供的及时性是影响该机械总厂厂房改建项目的最关键要素。与此同时，根据二八原则，由于 U_{11}、U_{12}、U_{21}、U_{22}、U_{23} 的相对权重相加为 0.829>0.8，因此，对于该动力机械总厂厂房改建项目而言，项目利益相关者应将施工场地提供的及时性、工程款项交付的及时性、施工方案的合理性、施工技术的准确性及施工组织管理水平这五项工作作为解决该改建项目施工进度严重拖延的重中之重。

表 7-10 项目施工进度各影响要素的相对权重

U_{ij}	相对权重	相对权重
U_{11}	0.320	$U_1=0.524$
U_{12}	0.176	
U_{13}	0.028	
U_{21}	0.151	$U_2=0.333$
U_{22}	0.107	
U_{23}	0.075	
U_{31}	0.002	$U_3=0.066$
U_{32}	0.061	
U_{33}	0.003	
U_{41}	0.073	$U_4=0.077$
U_{42}	0.004	

基于上述评价结果，对例项目施工进度控制的建议为：综合考虑各方主体在施工进度方面的共同作用，并重点发挥业主方及时提供施工场地方面的关键作用。

参考文献

[1] 刘海滨，梁振东 . 煤矿员工不安全行为影响因素及其干预研究［M］. 北京：中国经济出版社，2013.

[2] 孙宏才，田平，王莲芬. 网络层次分析法与决策科学［M］. 北京：国防工业出版社，2011.

[3] 杨保安，张科静. 多目标决策分析：理论、方法与应用研究［M］. 上海：东华大学出版社，2008.

[4] 赵迪. ANP 在项目投资前期风险定量分析中的运用［J］. 山西建筑，2011，37（32）：221-222.

[5] 钟登华，蔡绍宽，李玉钦. 基于网络分析法（ANP）的水电工程风险分析及其应用［J］. 水力发电学报，2008，27（1）：11-17.

[6] 张玮，张卫东. 基于网络层次分析法（ANP）的 PPP 项目风险评价研究［J］. 项目管理技术，2012，10（10）：84-88.

[7] 于东平，陈仪. 基于 ANP 法的改建项目施工进度影响要素评价研究［J］. 项目管理技术，2016，14（5）：68-73.

第8章 控制论方法

8.1 控制论基础

理论是一门学科赖以成立并发展的基础。工程管理控制同样离不开相关的基础学科，如控制论、系统论、管理学、经济学等。作为管理控制最重要和主要的理论基础，学习控制论的基本知识是非常有必要的。对于到底什么是控制论？控制论是如何产生的？这些最基本的问题首先需要给予回答。

8.1.1 什么是控制论

控制论作为一门知识学科，还比较年轻。1948 年美国著名数学家 N. 维纳（ Norbert Wiener）出版了他的第一本控制论专著 *Cybernetics or Control and Communication in the Animal and the Machine*，为从一个统一观点考查和解释各种系统的控制和通信问题奠定了基础，标志着控制论的诞生。后来，英国学者 W. R. 艾什比（ W. Ross Ashby ）也发表了一本较有影响的著作，名为 *An Introduction to Cybernetics*，该书对于控制论研究对象和特点的观点与维纳的观点基本类似。

控制论是否具有科学的地位，这个问题首先需要认真地讨论。我们知道，任何科学在知识体系中的地位首先是由它的对象决定的。人们通常把科学所研究的规律理解为它的对象。但迄今为止，由于尚未发现或提出过控制论的任何一条规律，所以不能认为控制论也是研究规律的科学。那么控制论究竟是一门什么样的学科呢？

控制论是以下列观念为基础的：有可能发展成一种用一般方法来研究各式各样系统中的控制过程，它的一个基本特征就是在动态（运动和变化）过程中考查系统。这样就从根本上改变了研究系统的方法。

控制论以“功能方法”研究组织界的各种系统——生物机体、机器装置和人类集体。换句话说，控制论是研究组织界系统（有组织的或被组织化的整体）功能（行为、活动）的理论。简单说来，控制论研究的是有组织的功能系统。

需要强调的是，控制论研究上述系统，其着眼点是这些系统中所展开的信息（通信）管理（控制）的过程。所以，研究控制论是研究生物科学、技术科学和社会科学中处理控制问题所运用的方法。控制论的研究重点是分析信息的调节、控制的过程和系统的功能、行为、活动的性质。

值得注意的是，生物系统、人类社会系统和一些复杂的机器系统常常表现出种种目的性行为，而这种目的是通过控制达到的。进一步看，如果一个系统要完成一个目的性行为，则一定有一个可供它追求的目标，而且这个目标是已知的、既定的。系统如果没有达到这个目标，它是不会停止的。

概括而言，控制论能动地运用有关的信息并施加控制作用以影响系统运行行为，使之达到预定的目标。

控制论不是一门普通的专门学科，而是一个跨学科的知识体系。它从寻找学科之间的共同联系出发，将动物和机器的某些机制加以类比，从而抓住一切通信和控制系统中所共有的特征，然后站在一个更概括的理论高度加以综合，形成了一门具有更普遍意义的新理论。目前，控制论表示一种能应用于任何系统中的一般控制理论（注：列尔涅尔的定义）。

更有意思的是，控制论的奠基人维纳起初认为控制论是关于动物和机器中控制和通信的科学，过了几年，才在其第二本书《控制论与社会》中指出了动物、机器和人的集体中各种信息和控制过程的相似性。

特别值得一提的是，控制论在科学上有两点重要的价值：第一是控制论给予我们一套系统的概念和一种共同的语言，使我们足以用来描述形形色色的系统，建立各门学科之间的联系；第二是对于那些以复杂著称而其复杂性不容忽视的系统，控制论给出了一种新的科学研究方法。

例如，控制论把生物机体的“目的”“行为”等概念赋予自动机器，把技术系统的“信息”“反馈" 等概念引入生物系统，还有“系统”“控制”“功能”等一系列概念，都是由控制论提出或给予了新意义。维纳在控制论研究中运用了信息方法、反馈方法、黑箱方法和功能模拟方法等一系列新的科学研究方法，这些方法后来被广泛应用于生物学、工程技术、经济管理和社会管理等许多领域，并取得了显著成效。

总之，控制论作为一门科学，不仅具有自己的概念体系，而且具有自己的专门方法。多年来，控制论的原理和方法在各个需要或可能进行调节和控制的领域中都得到了广泛的应用，取得了辉煌的成果。控制论是一门理论性与实践性都很强的学科，它以强大的生命力活跃于自然科学和社会科学之中，它对促进现代科学技术的发展和人类思维方式的变革，有着重大的影响，并发挥着巨大的作用。可以看到，人们在理论活动和实践活动的各个领域里使用着控制论的两个方面——控制论理论（原理）和控制论技术（方法）。

在讨论控制论的研究对象时，必要说明两点：

1）控制论（Cybernetics）与控制理论（Control Theory）是两个不同的概念。

虽然中文的名称只差一个汉字，但却有不少差异，不能把两者混为一谈，应加以区分。控制论的研究对象是“控制论系统”，是广义的控制系统。控制论是一门综合性的技术学科。在一定意义上它更注重信息的作用，认为通信过程是认识客体的前提，控制过程是改造客体的途径。

而控制理论的研究对象是“控制系统”，主要指机器的控制系统。控制理论是一门专业性的、工程性的技术学科。控制理论的前期发展主要立足于工程技术领域，虽然后期发展已扩展到生物、生态、社会、经济领域，但控制理论通常指的是自动控制理论，是为自动控制系统的分析与设计服务的。

控制理论可以被看作控制论的一个组成部分。这样就既对两者做了区分，又使两者有机地统一起来。但由于种种原因，长期以来控制论远没有得到它应有的名义和地位。钱学森先生曾设想，能不能更集中研究“控制”的共性问题，从而把控制论提高到真正的一门基础科学的地位？后来，钱老同意称“学”，不称“论”，即把一般控制理论不叫“控制论”而叫“控制学”，认为当时是把 Cybernetics 翻译错了（注：控制论一词 Cybernetics 来源于古希腊文，意思是“掌舵术”）。

2）控制论与系统论的研究对象和研究目的之间的差异。

在20世纪中期产生的学科间的两个一体化科学——控制论和一般系统论（有人译为普通系统论），在作为一般科学的哲学和数学与一切专门科学之间，占有中间的地位。它们都是由于理论需要和实践需要而产生的。

以“结构方法”为核心的一般系统论同以“功能方法”为核心的控制论相似，但是必须把它们区别开来。以一般系统为研究对象的系统论要求回答“为什么”的问题，而以控制系统为研究对象的控制论还必须指出“为了什么”的问题。也就是说，控制论中并不深究“这是什么东西”，而要研究“它能做什么”。现代科学的特点之一是，功能的（广义说是控制论的）方法与结构的（广义说是系统的）方法相结合，从而统一起来形成结构-功能的（广义说是系统控制论的）方法。

8.1.2 控制论的发展

控制论是由数学家N·维纳于20世纪40年代创立的一门学科，在过去的几十年里，由于思想的独特和应用的广泛，控制论已得到了快速的发展。现在，控制论已是当代应用数学的一个重要研究领域。

控制理论自形成学科以来，无论内容、学科特色、适用对象，还是研究成果等方面都达到了前所未有的水平，理论研究成果和应用研究成果层出不穷，研究成果的应用已扩展到人类社会活动的各个方面。

控制理论的研究从时间和内容上可以划分为两个阶段：经典控制论阶段和现代控制论阶段。

经典控制理论的研究主要集中在20世纪20年代至60年代，当时大工业生产发展的需要与军事技术发展的需要，促进了研究成果快速地应用到社会的发展中。

经典控制理论的研究对象主要是单输入单输出系统（SISO），使用的数学工具主要是传递函数与频率特性。经典控制理论根据受控对象的数学模型来设计控制器，使受控系统实现相应的性能指标。到20世纪中期，经典控制理论的研究已基本成熟，进而在各个领域获得了广泛的应用，如工业、农业、军事、航空、航海、交通、核能利用、导弹制导等领域。

但经典控制理论有许多不足之处，还不能完全解决自动化工程和控制工程中的许多实际问题，这是由于经典控制理论自身的局限性所致。就数学工具而言，传递函数是线性系统的确定常参数模型，不能表现非线性关系，也不能表现时变参数特性，更难以表现对象模型的不确定性，因此，经典控制理论难以应用于许多复杂系统的控制。另外，传递函数主要反映的是受控对象的端口关系，难以展现系统内部的结构关系，因此导致控制器的设计仅是基于端口等价之上的，并不是基于系统实际结构的。

现代控制理论的研究始于20世纪50年代末期。现代控制理论的研究对象一般考虑多输入多输出系统（MIMO）。由于现代控制理论研究对象的类型涉及面很宽，有线性系统和非线性系统，定常参数系统和时变参数系统，随机控制系统与不确定性系统，等等。所以，大部分类型的控制都可以纳入现代控制理论研究的范畴。

自 20 世纪 50 年代起，现代控制理论的研究成果层出不穷。在现代控制理论的发展中，Kalman（卡尔曼）提出了基于状态空间法的系统描述方法，使用状态空间法的系统结构分析方法，如能控性和能观性等，以及应用于随机系统的卡尔曼滤波器。Pontryagin（庞特里亚金）提出的极大值原理将基于泛函极值的最优问题提高到了一个新的理论高度，有效解决了约束优化控制问题。Bellman（贝尔曼）提出了动态规划方法，全面、深入地解释了最优化控制问题。其他成果还有：最佳滤波理论、自适应控制器、预测控制理论、大系统理论、鲁棒控制理论、H_∞ 控制理论等。

现代控制理论研究使用的数学方法主要是基于时域的状态空间法。由于独立状态对于系统的描述是完全描述，因此不同于传递函数模型，从对象的数学模型描述上确定了系统内部的结构关系，为控制器的设计提供了有效的保证。

控制论在工程、生物、社会中广泛应用，已形成了包括工程控制论、生物控制论、社会控制论以及智能控制论的庞大的科学体系，出现了现代科学的控制论化，对科学研究、工程技术和经济管理都产生了巨大影响，显示了强大的生命力。在项目管理的过程中，我们都能清楚地了解到工程控制论和项目控制论的重要性，故在本章的学习中，将从这两个方面进行研究，下面先大致地介绍这两个控制的性质和定义。

工程控制论占有着特殊的地位，它是控制论中最早形成的应用分支之一。它是把控制论的基本理论和方法推广应用于工程控制系统，并吸收了伺服机构理论的成果而形成的。我国著名科学家钱学森于 1954 年在美国发表的《工程控制论》被公认为工程控制论的奠基性专著。这本书出版以后，所有从事理工科的人马上产生了强烈的反响。1980 年钱学森和宋健合著了《工程控制论》（修订版），增补了二十多年来这门学科发展的新成果，使工程控制论的内容更为丰富和完善。

归纳起来，一般把工程控制论的发展过程大致分为以下三个时期：第一时期是经典控制理论时期，这一时期的主要研究对象是单因素控制系统，重点是反馈控制，核心装置是自动调节器，在实践方面主要用于单机自动化；第二时期是现代控制理论时期，这一时期的主要研究对象是多因素控制系统，重点是最优控制，核心装置是电子计算机，在实践方面主要用于机组自动化；第三时期是大系统控制理论时期，这一时期的主要研究对象是众多因素的大系统，重点是递阶控制，核心装置是智能化机器，在实践上主要用于综合自动化。

运用控制论、控制理论（Control Theory）解决复杂系统的问题已经有很多分支了。例如，在纯工程系统里的工程控制论、生物系统的生物控制论、社会系统的社会控制论和经济系统的经济控制论，还有管理控制论、国家控制论以及基础理论控制论等。除上述大家比较熟悉的工程控制论、生物控制论、经济控制论和社会控制论以及前面提到基础理论控制论之外，管理控制论的概念是大家很少听到的。实际，上按 P. P. Schoderbek 在《管理系统》中的提法和他对管理控制论应用的范围阐述来看，管理控制论是对经济控制论和社会控制论的概括。他所举的例子，多是企业管理、国家管理、城市管理等，可以说，大部分是日常性的、反复性的管理工作。

以项目开发系统为对象的控制论分支，由于对象的性质与前述各分支不同，而有其特殊性，同时，在项目开发、规划、计划、控制等阶段，仍有和前面提到的各控制论分支有相通之处，这也正是新学科的一个特点，即互相支持，互相促进。我们把运用控制论的理论和方法解决项目开发系统中有关项目的决策、规划、控制等问题的分支叫作项目控制论。

由于项目控制论的主要研究对象属于项目开发系统，与其相关的是项目及其环境，所以项目控制论要求解决的问题更接近软科学所要解决的问题。钱学森在 1986 年 9 月 12 日《经济日报》上发表的《软科学是新兴的科学技术》一文中，提到“软科学作为一门新兴的科学技术，它要在我国社会主义建设中解决组织、管理和决策这几方面的问题，为领导提出咨询意见。”他把控制论包括在软科学范畴中，并提出“软科学不只是科学，还包含许多技术性工作，所以也可称为社会技术。”他所提的研究范围包括八方面，即经济、精神、服务、行政、法制、国际、国防、环境，与项目控制论所涉及的范围一致。尤其是他提出的搞好软科学研究的三要素——信息、专家、定量，正是攻关的难点，也正是项目控制论要集中力量研究的一部分焦点问题。至于谈到理论指导问题也完全是项目控制论所关心的，并考虑到要以此为核心的内容。

8.2　控制论的基本概念和原理

科学的概念体系是每一门科学的理论框架。本节是本章内容中最重要也是最难学的一节。困难在于，要求在现代科学的基础上建立控制论的概念体系（正是通过这个概念体系，在不同的科学领域之间架起了桥梁，形成了控制论独特的语言和方法）。现代科学的特点之一是，其中功能的（广义说是控制论的）方法与结构的（广义说是系统的）的方法相结合，从而统一起来形成结构-功能的（广义说是系统-控制论的）方法。控制论作为一门科学，同一般系统论有机地相联系，使用一般系统论的概念和方法。为了分析控制论的各种概念，就应从一般系统论中的“系统”这个基本概念开始。

8.2.1　系统

“系统”是在人类的长期实践中形成的概念，必须肯定这一事实，不能把“系统”这个概念单独地理解为一般系统论的最重要的基本范畴，而应正确地确定它的性质和在知识体系中的地位。有的人认为“系统”是指现实世界的任何一个客体，这样一来，作为一般系统论的最基本的“系统”这个概念就成为普遍的概念。另外一些人则坚持认为，不是任何客体都是系统，而只有具有完整性的客体才是系统。这个问题远不是一个次要的问题，因为进一步的研究在很大程度上取决于这个问题的解决。第二个观点看起来是比较正确的，因为一般系统论在这种情况下有自己完全确定的运用范围，而第一个观点实际上导致取消“系统”概念的特点，把它同现实世界的任何客体等同起来。

系统是由两个以上的要素组成。系统是整体，要素是部分，系统与要素的关系就是整体与部分的关系。一个系统只有相对于构成它的要素而言才是系统；同样，一个要素只有相对于其和其他要素构成的系统而言才是要素。没有系统无所谓要素，没有要素也无所谓系统。

系统与要素的区分是相对的。要素是系统最基本的单位，它总是系统的一部分，而且任何一个系统都是更一般的系统的一个部分。换句话说，任何一个系统都是较高一级系统的一个要素，任何一个系统要素的本身，通常又是较低一级的系统，这就是系统的层次性。在一个大系统中，组成系统的要素，也称为子（分）系统。例如一个企业系统是本行业系统的一个子系统，而行业系统又是整个国民经济系统的一个子系统。

重要的是，因为一个要素的变化会这样或那样地引起全系统的变化，所以也说，系统的性质是由要素决定的，有什么样的要素，就有什么样的系统。

在明确了解所研究的系统本身后，还应当了解系统的环境。环境是相对于所研究的对象系统而言的。系统以外的部分称为环境系统，简称为环境。我们必须考虑环境对系统的影响，以及系统对环境的影响，因为系统与周围的环境之间通常都有物质、能量和信息的交换。

系统与它的环境的划分也是相对的。在一个大系统中，对于某一个特定的子系统来说，其他的子系统可以看成是它的环境。

系统论的创立者贝特朗菲把系统确定为：处于一定的相互关系中并与环境发生联系的各组成部分的总体。从此定义可以看出，要素与要素、要素与整体、整体与环境之间，存在着相互联系。

每一个系统的特征（在控制论中叫作状态），都是用这个系统所具有的性质和反映系统与环境间的联系来表示的。

一个学校、一个工厂、一个城市、一个国家都可看成是一个系统。读者可以试着分析一下学校这一系统的要素和环境。

在控制论中，还强调“组织界系统”的概念。所谓“组织界系统”就是指有目的地组织起来的系统。我们研究系统，正是为了更好地实现系统的某种目的。没有组织的要素堆积不是系统，因为仅仅指出系统中有哪些要素并不足以确定一个系统，还必须指出这些要素有着什么样的联系（也叫耦合，即一个要素的存在与变化和另一个要素的存在与变化之间的关系）。系统的边界是指系统与环境的分界处。确定了系统的边界能使对象系统更加明确。总之，控制论作为控制的科学，它并不研究所有系统，而只研究这种组织界系统。

8.2.2 结构和功能

任何系统都是有结构的。结构的概念是一个很广泛的范畴，对这个范畴的研究已特别深入。所谓结构是指诸要素在该系统范围内联系的内在形式和方式。不能把结构仅归结为构成，因为结构不明显地含有一定的动态。换句话说，结构不仅要求空间的观点，而且要求某些时间的观点。任何物质系统的结构，都是空间结构和时间结构的统一，都是稳定性结构和可变性结构的统一。

结构概念常常同要素概念一起出现，但是，“结构”这个范畴不仅同“要素”概念有关，而且同“功能”概念有关。所谓功能，通俗地来说是指系统所能发挥的作用。系统是结构和功能的统一体，功能是指具有一定结构的系统的功能，而结构也是指具有一定功能的系统的结构。如果说，结构说明系统诸要素相互联系和作用的内在组织形式或内部秩序，那么，功能则说明系统与环境相互联系和作用的外在活动方式或外部秩序。换句话说，系统结构说明的是系统的内部状态和内部作用，系统功能说明的是系统的外部状态和外部作用。按照贝特朗菲的解释，结构是“部分的秩序”，功能是“过程的秩序”。可见，功能这个概念是与系统的动态过程联系在一起的，只有在系统与环境相互作用的过程中才能体现。它表达的是有目的的组织起来的系统的活动，简单地说，就是表达它们的行为。现在，行为这个术语获得了进一步的概括，而且已在控制论的许多其他范畴中占有一定的地位。所谓行为，就是一个系统相对于它的环境做出的任何变化。它是由系统环境和系统内部状态两个因素引起的。换句话说，行为不是一个原因，而是两个原因——外部原因和内部原因的结果。

有什么样的结构，就相应有什么样的功能。但是，结构相同也可能功能不同；另一方面，不同的结构也可以实现相同的功能。例如人脑与计算机具有不同的结构，但在某些方面却具有相同的功能。功能不仅为人和动物的器官所固有，而且也为技术装置的各种零件所固有。在社会领域，“功能”也是一个很流行的概念，这个概念说明集体（社会团体）和个人的活动的性质。但应当指出的是，“功能”范畴只是为组织界系统所特有。

总之，任何系统都是处在特定的环境下，任何系统又都是由若干要素按一定结构组成的具有特定功能的有机整体。系统作为统一的整体，对外界环境而言，必然有相对封闭的边界，否则，系统与系统的环境就不能区分。但是，任何现实的系统都不是绝对封闭的，而是开放的。系统的开放性集中体现于它与环境之间的相互影响和相互作用，它与环境的物质、能量和信息的交换。系统的功能是接受物质、能量和信息，再进行加工处理产生物质、能量和信息的过程。在这里，环境对系统的作用表现为系统的输入，系统在特定的环境下对输入进行工作（加工处理），产生出反作用于环境的输出。由系统输入引起的系统输出就是系统的行为。系统把输入转换为输出的能力，就是系统的功能。可以看出，系统行为和系统功能是两个相近但又不完全相同的概念。

系统的功能可以通过系统的外部行为来体现，它可以用系统的输入、输出和内部结构来描述。系统的作用实质上是从输入到输出的“变换”，只不过这种变换通常极其复杂。需要说明的是，输入和输出也是控制论的一对范畴。因为控制的目的说到底，就是要找出如何通过输入得到符合我们愿望的输出。为此必须弄清输入和输出之间的关系。一般地说，我们可以把输入和输出关系归结为因果关系，输出作为结果，与之相应的输入作为原因。为了直观地说明，可把此关系简化为一般的函数关系。

通常把对系统有重要影响的外界作用称之为输入（可控输入），而把其余的外界影响当作干扰（不可控输入）。很显然，无论是输入还是干扰，都会对系统的输出产生影响，只是影响的结果不同。如果不考虑干扰因素对系统状态的影响，那么给系统 F 施加输入 X，相应地得出输出 Y，F 起到把 X 转换成 Y 的作用，关系式为 $Y = F(X)$。如果考虑干扰因素 M 对系统状态的影响，系统 F 的输出 Y 则是输入 X 和干扰 M 共同作用的结果，关系式为 $Y = F(X, M)$。通过阐述输入和输出的上述关系，可以加深对控制过程的理解。

8.2.3　功能系统、控制系统和控制论系统

结构说明系统中各要素相互联系的性质，功能表达系统与外部环境相互作用的效果。“功能系统”的概念逐渐成为控制论的主要概念之一。功能系统这个概念比控制系统这个概念广泛得多。控制系统一般由控制部分、被控制部分以及它们之间的各种信息传输通道构成，如图 8-1 所示。控制部分也被叫作控制者系统，被控制部分即被控制的客体。可见，功能系统和控制系统这两个概念是有不同意义的：前者强调系统的活动方面，而后者则强调被控制的对象。

对我们来说，应当把控制系统理解为“主体-客体”这一整个系统。直观地说，控制活动就是施控主体对受控客体的一种能动作用。控制作为一种作用，至少要有作用者（即施控主体）与被作用者（即受控客体）以及作用的传递者（即控制媒介）这样三个因素。这三个组成部分组成一个整体，相对于某种环境而言，具有控制的功能，这就被称为控制

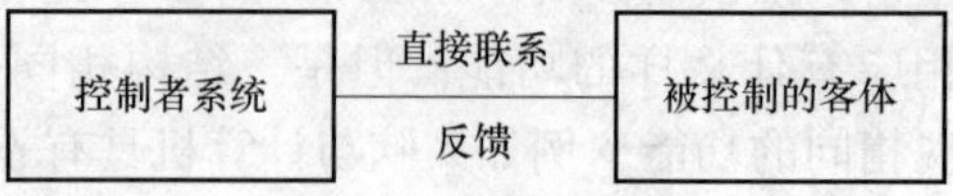

图 8-1　一般控制系统

系统。

在一个控制系统内，不仅施控者作用于受控者，而且受控者也可以反作用于施控者。前一种作用是控制作用，后一种作用则是反馈作用。作为一个特定的控制系统，总是处于一定的环境之中，控制系统与环境之间是相互作用的。控制论着眼于从控制系统与特定环境的关系来考虑系统的控制功能。也就是说，控制系统的控制功能是在系统与环境之间的相互作用中实现的。因而，控制系统必然是一个动态系统，控制过程必然是一个动态过程（所谓动态，指系统的状态是随时间而改变）。动态系统是系统的一般模式，静态系统可看作是它的特殊形式。

在控制系统中，控制者系统向被控制的客体施加控制作用，以实现所需的控制过程，达到预定的控制目的或控制目标。控制系统根据有无反馈回路，可区分为开环控制系统（图 8-2）和闭环控制系统（图 8-3）两大类。

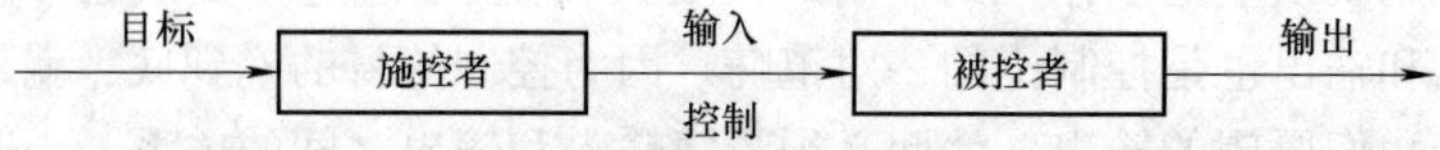

图 8-2　开环控制系统

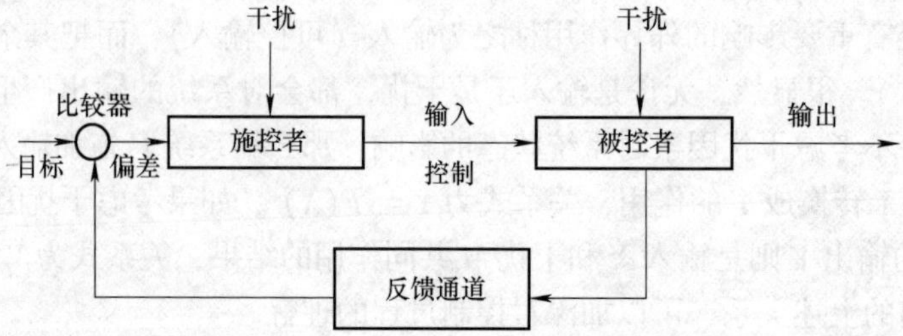

图 8-3　闭环控制系统

开环控制系统的输入直接控制着它的输出，或者说，系统的输入在开环系统中根本不受系统输出的影响。它虽然结构简单，但对环境的适应能力差，控制精度低。城市交通的控制就是开环控制。通常只要红绿灯信号的更替时间适当，这种控制是有效的，交通是流畅的。但是，一旦出现非常事故，造成路口堵塞，这种控制就失败。

闭环控制系统由于带有反馈回路，所以它的输出是由输入和输出共同控制的，或者说，系统的输入受到系统输出的影响。带反馈回路的闭环控制系统通常更能抵抗环境干扰与系统本身不确定性对系统的影响，所以它对环境有较大的适应能力，控制精度高。技术装置中的自动控制系统、生命机体中的自动调节系统、经济活动中的调节控制机制等都是建立在反馈控制的基础上。从严格意义上说，开环控制系统虽具有控制功能，但它不属于控制论的研究范围，而属于自动控制理论的研究范围。控制论一般只研究带有反馈回路的闭环控制系统。

也就是说，控制论的研究对象并不是任意的控制系统，而只是其中的一类。

苏联的控制论学者列尔涅尔把控制系统和控制论系统做了严格的区分。他认为控制论系统不仅要求这个系统是控制系统，而且还取决于研究这个系统的工作者所持的观点与方法。意思是说，控制论系统不仅是控制系统，而且是以控制论的基本观点与方法来研究的控制系统。控制论的首要观点是反馈，把控制论系统限于带反馈回路的闭环控制系统，这是控制论的基本特点之一。控制论的另一个重要观点是信息，认为控制系统也是一种信息系统，因此必须用信息的观点来研究控制系统。也就是说，控制论系统中的反馈是指信息反馈。

可以看出，信息和反馈是控制论思想的核心。控制论的基础正是根据这两个基本概念：一切有生命与无生命的系统都是信息系统；一切有生命与无生命的系统都是反馈系统。作为控制论系统，必须至少同时具备以上两个特点。在控制论系统中通信（信息的传输）和控制（信息的反馈）是不可分的。

对控制论的基本概念（功能系统、控制系统、控制论系统、控制者系统、被控制的客体）进行初步的确定以后，就可以转入分析关于反馈、信息和控制的问题。反馈、信息和控制使“控制论系统”这一概念系统化，“控制论系统”对反馈、信息和控制则是最基本的、最主要的。反馈、信息和控制是互为前提的，因此不能把这三者分开，形象地说，它们同“控制论系统”这个基本概念一起，是建立理论控制论这一整座大厦的柱子。

8.2.4　反馈、信息和控制及统一原理

反馈、信息、控制是控制论的三要素，而要分析能说明控制论系统活动性质的三个主要概念，应从控制论的最重要原理、被称为控制论“灵魂”的反馈原理开始分析。

1. 反馈

维纳把火炮自动打飞机的动作与人狩猎的行为做了类比，发现了重要的反馈概念。如果用原因和结果来解释反馈过程，那么可以把反馈过程看成是系统的输出端的结果反过来作用输入端的原因。很显然，反馈的必然性是一个系统的运动总是受到内部要素和外部环境的影响和干扰造成的随机性决定的。维纳指出，当调节器（系统中用来实现调节的部分称为调节器）、控制者系统使用关于被控制的客体情况的信息来达到目的时，如果它以后一切作用都旨在消除被控制的客体的实际状态与“给定的”东西——目标状态之间的不协调性，那么系统就具有反馈。

调节器、控制者系统按照反馈渠道获得关于被控制的客体情况的信息，而起校正作用的控制信息是沿着直接联系渠道发送的。控制者系统施加控制作用，接收反馈信息；被控制的客体接受控制作用，提供反馈信息。从控制者系统到被控制的客体，传递控制信息的正向通道，从被控制的客体到控制者系统，传递反馈信息的反向通道，它们组成了闭环的信息通道，构成闭环控制系统。有必要把反馈同反馈原理本身区别开来，前者指的只是从被控制的客体到调节器、控制者系统方向的联系渠道，而反馈原理本身则意味着在控制过程中的定向性的校正。反馈原理是控制和调节的一个通用原则，它不仅要求控制系统中的信息联系，而且也要求控制过程的有目的的方向性。不使用反馈原理，控制就不能实现，反馈原理是“控制论”的最重要、最基本的原理。

我们总是谈控制者系统方面的反馈，就会产生这样一个问题，被控制的客体方面是否有反馈。这一个问题留给读者们思考。

下面简单谈一谈反馈的两种类型——负反馈和正反馈。如果现实状态的反馈信息与给定状态的控制信息的差异倾向于反抗系统正在进行的偏离目标的运动，那么它就使系统趋向于稳定状态，称为负反馈。如果两者之差倾向于加剧系统正在进行的偏离目标的运动，那么它就使系统趋向于不稳定状态，乃至破坏稳定状态，称为正反馈。换句话说，负反馈的机制是使系统的输出始终趋向于它的目标，而正反馈的机制则是使系统的输出偏离它的目标。

负反馈是一种最简单的类型，可从人所共知的瓦特调节器的例子中看出。在机器中广泛使用负反馈进行原状稳定（保持某一参数的稳定性）调节。

正反馈是反馈的一种最复杂形式，用动物行为的典型例子能很好地揭示其特点。比如狼发现羊，立即形成一个生物反应——追上羊并吃掉它，同时形成一个达到这一目的的相应的“程序”。

在研究控制论的基本原理时，既要重视负反馈，也不能因此而忽视正反馈。农贸市场上的蔬菜价格，供过于求时，价格就下跌，求大于供时，价格就上涨，这其中既有负反馈作用又有正反馈作用。两种反馈控制的实例还很多。生产与市场之间，政府与人民之间，教师与学生之间，都同时既有负反馈，又有正反馈。

2. 信息

如果说，以前把信息只理解为关于某人或某物的消息，那么现在“信息”概念使用得如此广泛，已经成为当代社会上最时髦的词汇之一。但是到目前为止，信息并没有一个统一的定义。在形形色色的观点中，有一种观点认为信息是物质的特性。这样一来，信息概念以明显或不明显的形式被解释为具有普遍性的哲学范畴。另一种观点要求把信息看作同控制有机地联系着的，因此只为生物界、机器和社会的控制系统所固有的功能现象。在这个意义上，信息概念被看作是控制论的概念。

维纳说过，信息是人们在适应外部世界并且使这种适应反作用于外部世界的过程中，同外部世界进行交换的内容的名称。一个系统之所以能按预定目的实现控制，就是因为该系统内部的各组织部分之间以及系统与其外界环境之间存在着信息流通和信息反馈。换句话说，任何系统都离不开信息，系统是依靠信息来进行通信和控制的。尽管技术装置与生物有机体中的反馈回路可以很不相同，但作为信息通道来说，却是相同的。这样就便于控制论从统一的角度来一般地研究各类不同的控制论系统。

信息是组织的保证，也是组织的一种尺度。在这里，必须记得有两种基本类型的信息——约束性信息和非约束性信息。这两种类型的信息要求在分析时用截然不同的方法。

第一种类型的信息也叫结构信息，它是控制论系统本身的组织性，对其量的研究不需要统计的方法。

第二种类型的信息也叫功能信息，对信息的这种理解在科学界最流行。它是被控制论系统用来适当控制和调节内容的方面，是控制者系统与被控制的客体之间的特殊关系和联系。在这种情况下，信息是为控制服务的，它们是成对的范畴。要从量的方面表征这类信息，必须使用统计的方法和数学的概率论。

初看起来，这两种类型的信息有区别，但是它们之间也有许多相似之处。一方面，不从外边获得并使用非约束性信息，在不同环境保持信息上的联系是不可能的。另一方面，非约束性信息不断地转变为约束性信息，提高系统的原来组织。因此，它们是相辅相成的。

最后指出，产生于系统本身的称内部信息，来自周围环境的则称外部信息。另外，信息有原始信息和经过加工处理的信息之分。“信息”这个概念是容量极大的和多方面的，这一术语在每一具体情况下的意义，只有从它被使用的上下文中才能加以说明。

3. 控制

下面我们来分析控制论中最重要的概念——“控制”。在控制论产生以前，控制概念只是说明人类的活动。现在已作为必要的组成部分被包括到控制论科学的定义中，即必须把它作为一个普遍概念来解释。

控制是控制者系统与被控制的客体相互作用的一个方面。如前所述，控制系统在结构方面是控制者系统与被控制的客体直接联系的信息渠道与反馈的信息渠道的统一。控制系统的活动正是由于使用反馈原理，被控制的客体被引入某一指定状态的过程。被控制客体的合乎目的的变化，把它引向需要的状态的过程就是控制，它具有目的性。目的性原则是控制论的首要原则，没有目的，无所谓控制。

关于目的，按照过去的观点，是脑子里预先想到的活动的结果。许多学者谈到目的这一范畴，认为它标明了一切控制论系统活动的性质。所以我们有理由做出结论：目的和目的性的概念也是控制论的范畴。广义地说，控制的目的有两种：一是保持系统原有的状态；二是引导系统的状态达到某种预期的新状态。换句话说，控制活动就是保持系统的稳定状态或把系统由一种状态向另一种状态转换。控制论的主要任务也就是保持系统的稳定和实现系统的既定目标。

目的与目标不同，目标是目的的具体化。而要实现控制目标，就要有相应的条件。即使系统有向目标状态转化的可能，但由于缺乏必要的条件，也就不能把可能性变为现实性。控制必须是目标和条件的统一，这就涉及控制能力这个概念。所谓控制能力，通俗地说就是创造条件使系统向目标状态转化的能力。如果不具备与目标要求相应的控制能力，就不能有效地控制系统的状态变化。控制是施加于被控对象上的一种作用，以维持或改善该对象的某种功能，而这种作用是在给定的条件和预定的目标情况下，从种种可能的作用中做出的一种选择。没有选择也就没有控制。

控制论的中心问题是调节与控制。在调节概念和控制概念之间存在着这样的关系：调节被看作控制的局部情况，是控制的最简单的情况。当然，这些概念的区别是相对的，在一定意义上，可以把控制看作调节，而把调节看作控制。

控制的种类有稳定控制（系统的标准输出值为常数）、程序控制（系统的标准输出值为已知的时间函数，如航行过程）、目标控制（系统的标准输出值是随另一个系统的输出值变化而变化，如追捕过程）、最优控制（系统的标准输出值由某一函数的最大值或最小值构成）、自适应控制（系统只是根据过去的记录确定它的标准输出值）等。

由于控制系统的多层次和复杂性，因此有内部控制和外部控制之分，虽然它们之间的区别是相对的。同时按照社会、生物界和机器设备中控制论系统的特点，也可分出一系列的控制类型。总之，控制是控制论系统为了保持它的结构而进行的功能活动的一个重要方面，是控制者系统同被控制的客体相互作用的一个因素。控制的实质是通过使用反馈原理而达到目的，而控制的内容则是把被控制的客体引入符合这一目的的状态的过程。

现在我们来做一般的结论，并表述控制论的基本原理：使控制论系统功能过程详细化的反馈、信息和控制的有机统一原理，是控制论的重要原理；系统概念是基础，信息概念是内容，控制是主动的施控系统对被动的受控系统的作用，反馈是被动系统对主动系统的反作用；正是由于控制论系统诸要素的结构与功能的目的性、它的共同组织和有目的的调整性，才使得在控制和调节过程中使用反馈原理成为可能。

8.2.5 控制论的数学概念

控制论的状态空间表示的一般形式是

$$\begin{cases}\dfrac{\mathrm{d}\boldsymbol{x}}{\mathrm{d}t}=\boldsymbol{f}(\boldsymbol{x},\boldsymbol{u},t) & (8\text{-}1)\\ \boldsymbol{y}=\boldsymbol{g}(\boldsymbol{x},\boldsymbol{u},t) & (8\text{-}2)\end{cases}$$

其中 $\boldsymbol{x}=(x_1,x_2,\cdots,x_m)^{\mathrm{T}}$ 是 n 维向量，叫作状态向量；$\boldsymbol{u}=(u_1,u_2,\cdots,u_m)^{\mathrm{T}}$ 是 m 维向量，叫作控制向量，也称为输入向量；$\boldsymbol{y}=(y_1,y_2,\cdots,y_r)^{\mathrm{T}}$ 是 r 维向量，叫作输出向量。式（8-1）叫作状态方程，式（8-2）叫作输出方程，或是观测方程。$\boldsymbol{f}=(f_1,f_2,\cdots,f_m)^{\mathrm{T}}$ 是 n 维向量函数，$\boldsymbol{g}=(g_1,g_2,\cdots,g_r)^{\mathrm{T}}$ 是 r 维向量函数。这种以一阶微分方程组的方式表示的控制系统叫作控制系统的状态空间形式。

当 $\boldsymbol{f}$ 和 $\boldsymbol{g}$ 都是 $\boldsymbol{x}$ 和 $\boldsymbol{u}$ 的线性函数时，称式（8-1）、式（8-2）是线性控制系统，简称线性控制系统，否则称为非线性系统。

线性系统的一般形式是

$$\begin{cases}\dfrac{\mathrm{d}\boldsymbol{x}}{\mathrm{d}t}=\boldsymbol{A}(t)\boldsymbol{x}+\boldsymbol{B}(t)\boldsymbol{u} & (8\text{-}3)\\ \boldsymbol{y}=\boldsymbol{C}(t)\boldsymbol{x}+\boldsymbol{D}(t)\boldsymbol{u} & (8\text{-}4)\end{cases}$$

式中，$\boldsymbol{A}(t)$ 是 $n\times n$ 矩阵，叫作系统矩阵；$\boldsymbol{B}(t)$ 是 $n\times m$ 矩阵，叫作控制分布矩阵或输入矩阵；$\boldsymbol{C}(t)$ 是 $r\times n$ 矩阵，叫作量测矩阵或者是输出矩阵；$\boldsymbol{D}(t)$ 是 $r\times m$ 矩阵，叫作前馈矩阵。这些矩阵统称为系统的系数矩阵，在实际的应用中，它们的每个元素都是 t 的分段连续函数。

线性控制系统有许多优点，比较容易处理，因此，在工程技术问题中，可以在一定精度范围内用线性模型近似时，往往是尽可能地采用线性模型。

若 $\boldsymbol{A}(t)$、$\boldsymbol{B}(t)$、$\boldsymbol{C}(t)$、$\boldsymbol{D}(t)$ 都是常数矩阵，则式（8-3）、式（8-4）叫作定常系统或时不变系统，否则叫作时变系统。

在控制系统的状态空间表达式式（8-3）、式（8-4）中，当 $m=r=1$ 时，系统叫作单输入单输出系统（SISO）；当 $m>1$，或（且）$r>1$ 时，系统称为多输入多输出系统（MIMO）。

8.2.6 最优控制问题的提法

最优控制理论是现代控制理论的重要组成部分，它于20世纪50年代发展起来，现已形成系统的理论。它所研究的对象是控制系统，中心问题是针对一个控制系统，选择控制规律，使系统在某种意义下是最优的。这种通过施加控制使系统以某种方式达到“最优”的问题叫作最优控制问题。

评价一个系统性能好坏的指标是多种多样的。评价动态系统的性能指标一般就是指系统的目标，系统目标是系统分析和设计的出发点。

以连续时间系统说明，系统的目标是在时间上累积起来的，通常依赖于系统的整个运动轨迹，可用依赖于轨迹函数的某个积分表示。

设系统的状态向量为 $\boldsymbol{X}(t)$，控制向量为 $\boldsymbol{U}(t)$，系统的运行时区为 $[0,\ t]$，则一般的性能指标可写成

$$J = \int_0^t \boldsymbol{g}[t,\boldsymbol{X}(t),\boldsymbol{U}(t)]\mathrm{d}t$$

最优控制问题的一般提法是：给出系统的状态方程

$$\frac{\mathrm{d}\boldsymbol{x}}{\mathrm{d}t} = \boldsymbol{f}(x_1,\cdots,x_n,u_1,\cdots,u_m,t), \qquad \boldsymbol{x}(t_0) = \boldsymbol{x}_0 \tag{8-5}$$

和目标泛函

$$J = J(\boldsymbol{u},\boldsymbol{x},t) \tag{8-6}$$

在此描述下，最优控制就是在条件所给定的函数集合 $\boldsymbol{U}$ 中寻求一个控制规律的描述函数 $\boldsymbol{u}\in\boldsymbol{U}$，使上述目标泛函 $J(\boldsymbol{u})$ 达到最小（或最大）。这里的目标泛函也叫作系统的代价泛函或性能指标。

应该强调，性能指标 J 是轨迹函数 $g[t,\boldsymbol{X}(t),\boldsymbol{U}(t)]$，$0\leqslant t\leqslant T$ 的函数，依赖于整个轨迹上各点的值。一般把 J 称为目标泛函（函数的函数），以区别依赖于变量的函数。

除此以外，性能指标 J 中还常常加上表示终端约束的函数 $h[\boldsymbol{X}(T)]$，因为人们所关心的主要是终端的情况，而不是整个控制过程的情况，这样，性能指标常常具有如下的形式：

$$J = h[\boldsymbol{X}(t)] + \int_0^t g[t,\boldsymbol{X}(t),\boldsymbol{U}(t)]\mathrm{d}t$$

式中，h 和 g 均为标量函数。

一旦建立了衡量系统性能的指标 J，控制的任务便可归结为在所有允许使用的控制函数集合 U 中选择特定的控制函数，使 J 取极值的问题。记住下面这一点是很重要的：被控变量只能在一定范围内变化。当在所有可能的控制中求出一个控制，它既能满足给定的约束条件，又能使给定的系统性能指标为最小（或最大），则这个控制就是最优的。

如果给定的被控对象的状态方程为

$$\frac{\mathrm{d}\boldsymbol{X}(t)}{\mathrm{d}t} = \boldsymbol{F}[t,\boldsymbol{X}(t),\boldsymbol{U}(t)]$$

$$\boldsymbol{X}(0) = \boldsymbol{X}_0,\ 0\leqslant t\leqslant T$$

最优控制问题其实是轨线 $\boldsymbol{F}[t,\boldsymbol{X}(t),\boldsymbol{U}(t)]$，$0\leqslant t\leqslant T$ 受上面约束的极值问题：

$$\min J = h[\boldsymbol{X}(t)] + \int_0^t g[t,\boldsymbol{X}(t),\boldsymbol{U}(t)]\mathrm{d}t$$

称之为基本最优控制问题。

在基本最优控制问题中，终端时间 t 假定是已知的，即预先已经规定系统运行的时间为 t。如果 t 不是预先规定的，问题中要求一个合适的终了时刻 t，使在 t 时刻系统达到终态比在其他时刻达到终态有更好的性能指标 J，这样的问题为自由终端时间问题。自然，基本最优控制问题也称为固定终端时间问题。

归纳起来，对连续时间系统的最优控制问题，必须确定下列内容：

1）被控对象的状态方程。

$$\frac{\mathrm{d}\boldsymbol{X}(t)}{\mathrm{d}t} = \boldsymbol{F}[t,\boldsymbol{X}(t),\boldsymbol{U}(t)]$$

$$\boldsymbol{X}(0) = \boldsymbol{X}_0$$

2）状态向量 $\boldsymbol{X}(t)$ 的初始条件与末端条件，即状态方程的边界条件。通常初始条件 $\boldsymbol{X}(t_0)$ 是一已知向量，终端状态 $\boldsymbol{X}(t_1)$ 是状态空间的一个子集，称为目标集。

3）一组控制向量 $\boldsymbol{U}(t)$ 的约束条件，即容许控制集。每一个实际的控制问题，控制向量 $\boldsymbol{U}(t)$ 都有一个规定的取值范围。

$$J=\int_{t_0}^{t_1} g[t,\boldsymbol{X}(t),\boldsymbol{U}(t)]\,\mathrm{d}t+h[\boldsymbol{X}(t_1)]$$

最优控制问题要求确定控制向量 $\boldsymbol{U}^*(t)$，使其满足下列条件；

$$\boldsymbol{X}^*(t_0)=\boldsymbol{X}_0$$

$$\begin{aligned} J^* &=\int_{t_0}^{t_1} g[t,\boldsymbol{X}^*(t),\boldsymbol{U}^*(t)]\,\mathrm{d}t+h[\boldsymbol{X}^*(t_1)] \\ &=\min\left\{\int_{t_0}^{t_1} g[t,\boldsymbol{X}(t),\boldsymbol{U}(t)]\,\mathrm{d}t+h[\boldsymbol{X}(t_1)]\right\} \end{aligned}$$

式中，$\boldsymbol{X}^*(t)$ 是状态方程中 $\boldsymbol{U}(t)=\boldsymbol{U}^*(t)$ 时满足初始条件的解。这时称 $\boldsymbol{U}^*(t)$ 为系统关于性能指标 J 的最优控制，与 $\boldsymbol{U}^*(t)$ 相对应的 $\boldsymbol{X}^*(t)$ 称为最优轨迹。

最优控制 $\boldsymbol{U}^*(t)$ 可以用下面两种方法来实现。

1）闭环控制律。如果所求出的控制向量 $\boldsymbol{U}(t)$ 是 t 时刻的状态向量 $\boldsymbol{X}(t)$ 的函数，即最优控制 $\boldsymbol{U}^*(t)$ 是系统状态的反馈控制。

2）开环控制律。如果所求出的控制向量 $\boldsymbol{U}(t)$ 仅是 t 的函数而与 t 时刻的状态向量 $\boldsymbol{X}(1)$ 无关，每一时刻的控制参数仅按函数 $\boldsymbol{U}(t)$ 执行。

【例 8-1】 个人消费计划问题。一位 55 岁的工人在退休时从企业中获得一次性退休金 W_0，他要根据自己所估算的未来寿命期来安排自己的消费支出计划，以使余生对消费的满意程度最大。由于退休金的数额不可能太大，他选择了把这笔钱存入银行。设寿命期按月计为 t，银行存款的月利率为 r，令 $W(t)$ 为第 t 个月初该退休工人存在银行的存款本金，$C(t)$ 为该月末的消费支出额，则在第 $t+1$ 个月初的本金为

$$W(t+1)=(1+r)W(t)-C(t)$$
$$W(0)=W_0$$

在此系统中，本金 $W(t)$ 为状态变量；消费 $C(t)$ 为控制输入。显然，在任何一个月，消费支出额和银行本金额均不能为负值，因而有

控制约束 $\quad C(t)\geqslant 0$

状态约束 $\quad W(t)\geqslant 0$

该退休者的目标是对消费的满意程度最大。对消费的满意度是其消费支出的函数，因为消费越多越满意。于是，取性能指标为 $U=U[C(t)]$。

对于离散时间系统的最优控制问题，有类似的情形。给定离散时间系统的状态方程为

$$\boldsymbol{X}(k+1)=\boldsymbol{F}[k,\boldsymbol{X}(k),\boldsymbol{U}(k)] \qquad (k=0,1,2,\cdots,N-1)$$
$$\boldsymbol{X}(0)=\boldsymbol{X}_0$$

对于容许控制集的 $\boldsymbol{U}(k)$，设性能指标（目标泛函）为

$$J=\sum_{k=0}^{N-1} G_k[k,\boldsymbol{X}(k),\boldsymbol{U}(k)]+G_N[\boldsymbol{X}(N)]$$

式中，$G_k[k,\boldsymbol{X}(k),\boldsymbol{U}(k)]$ 为与第 k 次控制 $U(k)\,(k=0,1,2,\cdots,N-1)$ 相应的收益。

离散时间系统的最优控制问题可以认为是，在给定系统状态方程、性能指标和约束条件下，要求找到控制序列 $\boldsymbol{U}(0),\boldsymbol{U}(1),\cdots,\boldsymbol{U}(N-1)$ 使得系统的性能指标函数 J 达到最小值。

上述最优控制问题的求解可归结为两个原理：最优性原理与最小值原理。这两个原理分别由 *Bellman* 和 *Pontryagin* 在20世纪五六十年代提出，是标志现代控制理论诞生的重要里程碑。

【例8-2】 某房地产公司成立一个基金会，该基金会得到一笔60万元的基金，现将这笔钱存入银行，年利率为10%。该基金会计划运行80年，80年后要求只剩余0.5万元作为处理该基金的结束事宜。根据基金会的需要，每年至少支取5万元到10万元作为某种奖励的奖金。现在请为基金会制定最优管理策略，即每年支取多少钱才能使基金会在80年中从银行取出的总金额最大。

【解】 用 $x(t)$ 表示第 t 年存入银行的总钱数，$u(t)$ 表示第 t 年支取的总钱数，则该问题的状态方程为

$$\frac{\mathrm{d}x}{\mathrm{d}t}=r\times x(t)-u(t),\quad r=0.1$$

初值和终值分别为

$$x(0)=60\qquad x(80)=0.5$$

控制 $u(t)$ 满足约束条件

$$5\leqslant u(t)\leqslant 10,$$

目标泛函数性能指标为

$$J(u)=\int_0^{80}u(t)\,\mathrm{d}t$$

于是，基金会的最优管理问题就是求满足约束条件的 $u(t)$ 使 $J(u)$ 取最大值。我们用最小值原理求解这个问题，本问题是要求 $J(u)$ 取最大值，

哈密顿（Hamilton）函数为

$$H(x,p,u)=u+p(rx-u)=rpx+(1-p)u$$

于是根据最小值原理，最优控制 $u^*(t)$ 应使 Hamilton 函数达到最大值，因此

$$u^*(t)=\begin{cases}5 & (1-p<0)\\ 10 & (1-p>0)\end{cases}$$

状态方程和伴随方程分别为

$$\frac{\mathrm{d}x}{\mathrm{d}t}=rx(t)-u(t),\ x(0)=60,\ x(80)=0.5$$

$$\frac{\mathrm{d}p}{\mathrm{d}t}=-\frac{\partial H}{\partial X}=-rp$$

于是

$$p(t)=p(0)\mathrm{e}^{-rt}$$

如果 $p(0)<1$，则

$$1-p(t)=1-p(0)\mathrm{e}^{-rt}>0$$

由 $u^*(t)$ 的表达式可知

$$u^*(t)=10 \quad (0 \leqslant t \leqslant 80)$$

这与实际不符，因此 $p(0)>1$。于是当 $t\in[0,\ 80]$ 时，函数 $p(t)$ 将由大于 1 单调下降到小于 1。设 $p(\tau)=1$，则最优策略为

$$u^*(t)=\begin{cases}5 & (0 \leqslant t \leqslant \tau)\\ 10 & (\tau \leqslant t \leqslant 80)\end{cases}$$

于是由状态方程可得

$$x^*(t)=ce^{rt}+\frac{10}{r}=ce^{0.1t}+100 \qquad (\tau \leqslant t \leqslant 80)$$

由边界条件 $x(80)=0.5$，得

$$c=\mathrm{e}^{-8}(0.5-100)=-99.5\mathrm{e}^{-8}$$

因此

$$\begin{aligned}x^*(t)&=ce^{rt}+\frac{10}{r}=ce^{0.1t}+100\\&=-99.5\mathrm{e}^{-8+0.1t}+100 \quad (\tau \leqslant t \leqslant 80)\end{aligned}$$

由状态方程和边界条件 $x(0)=60$，得

$$x^*(t)=10\mathrm{e}^{0.1t}+50 \quad (0 \leqslant t \leqslant \tau)$$

于是

$$x^*(t)=\begin{cases}10\mathrm{e}^{0.1t}+50 & (0 \leqslant t < \tau)\\ -99.5\mathrm{e}^{-8+0.1t}+100 & (\tau \leqslant t \leqslant 80)\end{cases}$$

由连续性，得 τ 应满足

$$10\mathrm{e}^{0.1t}+50=-99.5\mathrm{e}^{-8+0.1t}+100$$

解得

$$\tau=10\ln\frac{50}{10+99.5\mathrm{e}^{-8}}\approx 16.06$$

因此，最优策略为

$$u^*(t)=\begin{cases}5 & (0 \leqslant t < 16.06)\\ 10 & (16.06 \leqslant t \leqslant 80)\end{cases}$$

即最优管理策略：前 16 年每年支取 5 万元，16 年以后每年支取 10 万元，共支取 720 万元。

8.3 控制论在项目开发系统的应用

8.3.1 控制论系统

无论哪一类型的项目，从立项开始到竣工完成，基本上要分为四个阶段来进行：

1）项目决策阶段（含规划、机会研究、初步可行性研究、可行性研究、项目评估等）；

2）项目的组织阶段（含谈判合同设计采购培训等）；

3）项目的实施阶段（含监理、阶段评估等）；

方块图是一种常用的系统描述方法，源于自动调整理论。图 8-5 中方块表示系统中的某个环节，也可称之为子系统，这部分的功能可用数学形式或文字描述的形式写在方框内，其中能起控制作用的叫作控制部分；被控制部分对象称为被控制部分或叫作对象（Object）。图中的箭杆表示信息流，箭头表示信息的传输方向。该信息可用数学符号表示为数值如变量或常值，也可以用文字描述标在箭杆旁。其中：

$\boldsymbol{W}(t)$ 或 $\boldsymbol{W}(k)$ 表示环境输入变量；

$\boldsymbol{V}(t)$ 或 $\boldsymbol{V}(k)$ 表示环境干扰变量；

$\boldsymbol{U}(t)$ 或 $\boldsymbol{U}(k)$ 表示对被控对象的输入变量；

$\boldsymbol{y}(t)$ 或 $\boldsymbol{y}(k)$ 表示系统的输出变量。

实际上，对于任何一个项目开发系统，一般说来，上述变量均为向量。t 为自变量，表示是连续时间变量。k 为自变量，通常有 $k=0, 1, 2, \cdots$

这时，上述各变量向量均为离散时间变量。例如：$\boldsymbol{W}(0)$，$\boldsymbol{V}(0)$，$\boldsymbol{U}(0)$，$\boldsymbol{y}(0)$，分别表示基期的输入和输出变量向量的值，或简称为初值。

那么

$$\boldsymbol{W}(1), \boldsymbol{W}(2), \cdots, \boldsymbol{W}(N)$$
$$\boldsymbol{V}(1), \boldsymbol{V}(2), \cdots, \boldsymbol{V}(N)$$
$$\boldsymbol{U}(1), \boldsymbol{U}(2), \cdots, \boldsymbol{U}(N)$$
$$\boldsymbol{y}(1), \boldsymbol{y}(2), \cdots, \boldsymbol{y}(N)$$

则分别表示第 1 期、第 2 期……的输入变量向量的值和输出变量向量的值。第 N 期表示规划所要求的终止时期，其相应的值也可以称为终值。上述的“期”的概念是这样的：在连续的时间坐标轴上，从原点（或称零点、起始时间点）沿着轴的方向等距取值，则各时间点上变量值为我们所得到的离散值，这个等距的时间间隔即我们所讲的“期”。它也可称作采样周期。它可以是 10 年或 5 年为一期，也可以是 1 年、1 个季度、1 个月、1 旬、1 周、1 天、1 小时为一期，也有时用分秒甚至更小的时间单位来表示一个期。在社会经济系统中多以天、月、季度、年、5 年为一期。但是，随着具体系统的差异，对时间的要求不一定局限在一个小范围里。例如，在项目开发系统中，在项目开发的各个阶段中有不少预测问题就可能遇到以下四个时间尺度：

1）社会进化的时间尺度。

2）与人类寿命相当的时间尺度。

3）微观世界中的精细时间尺度。

4）地质时间尺度。

概括地讲，一个水利工程项目，计算其防洪效益，或者考虑到地震的规律问题，这需要超长周期的预测。虽然现在人类有一些不成熟的方法做这方面的预测分析，但是，至今这些问题仍没有解决。然而，规划、设计特别是评估项目时需要有一个在理论上站得住，在方法上十分可靠的手段。同样地，如前所述大型工程项目，当计算其效益和成本时，又非常需要有一个比较满意的价格、汇率、利率等方面的预测的结果。这些需求与社会的体制问题、国际上的政治、经济环境的变化紧密相关联。这个时间尺度中，包括日、月、年、十年、几十年这样几个尺度。在该项目的工程设计中，在规划阶段要求进行物理试验（模拟）的工作中如果有研究类似材料裂变、坝体溃散等问题的风险分析时，毫秒级、微秒级的时间尺度也应考虑。

如果不采取回避的态度，时间尺度问题也反映出项目开发系统的难度。

图 8-5 中各变量向量的具体含义是要根据系统的具体情况来确定的。人们在习惯上称 **W**(*k*) 一类向量为环境输入向量，它是从环境中取得的变化着的一组变量，也称之为外生变量（Exogenous Variables）。**U**(*k*) 是对象的输入变量，即控制变量（向量），实际上，它是控制系统的输入变量（向量）。结合到图 8-1，这组变量恰恰是项目开发系统的成果，它是决策，是政策，是计划，是设计结果，是施工组织的结果，是施工命令，是检验指标……。**y**(*k*) 是对象的输出变量向量，它是系统的输出，是对环境的影响、作用。它是整个项目对环境的效果的计量，因此，它还叫作内生变量（Endogenous Variables）。当只独立分析控制系统时，**U**(*k*) 也相对地是控制系统的输出变量，故也可以叫作内生变量。

不管具体的项目和项目开发系统有什么区别，上述变量均反映以下 5 种流量或是这 5 种量的增量：

1）信息流。

2）劳力流（技术流）。

3）材料流。

4）能量流。

5）资金流。

这五种流量是联系系统各环节的纽带，也是系统和环境联结的纽带。

下面讨论与项目有关的两种控制形式：前馈控制和反馈控制形式，如图 8-6 所示。前馈控制系统和反馈控制系统的主要区别是根据系统中信息的流向，若信息流无闭合环路则系统为前馈回路，如图 8-6a 所示；否则，当系统的信息流有从输出向输入反向传送的通道时，其回路被称之为反馈回路，如图 8-6b 所示。相应地，从控制的角度讲，这些系统分别被称为前馈控制系统和反馈控制系统，也可称为开环控制系统和闭环控制系统。这两种控制形式在工程的运用中十分广泛。

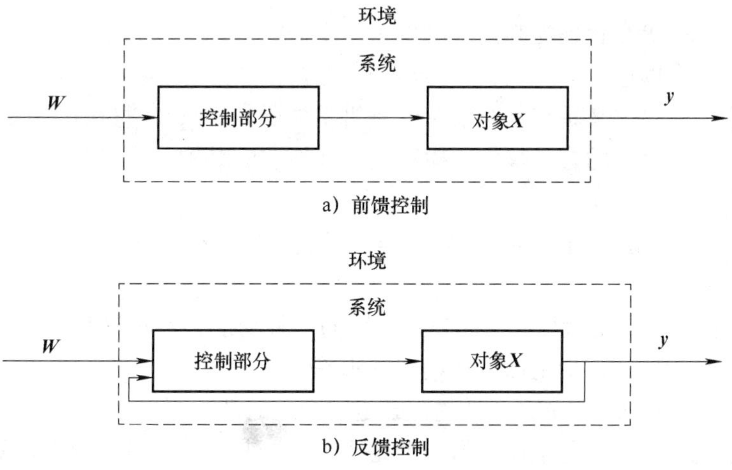

图 8-6　前馈控制与反馈控制

8.3.2 项目开发系统

上一节谈到的控制论系统，在项目进行的不同阶段有不同的组织形式和不同的目的要求。项目开发系统对项目的控制在不同的阶段也是各有不同的形式的。尽管在众多有关“项目管理”的文献中都很少谈到项目构思的细节，但是从理论上和实践上，人们已经认识到这个阶段工作的重要性。我国几十年的基本建设的经验都说明了这一点。我们在日常的工作和学习中也能很深刻地体会到这方面的重要性，一个好的策划是一个好项目的开端。故项目的前期工作的重要性不言而喻。

“没有计划任务书，就搞设计；没有扩大初步设计，就把工程引入年度计划；没有搞清楚资源和水文地质情况，工程就仓促定点，开工兴建。”这样拉长了工程的建设周期，加大了工程造价，造成严重后果。工程上有很多因为前期工作不充分的而造成巨大的经济损失的事例，应引以为戒。

项目开发的前期工作，不仅要考虑项目对国民经济、区域经济、产业、行业等方面的经济影响，还应考虑项目竣工投入使用后，对社会、环境的影响。

随着人们认识的深化，对项目本身与项目有关的环境以及项目开发系统各组成部分与功能的认识会越来越全面，其决策也将会越来越合理，对项目的设计、实施、竣工验收和项目的成果应用会越来越有效果。

除了项目开发的前期工作应该引起我们足够的重视外，在项目开发中的设计、组织、施工（实施）和验收这几个阶段进行控制都是具有重要意义的工作。本章将侧重探讨项目开发前期工作，也就是针对一般“项目管理”书中关于项目的决策阶段的工作，从理论和方法上，不仅运用先进的技术，而且上升到方法论的层次，科学地、系统地研究和应用项目开发系统。

在项目前期工作中的项目开发系统，多以规划组织、新技术新产品开发组织等形式作为控制环节出现的。拿社会、经济组织和控制理论中的控制系统作比，这本身就存在着一些涉及基本理论和方法问题。

P. P. Schoderbek 等在管理控制论中已做了不少研究工作。他们以哲学原理和工作原理为题，对上述问题分别阐述如下：“哲学原理：从控制论的观点，组织应被看作是有机体；这些有机体应作为一个整体来研究；对复杂的有机整体研究，只有通过若干多级式模型化的过程才能达到；只有对复杂的有机整体的模型化才能对它的结构、功能和发展变化有所理解或对其进行评价”。

工作原理 1：控制论，通信和控制的科学，把复杂的有机整体视为以信息传送为源泉的有目的的控制系统。

工作原理 2：按控制论的观点，控制是系统的一种功能，通过这种功能，系统根据自调机制能对系统把行为的评价变量保持在期望的水平。

把 P. P. Schoderbek 的“哲学原理”看成是控制论的基本原理。对于他总结的基本原理，可以概括为两个范畴：一个是整体；另一个是模型化。其中的整体概念是指所研究对象的环境视为一个整体。在系统科学迅速发展的今天，人们对整体性的研究已经能够科学化、深刻化。所以，在前述的基本原理中，指出如何研究一个组织或其他有机体的确是一个关键性的问题。故我们在研究不同的时间点的系统状况时，要从这两个角度研究各个子系统和整体系统的关系。

至于模型化的问题，由于这个范畴产生的时间较短，人们在实践中发现的问题较多。模型的概念可以指物理模型、逻辑模型，也可以指数学模型。实际上，这几类模型也在实际应用中都程度不同地存在着问题。其中有关数学模型的问题或定量模型（Quantitative Models）问题，P. P. Schodebrek 已做了总结，和我们多年实践的结果一样：对系统一个部分狭窄地应用定量模型，往往会给我们的工作带来灾难性的结果，至少是不能被人们所能接受的结果。定量方法所遇到的困难是多方面的，其中最主要的是定量模型的结构问题，还有数据的来源、可靠性和系统性等问题。定量模型的结构难点，很可能是由于社会经济系统的统计流程过短以及系统中诸微观元素的个体量和样本总体量与产生定量方法的自然界的系统相比相差太悬殊造成的。这方面的探讨和争论至今还在进行着。人们一方面从数学体系方面去突破，另一方面是以现有的方法去研究能解决现实问题的可取手段。

从目前人们对项目开发工作的经验来看，第一阶段的开发系统多属于前馈控制系统（开环控制系统）和直接链控制系统。综合起来，可以大致用图 8-7 来表示这个阶段项目开发系统的结构和功能。从图中可以看出：作为项目开发系统整体分析，其信息流基本上不出现闭合情况，因此，它属于开环系统，其控制为前馈控制。需要说明的是：所谓指示数是指项目开发系统以外的部分（环境）所能够提供的信息，它是从更高层的决策机构输出的有关该项目的数据。所以，机会研究是根据以下四个方面对项目的意向性建议进行决策的：

1）高层决策人的意图和有关信息，即指示数。

2）地区分析：某一特定地区（行政省或跨省区域，甚至是跨国区域）的投资机会。

3）部门分析：针对某部门投资机会的鉴别。这一条必须包括国家的体制改革部分，特别是经济体制改革部分。

4）资源分析：基于区域的自然条件、经济条件、人文条件等，研究分析项目对资源的利用和开发的可能性，以及项目完成（投入使用）后对资源的保护等方面的影响。

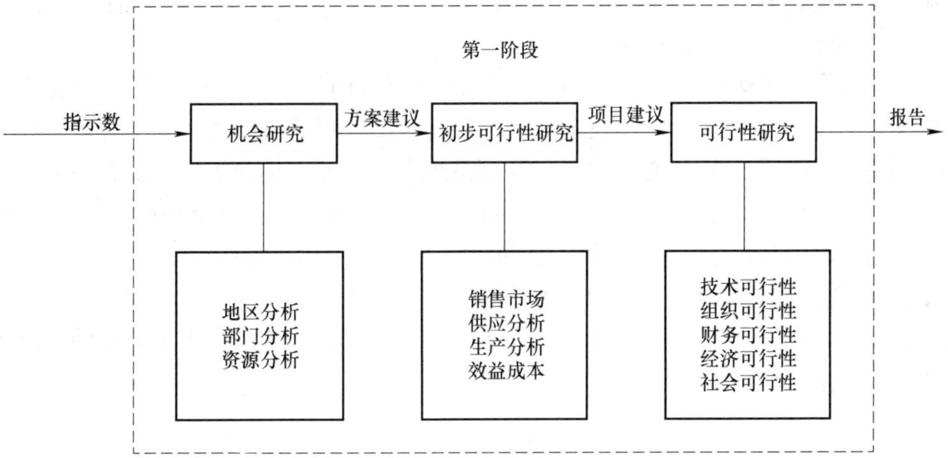

图 8-7　第一阶段（项目开发）

在图 8-7 的初步可行性研究中，可用以下四个方面对某个已定向的项目进行研究探讨，以确定是否进行可行性研究：

1）该项目的产品市场分析。

2）原材料、能源的供应状况分析。

3）生产条件（包括设备来源和技术力量等）的适应程度及合理性。

4）项目的效益费用分析。它包括：经济效益（国民经济效益和财务效益）、社会效益、环境效益，以及相应的费用。目前人们对此看法不一致，这也是边界模糊的一种表现。

财务分析的评价指标的具体内容在项目机会研究和项目可行性研究等不同阶段有不同的要求，但是基本上是以下列主要指标为核心的：财务内部收益率（FIRR）、投资回收期（P_t）、财务净现值（FNPV）、财务净现值率（FNPVR）、投资利润率、投资利税率、固定资产投资借款偿还期（P_d）、财务外汇净现值（FNPVF）、财务换汇成本、财务节汇成本。

同时，《建设项目经济评价方法与参数》中规定：“国民经济评价是项目经济评价的核心部分，它是从国家整体角度考察项目的效益和费用，用影子价格、影子工资、影子汇率和社会折现率，计算分析项目给国民经济带来的净效益，评价经济项目上的合理性。”

规定还指出，“项目的效益是指项目对国民经济所做的贡献，分为直接效益和间接效益。直接效益是指项目产出物（物质产品或服务）用影子价格计算的经济价值。间接效益亦称外部效益，是指项目为社会做出的贡献，而项目本身并未得益的那部分效益。

“项目的费用是指国民经济为项目所付出的代价，分为直接费用、间接费用。直接费用是指用影子价格计算的投入物（固定资产投资）和流动资金等一次性投入和经常性投入的经济价值。间接费用也称外部费用，是指社会为项目付出了代价，项目本身并不需要支付的那部分费用。”

项目的规模和重要性越大，其复杂性就越明显，这些“外部效果”的边界就越模糊。下面我们再谈一下在项目开发系统中的反馈机制问题。在项目开发系统中也包含着某种意义的反馈控制问题，例如，上一个层次的方案初步形成后社会各阶层的反应，特别是对重大项目的反应，也可以看作是一种反馈；下一个层次的基本建设项目上报所属各级审批组织（国务院有关部门、省、市、自治区、县等的有关部门）后，经协调平衡后下达再上报的“两上两下”制度也是一种反馈形式。

于是，我们可以把项目开发系统（第一阶段的项目前期工作）中的反馈和前馈两种控制机制综合起来加以分析，从中能发现对我们很有意义的提示。例如，由于开环系统的环节必须具有高精度的特点，这势必要求项目开发系统中项目开发组织机构和上级决策机构，包括银行部门的项目评估机构和设计审批机构均具备较高的决策功能，这也就要求有关的“权威”（包括系统设计人、系统分析人员和决策人员）具有较高的决策素质。

项目控制论在整个项目的全过程周期中起着至关重要的作用，我们必须加以学习才能掌握其中的精髓。将控制论运用到实践中，对于整个工程的项目管理是不可或缺的，故我们应加强在这一方面的学习。

8.4 控制论在项目管理中的运用

工程项目是施工企业的窗口、生产和管理的基点、经济效益的源泉。以工程项目管理为中心，提高项目的运作质量，是施工企业生存和发展永恒的主题。用控制论理论加强工程项目管理，也是需要认真探讨的关键问题。下面将谈谈一些前人所总结出来的经验。

8.4.1　认真做好工程项目管理规划和决策

按照 GB/T 50326—2017《建设工程项目管理规范》规定，施工企业务必做项目管理规划，这项工作是定出目标和安排如何完成这些目标的过程。通常规划应形成书面资料。进行规划的目的是指出努力的方向和标准，减少环境变化对任务的完成造成的冲击，最大限度地减少浪费。规划可以导致较高的绩效。工程项目管理必须很好利用规划的手段，编制科学、严密、有效的工程项目管理规划，通过实施该规划达到提高工程项目管理绩效的目的。在进行工程项目管理规划时，应按下列内容进行。

1）进行工程项目分解，形成由大到小的项目分解体系，以便由细部到整体地确定管理目标及阶段控制目标。

2）建立工程项目管理工作体系，绘制工程项目管理工作体系图和工程项目管理工作信息流程图。

3）编制工程项目管理规划，确定管理内容、方式、手段、目标和标准，明确管理点，形成文件。

通过工程项目管理规划确定的工作目标，既是对合同目标的贯彻，确保其能积极可靠地被实现，又是进行管理决策的依据。决策的工程项目管理目标，是工程项目管理目标控制的论据。工程项目目标控制，就是为了确保决策的工程项目管理规划目标的实现。

8.4.2　控制论是建设工程项目管理的基本理论

控制是指实现系统有目的的变化活动，即保持事物的规律性或使事物由一种状态向另一种状态转换的过程。控制的过程包括三个步骤：确定目标、衡量成效和纠正偏差。

1. 工程项目目标控制的内容

目标控制是工程项目管理基础工作，是工程项目管理的核心内容。工程项目控制就是工程项目管理规划决策，是完成承包合同的承诺。在工程项目的实施的全过程中，通过控制予以实现以下目标：

1）建设项目管理（业主）与工程建设监理控制目标，包括投资、质量、工期、环保四大控制目标。

2）施工项目管理控制目标，包括进度、质量、成本、安全四项目标。

2. 工程项目目标控制的基本理论

（1）工程项目目标控制的概念。

所谓目标控制，是指在实现行为对象目标的过程中，行为主体按预定的计划实施的下列内容：一是为了实现一定目标而对工程项目进行的人、财、物的投入；二是在工程项目建设过程中，即在设计、施工、安装、采购、销售等行为发生的过程中，必定存在各种各样的干扰，如恶劣气候、设计图纸不及时、材料设备不到位以及市场需求发生变化等，通过查阅相关资料与类似项目，进行风险预测并提出风险管控的措施，以降低风险对项目造成的不良影响；三是收集实际数据对工程项目进展情况进行评估，数据的收集可以通过检查，即交谈、报告和会议的形式对项目进行跟踪和监控，在对项目进展情况、已完工程的开支和质量进行检查的同时，也要检查组织的运转情况，包括各项工作流程是否正常、职责分工是否明确并妥当等；四是还应注意分析工程项目环境的变化情况，把投资目标、进度目标和质量目标等方面的计划值与实际投资发生值、实际进度和质量检查数据进行比较。

总之，工程项目目标控制问题的要素应包括：工程项目、控制目标、控制主体、实施计划与信息、偏差数据、纠偏措施、纠偏行为。工程项目控制的直接目的是实现规划目标或计划目标，其最终是实现合同目标。因此可以说，工程项目目标控制是排除干扰、实现目标的手段，是工程项目管理的核心，如果没有控制，便谈不上工程项目管理。

（2）工程项目控制原理。

控制的需要产生于社会化的生产活动。其原意是指：注意是否一切都按制定的规章和下达的命令运行。控制者进行控制的过程是，从反馈过程得到控制系统的信息后便着手制订计划，采取措施，输入受控系统，在输入资源（人、财、物等）转化为产品的过程中，对受控系统进行检查、监督，并与计划或标准进行比较，发现偏差进行直接修正，或通过（报告等）信息反馈修正计划或标准，修正计划和标准应由四方（业主、设计、监理、承包商）予以确认并签字，并同时开始新一轮控制循环。这个循环就是我们常说的 PDCA 循环。

要实现最优控制，必须具有两个先决条件：一是要有一个合格的控制主体，如一个技术、经济、经营、管理的智力型团队；二是要有明确的系统目标，也就是以合同履约四大管理（目标、质量、成本、工期）。

控制是按事前拟定的计划或标准进行的。大型工程必须制订检验计划和检查计划，落实管理点、检查手段和方法。控制活动就是要检查实际发生的情况与计划（或标准）是否存在偏差，偏差是否在允许范围之内，是否应采取控制措施及采取何种措施来纠正偏差。应用“六做”方式予以落实（做什么，为什么做，什么时候做，如何去做，谁来做，在什么地方做）纠偏。

控制的方法是检查、监督、分析、指导和纠正。检查的方法是“瞧、摸、敲、照、靠、吊、量、真”八字。监督有旁站和分工序验收，分析偏差问题，指导管理点操作要点，使操作得以纠正。

控制是针对被控制系统而言。既要对被控制系统进行全过程的控制，又要对其所有生产要素进行全面控制。全过程控制包括事前控制、事中控制和事后控制。生产要素控制包括人力、物力、财力、信息、技术、组织、时间、诚信等。

提倡主动控制，既在偏差发生之前，预先分析发生偏差的可能性，采取预防措施，防止发生偏差。主动控制应用预控技术，应包括：工程质量程序控制、工艺流程控制、管理点设置、工程质量控制、质量保证措施、质量原因分析、质量预防措施、不合格处理、工艺管理卡、计量管理、质量评定共十一项工作。

控制是动态的，这是因为在控制过程中会不断受到各种干扰，各种风险因素有随时发生的可能，故应通过组织协调和风险管理进行动态控制。如进度的滚动计划、动态管理、质量的工序检查、动态分析。

控制是一个大系统，该系统包括组织、程序、手段、措施、目标和信息六个分系统。其中信息分系统贯穿于工程项目实施的全过程。

为了有效地进行目标控制，应进行有效的组织协调，以疏通关系排除障碍。还应以四类管理作为支持，即生产要素（人力、材料、机械、技术、资金）管理、合同管理、信息管理、现场管理。因此，企业应对项目经理部的目标控制发挥指导、服务、监督、宏观控制的作用。

目标控制的共性问题。目标控制的主体是项目经理，应建立以项目经理为首的目标控制体系和以专业目标控制为特征的子系统，集体履行目标控制责任。目标控制体系应组织严密、岗位明确、人员到位、责任落实、沟通有序、协调自如。

项目目标控制应遵循 PDCA 循环法则，即进行事前控制、事中控制和事后控制的全过程控制活动，实现目标控制的持续改进，推行动态管理。因此，目标控制应按规定程序依次操作。

实行 2080 帕累托法则。影响工序质量稳定的因素，可归纳为操作因素和管理因素。按照缺陷可控性研究理论可知，操作者可控缺陷一般占 20%左右，而管理者可控缺陷一般占 80%左右。因此，首先必须从管理上采取措施，为操作者创造良好的环境，为稳定工序质量提供必要条件。

项目目标控制的基本方法是目标管理方法，其本质是“以目标指导行为”。因此，首先要确定控制总目标，然后进行自上而下的目标分解、落实责任、制定措施，按措施控制实现目标的活动，从而自下而上地实现确定的责任目标。

目标和控制措施是在项目管理规划的基础上确定的。项目管理实施规划以项目管理目标责任书中确定的目标为依据编制，因此，项目管理规划的质量极大地影响着目标控制的效果，必须把它编好。

进度、质量、费用、环保四项目标是各自独立的，也是平等的。其控制不需围绕着哪个“核心”，但是它们之间却有着对立统一的关系，过分强调哪一个目标都会影响到其他目标。因此，必须确定目标，认真地设计和科学决策，进行动态控制，搞好协调。总的精神是：不求单项全优，只求综合为优，要在保证质量和环境的前提下，使进度合理、费用节约。

项目目标控制要以法律、法规、标准、规范、制度等为保证。实行总分包的项目，目标控制由总包人全面负责，分包人控制分包任务。实行四方核验交接制（业主、监理、总包、分包四方），对分包人发生的问题，总包人对发包人承担连带责任。建设工程项目管理中，项目控制应围绕投资控制、质量控制、进度控制和环境控制四大目标进行。控制的过程是一个“计划—跟踪—控制”不断循环往复的动态闭环过程，贯穿于工程项目实施的全过程。

参考文献

[1] 罗宾斯，库尔特. 管理学：第 9 版 [M]. 孙健敏，译. 北京：中国人民大学出版社，2008.
[2] 董旺远，何红英. 控制论基础 [M]. 武汉：武汉大学出版社，2011.
[3] 曾昭磐. 工程控制论教程 [M]. 厦门：厦门大学出版社，1991.
[4] 杜栋. 管理控制论 [M]. 徐州：中国矿业大学出版社，2000.
[5] 王金良. 项目控制论 [M]. 天津：天津科技翻译出版公司，1990.
[6] 邓宗琦. 数学控制论及其应用 [M]. 武汉：华中师范大学出版社，1997.
[7] 何正文. 项目进度计划与控制 [M]. 西安：西安交通大学出版社，2012.
[8] 杜栋. 管理控制：基础、理论与应用 [M]. 北京：清华大学出版社，2019.
[9] 丁锋. 现代控制理论 [M]. 北京：清华大学出版社，2018.
[10] 马洁、付兴建. 控制工程数学基础 [M]. 北京：清华大学出版社，2010.
[11] 何会东，邱晓峰. 用控制论理论搞好项目管理 [J]. 低温建筑技术，2007 (2)：131-132.

[12] 王凤鸣. 控制论与项目风险管理 [J]. 技术经济与管理研究，2008 (3)：57-58.
[13] 郭龙. 市政建筑工程经济管理的风险及控制 [J]. 中外企业家，2020 (8)：135-136.
[14] 吴波. 工程建设企业财务内部控制与风险管理探析 [J]. 财会学习，2020 (8)：58-59.
[15] 卢汉伟，朱全胜. 浅析工程建设项目全面风险管理和风险控制 [J]. 科技信息，2011 (6)：338.
[16] 张文红. 浅谈建设工程合同风险管理与内部控制 [J]. 中国房地产业，2017 (29)：133.
[17] 姜麟. EPC 工程总承包合同风险控制措施探析 [J]. 福建建材，2019 (12)：98-99.
[18] 陈剑红. 建筑工程施工现场合同管理及风险控制探究 [J]. 中外企业家，2019 (34)：64-65.

第9章
模糊数学方法

模糊数学又称 Fuzzy 数学，是研究和处理模糊性现象的一种数学理论和方法。模糊性数学发展的主流是在它的应用方面。由于模糊性概念已经找到了模糊集的描述方式，人们运用概念进行判断、评价、推理、决策和控制的过程也可以用模糊性数学的方法来描述。例如模糊聚类分析、模糊模式识别、模糊综合评判、模糊决策与模糊预测、模糊控制、模糊信息处理等。这些方法构成了一种模糊性系统理论，构成了一种思辨数学的雏形，其在工程管理领域也得到了广泛应用。

9.1 模糊集合的基本理论

人们在表达一个概念时，通常采用指明概念的内涵和外延的方式来描述。从集合论的角度看：内涵就是集合的定义，而外延则是组成该集合的所有元素。在经典集合论中，论域中的任一元素与某个集合之间的联系完全符合二值逻辑的要求：要么属于某个集合，要么不属于这个集合，非此即彼，没有模棱两可的情况。这表明，经典集合所表达的概念其内涵和外延都是明确的。然而，现实世界中存在着大量的模糊现象，用以描述它们的概念没有明确的外延，都是模糊概念。其根源就在于模糊现象之间的差异不是绝对的，存在着中间过渡、亦此亦彼的情况。因此，为了仍能在集合理论的框架下讨论模糊现象，Zadeh 通过量化中间过渡的方式对经典集合予以推广，提出了模糊集合的概念。

9.1.1 模糊集合及其运算

在经典数学理论中，用经典集合来描述（分明）概念，体现（分明）概念的外延。然而描述模糊现象的模糊概念本身没有明确的含义，其外延是模糊的，那么又如何从数学的角度来刻画模糊概念，进而研究模糊现象呢？Zadeh 提出，仍能在集合理论的框架下讨论，只是需要将经典集合理论进行推广，建立相应的模糊集合理论。

1. 模糊集合的定义

模糊现象在现实世界中是大量存在的，比如“年老”“年轻”“高个子”“矮个子”以及“比 1 大得多的实数”等。

由于存在着中间过渡，无法明确指出它们的外延，因而用经典集合描述一个元素绝对地“属于”或“不属于”它们，就很不合理了。打破这种绝对的隶属关系的方法，就是合理地推广经典集合，设法对中间过渡进行量化。

如果 A 是论域 U 的一个子集，即则 $A \in \mathcal{P}(U)$ ，可由其特征函数 $\chi_A(x)$ 唯一地确定：

$$\chi_A(x)=\begin{cases}1, & x\in A\\ 0, & x\notin A\end{cases},\qquad \forall x\in U$$

一个分明概念 A 可由一个经典集合 A 来描述，而这个经典集合 A 又与一个二值映射 $\chi_A(x)$ 一一对应。

对于 $\forall x\in U$，x 是否属于集合（概念）A，完全取决于映射值 $\chi_A(x)$ 是否等于 1。

于是，一个自然的想法是：

① 仍然用一个“集合”A 来描述一个模糊概念 A，将这个“集合”A 与一个映射一一对应。

② 对于 $\forall x\in U$，通过相应的映射值来刻画 x 是否属于集合（概念）A，或者 x 在“属于”或“不属于”之间的过渡状态。

基于上述思想，Zadeh 将特征函数的取值范围由 $\{0, 1\}$ 推广到闭区间 $[0, 1]$，建立了“隶属函数”的概念，并以此为基础给出了“模糊集合”的定义，进而对经典集合进行了推广。

定义：设 A 是论域 U 到 $[0, 1]$ 上的一个映射，即

$$A: U\to[0, 1],\ x\mapsto A(x)$$

则称 A 是论域 U 的模糊子集，或者论域 U 上的模糊集合，简称为模糊集；而函数 $A(\cdot)$ 称为模糊集 A 的隶属函数，$A(x)$ 称为 x 相应于模糊集 A 的隶属度。

由定义可见，模糊集完全由它的隶属函数来描述。而隶属函数在区间 $[0, 1]$ 上取值，所以模糊集非常适合刻画亦此亦彼、模棱两可的模糊现象。为了直观地描述和分析模糊集及其性质，也经常用如图 9-1 所示的隶属函数来大致展示模糊集的数学或逻辑联系。

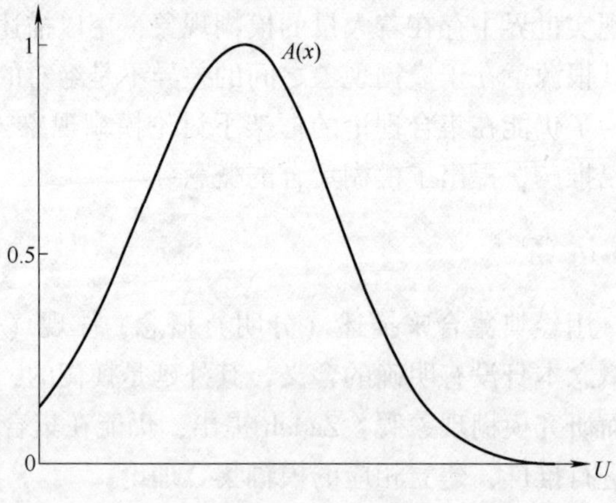

图 9-1 模糊集的隶属函数示意图

注意：

1）隶属函数可能是连续的，也可能是离散的，这取决于论域的情形。

2）因为模糊概念的特征（外延）是模糊的，其描述是不精确的，因而同一个模糊概念可以用不同的模糊集（隶属函数）来刻画。

3）但是，模糊集与隶属函数则是一一对应的，一个模糊集必有一个独一无二的隶属函

数与之对应，反之亦然。

4）模糊现象虽是模糊的，但表征其性质的隶属函数却是精确的数学函数，一个模糊概念一旦用隶属函数表征出来，其固有的模糊性就被消除了。

对于论域 U 上的某个模糊集 A，如果隶属函数 $A(x)$ 仅取 0 和 1 两个数值，则 A 就蜕化为经典集合，也就是说，经典集合是模糊集合的特殊形态。特别地，如果 $A(x)\equiv 0$，则 A 为空集∅；如果 $A(x)\equiv 1$，则 A 为全集（论域）U。

在给定的论域 U 上可以定义多个模糊集。记 U 的模糊子集全体为 $\mathcal{F}(U)$，即

$$\mathcal{F}(U)=\{A \mid A: U\to[0,\ 1]\}$$

则称 $\mathcal{F}(U)$ 为 U 的模糊幂集。显然，$\mathcal{F}(U)$ 是一个经典集合，且有：$\mathcal{P}(U)\subseteq\mathcal{F}(U)$。

2. 模糊集合的表示

表示论域 U 上的模糊集合 A，原则上只需指明 U 中每个元素 x 及其对应的隶属度 $A(x)$，并将它们用一定的形式构造在一起。当然，模糊集本质上是论域到［0，1］上的映射，用隶属函数来表示模糊集是最基本的方法。除此以外，人们还给出了三种常用的模糊集合的表示方法：Zadeh 表示法，序偶表示法和向量表示法。

（1）模糊集表示方法。

1）Zadeh 表示法。设 U 为论域，$A\in\mathcal{F}(U)$，若论域为有限集 $U=\{x_1,x_2,\cdots,x_n\}$ 或可列集 $U=\{x_1,x_2,\cdots,x_n,\cdots\}$，则模糊集 A 可表示为

$$A=\frac{A(x_1)}{x_1}+\frac{A(x_2)}{x_2}+\cdots+\frac{A(x_n)}{x_n}$$

或

$$A=\frac{A(x_1)}{x_1}+\frac{A(x_2)}{x_2}+\cdots+\frac{A(x_n)}{x_n}+\cdots$$

式中，$\dfrac{A(x_i)}{x_i}$ 表示论域中的元素 x_i 与其隶属度 $A(x_i)$ 之间的对应关系，并不表示“分数”；同样地，“+”表示模糊集在论域 U 上的整体，并不表示“求和”。

当然，也可形式地使用符号 Σ 来表示，即

$$A=\sum_{i=1}^{n}\frac{A(x_i)}{x_i}$$

或

$$A=\sum_{i=1}^{\infty}\frac{A(x_i)}{x_i}$$

若论域 U 为有限连续集或其他情形时，模糊集 A 可表示为

$$A=\int_{x\in U}\frac{A(x)}{x}$$

同样地，这里“$\int$”并不表示积分，而是表示各个元素与隶属度对应关系的一个总括。

2）序偶表示法。设 $U=\{x_1,x_2,\cdots,x_n\}$ 为有限论域，并且 $A\in\mathcal{F}(U)$，则模糊集 A 也可用 x_i 与 $A(x_i)$ 构成的序偶来表示，即

$$\boldsymbol{A}=\{[x_1,A(x_1)],\cdots,[x_n,A(x_n)]\}$$

3）向量表示法。设 $U=\{x_1,x_2,\cdots,x_n\}$ 为有限论域，并且 $A\in\mathcal{F}(U)$，则模糊集 A 还可

以表示为向量的形式

$$\boldsymbol{A}=[A(x_1),A(x_2),\cdots,A(x_n)]$$

需要强调的是：向量表示法中，隶属度为 0 的项不能省略，相应的元素 x_i 的次序也不能随意调换。

(2) 模糊集合的图解。根据 Zaden 的定义，论域 U 上的模糊集 A 是 U 到 [0, 1] 上的一个映射，U 中的每个元素 x 以程度值 $A(x)$ 隶属于模糊集 A，隶属函数可以是连续的，也可以是离散的。这就是模糊集的函数描述观点。事实上，我们也可以用图解的方式描述模糊集，以便对模糊集及其性质进行直观的解释。

1) 泛文氏图。首先，将论域 U 看作平面上的一个矩形，U 中元素是这个矩形中的一些点（未必充满 U），如图 9-2a 所示；在矩形中任取一点 x（未必属于 U），以 x 为始点做出全部射线，这些射线可以"覆盖"整个矩形，因此 U 中每个元素一定位于某一条射线上，如图 9-2b 所示。

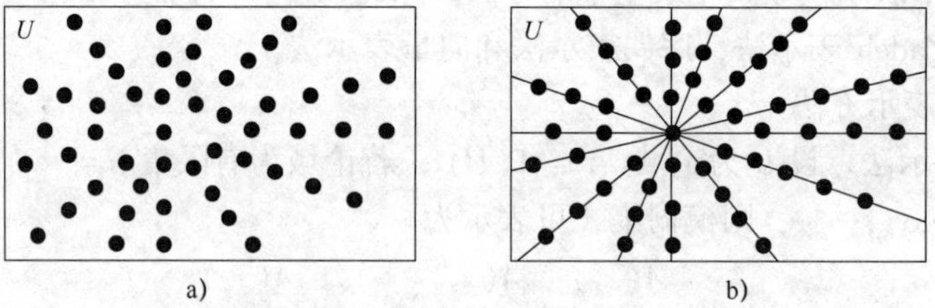

图 9-2 论域，元素，射线

2) 超立方体上点的集合。设 $U=\{x_1,x_2,\cdots,x_n\}$ 为有限论域，$A\in\mathcal{F}(U)$。如果令 $a_i=A(x_i)\in[0,1]$，$i=1,2,\cdots,n$，则模糊集 A 可表示成向量的形式，即

$$\boldsymbol{A}=[A(x_1),A(x_2),\cdots,A(x_n)]=[a_1,a_2,\cdots,a_n]\in R^n$$

基于此，Kosko 于 1992 年提出了模糊集的几何描述观点。其观点，即有限论域 $U=\{x_1,x_2,\cdots,x_n\}$ 上的任意模糊集 A，即 U 的任意模糊子集 A，均可视为单位超立方体 $I^n=[0,1]^n$ 中的一个点；单位超立方体 I^n 的 2^n 个顶点，恰为 U 的 2^n 个经典子集；单位超立方体 I^n 的中心点则表示论域 U 上"最模糊的模糊集"——每个元素的隶属度均为 1/2 的模糊集。因此，模糊幂集 $\mathcal{F}(U)$ 与单位超立方体 I^n 同构，而幂集 $\mathcal{P}(U)$ 则与单位超立方体 I^n 的顶点集同构。

如果设论域 $U=\{x_1,x_2\}$ 只含两个元素，则 $\mathcal{F}(U)$ 如图 9-3 所示，其中模糊集 A、B、O 分别为

$$A=(\frac{1}{4},\ \frac{3}{4})=\frac{1/4}{x_1}+\frac{3/4}{x_2}$$

$$B=(1,\ 0.5)=\frac{1}{x_1}+\frac{0.5}{x_2}$$

$$O=(0.5,\ 0.5)=\frac{0.5}{x_1}+\frac{0.5}{x_2}$$

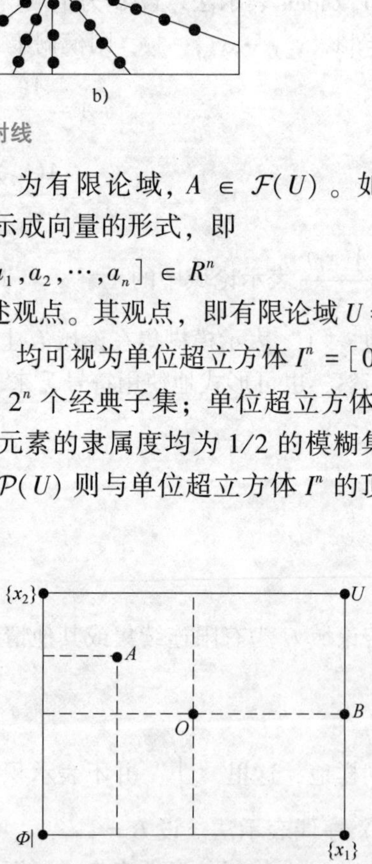

图 9-3 两元素时的模糊集 A、B、O 的 $\mathcal{F}(U)$ 图

如果设论域 $U=\{x_1,x_2,x_3\}$ 只含三个元素，则 $\mathcal{F}(U)$ 如图 9-4 所示，其中模糊集 A、O 分别为

$$A=(0.5,0,0.5)=\frac{0.5}{x_1}+\frac{0}{x_2}+\frac{0.5}{x_3}$$

$$O=(0.5,0.5,0.5)=\frac{0.5}{x_1}+\frac{0.5}{x_2}+\frac{0.5}{x_3}$$

如果说 Zadeh 的模糊集定义是模糊集的函数描述观点，那么 Kosko 的超立方体表示方式就是模糊集的几何描述观点。

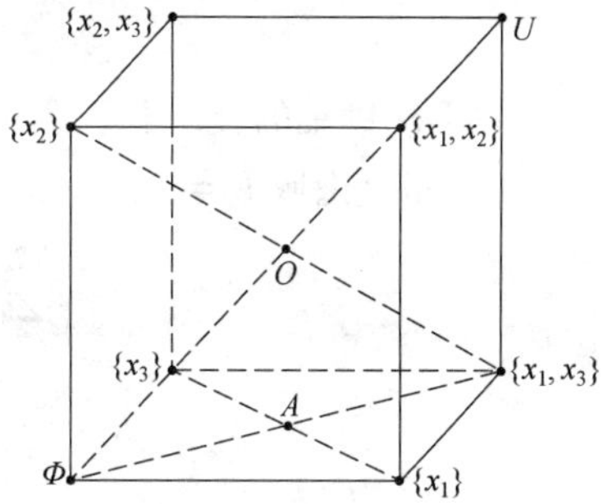

图 9-4　三元素时的模糊集 A、O 的 $\mathcal{F}(U)$ 图

（3）模糊集合的运算。模糊集合是经典集合的推广且完全由它的隶属函数来描述，因而其运算也应是经典集合运算的推广且通过隶属函数来实施。

定义：设 U 是论域，A，$B\in\mathcal{F}(U)$。若

$$A(x)\leqslant B(x),\ \forall x\in U$$

则称 A 包含于 B，或称 B 包含 A，记为 $A\subseteq B$ 或 $B\supseteq A$；若 $A\subseteq B$ 且 $B\subseteq A$，则称 A 与 B 相等，记为 $A=B$。

显然，$A=B\Leftrightarrow A(x)=B(x)$，$\forall x\in U$。模糊集的包含关系可分别用隶属函数图和单位超立方体图来直观描述，如图 9-5 和图 9-6 所示。

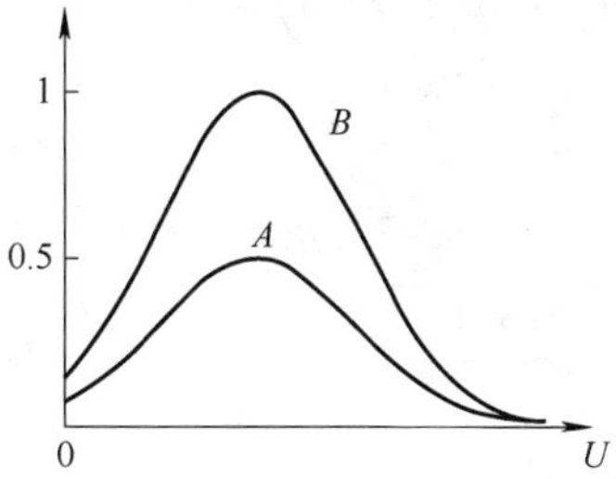

图 9-5　模糊集包含关系隶属函数示意图

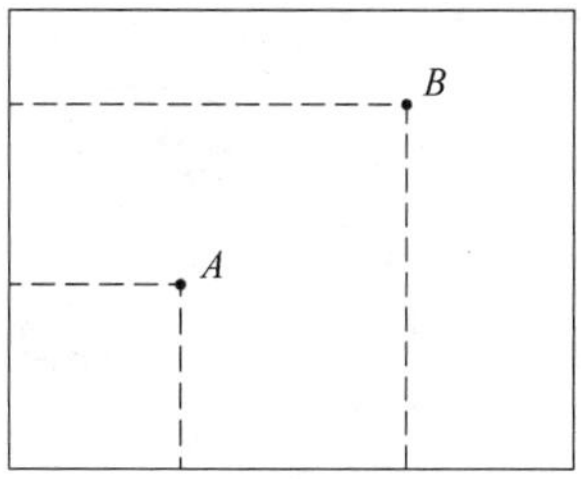

图 9-6　模糊集包含关系的超立方体示意图

以下的定理成立：

定理：设 U 是论域，A，B，$C\in\mathcal{F}(U)$，则

1）最大、最小模糊集存在：$\varnothing\subseteq A\subseteq U$。

2）自反性：$A\subseteq A$。

3）反对称性：$A\subseteq B$，$B\subseteq A\Rightarrow A=B$。

4）传递性：$A\subseteq B$，$B\subseteq C\Rightarrow A\subseteq C$。

因而，与经典情形类似："⊆" 是 $\mathcal{F}(U)$ 上的偏序关系，且 $(\mathcal{F}(X),\subseteq)$ 构成具有最大、最小元的偏序集。

9.1.2　模糊集的运算及其性质

1. 模糊集的运算

设 U 是论域，$A,B\in\mathcal{F}(U)$。定义 A 与 B 的交、并、余（分别记为 $A\cap B$，$A\cup B$，A^{C}）也是论域 U 上的模糊集，其隶属函数分别为

$$(A\cap B)(x)=\min\{A(x),B(x)\}=A(x)\wedge B(x),\forall x\in U$$

$$(A \cup B)(x) = \max\{A(x), B(x)\} = A(x) \vee B(x), \quad \forall x \in U$$
$$A^{C}(x) = 1 - A(x), \quad \forall x \in U$$

关于模糊集的交、并、余运算，结合定义与模糊集的表示法，则：

1）如果论域 $U = \{x_1, x_2, \cdots, x_n\}$ 为有限论域，A，$B \in \mathcal{F}(U)$，且

$$A = \sum_{i=1}^{n} \frac{A(x_i)}{x_i} = [A(x_1), A(x_2), \cdots, A(x_n)]$$
$$B = \sum_{i=1}^{n} \frac{B(x_i)}{x_i} = [B(x_1), B(x_2), \cdots, B(x_n)]$$

则

$$A \cap B = \sum_{i=1}^{n} \frac{A(x_i) \wedge B(x_i)}{x_i} = [A(x_1) \wedge B(x_1), A(x_2) \wedge B(x_2), \cdots, A(x_n) \wedge B(x_n)]$$
$$A \cup B = \sum_{i=1}^{n} \frac{A(x_i) \vee B(x_i)}{x_i} = [A(x_1) \vee B(x_1), A(x_2) \vee B(x_2), \cdots, A(x_n) \vee B(x_n)]$$
$$A^{C} = \sum_{i=1}^{n} \frac{1 - A(x_i)}{x_i} = [1 - A(x_1), 1 - A(x_2), \cdots, 1 - A(x_n)]$$

2）如果论域 $U = \{x_1, x_2, \cdots, x_n, \cdots\}$ 为可列论域，$A, B \in \mathcal{F}(U)$，且

$$A = \sum_{i=1}^{\infty} \frac{A(x_i)}{x_i}, \quad B = \sum_{i=1}^{\infty} \frac{B(x_i)}{x_i}$$

则

$$A \cap B = \sum_{i=1}^{\infty} \frac{A(x_i) \wedge B(x_i)}{x_i},$$
$$A \cup B = \sum_{i=1}^{\infty} \frac{A(x_i) \vee B(x_i)}{x_i},$$
$$A^{C} = \sum_{i=1}^{\infty} \frac{1 - A(x_i)}{x_i}$$

3）如果论域 U 为有限连续集或其他的情形，$A, B \in \mathcal{F}(U)$，且

$$A = \int_{x \in U} \frac{A(x)}{x}, \quad B = \int_{x \in U} \frac{B(x)}{x}$$

则

$$A \cap B = \int_{x \in U} \frac{A(x) \wedge B(x)}{x}$$
$$A \cup B = \int_{x \in U} \frac{A(x) \vee B(x)}{x}$$
$$A^{C} = \int_{x \in U} \frac{1 - A(x)}{x}$$

2. 模糊集运算的基本性质

对于模糊集的运算，它具有如下几个基本性质。设 U 是论域，$A, B, C \in \mathcal{F}(U)$，则模糊集的并、交、余运算满足如下算律：

1）幂等律：$A\cap A=A$，$A\cup A=A$。

2）交换律：$A\cap B=B\cap A$，$A\cup B=B\cup A$。

3）结合律：$(A\cap B)\cap C=A\cap(B\cap C)$，$(A\cup B)\cup C=A\cup(B\cup C)$。

4）吸收律：$(A\cap B)\cup A=A$，$(A\cup B)\cap A=A$。

5）分配律：$A\cap(B\cup C)=(A\cap B)\cup(A\cap C)$，$A\cup(B\cap C)=(A\cup B)\cap(A\cup C)$。

6）零壹律：$A\cap U=A$，$A\cup U=U$，$A\cap\varnothing=\varnothing$，$A\cup\varnothing=A$。

7）复原律（对合律）：$(A^C)^C=A$。

8）对偶律（De Morgan 律）：$(A\cap B)^C=A^C\cup B^C$，$(A\cup B)^C=A^C\cap B^C$。

3. 其他性质

模糊集的交、并、余运算不满足互补律（排中律），即若 U 是论域，$A\in\mathcal{F}(U)$，则 $A\cap A^C=\varnothing$ 与 $A\cup A^C=U$ 未必成立。事实上，$\forall A\in\mathcal{F}(U)$，由于 $0\leqslant A(x)\leqslant 1$，故

$$\min\{A(x),A^C(x)\}=\min\{A(x),1-A(x)\}=\begin{cases}A(x)\quad, & A(x)\leqslant 1/2\\ 1-A(x), & A(x)\geqslant 1/2\end{cases}$$

$$\max\{A(x),A^C(x)\}=\max\{A(x),1-A(x)\}=\begin{cases}1-A(x), & A(x)\leqslant 1/2\\ A(x)\quad, & A(x)\geqslant 1/2\end{cases}$$

于是

$$A\cap A^C(x)=\min\{A(x),A^C(x)\}\leqslant 1/2,\quad \forall x\in U$$
$$A\cup A^C(x)=\max\{A(x),A^C(x)\}\geqslant 1/2,\quad \forall x\in U$$

但未必会有

$$A\cap A^C=\varnothing \text{ 或 } \min\{A(x),A^C(x)\}=0;\ A\cup A^C=U \text{ 或 } \max\{A(x),A^C(x)\}=1$$

因而，模糊集的交、并、余运算不满足互补律（排中律），并且 A 与 A^C 之间存在交迭，但交迭的程度有一定的限制，如图 9-7 所示。

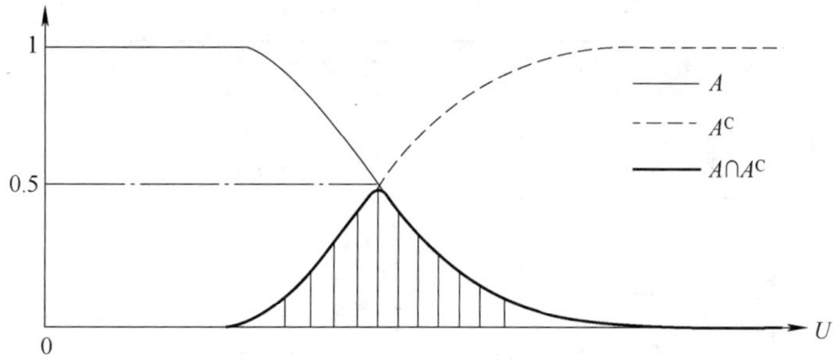

图 9-7　模糊集 A 与其余集的 A^C 交迭

9.1.3　隶属函数的确定方法

模糊数学的基本思想是隶属程度的思想。应用模糊数学方法建立数学模型的关键是建立符合实际的隶属函数。

1. 模糊统计方法

模糊统计方法是一种客观方法，主要是基于模糊统计试验的基础上根据隶属度的客观存在性来确定的。

模糊统计实验包含下面四个基本要素：

1）论域 U。

2）U 中的一个固定元素 x_0。

3）U 中的一个随机变动的集合 A^*（普通集）。

4）U 中的一个以 A^* 作为弹性边界的模糊集 A，对 A^* 的变动起着制约作用，其中 $x_0 \in A^*$，或 $x_0 \notin A^*$，致使 x_0 对 A 的隶属关系是不确定的。

假设做 n 次模糊统计试验，可以算出

$$\text{对} A \text{的隶属频率} = \frac{x_0 \in A^* \text{的次数}}{n}$$

事实上，当 n 不断增大时，隶属频率趋于稳定，其稳定值称为 x_0 对 A 的隶属度，即

$$\mu_A(x_0) = \lim_{n \to \infty} \frac{x_0 \in A^* \text{的次数}}{n}$$

2. 指派方法

指派方法是一种主观的方法，它主要是依据人们的实践经验来确定某些模糊集隶属函数的方法。如果模糊集定义在实数集 **R** 上，则称模糊集的隶属函数为模糊分布。所谓的指派方法就是根据问题的性质和经验主观地选用某些形式的模糊分布，再依据实际测量数据确定其中所包含的参数。

3. 其他方法

实际中，用来确定模糊集的隶属函数的方法是很多的，需要根据问题的实际意义，具体问题具体分析。

应用模糊数学方法的关键在于建立符合实际的隶属函数。尽管一个元素属于模糊集是客观的，但是建立隶属函数的方法基本上是主观的。隶属函数常见的类型见表 9-1。

表 9-1 隶属函数常见的类型

序号	函数类型	偏小型	中间型	偏大型
1	矩形型	$A(x)=\begin{cases}1, & x \leqslant a \\ 0, & x > a\end{cases}$	$A(x)=\begin{cases}1, & a \leqslant x \leqslant b \\ 0, & \text{其他}\end{cases}$	$A(x)=\begin{cases}0, & x < a \\ 1, & x \geqslant a\end{cases}$
2	梯形型	$A(x)=\begin{cases}1, & x < a \\ \dfrac{b-x}{b-a}, & a \leqslant x \leqslant b \\ 0, & x > b\end{cases}$	$A(x)=\begin{cases}0, & x < a \\ \dfrac{x-a}{b-a}, & a \leqslant x < b \\ 1, & b \leqslant x < c \\ \dfrac{d-x}{d-c}, & c \leqslant x < d \\ 0, & x \geqslant d\end{cases}$	$A(x)=\begin{cases}0, & x < a \\ \dfrac{x-a}{b-a}, & a \leqslant x \leqslant b \\ 0, & x > b\end{cases}$
3	k 次抛物型	$A(x)=\begin{cases}1, & x < a \\ \left(\dfrac{b-x}{b-a}\right)^k, & a \leqslant x \leqslant b \\ 0, & x > b\end{cases}$	$A(x)=\begin{cases}0, & x < a \\ \left(\dfrac{x-a}{b-a}\right)^k, & a \leqslant x < b \\ 1, & b \leqslant x < c, \\ \left(\dfrac{d-x}{d-c}\right)^k, & c \leqslant x < d \\ 0, & x \geqslant d\end{cases}$	$A(x)=\begin{cases}0, & x < a \\ \left(\dfrac{x-a}{b-a}\right)^k, & a \leqslant x \leqslant b \\ 0, & x > b\end{cases}$

（续）

序号	函数类型	偏小型	中间型	偏大型
4	Γ 型 ($k>0$)	$A(x)=\begin{cases}1, & x\leqslant a\\ e^{-k(x-a)}, & x>a\end{cases}$	$A(x)=\begin{cases}e^{k(x-a)}, & x<a\\ 1, & a\leqslant x\leqslant b\\ e^{-k(x-b)}, & x>b\end{cases}$	$A(x)=\begin{cases}0, & x<a\\ 1-e^{-k(x-a)}, & x\geqslant a\end{cases}$
5	正态型	$A(x)=\begin{cases}1, & x\leqslant a\\ e^{-\left(\frac{x-a}{\sigma}\right)^2}, & x>a\end{cases}$	$A(x)=e^{-\left(\frac{x-a}{\sigma}\right)^2}$	$A(x)=\begin{cases}0, & x\leqslant a\\ 1-e^{-\left(\frac{x-a}{\sigma}\right)^2}, & x>a\end{cases}$
6	柯西型	$A(x)=\begin{cases}1, & x\leqslant a\\ \dfrac{1}{1+\alpha(x-a)^{\beta}}, & x>a\end{cases}$ ($\alpha>0,\ \beta>0$)	$A(x)=\dfrac{1}{1+\alpha(x-a)^{\beta}}$ ($\alpha>0$，β 为正偶数)	$A(x)=\begin{cases}0, & x\leqslant a\\ \dfrac{1}{1+\alpha(x-a)^{-\beta}}, & x>a\end{cases}$ ($\alpha>0,\ \beta>0$)

9.1.4　模糊模式识别

1. 模糊模式识别的直接方法

模糊模式识别直接方法，就是要把对象 $\boldsymbol{u}=[u_1,u_2,\cdots,u_p]$ 划归一个与其相似的类别 A_i 中。

当一个识别算法作用于对象 $\boldsymbol{u}$ 时，就产生一组隶属度 $A_1(\boldsymbol{u}),A_2(\boldsymbol{u}),\cdots,A_n(\boldsymbol{u})$，它们分别表示对象 $\boldsymbol{u}$ 隶属于类别 $A_1,A_2,\cdots,A_n$ 的程度。建立了模糊模式的隶属函数组之后，我们可以按照某种隶属原则对对象 u 进行判断，指出它应归属于哪一类别。模式识别的直接方法，原则上可分为三步：

（1）抽取识别对象的特性指标。这一步涉及实际问题的具体内容、背景以及识别者的知识、技巧和意志，是识别工作的基础，将直接影响识别的效果，但很难做出一般性的讨论。具体内容可参见有关模式识别的书籍。

（2）构造模糊模式的隶属函数组。除了以前所介绍的确定隶属函数的一些方法外，这里介绍一种在模式识别中经常采用的建立隶属函数的方法，即样板法。用样板法构造隶属函数的步骤如下：

1）从模糊模式 A_i 中选出 m_i 个训练样本，即

$$\boldsymbol{a}_{ij}=[a_{ij1},a_{ij2},\cdots,a_{ijp}]\quad (i=1,2,\cdots,n;\ j=1,2,\cdots,m_i)$$

式中，$\boldsymbol{a}_{ij}$ 为第 i 个模糊模式 A_i 中第 j 个样本的特征向量；a_{ijk} 为第 i 个模糊模式 A_i 中第 j 个样本的第 k 个特性指标的实测数据，$k=1,2,\cdots,p$。

2）计算模糊模式 A_i 中的 m_i 个特性向量 $\boldsymbol{a}_{ij}$（$i=1,2,\cdots,n$；$j=1,2,\cdots,m_i$）的平均值 $\boldsymbol{a}_i$，即

$$\boldsymbol{a}_i=[a_{i_1},a_{i_2},\cdots,a_{i_p}],\quad a_{i_k}=\frac{1}{m_i}\sum_{j=1}^{m_i}a_{ijk},\quad (k=1,2,\cdots,p)$$

我们称 $\boldsymbol{a}_i$ 为模糊模式 A_i 的均值样板

3）对于 $\forall\,\boldsymbol{u}\in\boldsymbol{U}$，计算对象 $\boldsymbol{u}=[u_1,u_2,\cdots,u_p]$ 与均值样板 $\boldsymbol{a}_i$ 之间的欧氏距离

$$d_i(\boldsymbol{u},\boldsymbol{a}_i)=\sqrt{\sum_{j=1}^{p}(u_j-a_i)^2}$$

令

$$D_1=\sum_{i=1}^{n}d_i(\boldsymbol{u},\boldsymbol{a}_i)$$

或

$$D_2=\max\{d_i(\boldsymbol{u},\boldsymbol{a}_i)\mid i=1,2,\cdots,n\}$$

4）最后得到对象 $\boldsymbol{u}$ 相对于模糊模式 A_i 的隶属函数为

$$A_i(\boldsymbol{u})=1-\frac{d_i(\boldsymbol{u},\boldsymbol{a}_i)}{D_1}$$

或

$$A_i(\boldsymbol{u})=1-\frac{d_i(\boldsymbol{u},\boldsymbol{a}_i)}{D_2}$$

（3）识别判断。按照某种隶属原则对对象 $\boldsymbol{u}$ 进行判断，指出它应归属于哪一模糊模式。常用的判别方法有两种。

1）最大隶属度原则。对于对象 $\boldsymbol{u}$，若存在 $k_0\in\{1,2,\cdots,n\}$，使得

$$A_{k_0}(\boldsymbol{u})=\max_{1\leqslant i\leqslant n}\{A_i(\boldsymbol{u})\}$$

则认为对象 $\boldsymbol{u}$ 优先属于模糊模式 A_{k_0}。

2）阈值原则。规定一个阈值 $\lambda\in[0,1]$。对于对象 u，如果，$\max\limits_{1\leqslant i\leqslant n}\{A_i(\boldsymbol{u})\}\geqslant\lambda$，并且存在 $k_0\in\{1,2,3,\cdots,n\}$，使得

$$A_{k_0}(\boldsymbol{u})=\max_{1\leqslant i\leqslant n}\{A_i(\boldsymbol{u})\}$$

则认为对象 $\boldsymbol{u}$ 优先属于模糊模式 A_{k_0}。

如果

$$\max_{1\leqslant i\leqslant n}\{A_i(\boldsymbol{u})\}<\lambda$$

则做“拒绝识别”判断，查找原因另做分析。

2. 模糊模式识别的间接方法

设 U 是给定的全体待识别对象的集合，U 可分为 n 个模糊模式 $A_1,A_2,\cdots,A_n$，U 中的每一对象具有 p 个特性指标，每个特性指标所刻画的是对象的某个特征。如果 U 中的每个对象是以模糊集 B 的形式给出的，那么模糊模式识别的间接方法，就是要根据择近原则把对象 B 划归一个与其相似的类别 A_i 中。

（1）模式识别间接方法的步骤：

1）抽取识别对象的特性指标。

2）构造模糊模式的隶属函数组。

3）构造待识别对象 B 的隶属函数。

4）确定 B 与每个 A_i 的贴近度。

5）按择近原则识别判断。

（2）择近原则。设 $A_1, A_2,\cdots, A_n$ 为 n 个模糊模式（论域 U 上的 n 个模糊子集），B 是一

个模糊对象（论域 U 上的一个模糊子集）。

如果存在 $k_0 \in \{1,2,\cdots,n\}$，使得

$$N(B, A_{k_0}) = \max_{1\leqslant i\leqslant n}\{N(B, A_i)\}$$

则认为模糊对象 B 优先属于模糊模式 A_{k_0}，其中 N 是某种贴近度函数。

9.2 模糊关系与模糊矩阵

模糊关系是模糊集理论最重要的内容之一，其应用范围十分广泛，几乎遍及模糊数学的所有应用领域。当论域为有限论域时，模糊关系可用模糊矩阵来表示。

1. 模糊关系

设 U、V 为论域，则称乘积空间 $U\times V$ 上的一个模糊子集 $\underset{\sim}{R} \in \mathcal{F}(U\times V)$ 为从 U 到 V 的模糊关系。

如果 $\underset{\sim}{R}$ 的隶属函数为

$$\mu_{\underset{\sim}{R}}: U\times V \to [0,\ 1],\quad (x,y) \mapsto \mu_{\underset{\sim}{R}}(x,y)$$

则称隶属度 $\mu_{\underset{\sim}{R}}(x,y)$ 为 (x,y) 关于模糊关系 $\underset{\sim}{R}$ 的相关程度。

注：因为模糊关系是一个模糊集，故具有与模糊集相同的包含、相等、交、并、余、截等运算。这里不再赘述。

2. 模糊矩阵

设 $\boldsymbol{R} = (r_{ij})_{m\times n}$ 是一个 $m \times n$ 的矩阵，如果

$$r_{ij} \in [0,\ 1],\ 1 \leqslant i \leqslant m,\ 1 \leqslant j \leqslant n$$

则称 $\boldsymbol{R}$ 是模糊矩阵（Fuzzy Matrix），通常用 $\boldsymbol{M}_{m\times n}$ 来表示所有 $m \times n$ 的模糊矩阵构成的集合。

特殊的两种情况：

1）如果

$$r_{ij} \in [0,\ 1],\ 1 \leqslant i \leqslant m,\ 1 \leqslant j \leqslant n$$

则称 $\boldsymbol{R}$ 为布尔（Bool）矩阵。

2）当 $m = 1$ 或 $n = 1$ 时，则相应的模糊矩阵为

$$\boldsymbol{R} = [r_1, r_2, \cdots, r_n]$$

或

$$\boldsymbol{R} = [r_1, r_2, \cdots, r_n]^{\mathrm{T}}$$

分别称为模糊行向量和模糊列向量。

3. λ 截关系

设 R 为从论域 X 到论域 Y 的模糊二元关系，即 $R \in \mathcal{F}(X\times Y)$。

令

$$R_\lambda = \{(x,y) \mid R(x,y) \geqslant \lambda,\ (x,y) \in X\times Y\}$$

则称 R_λ 为模糊关系 R 的 λ 截关系

显然，R_λ 是从 U 到 V 的经典二元关系，并且 $\forall (x,y) \in X\times Y$ 有

$$R_\lambda(x,y) = 1 \Leftrightarrow R(x,y) \geqslant \lambda$$

$$R_\lambda(x,y)=0 \Leftrightarrow R(x,y)<\lambda$$

即 x、y 在 λ 水平上才有关系，否则无关系。

当论域有限时，模糊关系可用模糊矩阵来表示，所以模糊关系的截运算可以直接通过模糊矩阵的截运算来实现。若表示模糊关系 R 的模糊矩阵为

$$\boldsymbol{R}=(r_{ij})_{m\times n}=\begin{bmatrix} r_{11} & r_{12} & \cdots & r_{1n} \\ r_{21} & r_{22} & \cdots & r_{2n} \\ \vdots & \vdots & & \vdots \\ r_{m1} & r_{m2} & \cdots & r_{mn} \end{bmatrix}$$

式中，$r_{ij}\in[0,1]$

则对于 $\lambda\in[0,1]$，模糊关系的 λ 截关系为一个经典关系：

$$\boldsymbol{R}=[r_{ij}(\lambda)]_{m\times n}=\begin{bmatrix} r_{11} & r_{12} & \cdots & r_{1n} \\ r_{21} & r_{22} & \cdots & r_{2n} \\ \vdots & \vdots & & \vdots \\ r_{m1} & r_{m2} & \cdots & r_{mn} \end{bmatrix}$$

式中

$$r_{ij}(\lambda)=\begin{cases} 1, & r_{ij}\geqslant\lambda \\ 0, & r_{ij}<\lambda \end{cases}$$

截关系起着将模糊关系分明化的作用，它表示在 λ 水平下，两个元素具有经典关系。

【例 9-1】 取 $\lambda=0.85$，则相应的 0.85 截关系为

$$\boldsymbol{R}_{0.85}=\begin{bmatrix} 1 & 0 & 0 & 0 & 0 \\ 0 & 1 & 0 & 0 & 1 \\ 0 & 0 & 1 & 0 & 1 \\ 0 & 0 & 0 & 1 & 0 \\ 0 & 1 & 1 & 0 & 1 \end{bmatrix}.$$

其中，模糊二元关系及其截关系具有模糊集合及其截集所具有的一切运算性质，不再赘述。

4. 模糊关系的合成

给定论域 X、Y、Z、且 $R\in\mathcal{F}(X\times Y)$，$S\in\mathcal{F}(Y\times Z)$。所谓 R 与 S 的合成，就是从 X 到 Z 的一个模糊二元关系，记作 $R\circ S$，其隶属函数为

$$\forall(x,z)\in X\times Z$$

$$(R\circ S)(x,z)=\bigvee_{y\in Y}[R(x,y)\wedge S(y,z)]$$

当 $R\in\mathcal{F}(X\times X)$ 时，记 $R^2=R\circ R$，$R^n=R^{n-1}\circ R$

当论域有限时，模糊关系可用模糊矩阵来表示，所以模糊关系的合成运算可以直接通过模糊矩阵的合成运算来实现，如图 9-8 所示。

模糊关系的合成运算满足以下算律：

设 R、S、T 为满足相应运算的模糊二元关系，则有

1）结合律：$(R\circ S)\circ T=R\circ(S\circ T)$；特别地，$R^m\circ R^n=R^{m+n}$，$(R^m)^n=R^{mn}$。

2）分配律：$(R\cup S)\circ T=(R\circ T)\cup(S\circ T)$；$R\circ(S\cup T)=(R\circ S)\cup(R\circ T)$。

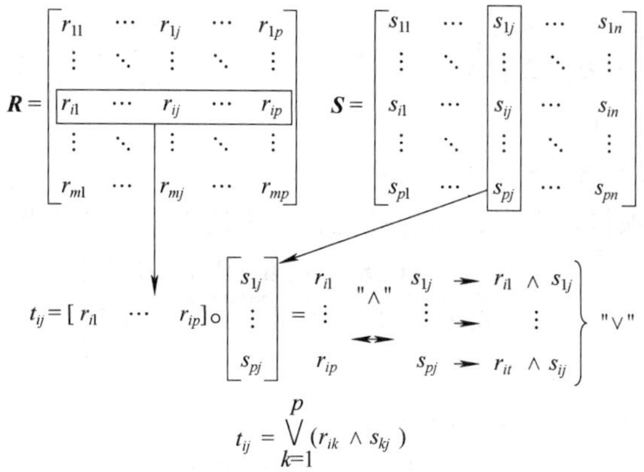

图 9-8　模糊矩阵合成的示意图

3）弱分配律：$(R\cap S)\circ T\subseteq(R\circ T)\cap(S\circ T)$；$R\circ(S\cap T)\subseteq(R\circ S)\cap(R\circ T)$。

4）单调性：$R\subseteq S\Rightarrow R\circ T\subseteq S\circ T$，$T\circ R\subseteq T\circ S$。

5）$(R\circ S)\lambda=R\lambda\circ S\lambda$。

一般来讲，模糊关系的合成不满足交换律，即 $R\circ S\neq S\circ R$。

5. 模糊等价关系

经典的等价关系是具有自反性、对称性、传递性的二元关系，利用等价关系可以对一个集合进行划分（分类）。同样地，当模糊二元关系具有自反性、对称性和传递性时，就成为一个模糊等价关系。模糊等价关系也是某些模糊聚类方法的理论基础。

（1）设 R 是论域 X 上的一个模糊二元关系，即 $R\in\mathcal{F}(X^2)$。

1）如果 $\forall x\in X$，都有 $R(x,x)=1$，则称 R 具有自反性。

2）如果 $\forall x,y\in X$，都有 $R(x,y)=R(y,x)$，则称 R 具有对称性。

3）如果 $R\supseteq R^2$，则称 R 具有传递性。

（2）设 $R\in\mathcal{F}(X^2)$ 是论域 X 上的模糊二元关系，若 R 具有自反性，则

1）$R^{n+1}\supseteq R^n(n\geqslant 1)$。

2）R^n 也具有自反性。

（3）设 $R\in\mathcal{F}(X^2)$ 是论域 X 上的模糊二元关系，则

1）R 具有对称性当且仅当 $R=R^{-1}$。

2）若 R 具有对称性，则 $R^n(n\geqslant 1)$ 也具有对称性。

3）$R\circ R^{-1}$ 是 X 上的对称模糊关系。

（4）设 R 是论域 X 上的一个模糊二元关系，即 $R\in\mathcal{F}(X^2)$。如果 R 同时具有自反性和对称性，则称 R 为模糊相似关系，且称隶属度 $R(x,y)$ 为 x 与 y 关于 R 的相似程度；如果 R 同时具有自反性、对称性和传递性，则称 R 为模糊等价关系。

（5）如果论域 X 有限，则描述模糊相似关系和模糊等价关系的模糊矩阵分别称为模糊相似矩阵和模糊等价矩阵。显然，如果一个模糊矩阵 $\boldsymbol{R}$ 满足 $\boldsymbol{R}\supseteq\boldsymbol{I}$（$\boldsymbol{I}$ 为单位矩阵），$\boldsymbol{R}=\boldsymbol{R}^{\mathrm{T}}$，则 $\boldsymbol{R}$ 是模糊相似矩阵；如果还满足 $\boldsymbol{R}\supseteq\boldsymbol{R}^2$ 则 $\boldsymbol{R}$ 是模糊等价矩阵。

（6）设 $\boldsymbol{R}\in\boldsymbol{M}_{n\times n}$ 是一个 n 阶模糊矩阵，如果 $\boldsymbol{R}$ 满足 $\boldsymbol{R}\supseteq\boldsymbol{R}^2$，则称 $\boldsymbol{R}$ 为模糊传递矩阵。在 $\boldsymbol{M}_{n\times n}$ 中包含 $\boldsymbol{R}$ 的最小的模糊传递矩阵称为 $\boldsymbol{R}$ 的传递闭包，记为 $t(\boldsymbol{R})$。一个模糊矩阵 $\boldsymbol{R}$

的传递闭包 $\boldsymbol{t}(\boldsymbol{R})$ 满足：

1）传递性：$\boldsymbol{t}(\boldsymbol{R})\circ\boldsymbol{t}(\boldsymbol{R})\subseteq\boldsymbol{t}(\boldsymbol{R})$。

2）包含性：$\boldsymbol{R}\subseteq\boldsymbol{t}(\boldsymbol{R})$。

3）最小性：$\boldsymbol{R}\subseteq\boldsymbol{S}$ 且 $\boldsymbol{S}\circ\boldsymbol{S}\subseteq\boldsymbol{S}\Rightarrow\boldsymbol{t}(\boldsymbol{R})\subseteq\boldsymbol{S}$。

【例 9-2】 考虑到项目管理中，在管理过程中描述工作效率"相像"关系的模糊矩阵为

$$\boldsymbol{R}=\begin{bmatrix}1 & 0.8 & 0.6 & 0.1 & 0.2\\ 0.8 & 1 & 0.8 & 0.2 & 0.85\\ 0.6 & 0.8 & 1 & 0 & 0.9\\ 0.1 & 0.2 & 0 & 1 & 0.1\\ 0.2 & 0.85 & 0.9 & 0.1 & 1\end{bmatrix}$$

由于 $\boldsymbol{R}\supseteq\boldsymbol{I}$ 且 $\boldsymbol{R}=\boldsymbol{R}^{\mathrm{T}}$，故 $\boldsymbol{R}$ 是模糊相似矩阵。又因为

$$\boldsymbol{R}^2=\begin{bmatrix}1 & 0.8 & 0.8 & 0.2 & 0.8\\ 0.8 & 1 & 0.85 & 0.2 & 0.85\\ 0.8 & 0.85 & 1 & 0.2 & 0.9\\ 0.2 & 0.2 & 0.2 & 1 & 0.2\\ 0.8 & 0.85 & 0.9 & 0.2 & 1\end{bmatrix}\neq\boldsymbol{R}$$

$$\boldsymbol{R}^4=\begin{bmatrix}1 & 0.8 & 0.8 & 0.2 & 0.8\\ 0.8 & 1 & 0.85 & 0.2 & 0.85\\ 0.8 & 0.85 & 1 & 0.2 & 0.9\\ 0.2 & 0.2 & 0.2 & 1 & 0.2\\ 0.8 & 0.85 & 0.9 & 0.2 & 1\end{bmatrix}=\boldsymbol{R}$$

于是 $\boldsymbol{R}$ 的传递闭包为 $\boldsymbol{t}(\boldsymbol{R})=\boldsymbol{R}^4=\boldsymbol{R}^2$。从而 $\boldsymbol{t}(\boldsymbol{R})$ 是由 $\boldsymbol{R}$ 经过改造后得到的模糊等价矩阵。

9.3 模糊聚类分析

在科学技术、经济管理中常常需要按一定的标准（相似程度或亲疏关系）对所研究的对象进行分类。对所研究的事物按一定的标准进行分类的数学方法称为聚类分析，它是多元统计"物以类聚"的一种分类方法。然而，在科学技术、经济管理中有许多事物的类与类之间并无清晰的划分，边界具有模糊性，它们之间的关系更多的是模糊关系。对于这类事物的分类，就应该用模糊数学方法。我们把应用模糊数学方法进行的聚类分析，称为模糊聚类分析。

模糊聚类分析的一般步骤如下：

第一步：建立数据矩阵。

设论域 $U=\{x_1,x_2,\cdots,x_n\}$ 为被分类的对象，每个对象又由 m 个指标表示其性状，即 $x_i=\{x_{i1},x_{i2},\cdots,x_{im}\}(i=1,2,\cdots,n)$，于是，得到原始数据矩阵为 $\boldsymbol{X}=(x_{ij})_{n\times m}$。

在实际问题中，不同的数据一般有不同的量纲。为了使有不同量纲的量也能进行比较，通常需要对数据做适当的变换。例如，平移到标准差的变换过程：

$$x_{ik}' = \frac{x_{ik} - \bar{x}_k}{s_k} \qquad (i = 1,2,\cdots,n;\ k = 1,2,\cdots,m)$$

式中，

$$\bar{x}_k = \frac{1}{n}\sum_{i=1}^{n} x_{ik}, \qquad s_k = \sqrt{\frac{1}{n-1}\sum_{i=1}^{n}(x_{ik} - \bar{x}_k)^2}$$

第二步：建立模糊相似矩阵。

确定 x_i 与 x_j 相似程度 $r_{ij} = R(x_i, x_j)$ 的方法主要有相似系数法与距离法。

（1）相似系数法。

1）夹角余弦法：

$$r_{ij} = \frac{\sum_{k=1}^{m} x_{ik}x_{jk}}{\sqrt{\sum_{k=1}^{m} x_{ik}^2}\sqrt{\sum_{k=1}^{m} x_{jk}^2}}$$

2）相关系数法：

$$r_{ij} = \frac{\sum_{k=1}^{m} |x_{ik} - \bar{x}_i||x_{jk} - \bar{x}_j|}{\sqrt{\sum_{k=1}^{m}(x_{ik} - \bar{x}_i)^2}\sqrt{\sum_{k=1}^{m}(x_{jk} - \bar{x}_j)^2}}$$

式中 $\bar{x}_i = \frac{1}{m}\sum_{k=1}^{m} x_{ik}$。

（2）距离法。直接利用距离法时，总是令

$$r_{ij} = 1 - cd(x_i, x_j)$$

式中，c 为适当选取的参数，它使得 $0 \leqslant r_{ij} \leqslant 1$。经常采用的距离有

1）海明距离：$d(x_i, x_j) = \sum_{k=1}^{m} |x_{ik} - x_{jk}|$。

2）欧氏距离：$d(x_i, x_j) = \sqrt{\sum_{k=1}^{m} (x_{ik} - x_{jk})^2}$。

3）切比雪夫距离：$d(x_i, x_j) = \max\{|x_{ik} - x_{jk}|,\ 1 \leqslant k \leqslant n\}$。

第三步：聚类（并画出动态聚类图）。

从第二步求出的 n 阶模糊相似矩阵 $\boldsymbol{R}$ 出发，用平方法求其传递闭包 $\boldsymbol{t}(\boldsymbol{R})$，它就是将 $\boldsymbol{R}$ 改造成的 n 阶模糊等价矩阵。再让 λ 由大变小，就可形成动态聚类图。

9.4 模糊综合评价

在现实生活中，人们常常需要对某一事物或现象进行总体评价，而作为被评价对象的事物或现象又往往是一个由相互关联、相互制约的众多因素构成的复杂系统。因此，评价过程中必须综合考虑各个因素的影响，以提高最终评价结果的科学性和准确性。这种对多因素复杂系统进行的总体评价，称为多变量综合评价或多变量综合评判，简称为综合评价或综合评判。

9.4.1 模糊综合评价的数学模型

两个集合（论域）：设 $U=\{u_1,u_2,\cdots,u_n\}$ 为被评价对象的 n 个因素构成的集合，称其为因素集；设 $V=\{v_1,v_2,\cdots,v_m\}$ 是评价者对评价对象可能做出的 m 种抉择等级（评语，即评价结果）构成的集合，称其为评价集（评语集）。

U 的评价矩阵，其形式为

$$\boldsymbol{R}=\begin{matrix} \\ u_1 \\ u_2 \\ \vdots \\ u_n \\ \ \end{matrix}\begin{bmatrix} r_{11} & r_{12} & \cdots & r_{1m} \\ r_{21} & r_{22} & \cdots & r_{2m} \\ \vdots & \vdots & & \vdots \\ r_{n1} & r_{n2} & \cdots & r_{nm} \\ v_1 & v_2 & \cdots & v_m \end{bmatrix} \in \mathcal{F}(U\times V)$$

评价矩阵的第 i 行是对因素 u_i 进行的单因素模糊评价，称之为单因素 u_i 的评价向量，元素 r_{ij} 是单因素 u_i 相对于抉择等级 v_j 的隶属度。

例如，$\boldsymbol{R}$ 的第 1 行分别表示因素 u_i 相对于各抉择等级（评语）$v_1,v_2,\cdots,v_m$ 的隶属度，或者说是因素 u_1 与抉择等级（评语）$v_1,v_2,\cdots,v_m$ 之间模糊关系程度。评价矩阵 $\boldsymbol{R}$ 确定一个从 U 到 V 的模糊变换 $T_{\mathrm{R}}:\mathcal{F}(U)\rightarrow\mathcal{F}(V)$ 。于是对于

$$\begin{aligned}\boldsymbol{A}&=\frac{A(u_1)}{u_1}+\frac{A(u_2)}{u_2}+\cdots+\frac{A(u_n)}{u_n}\\&=[a_1,a_2,\cdots,a_n]\in\mathcal{F}(U)\end{aligned}$$

有 $\boldsymbol{B}=\boldsymbol{T}_{\mathrm{R}}(A)=\boldsymbol{A}\circ\boldsymbol{R}\in\mathcal{F}(V)$ ，其中

$$\begin{aligned}\boldsymbol{B}&=\frac{B(v_1)}{v_1}+\frac{B(v_2)}{v_2}+\cdots+\frac{B(v_m)}{v_m}\\&=[b_1,b_2,\cdots,b_m]\in\mathcal{F}(V)\end{aligned}$$

通常 $\boldsymbol{A}$ 称为 U 的因素重要程度模糊子集（简称为因素模糊子集），a_i 称为因素的重要程度系数，是第 i 种因素对最终评价结果影响程度的度量，它的作用是调整或限制单因素 u_i 的评价对抉择等级 v_i 的隶属度，在一定程度上代表着单因素 u_i 评定最终等级的能力。模糊集 $\boldsymbol{B}\in\mathcal{F}(V)$ ，其中 $\boldsymbol{B}=\boldsymbol{T}_{\mathrm{R}}(\boldsymbol{A})=\boldsymbol{A}\circ\boldsymbol{R}=[b_1,b_2,\cdots,b_m]$ 综合考虑了 n 个因素及其影响程度之后得到的综合评价结果，它是 V 上的一个模糊集，称之为抉择等级模糊集。

9.4.2 关于模糊合成算子的选择

模糊综合评价中常用的有五种模型：

模型Ⅰ：主因素决定型 M(∧, ∨)

$$\boldsymbol{B}=\boldsymbol{A}\circ\boldsymbol{R}=[b_1,b_2,\cdots,b_m]$$

$$b_j=\bigvee_{i=1}^{n}(a_i\wedge r_{ij}),\quad j=1,2,\cdots,m$$

模型Ⅱ：主因素突出型 M(·, ∨)

$$\boldsymbol{B}=\boldsymbol{A}\circ\boldsymbol{R}=[b_1,b_2,\cdots,b_m]$$

$$b_j = \bigvee_{i=1}^{n} (a_i \cdot r_{ij}), \quad j = 1,2,\cdots,m$$

模型Ⅲ：主因素突出型（模型Ⅰ的一种变形）M(∧，⊕)

$$\boldsymbol{B} = \boldsymbol{A} \circ \boldsymbol{R} = [b_1, b_2, \cdots, b_m]$$

$$b_j = \min[1, \sum_{i=1}^{n} (a_i \wedge r_{ij})], \quad j = 1,2,\cdots,m$$

模型Ⅳ：广义加权平均型 M(·，⊕)

$$\boldsymbol{B} = \boldsymbol{A} \circ \boldsymbol{R} = [b_1, b_2, \cdots, b_m]$$

$$b_j = \min[1, \sum_{i=1}^{n} (a_i \cdot r_{ij})], \quad j = 1,2,\cdots,m$$

模型Ⅴ：加权平均型 M(·，+)

$$\boldsymbol{B} = \boldsymbol{A} \circ \boldsymbol{R} = [b_1, b_2, \cdots, b_m]$$

$$b_j = \sum_{i=1}^{n} a_i \cdot r_{ij}, \quad j = 1,2,\cdots,m \sum_{i=1}^{n} a_i = 1$$

9.4.3　因素重要程度和评价矩阵的确定

1. 因素重要程度模糊集的确定

确定因素重要程度模糊集 A 的常用方法有三种：德尔菲（Delphi）法、专家调查法、层次分析（AHP）法。

2. 评价矩阵的构造

评价矩阵诱导出一个从 U 到 V 的模糊映射 $\boldsymbol{f}_R: U \to \mathcal{F}(V)$，使得

$$u_i \mapsto \boldsymbol{R}_i = \boldsymbol{f}(u_i) = [r_{i1}, r_{i2}, \cdots, r_{im}], \quad i = 1,2,\cdots,n$$

式中，$\boldsymbol{R}_i$ 是对因素 u_i 进行的单因素模糊评价，即元素 r_{ij} 是单因素 u_i 的评价对抉择等级 v_j 的隶属度。

或者：对因素 u_i 进行单因素模糊评价，建立模糊集（u_i 的评价向量）$\boldsymbol{R}_i = [r_{i1}, r_{i2}, \cdots, r_{im}]$，形成一个从 U 到 V 的模糊映射 $\boldsymbol{f}: U \to \mathcal{F}(V)$，使得

$$\boldsymbol{f}(u_i) = \boldsymbol{R}_i$$

然后由 $\boldsymbol{f}$ 诱导出一个从 U 到 V 的模糊关系 $\boldsymbol{R}_f \in \mathcal{F}(X \times Y)$，简记为 $\boldsymbol{R}$，使得

$$\boldsymbol{R} = [R_1, R_2, \cdots, R_n]^{\mathrm{T}}$$

于是，就得到 U 的评价矩阵 $\boldsymbol{R}$。

9.4.4　多级模糊综合评价

多级模糊综合评价具体步骤如下：

设因素集为 $U = \{u_1, u_2, \cdots, u_n\}$ 评价集为 $V = \{v_1, v_2, \cdots, v_m\}$。

1. 划分因素集

对因素集 U 做划分，即令 $U = \{U_1, U_2, \cdots, U_N\}$，其中

$$U_i = \{u_{i1}, u_{i2}, \cdots, u_{ik_i}\}, \quad i = 1,2,\cdots,N \quad \sum k_i = n,$$

并且满足

$$\bigcup_{i=1}^{N} U_i = U, \ U_i \cap U_j = \varnothing, \ i \neq j$$

2. 初级评价

对每个 U_i 的 K_i 个因素，按初始模型做模糊综合评价。设 U_i 的因素重要程度模糊集为 A_i，U_i 的 K_i 个个因素的评价矩阵为 R_i，则有

$$\boldsymbol{A}_i \circ \boldsymbol{R}_i = \boldsymbol{B}_i = [b_{i1}, b_{i2}, \cdots, b_{im}], \ i = 1, 2, \cdots, N$$

3. 二级评价

设 $U = \{U_1, U_2, \cdots, U_N\}$ 的因素重要程度模糊集为 A，U 的评价矩阵 $\boldsymbol{R}$ 为

$$\boldsymbol{R} = \begin{bmatrix} B_1 \\ B_2 \\ \vdots \\ B_N \end{bmatrix} = \begin{bmatrix} A_1 \circ \boldsymbol{R}_1 \\ A_2 \circ \boldsymbol{R}_2 \\ \vdots \\ A_N \circ \boldsymbol{R}_N \end{bmatrix}$$

则得出总的（二级）模糊综合评价结果：$\boldsymbol{B} = \boldsymbol{A} \circ \boldsymbol{R}$

这也是因素集 $U = \{u_1, u_2, \cdots, u_n\}$ 的最终评价结果。

这种模糊综合评价称为二级模糊综合评价，其评价过程可用图 9-9 来描述。

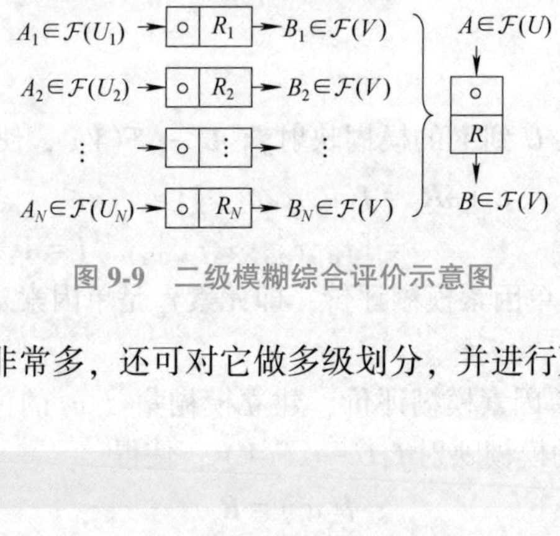

图 9-9　二级模糊综合评价示意图

如果因素集 U 的元素非常多，还可对它做多级划分，并进行更高层次的综合评价。

9.5 案例应用

9.5.1 模型在销售预测中的应用

1. 模型的建立

房地产的销售状况是销售价格、房地产所处地段繁华程度及其交通条件、性能质量、环境质量、促销手段、房型的特点、配套设施、开发商的形象、宏观经济政策、消费水平等因素综合影响的结果，如果假设房地产销售量的影响因素有 n 个，由此构成评价因素集 $U = \{u_1, u_2, \cdots, u_n\}$，而每个因素对项目的销售量影响程度是不同的，因此可分别给予不同的权数，令权数集合为 $A = \{a_1, a_2, \cdots, a_n\}$，式中，$a_i$ 为第 i 个因素 u_i 所对应的权数，且满足条件：

$$0 \leqslant a_i \leqslant 1 \text{ 且有} \sum_{i=1}^{n} a_i = 1$$

房地产的销售状况可以用好、较好、一般、较差、差等级别的模糊概念来表达，若假定销售状况总共分为 m 个级别，构成销售量的等级为 $Y=\{y_1,y_2,\cdots,y_m\}$。U 中的任何一个因素对于 Y 的销售状况各个级别都有相应的隶属度，即每一个因素属于 Y 中各级的程度，对于第 i 个因素而言，它对于各级的隶属度是 Y 上的模糊子集 R_i，$R_i=\{r_{i1},r_{i2},\cdots,r_{im}\}$。所有的 R_i 构成了模糊综合评判矩阵 $\boldsymbol{R}_i$，$\boldsymbol{R}=(r_{ij})(i=1,2,\cdots,n;\ j=1,2,\cdots,m)$。根据模糊矩阵的合成运算，得到 Y 上的模糊子集 $\boldsymbol{B}$，$\boldsymbol{B}=[b_1,b_2,\cdots,b_n]=[a_1,a_2,\cdots,a_n]\boldsymbol{R}$。上式中，$b_j=a_1r_{1j}+a_2r_{2j}+\cdots+a_nr_{nj}$，$j=1,2,\cdots,m$。

由此可见，此模型的关键在于如何确定恰当的权重 A 和隶属度。这两个方面的数据可以由房地产专家或资深人士根据经验进行确定。

2. 具体案例分析

假设某住宅小区，占地 30 万 m^2，它的建筑面积预计为 28 万 m^2，包含中高档住宅 10 万 m^2，户型分别为三室一厅、三室两厅和四室两厅，目标市场初步定为年收入为 10 万元左右的家庭，加之小区所处的地段不错，交通又便利，而且所处城市的消费水平很高，价格预计定在 3500 元/m^2 左右。此住宅小区性能质量定位很高，且相关配套设施一流，国家的宏观政策较好，政府已将房地产业确立为经济增长点的地位，这在一定程度上大大促进了该地区房地产业的发展。

依据上述基本情况，采用模糊综合评价模型对住宅小区第一年销售量进行分析。

首先确定房地产销售的评价等级体系。根据对住宅所处城市房地产市场的调查分析，可以将销售状况分为五个等级。

其次给出影响销售量因素及其分值。此项目具有非常强的个性特征，它销售量的大小是由住宅价格、住宅质量、地段、配套设施、环境质量、宏观政策、消费水平等许多因素综合作用的结果。为了不丢失有价值的因素，凭借有经验的人及该小区的特色，仅选用 10 个因素，这 10 个因素是对住宅销售影响最大并且最能体现该住宅特点的因素（表 9-2）。

表 9-2　影响房地产销售量各因素的权重及分值

因素	销售价格	地段	住宅质量	配套设施	营销手段	环境质量	物业管理	宏观政策和消费水平	房型特点	开发商形象
权重	0.20	0.09	0.15	0.12	0.08	0.06	0.04	0.11	0.10	0.05
分值	78	87	97	91	82	62	84	88	86	93

然后量化各个因素，确定销售量的影响权重。表 9-2 中是由资深人士凭借房地产开发经验确定的各个因素的权重值。

最后根据评价对象的具体情况，由此确定各个因素在该小区的具体分数。

由表 9-2 可得，影响因素集为 $U=\{U_1,U_2,\cdots,U_{10}\}$，即每个因素对房地产项目销售量的权数集中为 $\boldsymbol{A}=[0.20,0.09,0.15,0.12,0.08,0.06,0.04,0.11,0.10,0.05]$

1）建立隶属关系。影响住宅销售量的因素对于每个销售等级的隶属度可以由隶属函数求得，由相关经验可以建立间断性的隶属函数。

2）建立模糊评价矩阵。将表中的各因素的分值分别代入相应的隶属函数，可以求得模糊评价矩阵 $\boldsymbol{R}$。

3）评定销售等级。根据合成运算，求得模糊矩阵 $\boldsymbol{B}$：

$$\boldsymbol{B}=\boldsymbol{A}\cdot\boldsymbol{R}=[0.563,0.337,0.088,0.012,0]$$

从以上数据可以看出，计算的结果具有较高精度。由最大化原则，可以认为，该住宅销售等级应定位为“好”。

4）计算销售量。根据上述计算结果，可以将具体化为确切的分数 T：

$$T=[0.563,0.337,0.088,0.012,0][90,80,70,60,50]^{\mathrm{T}}=84.51$$

则第一年的销售量 Q：

$$Q=50\%+(60\%-50\%)\times(84.51-80)/(90-80)=54.51\%$$

就是说，该住宅小区第一年为 54.51%，说明销售状况较好，实际情况与模型的预测结果吻合。

3. 小结

影响房地产销售量各项因素的模糊定量评价问题在一定程度上可由房地产销售预测模型解决，这种分析方法是定性与定量相结合。解决房地产销售预测问题对房地产项目投资决策也会有很好的促进作用。

9.5.2 应用模糊数学对工程造价进行快速估算的方法

1. 估算步骤

（1）建立典型工程模糊关系矩阵。设 A_1，A_2，A_3，…，A_n 为 n 个已知的典型工程，用 T 表示工程特征集合（即模糊评判论域，以概括描述工程的结构和构造特征并以能充分说明问题为原则），如 T={结构特征，层高、建筑组合、基础类型、装饰材料…}，计算 $\boldsymbol{T}=[t_1,t_2,\cdots,t_m]$，式中 t_i 表示工程特征的元素名称。则第 i 个工程对应的工程特征记集合为 $\boldsymbol{T}_i=[t_{i1},t_{i2},\cdots,t_{im}]$，式中 t_{im} 表示第 i 个工程的第 m 个特征。这样，就得到了工程特征矩阵，根据工程特征矩阵，求出对应的模糊关系矩阵 $\boldsymbol{P}$，常用查得（Zadeh）记号表示为

$$\widetilde{p}_1=[p_{i1},p_{i2},\cdots,p_{im}]=\left[\frac{t_{i1}}{t_1},\frac{t_{i2}}{t_2},\cdots,\frac{t_{im}}{t_m}\right]$$

式中，p_i 表示第 i 个工程对应集合 T 的模糊子集；t_{im} 表示第 i 个工程第 m 个特征元素对应的隶属函数值；t_i 表示工程特征的元素名称。

隶属函数值的确定，通常是根据经验，并结合工程具体情况，由专家赋予，则典型工程的模糊关系矩阵 $\boldsymbol{P}$ 为

$$\underset{\sim}{\boldsymbol{P}}=\begin{bmatrix}P_{11} & P_{12} & \cdots & P_{1m}\\ P_{21} & P_{22} & \cdots & P_{2m}\\ \vdots & \vdots & & \vdots\\ P_{n1} & P_{n2} & \cdots & P_{nm}\end{bmatrix}=\begin{bmatrix}\dfrac{t_{11}}{t_1} & \dfrac{t_{12}}{t_2} & \cdots & \dfrac{t_{1m}}{t_m}\\ \dfrac{t_{21}}{t_1} & \dfrac{t_{22}}{t_2} & \cdots & \dfrac{t_{2m}}{t_m}\\ \vdots & \vdots & & \vdots\\ \dfrac{t_{n1}}{t_1} & \dfrac{t_{n2}}{t_2} & \cdots & \dfrac{t_{nm}}{t_m}\end{bmatrix}$$

（2）建立造价资料数据库，用一个矩阵 $\boldsymbol{C}$ 表示，即

$$C = \begin{bmatrix} c_{11} & c_{12} & \cdots & c_{1m} \\ c_{21} & c_{22} & \cdots & c_{2m} \\ \vdots & \vdots & & \vdots \\ c_{n1} & c_{n2} & \cdots & c_{nm} \end{bmatrix}$$

式中，C_{ij} 表示构成工程造价的第 i 个工程的第 j 个元素。

（3）计算贴近度。设计 A、B 是论域上的两个模糊子集，$U = \{U_1, U_2, \cdots, U_n\}$，那么 A、B 的内积 $A \cdot B$，外积 $A \odot B$ 以及贴近度 (A,B)，可由下列公式求出：

$$A \cdot B = \bigvee_{i=1}^{n} [U \wedge (U_i) \wedge U_B(U_i)]$$

$$A \odot B = \bigwedge_{i=1}^{n} [U \wedge (U_i) \vee U_B(U_i)]$$

$$(A,B) = \frac{1}{2}[A \cdot B + (1 - A \odot B)]$$

贴近度越大，说明 A、B 两个子集的相似程度越好，在实际工作中，A 子集取已竣工工程的模糊关系值，B 子集取预估工程的模糊关系值，从而能够计算出预估工程与已竣工工程的贴近度。

（4）计算工程造价。按照指数平滑法理论导出的预测公式：

$$E^* = \lambda [a_1 E_1 + a_2 E_2 (1 - a_1) + a_3 E_3 (1 - a_1)(1 - a_2) + (E_1 + E_2 + E_3)(1 - a_1)(1 - a_2)(1 - a_3)/3]$$

式中，a_1，a_2，a_3 为预估工程与三个最相似工程的贴近度，满足 $a_1 \geqslant a_2 \geqslant a_3$；$E_1$，$E_2$，$E_3$ 与 a_1，a_2，a_3 相应的典型工程的造价向量指标，即矩阵 $\boldsymbol{C}$ 中与 a_1，a_2，a_3 相应的造价资料的向量；λ 为调整系数。

通过以上方法能很快估算出拟建工程的造价矢量特征，即

$$\boldsymbol{E}^* = [e_1{}^*, e_2{}^*, \cdots, e_m{}^*]$$

即能很快估算出拟建工程的造价，工料消耗量等有关工程造价的指标。

（5）精度检验。将上述方法求得的预估工程造价或工料消耗量作为已知量，引入典型工程行列，分别将各典型工程的单方造价或工料消耗量作为未知量并对其进行估算，利用预测公式，求出各典型工程的单方造价或工料消耗量，将其与相应典型工程实际竣工决算的单方造价或工料消耗量做比较，看是否满足精度要求。若能满足精度要求，则说明典型工程各元素所定的隶属度可靠；若不满足要求，则要对所定元素的隶属度做适当的局部调整，重新检验精度，直至满足为止。

2. 具体案例分析

某公司要对某拟建家属楼进行估算，据施工图及有关资料进行分析，该工程为七层砖混结构、外墙为涂料、钢筋混凝土扩展基础、三室一厅、双阳台的住宅楼。由于时间紧迫，现采用本章介绍的方法对该工程进行估价，根据工程情况和专家意见，以已建好的与此工程相似的四栋住宅楼甲、乙、丙、丁作为典型工程，分析甲、乙、丙、丁拟建住宅楼的有关造价资料，确定模糊关系为：层数为六层的模糊关系定为 1，砖混结构、清水外墙的模糊关系定为 1，钢筋混凝土扩展基础的模糊关系定为 1，三室一厅组合、单阳台的模糊关系定为 1，这样，我们就得到了四种模糊关系。

经专家评议，典型工程的模糊关系矩阵为

$$\tilde{A} = \begin{bmatrix} \tilde{A}_1 \\ \tilde{A}_2 \\ \tilde{A}_3 \\ \tilde{A}_4 \end{bmatrix} = \begin{bmatrix} \frac{0.80}{t_1} & \frac{0.9}{t_2} & \frac{1.00}{t_3} & \frac{0.85}{t_4} \\ \frac{0.65}{t_1} & \frac{0.90}{t_2} & \frac{0.85}{t_3} & \frac{0.70}{t_4} \\ \frac{0.80}{t_1} & \frac{0.65}{t_2} & \frac{1.00}{t_3} & \frac{0.70}{t_4} \\ \frac{0.80}{t_1} & \frac{0.75}{t_2} & \frac{0.90}{t_3} & \frac{0.85}{t_4} \end{bmatrix}$$

预计工程Ⅰ的特征向量为

$$\tilde{A} = \left[\frac{0.90}{t_1}, \frac{0.85}{t_2}, \frac{1.00}{t_3}, \frac{0.75}{t_4}\right]$$

为简便计算，本题只对每平方米工程造价预估，其他造价资料（如工料消耗）的估算方法与此类似。

由于甲、乙、丙、丁工程的每平方米造价分别为 $B_1 = 640$ 元，$B_2 = 610$ 元，$B_3 = 650$ 元，$B_4 = 625$ 元。

$\tilde{A}^*$ 与 $\tilde{A}_1$ 的贴近度

$$\begin{aligned} \tilde{A}^* \cdot \tilde{A}_1 &= [(0.8 \wedge 0.9) \vee (0.90 \wedge 0.85) \vee (1 \wedge 1) \vee (0.85 \wedge 0.75)] \\ &= 0.8 \vee 0.85 \vee 1 \vee 0.75 = 1 \end{aligned}$$

$$\begin{aligned} \tilde{A}^* \odot \tilde{A}_1 &= [(0.8 \vee 0.9) \wedge (0.90 \vee 0.85) \wedge (1 \vee 1) \wedge (0.85 \vee 0.75)] \\ &= 0.9 \wedge 0.9 \wedge 1 \wedge 0.85 = 0.85 \end{aligned}$$

$$d_1 = (\tilde{A}^* \cdot \tilde{A}_1^*) = \frac{1}{2}[\tilde{A}^* \cdot \tilde{A}_1^* + (1 - \tilde{A}^* \odot \tilde{A}_1^*)] = \frac{1}{2}[1 + (1 - 0.85)] = 0.575$$

同理求 $\tilde{A}^*$ 与 $\tilde{A}_2$ 的贴近度 d_2 为 0.55，$\tilde{A}^*$ 与 $\tilde{A}_3$ 的贴近度 d_3 为 0.625，$\tilde{A}^*$ 与 $\tilde{A}_4$ 的贴近度 d_4 为 0.525。按就近原则 $d_3 \geqslant d_1 \geqslant d_2 \geqslant d_4$，取与预估工程贴近度最大的三个工程，即丙、甲、乙工程的造价资料进行估算。代入公式，有

$$\begin{aligned} \tilde{C}^* = \lambda[& B_1 d_1 + B_2 d_2 (1 - d_1) + B_3 d_3 (1 - d_1)(1 - d_2) + \\ & \frac{1}{3}(B_1 + B_2 + B_3)(1 - d_1)(1 - d_2)(1 - d_3)] = 643142\lambda \text{ 元} \end{aligned}$$

根据本工程特点，由专家确定调整系数为 1.03，则估算出预估工程的每平方米造价为 662.436 元。将求出的 E 工程的单方造价作为已知的典型工程，分别将各典型工程的单方造价作为未知量进行估算，方法同上，将估算结果与相应的典型工程实际竣工决算的单方造价做比较，精度均达到 95%以上，满足要求。

3. 结论

通过以上分析，应用本书介绍的方法进行工程造价的快速估算，所需时间较短，估算误

差在许可范围内，有较满意的精度，估算计算结果反映的是施工单位自己的施工水平，对施工企业提高预测速度和精度、施工企业编制投标文件或做投标报价具有十分重要的参考意义。这里对因建造时间差异而引起的工程造价费用因素的动态变化，如人工工资单价、建筑材料价格和机械台班费以及费率调整等因素的涨落，并未考虑，在实际工程的应用中，建议在这方面进一步研究。

9.5.3　项目投标报价的模糊综合评价

1. 模型的建立

根据建筑市场信息的调研结果和影响投标报价的因素分析结果，建立投标报价决策模糊综合评价模型。

（1）投标报价评价因素集的确定。基于影响投标报价典型因素的分析，结合实际情况选择评价因素，将所有的评价指标分成 t 个因素集，记 $U_1, U_2 \cdots, U_t$；满足条件：

$$U = \{U_1, U_2, \cdots, U_t\},\ U_i \cap U_j = \varnothing (i \neq j);$$

各子集 U_i（$i = 1, 2, \cdots, t$）又可再分若干评价指标子集 U_{ij}（$j = 1, 2, \cdots, m$）。即 $U_i = \{U_{i1}, U_{i2}, \cdots, U_{im}\}$，$i = 1, 2, \cdots, t$。

（2）各因素权重的确定。由于投标报价评价指标体系影响因素众多，因素之间相互关系复杂，因此采用层次分析法来确定权重较为科学。AHP 法根据 1～9 数量标度建立各层次上的判断矩阵，在满足一致性检验的条件下，判断矩阵的最大特征值对应的特征向量就是该层次相对于上一层元素的权重向量。元素两两对比的重要性及其赋值情况见表 6-1。

在对各个投标报价因素做出评价后，按层次和隶属关系由下往上逐级进行综合评判，低层次的多因素评价综合起来形成了上一级对应的单因素评价，这样便构成了二级综合评判体系。

（3）评语集的建立。$V = \{V_1, V_2, \cdots, V_n\}$，一般可分为五个等级，即评语为

$$V = \{\text{很强、较强、一般、较弱、很弱}\}$$

（4）建立隶属关系，构建模糊评判矩阵 $\boldsymbol{U}$ 和 $\boldsymbol{V}$ 之间的模糊关系为 $\boldsymbol{R}$，依据模糊统计法，由企业资深人士或专家对各因素进行评分，统计得分并归一化，得到模糊评判矩阵为

$$\boldsymbol{R} = (r_{ij})$$

式中，r_{ij} 表示投标报价影响因素集合 $\boldsymbol{U}$ 的第 i 个因素做出评语集 $\boldsymbol{V}$ 第 j 个评分因素的可能程度。固定 i 以后，可得 $\boldsymbol{R}_i = [r_{i1}, r_{i2}, r_{i3}, r_{i4}, r_{i5}]$，即为对第 i 个单因素 5 种评语因素的可能程度。所有单因素的模糊评判向量构成多因素模糊评判矩阵。

（5）模糊综合评价。将模糊评判矩阵和因素的权重集进行模糊运算并进行统计归一化，得到模糊综合评价的结果 $\boldsymbol{B} = \boldsymbol{W} \times \boldsymbol{R} = [b_1, b_2, \cdots, b_m]$。

（6）确定评价等级和投标报价决策。根据累计隶属度法则，确定评判对象的等级。即在模糊综合评价的最终结果 $[b_1, b_2, \cdots, b_m]$ 中取对应 b_i 的评语作为评判结果，i 为第一满足 $\sum_{j=1}^{i} b_i \geqslant 60\%$ 的值。

专家在对单因素评价时，基于的利润率取值范围是 $D = \{d_1, d_2, d_3, d_4, d_5\}$，其中 d_1，d_5 分别是承包商的历史最低利润率和历史最高利润率；d_2, d_3, d_4，分别由 d_1，d_5 线性插值获得。投标报价的决策利润率可以由模糊综合评价的结果与 D 的模糊数学关系获得，即 $\boldsymbol{M}$ = $[b_1$,

$b_2, \cdots, b_m] \times \boldsymbol{D}^{\mathrm{T}}$。

2. 工程实例

某承包商参加一个土建项目公开招标，承包企业根据自己的经营战略，考虑该项目中标以后对扩大承包企业的影响比较显著，同时该工程承包单位的综合实力比较有竞争优势，竞争对手的实力不具有明显优势，而且承包商现有业务量不饱满，有大量闲置的人力、机械设备等资源，迫切需求中标承包该工程项目。承包商资格通过评审之后，购买招标文件，准备投标。承包商在对成本、利润、税率、风险变化等因素进行充分估计的基础上，对该企业的综合实力、工程经验等指标的评分采用模糊综合评判的算法，对企业报价选择的利润率进行了模拟计算。

（1）建立投标报价指标体系。在参考国内外文献的基础上结合我国的国情以及投标活动所处的阶段，采取 12 个因素，分为“公司”“项目”“其他”三大类，构成了施工企业投标报价的评价指标体系见图 9-10。据此可以确定投标因素集

$$U = \{U_1, U_2, \cdots, U_m\}$$

即 $U=$ {中标迫切度，工程经验度，综合实力度，中标影响度，工期要求，交工难易度，规模和类型，合同价款支付，业主信誉，竞争对手，地理环境，资源价格}。

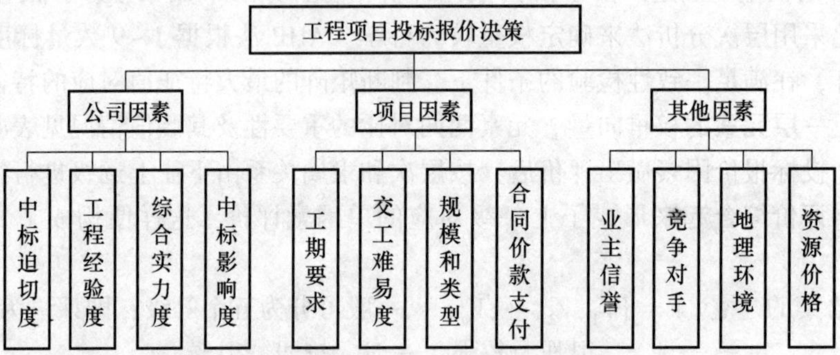

图 9-10 工程项目投标报价决策评价指标体系

（2）AHP 法确定指标权重。如前所述，判断矩阵和权重计算结果，有

$$\boldsymbol{G} = \begin{bmatrix} 1 & 1 & 6 \\ 1 & 1 & 6 \\ \frac{1}{6} & \frac{1}{6} & 1 \end{bmatrix}, \quad \boldsymbol{C}_1 = \begin{bmatrix} 1 & 1 & 1 & 3 \\ 1 & 1 & 1 & 3 \\ 1 & 1 & 1 & 3 \\ \frac{1}{3} & \frac{1}{3} & \frac{1}{3} & 1 \end{bmatrix},$$

$$\boldsymbol{C}_2 = \begin{bmatrix} 1 & 3 & 5 & 1 \\ \frac{1}{3} & 1 & 3 & \frac{1}{3} \\ \frac{1}{5} & \frac{1}{3} & 1 & \frac{1}{5} \\ 1 & 3 & 5 & 1 \end{bmatrix}, \quad \boldsymbol{C}_3 = \begin{bmatrix} 1 & 5 & 5 & 1 \\ \frac{1}{5} & 1 & 1 & \frac{1}{3} \\ \frac{1}{5} & 1 & 1 & \frac{1}{3} \\ 1 & 3 & 3 & 1 \end{bmatrix}$$

经过一致性检验，四个判断矩阵是满意的. 用方根法求判断矩阵的权重向量：

$$W_G = [0.4615,\ 0.4615,\ 0.077]^{\mathrm{T}},\ W_{C_1} = [0.3,\ 0.3,\ 0.3,\ 0.1]^{\mathrm{T}}$$

$$W_{C_2} = [0.39,\ 0.15,\ 0.07,\ 0.39]^{\mathrm{T}},\ W_{C_3} = [0.45,\ 0.1,\ 0.1,\ 0.35]^{\mathrm{T}}$$

（3）确定评语集和单因素评价。评语集为 $\boldsymbol{V}=$［很强，较强，一般，较弱，很弱］＝［1,2,3,4,5］，共有五位专家参与单因素评价，即评价人集 $\boldsymbol{p}=[p_1, p_2, p_3, p_4, p_5]$。单因素评价结果有

$$i=1,\ \boldsymbol{R}_1=[0.8,\ 0.2,\ 0,\ 0,\ 0]$$
$$i=2,\ \boldsymbol{R}_2=[0.8,\ 0.2,\ 0,\ 0,\ 0]$$
$$i=3,\ \boldsymbol{R}_3=[0.8,\ 0.2,\ 0,\ 0,\ 0]$$
$$i=4,\ \boldsymbol{R}_4=[0.2,\ 0.4,\ 0.4,\ 0,\ 0]$$
$$i=5,\ \boldsymbol{R}_5=[0.8,\ 0.1,\ 0.1,\ 0,\ 0]$$
$$i=6,\ \boldsymbol{R}_6=[0.6,\ 0.2,\ 0.2,\ 0,\ 0]$$
$$i=7,\ \boldsymbol{R}_7=[0.2,\ 0.4,\ 0.4,\ 0,\ 0]$$
$$i=8,\ \boldsymbol{R}_8=[0.8,\ 0.1,\ 0.1,\ 0,\ 0]$$
$$i=9,\ \boldsymbol{R}_9=[0,\ 0.4,\ 0.6,\ 0,\ 0]$$
$$i=10,\ \boldsymbol{R}_{10}=[0,\ 0.8,\ 0.2,\ 0,\ 0]$$
$$i=11,\ \boldsymbol{R}_{11}=[0,\ 0.8,\ 0.2,\ 0,\ 0]$$
$$i=12,\ \boldsymbol{R}_{12}=[0,\ 0.4,\ 0.6,\ 0,\ 0]$$

因此下一层单因素评价组成多因素评价矩阵，即模糊关系 $\boldsymbol{R}$，则有 $R_i=[r_{ij}]$，具体矩阵为

$$\boldsymbol{R}_{\text{公司}}=\begin{bmatrix}0.8 & 0.2 & 0 & 0\\0.8 & 0.2 & 0 & 0\\0.8 & 0.2 & 0 & 0\\0.2 & 0.4 & 0.4 & 0\end{bmatrix},\ \boldsymbol{R}_{\text{项目}}=\begin{bmatrix}0.8 & 0.1 & 0.1 & 0\\0.6 & 0.2 & 0.2 & 0\\0.2 & 0.4 & 0.4 & 0\\0.8 & 0.1 & 0.1 & 0\end{bmatrix},$$

$$\boldsymbol{R}_{\text{其他}}=\begin{bmatrix}0 & 0.4 & 0.6 & 0\\0 & 0.8 & 0.2 & 0\\0 & 0.8 & 0.2 & 0\\0 & 0.4 & 0.6 & 0\end{bmatrix}$$

（4）进行模糊综合评价。

1）一级模糊综合评价。对投标报价各要素的模糊评价计算为

$$\boldsymbol{R}_i=\boldsymbol{W}_i^{\,t}\times\boldsymbol{R}'_i,\qquad i=1,2,3$$

式中，$\boldsymbol{R}_i$ 为第 i 个要素的模糊评判向量；$\boldsymbol{W}_i$ 为第 i 个要素中各个子要素的权重集；$\boldsymbol{R}'_i$ 为第 i 个要素中各个子要素所组成的模糊评判矩阵。

$i=1$ 时，即公司因素的单因素评价

$$\boldsymbol{R}_{\text{公司}}=[0.3,\ 0.3,\ 0.3,\ 0.1]\cdot\begin{bmatrix}0.8 & 0.2 & 0 & 0\\0.8 & 0.2 & 0 & 0\\0.8 & 0.2 & 0 & 0\\0.2 & 0.4 & 0.4 & 0\end{bmatrix}=[0.74,\ 0.22,\ 0.04,\ 0]$$

$i=2$ 时，即项目因素的单因素评价

$$\boldsymbol{R}_{项目}=[0.39,\ 0.15,\ 0.07,\ 0.39]\cdot\begin{bmatrix}0.8&0.1&0.1&0\\0.6&0.2&0.2&0\\0.2&0.4&0.4&0\\0.8&0.1&0.1&0\end{bmatrix}=[0.728,\ 0.136,\ 0.136,\ 0]$$

除了公司和项目因素外，本次投标报价决策选取的其他因素的单因素评价：

$$\boldsymbol{R}_{其他}=[0.45,\ 0.1,\ 0.1,\ 0.35]\cdot\begin{bmatrix}0&0.4&0.6&0\\0&0.8&0.2&0\\0&0.8&0.2&0\\0&0.4&0.6&0\end{bmatrix}=[0,\ 0.48,\ 0.52,\ 0]$$

2）二级模糊综合评价。所有单因素评价向量 $\boldsymbol{R}_1$，$\boldsymbol{R}_2$，…，$\boldsymbol{R}_t$ 构成二级多因素模糊评判矩阵。

$$\boldsymbol{B}_{投标报价}=[0.4615,\ 0.4615,\ 0.077]\cdot\begin{bmatrix}0.740&0.220&0.040&0\\0.728&0.136&0.136&0\\0&0.480&0.520&0\end{bmatrix}$$

$$=[0.677,\ 0.201,\ 0.122,\ 0]$$

综合评价的结果表明，此项工程的投标有67.7%的人认为很强，20.1%的人认为较强，“一般”“较弱”的隶属度分别为12.2%和0。

（5）确定评价等级和投标决策。规定必须60%以上的意见才能确定评价等级。根据隶属函数的最大原则得 $\max(E)=0.677$，对应评语集 V 中相应元素为“很强”，则表示该承包单位应参加投标报价的趋向是很强的，相应隶属函数为0.677，故根据各方面的条件应当确定一个合理的利润率。设公司的最高利润率为15%，最低利润率为5%，则利润率矩阵为

$$\boldsymbol{D}=[5\%,\ 8.5\%,\ 11.5\%,\ 15\%]$$

$$\boldsymbol{M}=[0.677,\ 0.201,\ 0.122,\ 0]\times[5\%,\ 8.5\%,\ 11.5\%,\ 15\%]^{\mathrm{T}}=6.4965\%$$

所以投标报价利润率近似为6.5%。

3. 总结

投标决策是承包商经营成败的关键，在投标竞争中一个投标者纵然拥有过硬的技术、完备的设备、丰富的经验和充足的资金，但是如果缺乏具有正确性、预见性的投标报价策略和方法也是要失败的。基于模糊综合评价的投标报价决策模型的优点在于将目标和多个影响因素充分考虑，在承包商充分分析成本、利润、税率、风险变化等因素的前提下，帮助承包商科学地进行投标报价的决策。

参考文献

[1] 谌红. 模糊数学在国民经济中的应用 [M]. 武汉：华中理工大学出版社，1994.

[2] 邵兵家，王骏，陈昌怡. 商品在线销售适合度的模糊聚类分析 [J]. 重庆大学学报（自然科学版），2003，26（4）：143-146.

[3] 易先平，徐辉. 基于模糊数学理论的房地产销售预测模型及其应用 [J]. 华东经济管理，2001，15（6）：47-48；58.

[4] 孙巍，张屹山. 工业经济增长方式转变程度的区域性特征 [J]. 中国软科学，2002（10）：98-102.

[5] 李丹，董志国. 基于模糊数学的工程项目投标机会选择模型 [J]. 河南科学，2011，29（12）：30-32.
[6] 李丹，董志国. AHP法在工程项目投标机会选择中的应用 [J]. 河南科学，2012，30（1）：135-137.
[7] 李丹，董志国. AHP法在高校物资招标采购评标中的应用 [J]. 河南科学，2012，30（6）：820-822.
[8] 陈凯华，张孝远. 模糊综合评价模型的改进及应用 [J]. 甘肃科学学报，2006，18（3）：111-115.
[9] 李丹，董志国. 模糊综合评价模型在评标中的应用：以高校物资采购为例 [J]. 河南科学，2012，30（11）：1669-1671.
[10] 阮连法，温海. 模糊综合评价在工程投标报价中的应用 [J]. 建筑经济，2000，21（2）：32-35.

第10章 灰色系统方法

10.1 灰色系统理论概述

10.1.1 灰色系统理论的基本概念

1. 灰色系统及灰色系统理论的创立背景

颜色的深浅在控制理论中常用来形容信息的多少。灰色系统是指研究对象信息（或结构、参数、机理、资料）部分清楚、部分不清楚的系统。它是相对于信息全部未知的黑色系统和信息全部已知的白色系统而言的。实际上自然界绝大多数系统都是灰色的，黑色、白色系统只不过是极端的情况。灰色系统较真实、全面地反映了我们对一个实际系统的认识程度。对任何实际系统，我们不可能也没必要了解与之有关的所有信息，从这个意义上讲，对系统的研究就不得不从灰色的角度出发。

长期从事自动化、系统工程和控制理论研究的邓聚龙教授于1979年开始研究参数不完全系统、未知参数系统的控制问题，并于1982年在荷兰《系统与控制通信》国际杂志上正式发表奠基性论文《灰色系统的控制问题》。灰色系统理论自提出以来，受到了国内外许多知名学者的好评，目前已逐步成为一个覆盖面较大、渗透力较强的新兴研究领域。

2. “灰”的含义及“灰”与“白”的辩证关系

“灰”的概念反映了人们在认识事物过程中一种过渡、渐变、折中、灵活的方式，对于不同的问题，“灰”可有不同的含义。当人们讨论获取的系统资料的完善程度时，“灰”可以理解为介于完善与不完善、部分完善与部分不完善之间；当讨论对事物的认识程度时，可以理解为介于清晰与不清晰之间的朦胧……

从实质看，系统分析过程一般是由“白”到“灰”的过程。系统是白还是灰，往往与观测的层次有关。同一个系统、同一个参数，在宏观、整体的高层次来看可能是白的，而在微观、局部的低层次来看就是灰的了。更多的情况是由“灰”变“白”。具体说来就是将有限的信息做合理的加工、处理，以生成更多的信息，使问题尽可能变得清楚一些，使判断尽可能准确一些。

3. 灰色系统的几个基本概念

灰色系统用灰色参数（简称灰数或灰元）、灰色方程、灰色矩阵等来描述事物。某个只知道大概范围而不知道确切值的数，称之为灰数。含有灰元的方程与矩阵则分别称为灰色方程与灰色矩阵。灰数有以下几类：区间灰数，信息灰数（也称邓氏灰数），连续灰数与离散灰数，本征灰数与非本征灰数。

灰色系统理论认为，区别白色系统与灰色系统的主要标志是：系统因素之间是否具有确定的关系。例如，电流和电压、电阻之间可用欧姆定律 $I=U/R$ 来描述，由电压变化序列可以唯一地确定一个电流序列，这是一个白色系统。因此可以说白色系统的特征是因素之间存在映射关系。因素之间有明确的映射关系，要求系统有明确的作用原理，明确的结构和物理原理。然而许多系统，如工程管理系统，虽然知道影响系统的某些因素，但很难明确全部因素，很难确定各因素之间的映射关系。我们以往建立的模型都是在一定的假设条件下，按某种逻辑推理、某种理性认识得到的，这种关系充其量只能是原系统的“代表”，这类系统可称为非本征性灰色系统。工程管理系统就属此类。

10.1.2 灰色系统理论研究的基本方法

1. 系统分析法

目前，系统分析的量化方法大多属数理统计方法，如回归分析、方差分析、主成分分析等。其中，以回归分析法用得最多，然而回归分析有下述弱点；要求大样本量，要求样本有较好的分布规律，计算工作量较大，可能出现量化结果与定性分析结果不符的现象。灰色系统理论提出了一种新的分析方法，称为系统的灰关联度分析法。它是根据因素之间发展势态的相似或相异程度，来衡量因素间关联程度的方法。灰关联度是按发展趋势进行分析，对样本量的多少没有过分要求，也不需要典型的分布规律，计算量小，且不致出现灰关联度量化结果与定性分析不一致的情况。

2. 灰色建模法

灰色系统理论基于灰色关联空间、光滑离散函数等概念，定义了灰导数与灰微分方程，进而用离散数据列建立了微分方程型的动态模型。考虑到这是本征灰色系统的基本模型，且模型非唯一，是近似的，故称为灰模型，记为 GM(Grey Models)。

灰色理论之所以能够建立近似的微分方程型模型，是基于下述概念、观点、方法和途径。

1）灰色理论将随机量当作是一定范围内变化的灰量，将随机过程当作是在一定幅区和一定时区变化的灰过程。

2）灰色理论将无规律的原始数据变为较有规律的生成数列后再建模，灰色模型 GM 实际上是生成数据模型。

3）通过 GM 模型得到的数据，必须经过逆生成还原后才能用。

4）灰色理论是针对符合光滑离散函数条件的一类数列建模，一般原始数据进行累加生成（AGO）后，可得到光滑离散函数。

5）基于光滑离散函数的收敛性与灰关联空间的极限概念，定义了灰导数。

6）灰色理论认为微分方程是背景值与各阶导数（灰导数）的某种组合。若组合是线性的，系数是常数，则称为线性微分方程；若组合是非线性的，则是非线性微分方程。

7）灰色理论通过灰数的不同生成，数据的不同取舍，不同级别的残差 GM 模型的补充、调整、修正，提高模型精度。

8）灰模型在考虑残差 GM 模型的补充后，变成了近似的差分微分模型。

9）一般采用三种方法检验和判断 GM 模型的精度：①残差大小检验，为逐点检验；②关联度检验，是模型曲线形状与参考曲线形状接近程度的检验；③后验差检验，是残差分布、残差统计特征的检验；

10）对高阶系统建模，灰色理论通过 GM(1,N)模型群来解决，GM 模型群即一阶微分方程组。此外，也可以通过多级残差 GM 模型的补充修正来解决。

3. 灰色预测法

灰色预测是直接采用 GM(1,1)模型对系统行为特征值的发展变化进行的预测（数列预测）；对行为特征值中异常值发生时刻进行的估计（灾变预测）；对在特定时区发生的事件，对未来时间分布所做的计算（季节灾变预测）；对杂乱波形的未来态势与波形所做的整体研究（拓扑预测）；对系统多个因子的动态关联，进行 GM(1,1)与 GM(1,N)的配合研究（系统预测）。

以往常用的预测模型都是因子模型，建立因子模型的关键是要找出与预测对象相关性，彼此间独立的预测因子。由于工程管理系统本身及其发展过程的灰性，有时很难给我们提供预测因子的准确信息，所以要建立因子预测模型是困难的，有时甚至是不可能的。而灰模型为预测事物的发展变化过程提出了新的理论和方法，其中应用最广泛的是单一序列一阶线性动态 GM(1,1)预测模型。GM(1,1)预测模型是基于随机的原始时间序列，经过时间累加后所形成的新的时间序列呈现的规律，可用一阶线性微分方程的解来逼近。只要 GM(1,1)模型与不同数据生成处理相结合，就能做出不同要求的预测。

4. 灰色决策方法

所谓决策，是指发生了某些事件，考虑许多对策去应付，不同对策的效果不同，从这些对策中挑选一批效果最佳者，去对付这些事件。灰色决策理论解决了许多传统决策方法所不能解决的问题。决策模型中含有灰元或一般决策模型与 GM(1,1)模型组合时进行的决策，称为灰色决策。

灰色决策方法有灰统计决策、灰聚类决策、优势分析、灰层次决策、灰局势决策、灰线性规划决策及系统总体协调仿真等。

10.1.3 灰色系统理论与模糊数学、黑箱分析方法的区别

一般认为，灰色系统与模糊数学、黑箱分析的区别，主要在于对系统内涵与外延处理态度的不同，研究对象内涵与外延性质的不同。

灰色系统着重外延明确、内涵不明确的对象。模糊数学着重于外延不明确、内涵明确的对象。黑箱分析方法是着重系统外部行为数据的处置方法，是因果关系的量化方法，是取外延而弃内涵的处置方法。

灰色建模方法是着重系统行为数据间内在关系的量化方法，是内涵外延化的方法，是外延内涵均取的方法。如 GM(1,1)模型的灰作用量，形式是外延的，而内容是内涵的。黑箱分析方法因果是明确的，建模的序列必有前因序列（输入序列）与后果序列（输出序列），必须是双“序列”。而灰色系统的 GM(1,1)模型则是以单序列建模，可以通过辨识，找出外延形式的作用量即灰作用量，因果关系不一定非明确不可。

模糊数学属数学范畴，以特有模糊集合为基础，用隶属度来讨论问题。灰色系统理论属系统理论范畴，以经典数学方法为基础，是一种新的系统思想，而不是一种新的数学方法。

模糊数学以概念、思维的量化为宗旨，侧重于对事物的描述，在工程管理领域，目前多用于聚类分析、综合评判等。灰色系统理论除具有与之相近的功能外，主要以信息的利用与

开拓为宗旨，以客观现象的量化为目标，除对事物描述外，更侧重于对事物发展过程进行动态研究。

概言之，灰色系统与模糊数学的区别在于以下几点：

1）数学基础不同。模糊数学以模糊集作为主要数学手段，建立在多值逻辑的基础上。灰色系统建立在一般数学基础上（数学分析、线性代数、泛函数、拓扑等），而不是逻辑问题。

2）任务不同。模糊数学研究概念描述、研究逻辑的量化关系。灰色系统研究本身是自然科学，是系统论的分支，控制论的发展，是运筹学与控制论的结合。

3）研究角度不同。模糊数学研究的概念比较明确，但量化模糊，不是从信息和信息完备角度提出问题和解决问题。灰色系统是从信息是否完备的角度来研究问题。

10.2 灰色系统关联分析及其方法

系统因素之间关系非常复杂，特别是其表面现象及变化的随机性、模糊性和灰色性，使人们在观察、分析、预测和决策时得不到足够的信息，找不到主要矛盾，从而给复杂系统的系统分析带来困难。

研究一个系统，首先要进行系统分析。灰色关联度是两个系统或两个因素间关联性大小的量度，它描述系统发展过程中因素间相对变化的情况，也就是变化大小、方向与速度等的相对性。如果两因素在发展过程中相对变化态势一致性高，则两者的灰色关联度大；反之，灰色关联度就小。所谓灰色关联分析，就是系统的因素分析，是对一个系统发展变化态势的定量比较和反映。灰色关联分析是通过灰色关联度来分析和确定系统因素间的影响程度或因素对系统主行为的贡献程度的一种方法。

数理统计中的回归分析、方差分析、主成分分析等都是用来进行系统特征分析的方法。但数理统计中的分析方法往往需要大量数据样本，且服从某个典型分布。灰色关联分析方法弥补了采用数理统计方法进行系统分析所导致的缺憾。它对样本量的多少和样本有无规律都同样适用，而且计算量小，十分方便，更不会出现量化结果与定性分析结果不符的情况。

10.2.1 关联度的计算步骤

1）根据评价目的确定评价指标体系，收集评价数据。

设由 m 个数据序列 X_i（$i=1,2,\cdots,m$）及参考数据序列 X_0 形成矩阵

$$[\boldsymbol{X}_0(1),\boldsymbol{X}_1(1),\cdots,\boldsymbol{X}_m]=\begin{bmatrix} x_0(1) & x_1(1) & \cdots & x_m(1) \\ x_0(2) & x_1(2) & \cdots & x_m(2) \\ \vdots & \vdots & & \vdots \\ x_0(n) & x_1(n) & \cdots & x_m(n) \end{bmatrix}$$

式中，n 为各序列中指标的个数。

2）确定参考数据列 $\boldsymbol{X}_0$。

参考数据列，应该是一个理想的比较标准。可以以各指标的最优值（或最劣值）构成

参考数据列，也可根据评价目的选择其他参照值，记作

$$X_0 = [x_0(1), x_0(2), \cdots, x_0(n)]$$

3）对指标数据序列用关联算子进行量纲为1化（也可以不进行量纲为1化），量纲为1化后的数据序列形成矩阵

$$[X_0(1), X_1(1), \cdots, X_m] = \begin{bmatrix} x_0'(1) & x_1'(1) & \cdots & x_m'(1) \\ x_0'(2) & x_1'(2) & \cdots & x_m'(2) \\ \vdots & \vdots & & \vdots \\ x_0'(n) & x_1'(n) & \cdots & x_m'(n) \end{bmatrix}$$

常用的量纲为1化方法有均值化像法、初值化像法等，即

$$x_1'(k) = \frac{x_i(k)}{\frac{1}{n}\sum_{k=1}^{n} x_i(k)}, \quad x_1'(k) = \frac{x_i(k)}{x_i(1)} \qquad (i = 0,1,\cdots,m;\ k = 1,2,\cdots,n)$$

4）逐个计算每个被评价对象指标序列与参考序列对应元素的绝对差值，即

$$\Delta_i(k) = |x_0'(k) - x_i'(k)| \qquad (k = 1,\cdots,n;\ i = 1,\cdots,m)$$

5）确定 $m = \min\limits_{i=1}^{m} \min\limits_{k=1}^{n} |x_0'(k) - x_i'(k)|$ 与 $M = \max\limits_{i=1}^{m} \max\limits_{k=1}^{n} |x_0'(k) - x_i'(k)|$

6）计算关联系数。

分别计算每个比较序列与参考序列对应元素的关联系数，即

$$r[x_0'(k),\ x_i'(k)] = \frac{m + \xi M}{\Delta_i(k) + \xi M} \qquad (k = 1,\cdots,n)$$

式中，ξ 为分辨系数，在（0,1）内取值，ξ 越小，关联系数间的差异越大，区分能力越强，通常取0.5。

7）计算关联度 $r(X_0, X_i) = \frac{1}{n}\sum\limits_{k=1}^{n} r_{0i}(k)$ 。

8）依据各观察对象的关联度，得出综合评价结果。

10.2.2 灰色关联分析的应用

【例10-1】 利用灰色关联分析对6个汽车品牌进行综合评价。

【解】 1）评价指标：价格、操纵性、性能稳定性、耐用性、售后服务、舒适性与安全性。

2）对原始数据经处理后得到表10-1所示数值。

表10-1 汽车品牌评价数据表

编号	价格	操纵性	性能稳定性	耐用性	售后服务	舒适性	安全性
X_1	8	9	8	7	5	2	9
X_2	7	8	7	5	7	3	8
X_3	9	7	9	6	6	4	7

（续）

编号	价格	操纵性	性能稳定性	耐用性	售后服务	舒适性	安全性
X_4	6	8	8	8	4	3	6
X_5	8	6	6	9	8	3	8
X_6	8	9	5	7	6	4	8

3）确定参考数据列：$\boldsymbol{X}_0=[9,9,9,9,9,9,9]$。

4）计算 $\Delta_i(k)=|x'_0(k)-x'_i(k)|(k=1,\cdots,n;\ i=1,\cdots,m)$，见表 10-2。

表 10-2　汽车品牌比较值数据表

编号	价格	操纵性	性能稳定性	耐用性	售后服务	舒适性	安全性
Δ	Δ_i (1)	Δ_i (2)	Δ_i (3)	Δ_i (4)	Δ_i (5)	Δ_i (6)	Δ_i (7)
$\vert X_1-X_0\vert$	1	0	1	2	4	7	0
$\vert X_2-X_0\vert$	2	1	2	4	2	6	1
$\vert X_3-X_0\vert$	0	2	0	3	3	5	2
$\vert X_4-X_0\vert$	3	1	1	1	5	6	3
$\vert X_5-X_0\vert$	1	3	3	0	1	6	1
$\vert X_6-X_0\vert$	1	0	4	2	3	5	1

5）$m=\min\limits_{i=1}^{m}\min\limits_{k=1}^{n}|x'_0(k)-x'_i(k)|=\min(0,1,0,1,0,0)=0$，

$M=\max\limits_{i=1}^{m}\max\limits_{k=1}^{n}|x'_a(k)-x'_i(k)|=\max(7,6,5,6,6,5)=7$。

6）依据式 $r[x'_0(k),\ x'_i(k)]=\dfrac{m+\xi M}{\Delta_i(k)+\xi M}$，取 $\xi=0.5$ 计算，得

$r_{01}(1)=\dfrac{0+0.5\times 7}{1+0.5\times 7}=0.778$，$r_{01}(2)=\dfrac{0+0.5\times 7}{0+0.5\times 7}=1.000$，$r_{01}(3)=0.778$，

$r_{01}(4)=0.636$，$r_{01}(5)=0.467$，$r_{01}(6)=0.333r_{01}(7)=1.000$.

同理得出其他各值，见表 10-3。

表 10-3　各指标关联系数表

编号 i	r_{0i} (1)	r_{0i} (2)	r_{0i} (3)	r_{0i} (4)	r_{0i} (5)	r_{0i} (6)	r_{0i} (7)
1	0.778	1.000	0.778	0.636	0.467	0.333	1.000
2	0.636	0.778	0.636	0.457	0.636	0.368	0.778
3	1.000	0.636	1.000	0.538	0.538	0.412	0.636
4	0.538	0.778	0.778	0.778	0.412	0.368	0.538
5	0.778	0.538	0.538	1.000	0.778	0.368	0.778
6	0.778	1.000	0.467	0.636	0.538	0.412	0.778

7）分别计算每个人各指标关联系数的均值（关联度）：

$$r_{01}=\frac{0.778+1.000+0.778+0.636+0.467+0.333+1.000}{7}=0.713$$

同理得出 $r_{02}=0.614$，$r_{03}=0.680$，$r_{04}=0.599$，$r_{05}=0.683$，$r_{06}=0.658$。

8）如果不考虑各指标权重（认为各指标同等重要），6 个被评价对象由好到劣依次为 1 号（$r_{01}=0.713$），5 号（$r_{05}=0.683$），3 号（$r_{03}=0.680$），6 号（$r_{06}=0.658$），2 号（$r_{02}=0.614$），4 号（$r_{04}=0.599$），即 $r_{01}\rangle r_{05}\rangle r_{03}\rangle r_{06}\rangle r_{02}\rangle r_{04}$。

10.3 灰色预测法

预测就是借助于对过去的探讨去推测、了解未来。灰色预测通过原始数据的处理和灰色模型的建立，发现、掌握系统发展规律，对系统的未来状态做出科学的定量预测。对于一个具体的问题，究竟选择什么样的预测模型应以充分的定性分析结论为依据。模型的选择不是一成不变的。一个模型要经过多种检验才能判定其是否合适、是否合格，只有通过检验的模型才能用来进行预测。

10.3.1 灰色预测的概念

灰色系统分析方法是通过鉴别系统因素之间发展趋势的相似或相异程度，即进行关联度分析，并通过对原始数据的生成处理来寻求系统变动的规律。生成数据序列有较强的规律性，可以用它来建立相应的微分方程模型，从而预测事物未来的发展趋势和未来状态。

（1）灰色预测分类。灰色预测是用灰色模型 GM(1,1)来进行定量分析的，通常分为以下几类：

1）灰色时间序列预测。用等时距观测到的反映预测对象特征的一系列数量（如产量、销量、人口数量、存款数量、利率等）构造灰色预测模型，预测未来某一时刻的特征量，或者达到某特征量的时间。

2）畸变预测（灾变预测）。通过模型预测异常值出现的时刻，预测异常值什么时候出现在特定时区内。

3）波形预测，或称为拓扑预测，它是通过灰色模型预测事物未来变动的轨迹。

4）系统预测，是对系统行为特征指标建立一组相互关联的灰色预测理论模型，在预测系统整体变化的同时，预测系统各个环节的变化。

（2）灰色预测特点。上述灰色预测方法的共同特点是：

1）允许少数据预测。

2）允许对灰因果律事件进行预测，比如：

① 灰因白果律事件。在粮食生产预测中，影响粮食生产的因子很多，多到无法枚举，故为灰因，然而粮食产量却是具体的，故为白果。粮食预测即为灰因白果律事件预测。

② 白因灰果律事件。在开发项目前景预测时，开发项目的投入是具体的，为白因，而项目的效益暂时不很清楚，为灰果。项目前景预测即为白因灰果律事件预测。

3）具有可检验性，包括：建模可行性的级比检验（事前检验），建模精度检验（模型检验)，预测的滚动检验（预测检验)。

10.3.2　灰色预测模型

1. GM(1,1)模型

模型符号含义为

G	M	(1,	1)
↑	↑	↑	↑
Grey	Model	1阶方程	1个变量

令 $X^{(0)}$ 为 GM(1,1)建模序列，即

$$X^{(0)}=\{x^{(0)}(1),x^{(0)}(2),\cdots,x^{(0)}(n)\}$$

$X^{(1)}$ 为 $X^{(0)}$ 的 1-AGO 序列，即

$$X^{(1)}=\{x^{(1)}(1),x^{(1)}(2),\cdots,x^{(1)}(n)\}$$

$$x^{(1)}(k)=\sum_{i=1}^{k}x^{(0)}(i),\quad k=1,2,\cdots,n$$

令 $Z^{(1)}$ 为 $X^{(1)}$ 的紧邻均值（MEAN）生成序列，即

$$Z^{(1)}=\{z^{(1)}(2),\ z^{(1)}(3),\cdots,z^{(1)}(n)\}$$

$$z^{(1)}(k)=0.5\,x^{(1)}(k)+0.5\,x^{(1)}(k-1)$$

则 GM(1,1)的定义型，即 GM(1,1)的灰微分方程模型为

$$x^{(0)}(k)+az^{(1)}(k)=b \tag{10-1}$$

式中，a 称为发展系数；b 为灰色作用量。

设 $\hat{\boldsymbol{\alpha}}$ 为待估参数向量，即 $\hat{\boldsymbol{\alpha}}=[a,b]^{\mathrm{T}}$，则灰微分方程式（10-1）的最小二乘估计参数列满足

$$\hat{\boldsymbol{\alpha}}=(\boldsymbol{B}^{\mathrm{T}}\boldsymbol{B})^{-1}\boldsymbol{B}^{\mathrm{T}}\boldsymbol{Y}_n$$

式中

$$\boldsymbol{B}=\begin{bmatrix}-z^{(1)}(2) & 1\\ -z^{(1)}(3) & 1\\ \vdots & \vdots\\ -z^{(1)}(n) & 1\end{bmatrix},\qquad \boldsymbol{Y}_n=\begin{bmatrix}x^{(0)}(2)\\ x^{(0)}(3)\\ \vdots\\ x^{(0)}(n)\end{bmatrix}$$

称

$$\frac{\mathrm{d}x^{(1)}}{\mathrm{d}t}+ax^{(1)}=b \tag{10-2}$$

为灰色微分方程 $x^{(0)}(k)+az^{(1)}(k)=b$ 的白化方程，也叫影子方程。

如上所述，则有：

1）白化方程 $\frac{\mathrm{d}x^{(1)}}{\mathrm{d}t}+ax^{(1)}=b$ 的解（也称时间响应函数）为

$$\hat{x}^{(1)}(t)=\left[x^{(1)}(0)-\frac{b}{a}\right]\mathrm{e}^{-at}+\frac{b}{a}$$

2）GM(1,1)灰色微分方程 $x^{(0)}(k)+az^{(1)}(k)=b$ 的时间响应序列为

$$\hat{x}^{(1)}(k+1)=\left[x^{(1)}(0)-\frac{b}{a}\right]\mathrm{e}^{-ak}+\frac{b}{a},\qquad k=1,2,\cdots,n$$

3）取 $x^{(1)}(0)=x^{(0)}(1)$，则

$$\hat{x}^{(1)}(k+1)=\left[x^{(0)}(1)-\frac{b}{a}\right]\mathrm{e}^{-ak}+\frac{b}{a},\qquad k=1,2,\cdots,n$$

4）还原值

$$\hat{x}^{(0)}(k+1)=\hat{x}^{(1)}(k+1)-\hat{x}^{(1)}(k)$$

上式即为预测方程。

有关建模的问题说明如下：

1）定原始序列 $X^{(0)}$ 中的数据不一定要全部用来建模，对原始数据的取舍不同，可得模型不同，即 a 和 b 不同。

2）模的数据取舍应保证建模序列等时距、相连，不得有跳跃出现。

3）一般建模数据序列应当由最新的数据及其相邻数据构成。当再出现新数据时，可采用两种方法处理：一是将新数据加入原始序列中，重估参数；二是去掉原始序列中最老的一个数据，再加上最新的数据，所形成的序列和原序列维数相等，再重估参数。

2. GM(1,1)模型检验

GM(1,1)模型的检验分为三个方面：残差检验；关联度检验；后验差检验。

（1）残差检验。残差大小检验，即对模型值和实际值的残差进行逐点检验。首先按模型计算 $\hat{x}^{(1)}(i+1)$，将 $\hat{x}^{(1)}(i+1)$ 累减生成 $\hat{x}^{(0)}(i)$，最后计算原始序列 $x^{(0)}(i)$ 与 $\hat{x}^{(0)}(i)$ 的绝对残差序列

$$\Delta^{(0)}=\{\Delta^{(0)}(i),i=1,2,\cdots,n\},\ \Delta^{(0)}(i)=\left|x^{(0)}(i)-\hat{x}^{(0)}(i)\right|$$

及相对残差序列

$$\phi=\{\phi_i,i=1,2,\cdots,n\},\ \phi_i=\left[\frac{\Delta^{(0)}(i)}{x^{(0)}(i)}\right]\%$$

并计算平均相对残差

$$\bar{\phi}=\frac{1}{n}\sum_{i=1}^{n}\phi_i$$

给定 α，当 $\bar{\phi}<\alpha$，且 $\phi_n<\alpha$ 成立时，称模型为残差合格模型。

（2）关联度检验。关联度检验，即通过考察模型值曲线和建模序列曲线的相似程度进行检验。按前面所述的关联度计算方法，计算出 $\hat{x}^{(0)}(i)$ 与原始序列 $x^{(0)}(i)$ 的关联系数，然后算出关联度，根据经验，关联度大于 0.6 便是满意的。

（3）后验差检验。后验差检验，即对残差分布的统计特性进行检验。

1）计算出原始序列的平均值：

$$\bar{x}^{(0)}=\frac{1}{n}\sum_{i=1}^{n}x^{(0)}(i)$$

2）计算原始序列 $\boldsymbol{X}^{(0)}$ 的均方差：

$$S_1=\left(\frac{\sum_{i=1}^{n}\left[x^{(0)}(i)-\bar{x}^{(0)}\right]^2}{n-1}\right)^{1/2}$$

3）计算残差的均值：

$$\overline{\Delta} = \frac{1}{n}\sum_{i=1}^{n}\Delta^{(0)}(i)$$

4）计算残差的均方差：

$$S_2 = \left(\frac{\sum_{i=0}^{n}[\Delta^{(0)}(k) - \overline{\Delta}]^2}{n-1}\right)^{1/2}$$

5）计算方差比 C：

$$C = \frac{S_1}{S_2}$$

6）计算小残差概率：

$$P = P\{|\Delta^{(0)}(i) - \overline{\Delta}| < 0.6745S_1\}$$

令 $S_0 = 0.6745S_1$，$e_i = |\Delta^{(0)}(i) - \overline{\Delta}|$，即 $P = P\{e_i < S_0\}$。

若对于给定的 $C_0 > 0$，当 $C < C_0$ 时，称模型为均方差比合格模型；如对给定的 $P_0 > 0$，当 $P > P_0$ 时，称模型为小残差概率合格模型。后验差检验判别可参照表 10-4。

表 10-4　后验差检验判别参照表

P	C	模型精度
>0.95	<0.35	优
>0.80	<0.5	合格
>0.70	<0.65	勉强合格
<0.70	>0.65	不合格

若相对残差、关联度、后验差检验在允许的范围内，则可以用所建的模型进行预测，否则应进行残差修正。

3. GM(1,1)模型应用实例

【例 10-2】　某大型企业 2010 年至 2015 年的产品销售额见表 10-5，试建立 GM(1,1) 预测模型，并预测 2016 年的产品销售额。

表 10-5　某大型企业 2010 年至 2015 年的产品销售额

年份	2010	2011	2012	2013	2014	2015
销售额/亿元	2.67	3.13	3.25	3.36	3.56	3.72

【解】　设 $X^{(0)}(k) = \{2.67, 3.13, 3.25, 3.36, 3.56, 3.72\}$

第一步：构造累加生成序列

$$X^{(1)}(k) = \{2.67, 5.80, 9.05, 12.41, 15.97, 19.69\}$$

第二步：构造数据矩阵 $\boldsymbol{B}$ 和数据向量 $\boldsymbol{Y}_n$

$$
\boldsymbol{B}=\begin{bmatrix}-\frac{1}{2}[x^{(1)}(1)+x^{(1)}(2)] & 1\\ -\frac{1}{2}[x^{(1)}(2)+x^{(1)}(3)] & 1\\ -\frac{1}{2}[x^{(1)}(3)+x^{(1)}(4)] & 1\\ -\frac{1}{2}[x^{(1)}(4)+x^{(1)}(5)] & 1\\ -\frac{1}{2}[x^{(1)}(5)+x^{(1)}(6)] & 1\end{bmatrix}=\begin{bmatrix}-4.235 & 1\\ -7.425 & 1\\ -10.73 & 1\\ -14.19 & 1\\ -17.83 & 1\end{bmatrix},
$$

$$
\boldsymbol{Y}_n=\begin{bmatrix}x^{(0)}(2)\\ x^{(0)}(3)\\ x^{(0)}(4)\\ x^{(0)}(5)\\ x^{(0)}(6)\end{bmatrix}=\begin{bmatrix}3.13\\ 3.25\\ 3.36\\ 3.56\\ 3.72\end{bmatrix}
$$

第三步：计算 $\hat{\boldsymbol{\alpha}}=\begin{bmatrix}a\\ b\end{bmatrix}=(\boldsymbol{B}^{\mathrm{T}}\boldsymbol{B})^{-1}\boldsymbol{B}^{\mathrm{T}}\boldsymbol{Y}_n$

$$
\boldsymbol{B}^{\mathrm{T}}\boldsymbol{B}=\begin{bmatrix}707.46375 & -54.41\\ -54.41 & 5\end{bmatrix}
$$

$$
(\boldsymbol{B}^{\mathrm{T}}\boldsymbol{B})^{-1}=\begin{bmatrix}0.008667 & 0.094319\\ 0.094319 & 1.226382\end{bmatrix}
$$

$$
\hat{\boldsymbol{\alpha}}=(\boldsymbol{B}^{\mathrm{T}}\boldsymbol{B})^{-1}\boldsymbol{B}^{\mathrm{T}}\boldsymbol{Y}_n=\begin{bmatrix}-0.043879\\ 2.925663\end{bmatrix}
$$

第四步：得出预测模型

$$
\frac{\mathrm{d}x^{(1)}}{\mathrm{d}t}-0.043879x^{(1)}=2.925663
$$

$$
\hat{x}^{(1)}(k+1)=69.3457\mathrm{e}^{0.043879k}-66.6757
$$

$$
\left(x^{(0)}(1)=2.67;\ \frac{b}{a}=-66.6757\right)
$$

第五步：残差检验

1）根据预测公式，计算 $\hat{X}^{(1)}(k)$，得

$$
\hat{X}^{(1)}(k)=\{2.67,5.78,9.03,12.43,15.97,19.68,19.69\}\qquad (k=0,1,\cdots,6)
$$

2）累减生成 $\hat{X}^{(0)}(k)$ 序列，$k=1,2,\cdots,6$：

$$
\hat{X}^{(0)}(k)=\{2.67,3.11,3.25,3.40,3.54,3.71\}
$$

原始序列：$X^{(0)}(k)=\{2.67,3.13,3.25,3.36,3.56,3.72\}$

3）计算绝对残差和相对残差序列：

绝对残差序列：$\Delta^{(0)}=\{0,0.02,0,0.04,0.02,0.01\}$

相对残差序列：$\phi=\{0,0.64\%,0,1.19\%,0.56\%,0.27\%\}$

相对残差不超过1.19%，模型精确度高。

第六步：进行关联度检验

1）计算序列 $x^{(0)}$ 与 $\hat{x}^{(0)}$ 的绝对残差序列 $\Delta^{(0)}(k)$：

$$\Delta^{(0)} = \{0, 0.02, 0, 0.04, 0.02, 0.01\}$$

$$\min\{\Delta^{(0)}(k)\} = \min\{0, 0.02, 0, 0.04, 0.02, 0.01\} = 0$$

$$\max\{\Delta^{(0)}(k)\} = \max\{0, 0.02, 0, 0.04, 0.02, 0.01\} = 0.04$$

2）计算关联系数。由于只有两个序列（即一个参考序列，一个被比较序列）故不再寻求第二级最小差和最大差。

$$\eta(k) = \frac{\min\{\Delta(k)\} + P\max\{\Delta(k)\}}{\Delta(k) + P\max\{\Delta(k)\}} \qquad (k = 1, \cdots, 6;\ P = 0.5)$$

求得

$$\eta(k) = \{1,\ 0.5,\ 1,\ 0.33,\ 0.5,\ 0.67\}$$

3）计算关联度：

$$r_i = \frac{1}{n}\sum_{k=1}^{n}\eta_i(k) = 0.67$$

$r = 0.67$ 是满足 $P = 0.5$ 时的检验准则 $r > 0.6$ 的。

第七步：后验差检验

1）计算 $\bar{x}^{(0)}$：

$$\bar{x}^{(0)} = \frac{1}{6}[2.67 + 3.13 + 3.25 + 3.36 + 3.56 + 3.72] = 3.28$$

2）计算 $X^{(0)}$ 序列的均方差：

$$S_1 = \left(\frac{\sum[x^{(0)}(k) - \hat{x}^{(0)}]^2}{n-1}\right)^{1/2} = 0.3671$$

3）计算残差的均值：

$$\bar{\Delta} = \frac{1}{6}[\Delta(k)] = 0.015$$

4）计算残差的均方差：

$$S_2 = \left(\frac{\sum[\Delta(k) - \bar{\Delta}]^2}{n-1}\right)^{1/2} = 0.0152$$

5）计算 C：

$$C = \frac{S_1}{S_2} = 0.0152/0.3671 = 0.0414$$

6）计算小残差概率：

$$S_0 = 0.6745 \times 0.3671 = 0.2746$$

$$e_k = |\Delta(k) - \bar{\Delta}| = \{0.15, 0.005, 0.015, 0.025, 0.005, 0.005\}$$

所有 e_i 都小于 S_0，故小残差概率 $P\{e_i < S_0\} = 1$，而同时 $C = 0.0414 < 0.35$，故模型 $x^{(1)}(k+1) = 69.3457\mathrm{e}^{0.043879k} - 66.6757$ 合格。

第八步：预测

$$k=7,\ x^{(0)}(8)=x^{(1)}(8)-x^{(1)}(7)=4.23$$

即 2016 年的产品销售额预测值为 4.23 亿元。

4. GM(1,1)残差模型

当原始数据序列 $X^{(0)}$ 建立的 GM(1,1)模型检验不合格时，可以用 GM(1,1)残差模型来修正。如果原始序列建立的 GM(1,1)模型不够精确，也可以用 GM(1,1)残差模型来提高精度。

若用原始序列 $X^{(0)}$ 建立的 GM(1,1)模型

$$\hat{x}^{(1)}(i+1)=\left[x^{(0)}(1)-\frac{b}{a}\right]\mathrm{e}^{-ai}+\frac{b}{a}$$

可获得生成序列 $X^{(1)}$ 的预测值，定义残差序列 $e^{(0)}(j)=x^{(1)}(j)-\hat{x}^{(1)}(j)$ 。若取 $j=i, i+1,\cdots,n$，则对应的残差序列为

$$e^{(0)}(k)=\{e^{(0)}(1),e^{(0)}(2),\cdots,e^{(0)}(n)\}$$

计算其生成序列 $e^{(1)}(k)$ ，并据此建立相应的 GM(1,1)模型

$$\hat{e}^{(1)}(i+1)=\left[e^{(0)}(1)-\frac{b_e}{a_e}\right]\mathrm{e}^{-a_e k}+\frac{b_e}{a_e}$$

得修正模型

$$x^{(1)}(k+1)=\left[x^{(0)}(1)-\frac{b}{a}\right]\mathrm{e}^{-ak}+\frac{b}{a}+\delta(k-i)(-a_e)\left[e^{(0)}(1)-\frac{b_e}{a_e}\right]\mathrm{e}^{-a_e k} \quad (10\text{-}3)$$

式中，$\delta(k-i)=\begin{cases}1 & k\geqslant i\\ 0 & k\leqslant i\end{cases}$ 为修正参数。

应用此模型时要考虑：

1）一般不是使用全部残差数据来建立模型，而只是利用了部分残差。

2）修正模型所代表的是差分微分方程，其修正作用与 $\delta(k-i)$ 中的 i 的取值有关。

5. GM(1,N)模型

如果考虑的系统由若干个相互影响的因素组成，设 $X_1^{(0)}=\{x_1^{(0)}(1),x_1^{(0)}(2),\cdots,x_1^{(0)}(n)\}$ 为系统特征数据序列，而

$$X_2^{(0)}=\{x_2^{(0)}(1),x_2^{(0)}(2),\cdots,x_2^{(0)}(n)\}$$
$$\vdots$$
$$X_N^{(0)}=\{x_N^{(0)}(1),x_N^{(0)}(2),\cdots,x_N^{(0)}(n)\}$$

为相关因素序列。$X_i^{(1)}$ 为 $X_i^{(0)}$ 的 1-AGO 序列（$i=1,2,\cdots,N$），$Z_1^{(1)}$ 为 $X_1^{(1)}$ 的紧邻生成序列，则称

$$x_1^{(0)}(k)+az_1^{(1)}(k)=\sum_{i=2}^{N}b_i x_i^{(1)}(k) \quad (10\text{-}4)$$

为 GM(1,N)灰色微分方程。

定义：

$$\hat{\boldsymbol{\alpha}}=[a\quad b_2\quad \cdots\quad b_N]^{\mathrm{T}}$$

为 GM(1,N)灰色微分方程的参数列，根据最小二乘法可以得出：

$$\hat{\boldsymbol{\alpha}}=(\boldsymbol{B}^{\mathrm{T}}\boldsymbol{B})^{-1}\boldsymbol{B}^{\mathrm{T}}\boldsymbol{Y}$$

式中

$$\boldsymbol{B}=\begin{bmatrix} -z_1^{(1)}(2) & x_2^{(1)}(2)\cdots x_N^{(1)}(2) \\ -z_1^{(1)}(3) & x_2^{(1)}(3)\cdots x_N^{(1)}(3) \\ \vdots & \vdots \\ -z_1^{(1)}(n) & x_2^{(1)}(n)\cdots x_N^{(1)}(n) \end{bmatrix}$$

$$\boldsymbol{Y}=\left[x_1^{(0)}(2) \quad x_1^{(0)}(3) \quad \cdots \quad x_1^{(0)}(n)\right]^{\mathrm{T}}$$

称

$$\frac{\mathrm{d}x_1^{(1)}}{\mathrm{d}t}+ax_1^{(1)}=b_2x_2^{(1)}+b_3x_3^{(1)}+\cdots+b_Nx_N^{(1)} \tag{10-5}$$

为 GM(1,N)灰色微分方程式（10-4）的白化方程，也称影子方程。

于是，有：

1）白化方程式（10-5）的解为

$$x_1^{(1)}(t)=\mathrm{e}^{-at}\left[\sum_{i=2}^{N}\int b_ix_i^{(1)}(t)\mathrm{e}^{at}\mathrm{d}t+x_1^{(1)}(0)-\sum_{i=2}^{N}\int b_ix_i^{(1)}(0)\mathrm{d}t\right]$$

$$=\mathrm{e}^{-at}\left[x_1^{(1)}(0)-t\sum_{t=2}^{N}b_ix_i^{(1)}(0)+\sum_{i=2}^{N}\int b_ix_i^{(1)}(t)\mathrm{e}^{at}\mathrm{d}t\right]$$

2）当 $X_i^{(1)}(i=1,2,\cdots,N)$ 变化幅度很小时，可视 $\sum_{i=2}^{N}b_ix_i^{(1)}(k)$ 为灰常量，这样，GM(1,N)灰色微分方程式（10-4）的近似时间响应式为

$$\hat{x}_1^{(1)}(k+1)=\left[x_1^{(1)}(0)-\frac{1}{a}\sum_{i=2}^{N}b_ix_i^{(1)}(k+1)\right]\mathrm{e}^{-ak}+\frac{1}{a}\sum_{i=2}^{N}b_ix_i^{(1)}(k+1) \tag{10-6}$$

式中，$x_1^{(1)}(0)$ 取为 $x_1^{(0)}(1)$。

3）累减还原式为

$$\hat{x}_1^{(0)}(k+1)=\hat{x}_1^{(1)}(k+1)-\hat{x}_1^{(1)}(k) \tag{10-7}$$

灰色系统建模的基本思路可以概括为以下几点：

1）建立模型常用的数据有以下几种：①科学实验数据；②经验数据；③生产数据；④决策数据。

2）序列生成数据是建立灰色模型的基础数据。

3）一般非负序列累加生成后，得到准光滑序列，对于满足光滑条件的序列，即可建立 GM 微分模型。

4）模型精度可以通过不同的灰数生成方式，数据的取舍，序列的调整、修正以及不同级别的残差 GM 模型补充得到提高。

5）灰色系统理论采用残差大小检验、关联度检验、后验差检验三种方法检验、判断模型的精度。

10.3.3 灾变预测

灰色灾变预测的任务是给出下一个或几个异常值出现的时刻，以便人们提前防备，采取

4）项目竣工完成阶段。

为完成以上四个阶段，针对每个阶段都有相应的项目队伍（组织）来运用相应的理论、方法和手段进行工作，以达到这个阶段所特有的，且与其他阶段相关联的目标集合。

这几个项目队伍，也可能是一个更大的组织的组成部分，也可能由不同的相对独立的几个组织组成。其中有一种可能是由图 8-4 所表示的那样。关于项目队伍的组织形式及其理论应用将在以后评述。这里只是从整体上对项目开发系统进行分析和研究，从中找出规律性的东西。

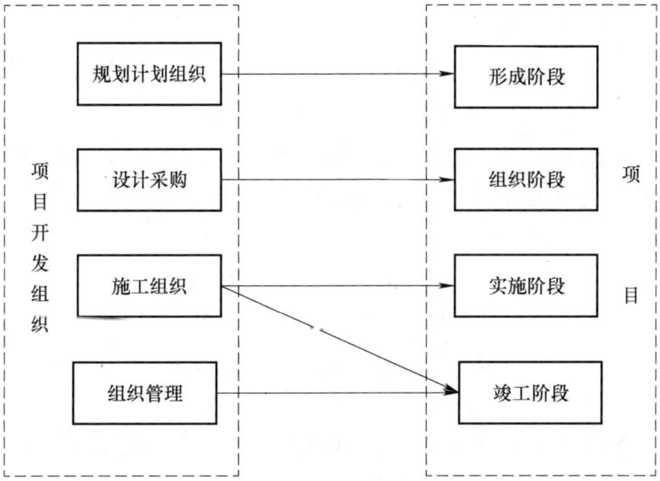

图 8-4 项目开发系统和项目（形式之一）

图 8-4 中每一个组织和项目的相应的阶段都构成了控制论系统中的控制与被控制的关系，所谓的控制论系统是一个抽象的系统，它要包括系统的控制部分和被控制部分，整个系统是处在特定的环境之中并且与环境有着某种联系。以后我们简称控制论系统为系统。一个具体的控制论系统，可以是上述项目开发系统，也可以是其他系统，如机器系统、人-机系统，社会系统等。

对于任一个具体的控制论系统，都能抽象为如图 8-5 所示的抽象控制论系统，实际上对抽象控制论系统的表达方式可以是多种多样的，可以用各种图形，也可以用解析式来描述，人们往往是借助两种方法来研究一个控制论系统的。

下面我们首先介绍一下图 8-5 所示的系统、环境、信息、功能等表示方法的种种设定。

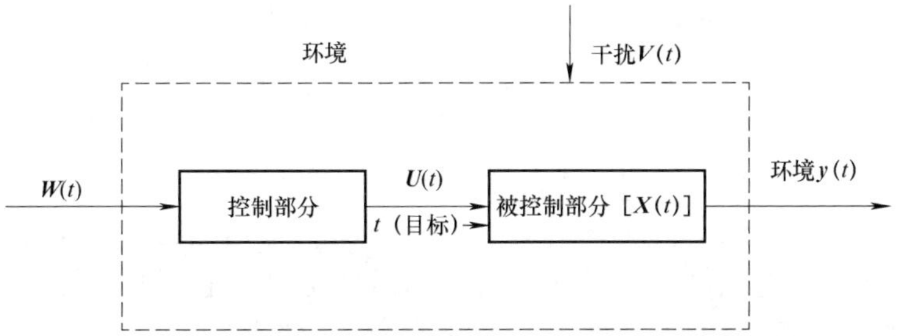

图 8-5 抽象控制论系统

对策，减少损失。作为灰色预测模型的应用，下面以例 10-3 介绍灰色灾变预测的原理和方法。

【例 10-3】 某地区年平均降水量（单位：mm）的原始数据为

$$X=\{x(1),x(2),\cdots,x(24)\}$$
$$=\{386.6,\ 514.6,\ 434.1,\ 484.1,\ 647.0,\ 399.7,\ 498.7,\ 701.6,\ 254.5,\ 463.0,\ 745.0,\ 398.3,\ 554.5,\ 471.1,\ 384.5,\ 242.5,\ 671.7,\ 374.7,\ 458.9,\ 511.3,\ 530.8,\ 586.0,\ 387.1,\ 454.4\},$$

规定年降水量 $\xi \leqslant 390$ 为旱灾年，试做旱灾预测。

【解】 首先做灾变映射。

按照 $x(t)\leqslant 390$ 为异常值，则有

$$X_\xi=\{x[q(1)],x[q(2)],\cdots,x[q(6)]\}$$
$$=\{386.6,254.5,384.5,242.5,374.7,387.1\}$$
$$=\{x(1),x(9),x(15),x(16),x(18),x(23)\}.$$

做异常值 $x[q(i)]$ 到出现灾变点 $q(i)$ 的映射 $Q^{(0)}$：$x[q(i)]\rightarrow q(i)$，得灾变日期序列 $Q^{(0)}$ 为

$$Q^{(0)}=\{q(1),q(2),q(3),q(4),q(5),q(6)\}$$
$$=\{1,9,15,16,18,23\}$$

据此对 $Q^{(0)}$ 建立灾变日期序列的 GM$(1,N)$模型。对 $Q^{(0)}$ 做一次累加生成，得

$$\frac{\mathrm{d}q^{(1)}}{\mathrm{d}t}+aq^{(1)}=b$$

求得参数向量 $\hat{\boldsymbol{\alpha}}=[a,\ b]^{\mathrm{T}}=[\boldsymbol{B}^{\mathrm{T}}\boldsymbol{B}]^{-1}\boldsymbol{B}^{\mathrm{T}}\boldsymbol{Y}=\begin{bmatrix}-0.188422\\9.54872\end{bmatrix}$。

记 $Q^{(1)}=\{q^{(1)}(1),q^{(1)}(2),q^{(1)}(3),q^{(1)}(4),q^{(1)}(5),q^{(1)}(6)\}=\{1,10,25,41,59,82\}$。$Q^{(1)}$ 的紧邻生成序列为 $Z^{(1)}$，于是，得灾 GM(1,1)为 $q(k)-0.188422z^{(1)}(k)=9.54872$，灾变日期序列的 GM(1,1)序号响应式为

$$\hat{q}^{(1)}(k+1)=\left(q(1)-\frac{b}{a}\right)\mathrm{e}^{-ak}+\frac{b}{a}$$
$$=51.6772\mathrm{e}^{0.188422k}-50.6773$$

从而

$$\hat{q}(k+1)=\hat{q}^{(1)}(k+1)-\hat{q}^{(1)}(k)=8.87478\mathrm{e}^{0.188422k}$$

由此可得 $Q^{(0)}$ 的模拟序列

$$\hat{Q}^{(0)}=\{\hat{q}(k),k=2,3,4,5,6\}=\{10.7,12.9,15.6,18.8,22.7\}$$

由 $\Delta^{(0)}(k)=|x^{(0)}(k)-\hat{x}^{(0)}(k)|$，得绝对残差序列

$$\boldsymbol{\Delta}^{(0)}=\{\Delta^{(0)}(k),\ k=2,3,4,5,6\}=\{1.7,2.1,0.4,0.8,0.3\}$$

及相对残差序列

$$\phi=\left\{\phi_i\,\middle|\,\phi_i=\left[\frac{\Delta^{(0)}(i)}{q(i)}\right],\ i=2,\cdots,6\right\}=\{0.19,0.14,0.025,0.044,0.013\}$$

平均相对残差

$$\bar{\phi} = \frac{1}{5}\sum_{i=2}^{6}\phi_i = 0.08$$

小于 0.10，故可用

$$\hat{q}(k+1) = 8.87478e^{0.188422k}$$

进行预测。

$$\hat{q}(6+1) \approx 27,\ \hat{q}(7) - \hat{q}(6) \approx 5$$

即从最近一次旱灾发生的时间算起，五年之后可能发生旱灾。

10.4 灰色线性规划

线性规划是目前研究多变量系统应用很广的一种决策方法，在工程管理中应用尤为普遍。但是，由于工程系统以及管理系统中存在着很多不确定的、模糊的因素，其现象往往是灰色的，因此利用线性规划进行分析和处理问题时可能会出现错误。而灰色线性规划是在技术系数是可变的灰数、约束值是发展的情况下进行的，是一种动态的线性规划，正好弥补了常规线性规划的不足，在工程管理中也得到了初步的应用。

10.4.1 灰色线性规划模型

1. 线性规划模型标准形式

线性规划是运筹学的一个重要分支，是目前研究多变量系统应用很广且简便易行的一种数学模型，也是确定型决策最常用的方法。它主要解决的问题是如何最大限度地发挥有限资源（包括人力、物力、财力等资源）的作用，取得最大经济、社会效益，为合理利用人力、物力和财力找出有效途径。线性规划研究的问题主要有两类：一是一个目标或任务确定后，如何统筹安排已有资源，以最少的人力、物力和财力去完成这一目标；二是在一定的条件下，即有一定数量的人力、物力和财力，如何通过合理的安排和使用，使得完成的任务最多，主要效益最大化。这实际上是一个问题的两个方面，也就是解决系统整体的最优问题。因此，线性规划常被用作调整各行业产业结构的主要数学方法。

线性规划是求解线性关系问题。所谓线性关系就是比例关系，如生产量和资源投入量之间、成本与利润之间的关系，一般均呈线性或接近线性关系。构成线性规划问题通常需要具备以下条件：

1）确定问题的决策变量。这是指决策人可以控制的因素，它们的值决定模型的解。

2）要有明确的目标。要求问题的目标能用数值来表示，即把有关问题转化为公式，并确定决策人用来评价问题不同答案的准则，即目标函数。

3）要达到的目的是在一定的约束条件下实现的，同时存在着达到目标的多种可行方案。

4）弄清有限资源的限制数量，各生产部门的投入-产出关系和产出-收益之间关系，以确定合理的决策变量系数。

5）约束条件和目标函数都必须是线性关系。约束条件反映系统环境的限制，目标函数反映决策者的目的。

因此一般线性规划模型包括五个部分：①决策变量 X_j（$j=1,2,\cdots,n$）；②约束条件或资源限制 b_i（$i=1,2,\cdots,n$）；③技术系数 a_{ij}；④效益系数 c_j；⑤目标函数 Z。

线性规划数学模型如下：

目标函数　　　$\max$ 或 $\min Z=c_1x_1+c_2x_2+\cdots+c_nx_n$

满足于约束条件：

$$
\begin{aligned}
a_{11}x_1+a_{12}x_2+\cdots+a_{1n}x_n&=b_1\\
a_{21}x_1+a_{22}x_2+\cdots+a_{2n}x_n&=b_2\\
&\vdots\\
a_{m1}x_1+a_{m2}x_2+\cdots+a_{mn}x_n&=b_m\\
x_1,\ x_2,\ \cdots,\ x_n&\geqslant 0
\end{aligned}
$$

其缩写形式为

目标函数　　　$\max$ 或 $\min Z=\sum_{j=1}^{n}c_jx_j$

满足约束条件　　　$\sum_{j=1}^{n}a_{ij}x_j=b_i\quad(i=1,2,\cdots,m)$

$$x_j\geqslant 0\quad(j=1,2,\cdots,n)$$

式中，x_j 为代表一组未知的决策变量，表示各种产品的产出量；a_{ij} 为技术系数，表示生产 j 种产品所需 i 种生产因素的投入数量；c_j 为效益系数，表示生产单位 j 种产品的收益；b_i 为代表生产要素的限制量。

具有上述结构的线性规划问题，我们称为标准形式。具体的线性规划模型可能会有很多限制和约束，但是任何线性规划问题都可以变换成上述标准形式。

2. 灰色线性规划

尽管线性规划在社会经济发展中得到了广泛的应用，但是一般线性规划存在下述问题：

1）线性规划是静态的，不能反映约束条件随时间变化的情况，因而所得结果往往因条件改变而失败。

2）如果规划模型中，出现灰参数（或灰数），如约束方程中的技术系数、约束值等，则一般线性规划难以处理。

3）由于模型技术或计算技巧问题，在实际计算过程中常出现无解或无法求解。

由于上述问题的存在，使得一般线性规划的应用受到一定程度的限制。但是这些问题可以利用灰色系统的思想和建模方法来解决，结合灰色系统理论的线性规划称为灰色线性规划。

灰色线性规划的形式如下：

目标函数：　　　$f(\boldsymbol{X})=\boldsymbol{CX}\to\max(\text{或}\min)$

约束条件：　　　$\otimes(\boldsymbol{A})\boldsymbol{X}\leqslant\boldsymbol{b}\qquad\boldsymbol{X}\geqslant\boldsymbol{0}$

也就是说：在满足 $\otimes(\boldsymbol{A})\boldsymbol{X}\leqslant\boldsymbol{b}\quad\boldsymbol{X}\geqslant\boldsymbol{0}$ 的条件下，寻求一组 X，使 $f(\boldsymbol{X})$ 达极大值（或极小值）。

上述关系式中 $\boldsymbol{X}$ 为向量：

$$X=[x_1,x_2,\cdots,x_n]^{\mathrm{T}}$$

$\boldsymbol{C}$ 为目标函数的系数向量：

$$C=[c_1,c_2,\cdots,c_n]$$

c_i 可以是灰数。$\otimes(\boldsymbol{A})$ 为约束条件的系数矩阵，$\boldsymbol{A}$ 为 $\otimes(\boldsymbol{A})$ 的白化矩阵，且有

$$\otimes(\boldsymbol{A})=\begin{pmatrix}\otimes_{11} & \otimes_{12} & \cdots & \otimes_{1n}\\ \vdots & \vdots & & \vdots\\ \otimes_{m1} & \otimes_{m2} & \cdots & \otimes_{mn}\end{pmatrix}$$

$$\boldsymbol{A}=\begin{pmatrix}a_{11} & a_{12} & \cdots & a_{1m}\\ \vdots & \vdots & & \vdots\\ a_{m1} & a_{m2} & \cdots & a_{mn}\end{pmatrix}$$

$\boldsymbol{b}$ 是约束向量：

$$\boldsymbol{b}=[b_1,b_2,\cdots,b_m]^{\mathrm{T}}$$

若对于约束指标 b_i，有一组白化序列

$$b_i^{(0)}=\{b_i^{(0)}(1),b_i^{(0)}(2),\cdots,b_i^{(0)}(N)\}$$

则对 $b_i^{(0)}$ 做累加生成后得 $b_i^{(1)}$，再以 $b_i^{(1)}$ 数据，按 GM(1,1) 建立预测模型，然后从预测模型求出预测值。

$$\{b_i^{(0)}(K),\ K>n\}$$

在做规划计算时，按下述约束条件

$$\otimes(\boldsymbol{A})\boldsymbol{X}=\begin{pmatrix}b_1^{(0)}(K)\\ b_2^{(0)}(K)\\ \vdots\\ b_m^{(0)}(K)\end{pmatrix}$$

则可求出 K 时刻的灰色线性规划值。当 $K>n$ 的条件下取不同值时，可以得到未来发展的各种线性规划解，也就是各个不同时期的线性规划解。

灰色线性规划具有如下几个特点：

1）弥补了一般线性规划的不足，常规线性规划是一种确定的、静态的模型，它要求目标系数中的效益系数、约束条件中的技术系数、资源量及其他限制量等都被固定下来，事实上社会经济关系是不确定的、多变的，存在着许多偶然的、风险的因素，并且各因素之间相互关联、错综复杂，并不一定呈线性关系，所以求出的解可能与实际不符，甚至无解。灰色线性规划是在技术系数是可变的灰数、约束值是发展的情况下进行的，是一种动态的线性规划，正好弥补了常规线性规划的不足。

2）不仅可以指导既定条件下的最优构造，而且可以指导最优结构的发展变化情况，约束条件中的约束值可能是变动的，有的可用时间序列描述，按 GM(1,1) 模型进行预测得到的线性规划不仅仅只反映一种特定的情况，而是可以反映约束条件发展变化的情况。这样的线性规划解，不是一个值，而是一组值，并且是一组时间序列值。这样的解不但可以指导现在条件下的最优结构，而且可以知道最优结构关系的发展变化情况。

3）给定一组信息，就可得到一组优化方案。灰色线性规划中的约束条件系数，是灰区间数，既可按下限规划，又可按上限规划，还可按区间内的任何一白化值进行规划。在区间

内，只要可以得到一组白化值（信息），便可得到一组优化方案，从而使规划灵活多变，有众多的调整余地，适应情况的发展变化，避免了常规线性规划使许多具体问题得不到可行解的结论。

10.5 灰色局势决策方法

灰色局势决策，是灰色系统理论中一种重要的决策方法之一，它是将事件、对策、效果、目标等决策四要素综合考虑的一种决策分析方法。这种方法的最大特点是它适用于处理数据中含有灰元即信息不完备的决策问题。在区域开发活动中，许多问题的解决都必须在信息不完备的情况下做出决策。因此，灰色局势决策是区域开发研究中常用的决策分析方法之一。

10.5.1 灰色局势决策的数学模型

决策，一般都包括如下四个基本要素：①事件，即需要处理的事物；②对策，即处理某一事物的措施；③效果，即用某个对策对付某个事件的效果；④目标，即用来评价效果的准则。

所谓决策就是指：对于某个（或某些）事件，考虑许多对策去对付，不同对策效果不同，然后用某种（或某几种）目标去衡量，从这些对策中选择一个（或一批）效果最佳者。

灰色局势决策，是一种将事件、对策、效果、目标等决策四要素综合考虑的一种决策分析方法。灰色局势决策的数学模型，实质上是运用有关的数学语言对决策四要素之间的相互关系所做的一种综合性描述。这种描述主要包括如下几个方面的基本内容：

1. 决策元、决策向量与决策矩阵

（1）决策元。在灰色局势决策中，事件 a 和对策 b，的二元组合 $S=(a,b)$ 称为局势，具体地，(a_i,b_j) 表示用第 j 个对策（b_j）去对付第 i 个事件（a_i）的局势。

若局势 S 的效果测度为 r，则称

$$\frac{r_{ij}}{s_{ij}}=\frac{r_{ij}}{(a_i,\ b_j)}$$

为决策元，它表示用第 j 个对策（b_j）去对付第 i 个事件（a_i）这一局势的效果为 r_{ij}

（2）决策向量。若某一类决策问题有 n 个事件 $a_1,a_2,\cdots,a_n$ 和 m 个对策 $b_i,b_2,\cdots,b_m$，且对于每一个事件 a_i（$i=1,2,\cdots,n$）都可以用 $b_1,b_2,\cdots,b_m$ 等 m 个对策去对付。那么，对于每一个事件 a_i（$i=1,2,\cdots,n$），就存在有 m 个局势：

$$(a_i,b_1),(a_i,b_2),\cdots,(a_i,b_m)$$

这些局势相应的决策元可排成一行，便构成了一个决策行向量：

$$\boldsymbol{\delta}_i=\left[\frac{r_{i1}}{s_{i1}},\ \frac{r_{i2}}{s_{i2}},\ \cdots,\ \frac{r_{im}}{s_{im}}\right] \tag{10-8}$$

式中，r_{ij} 为局势 $s_{ij}=(a_i,\ b_j)$ 的效果测度。

同样，对于每一个对策 b_j（$j=1,2,\cdots,m$），可以用事件 $a_1,a_2,\cdots,a_n$ 去匹配，其相应的决策元可排成一列，便构成了一个决策列向量：

$$\boldsymbol{\theta}_j = \begin{bmatrix} \dfrac{r_{1j}}{s_{1j}} \\ \dfrac{r_{2j}}{s_{2j}} \\ \vdots \\ \dfrac{r_{nj}}{s_{nj}} \end{bmatrix} \tag{10-9}$$

（3）决策矩阵。将每一个决策行向量 $\boldsymbol{\delta}_i\ (i=1,2,\cdots,n)$ 或每一个决策列向量 $\boldsymbol{\theta}_j\ (j=1,2,\cdots,m)$ 依次排列起来，便构成了一个 $n\times m$ 的局势决策矩阵：

$$\boldsymbol{M} = \begin{bmatrix} \dfrac{r_{11}}{s_{11}} & \dfrac{r_{12}}{s_{12}} & \cdots & \dfrac{r_{1n}}{s_{1n}} \\ \dfrac{r_{21}}{s_{21}} & \dfrac{r_{22}}{s_{22}} & \cdots & \dfrac{r_{2n}}{s_{2n}} \\ \vdots & \vdots & & \vdots \\ \dfrac{r_{n1}}{s_{n1}} & \dfrac{r_{n2}}{s_{n2}} & \cdots & \dfrac{r_{2n}}{s_{2n}} \end{bmatrix} \tag{10-10}$$

2. 效果测度

效果测度就是对于局势所产生的实际效果，在不同目标之间进行比较的量度。对于时间序列来说，就是比较两个序列在同一时刻的关联系数，其计算公式为

$$r_{ij}(t) = \frac{\Delta_{\min} + K\Delta_{\max}}{\Delta_{\min}(t) + K\Delta_{\max}} \tag{10-11}$$

式中，$\Delta_{ij}(t)$ 为两序列在 t 时刻的绝对差；$\Delta_{\min}$ 和 $\Delta_{\max}$ 分别是两序列绝对差的最小值和最大值；K 是在［0，1］区间上取值的灰数。

作为时间序列的效果测度，其被比较的母线，一般应为规划的目标效益曲线。

对于单点效果测度，可分为以下几种情形：

1）上限效果测度，其计算公式为

$$r_{ij} = \frac{u_{ij}}{u_{\max}} \tag{10-12}$$

式中，u_{ij} 为局势 s_{ij} 的实际效果；$u_{\max}$ 为所有局势 s_{ij} 实际效果的最大值。由于 $u_{ij} \leqslant u_{\max}$，所以效果测度 $r_{ij} \leqslant 1$。

2）下限效果测度，其计算公式为

$$r_{ij} = \frac{u_{\min}}{u_{ij}} \tag{10-13}$$

式中，u_{ij} 的意义同式（10-12）；$u_{\min}$ 为所有 u_{ij} 中的最小者。由于 $u_{ij} \geqslant u_{\min}$ 显然 $r_{ij} \leqslant 1$。

3）适中效果测度，其计算公式为

$$r_{ij} = \frac{\min\{u_{ij}, u_0\}}{\max\{u_{ij}, u_0\}} \tag{10-14}$$

式中，u_{ij} 的意义同式（10-12）；u_0 是一个指定的适中值。由式（10-14）容易知道：

$$r_{ij} \leqslant 1$$

如果 u_0 是以几何中心为参考点的数值，则适中效果测度的计算公式为

$$r_{ij} = \frac{u_0}{u_0 + |u_{ij} - u_0|} \tag{10-15}$$

在实际应用中，究竟采用哪种效果测度，应依据目标的性质而定。如产值、效益之类应该是越大越好，可采用上限效果测度；如投资、灾害之类应该是越小越好，可采用下限效果测度；而对于降水量、施肥量等应以适量为宜，可采用适中效果测度。

此外，对于局势 s_{ij} 有效益时间序列，则需求稳态效果测度。即对时间序列 $\{u_{ij}(t)\}$ 建立 GM(1,1)模型，解得灰色参数 $\boldsymbol{a} = [a,\ u]^{\mathrm{T}}$。当以 u 为输入时，则稳态增益为

$$\lim_{t\to\infty} \frac{u_{ij}(t)}{u} = \frac{1}{a} \tag{10-16}$$

因此，$\dfrac{1}{a}$ 被称为稳态效果测度，记为

$$r_{ij} = \frac{1}{a} \tag{10-17}$$

3. 多目标综合决策矩阵

当有 i 个决策目标时，记局势 s_{ij}；在第 p 个目标下的效果测度为 $r_{ij}^{(p)}$，则其相应的决策元为 $\dfrac{r_{ij}^{(p)}}{s_{ij}}$。如前所述，同样可以得到相应的行决策向量 $\boldsymbol{\delta}_i^{(p)}$（$i=1,2,\cdots,n$）和列决策向量 $\boldsymbol{\theta}_i^{(p)}$，以及决策矩阵

$$\boldsymbol{M}^{(p)} = \begin{pmatrix} \dfrac{r_{11}^{(p)}}{s_{11}} & \dfrac{r_{12}^{(p)}}{s_{12}} & \cdots & \dfrac{r_{1m}^{(p)}}{s_{1m}} \\ \dfrac{r_{21}^{(p)}}{s_{21}} & \dfrac{r_{22}^{(p)}}{s_{22}} & \cdots & \dfrac{r_{2m}^{(p)}}{s_{2m}} \\ \vdots & \vdots & & \vdots \\ \dfrac{r_{n1}^{(p)}}{s_{n1}} & \dfrac{r_{n2}^{(p)}}{s_{n2}} & \cdots & \dfrac{r_{nm}^{(p)}}{s_{nm}} \end{pmatrix} \tag{10-18}$$

如果第 p 个决策目标的权重值为 α_p（$p=1,2,\cdots,l$），则对于局势 s_{ij}，可以得到如下的综合效果测度：

$$r_{ij}^{(\Sigma)} = \sum_{p=1}^{l} \alpha_p T_{ij}^{(p)} \tag{10-19}$$

式中，$T_{ij}{}^{(p)}$ 表示第 p 个决策目标对于局势 s_{ij} 的效果测度。当各目标的权重值相等，即 $\alpha_1 = \alpha_2 = \cdots = \alpha_1 = \dfrac{1}{l}$ 时，式（10-19）就变为

$$r_{ij}^{(\Sigma)} = \frac{1}{l} \sum_{p=1}^{l} r_{ij}^{(p)} \tag{10-20}$$

这样，就得到如下的多目标综合决策矩阵：

$$M^{(\Sigma)}=\begin{pmatrix}\frac{r_{11}^{(\Sigma)}}{s_{11}} & \frac{r_{12}^{(\Sigma)}}{s_{12}} & \cdots & \frac{r_{1m}^{(\Sigma)}}{s_{1m}} \\ \frac{r_{21}^{(\Sigma)}}{s_{21}} & \frac{r_{22}^{(\Sigma)}}{s_{22}} & \cdots & \frac{r_{2m}^{(\Sigma)}}{s_{2m}} \\ \vdots & \vdots & & \vdots \\ \frac{r_{n1}^{(\Sigma)}}{s_{n1}} & \frac{r_{n2}^{(\Sigma)}}{s_{n2}} & \cdots & \frac{r_{nm}^{(\Sigma)}}{s_{nm}}\end{pmatrix} \tag{10-21}$$

4. 决策原则

决策就是选择效果最佳的局势。这种选择可以有两种方式：

1）由事件选择最好的对策，即行决策。

2）由对策匹配最适宜的事件，即列决策。

行决策的原则是，对于综合决策矩阵 $\boldsymbol{M}^{(\Sigma)}$，在行决策向量 $\boldsymbol{\delta}_i^{(\Sigma)}$ 中，选取效果测度最大的决策元，即

$$r_{ij*}^{(\Sigma)} = \max r_{ij}^{\Sigma} = \max\{r_{i1}^{\Sigma},\ r_{i2}^{\Sigma},\ \cdots,\ r_{im}^{\Sigma}\} \tag{10-22}$$

则 $\dfrac{r_{ij*}^{(\Sigma)}}{s_{ij*}}$ 称为行决策元；s_{ij*} 为最优局势，即表示 b_{j*} 是对付事件 a_i 的最优对策。

列决策的原则是，对于综合决策矩阵 $\boldsymbol{M}^{(\Sigma)}$，在列决策向量 $\boldsymbol{\theta}_j^{(\Sigma)}$ 中，选取效果测度最大的决策元，即

$$r_{i*j}^{(\Sigma)} = \max_i r_{ij}^{\Sigma} = \max\{r_{1j}^{\Sigma}, r_{2j}^{\Sigma}, \cdots, r_{nj}^{\Sigma}\} \tag{10-23}$$

则 $\dfrac{r_{i*j}^{(\Sigma)}}{s_{i*j}}$ 称为列决策元；s_{i*j} 为最优局势，即表示 a_{i*} 是对策 b_j 最适宜的事件。

10.5.2　灰色局势决策的基本步骤

灰色局势决策方法求解问题的过程，一般可以按下述步骤进行：

1）给出事件与对策。

2）构造局势。

3）确定目标。

4）给出不同目标的白化值。

5）计算不同目标的局势效果测度，写出决策矩阵。

6）计算多目标的局势综合效果测度，写出多目标综合决策矩阵。

7）按照行决策或列决策原则，选择最佳局势。

10.6　灰色去余控制理论

灰色去余控制理论，是我国著名的控制论专家邓聚龙先生针对灰色系统的控制问题提出

的一种优化控制方法。目前，这一方法已被广泛地应用于各类系统的控制分析之中。下面介绍灰色去余控制理论及其在地理系统调控中的应用。

10.6.1　系统的结构模型

一个系统的动态过程，可以用一定的传递函数表示。如果 U 与 X 分别表示系统的输入与输出的拉普拉斯变换，系统的传递函数记为 W，则有

$$\frac{X}{U} = W \tag{10-24}$$

有时更习惯于用

$$W^{-1}X = U \tag{10-25}$$

表示系统的输入-输出关系。

若系统中有反馈 Z，将 X 反馈回输入端，则其动态关系为

$$\frac{X}{U} = \frac{W}{1 + WZ} \tag{10-26}$$

式（10-26）可以被写成

$$\frac{1 + WZ}{W}X = U$$

或者

$$W^{-1}X = U - ZX \tag{10-27}$$

上述关系式称为反馈系统的结构范式，或者称为系统的结构模型。

对于上述的系统结构模型，特做以下几点说明：

1）等号（=）是系统输入与输出的比较环节。等号左端的 X 为系统的输出，右端的 U 为系统的输入。

2）从系统的输入端 U 经过 W 到输出端 X 的通道称为主通道，W 称为主通道的传递函数；将 X 经过 Z 反馈到输入端的通道称为反馈通道，Z 称为反馈通道的传递函数，ZX 称为反馈项。

3）结构模型等号左端 X 的系数 W^{-1} 是主通道传递函数的倒数。

4）反馈项 ZX 前面的符号代表反馈极性，“+” 表示正反馈，“−” 表示负反馈。

5）结构模型中的 X 与 U 可以是单一变量，也可以是多个变量构成的向量；当 $\boldsymbol{X}$ 与 $\boldsymbol{U}$ 为向量时，$\boldsymbol{W}$ 与 $\boldsymbol{Z}$ 为矩阵。

6）称 $Z=0$ 的结构模型

$$W^{-1}X = U$$

为开环系统。称

$$W^{-1}X = U - ZX$$

为闭环系统。但是，这种叫法是相对的，事实上，带有反馈项的结构模型同样可以化为无反馈的形式，譬如令

$$W_{\Sigma}^{-1} = \frac{W}{1 + WZ}$$

则有

$$W^{-1}X = U$$

上式在形式上是无反馈的开环系统，而实际上却是有反馈的闭环系统。

7）系统的结构模型不是唯一的。

10.6.2　灰色去余控制的基本思想

灰色去余控制理论认为，系统动态品质的好坏，主要反映在闭环系统传递函数 G 的结构与参数上，因此，要改善系统的动态品质，实现系统的优化控制，就需要改变闭环系统的传递函数。

设原系统的结构模型为

$$G^{-1}X = U \tag{10-28}$$

记预期的（优化的）系统为

$$G_*^{-1}X = U \tag{10-29}$$

记两系统的逆传递函数 G^{-1} 与 G_*^{-1} 之差为 Q，即

$$Q = G_*^{-1} - G^{-1} \tag{10-30}$$

则原系统可以改写成

$$G_*^{-1}X = U + QX \tag{10-31}$$

式（10-31）代表了主通道传递函数为 G_*，反馈项为 QX 的系统。这说明原来的系统 $G^{-1}X = U$ 可以看作是由预期系统 $G_*^{-1}X = U$ 与反馈项 QX 所组成。从预期系统的动态品质来看，QX 项是多余的，故 X 称为系统的多余项，它以“虚内反馈”的形式作用在系统上，恶化了系统的动态品质。

当系统的多余项被分离出来后，则只要加入传递函数相等，反馈的输入与输出相同，而极性相反的控制项抵消多余项，系统就可以得到令人满意的品质。这种用外反馈抵消多余项的控制方法称为系统的去余控制。其去余过程，可以用结构关系及图 10-1 表示。

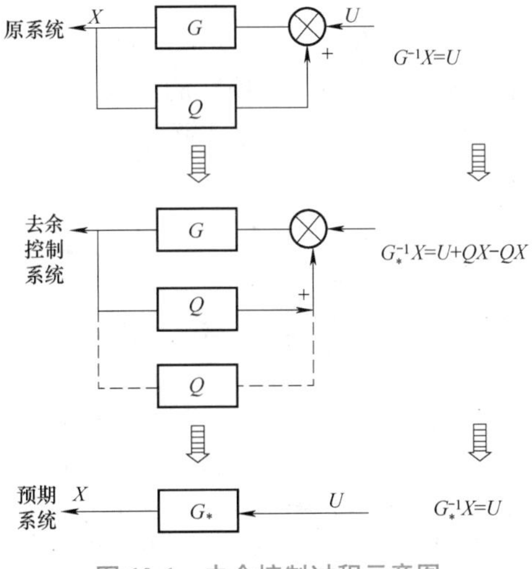

图 10-1　去余控制过程示意图

10.6.3　灰色去余控制的途径、方式和准则

制定控制决策，以改善系统的动态品质，实现系统的优化控制，可以有不同的途径、不

同的方式和不同的准则。

1. 控制决策的实施途径

1）参数调整决策：对系统结构参数的大小、符号进行改变，以改善系统的动态品质。

2）结构改变决策：通过从外部引入控制结构。譬如，加去余控制部分以改善系统动态。

2. 控制决策的方式

1）通过系统的结构模型分解出多余项，然后采取去余控制措施，这种去余控制常称为频域去余，或者结构去余。

2）通过系统的状态模型实现去余，称为状态去余，或者时域去余。

3. 控制策略的准则

1）输入无偏准则。记系统的输入为 U，反馈为 z，则动态无偏准则为

$$J = U - z = \min \tag{10-32}$$

这里 z 可以是向量，譬如：

$$\boldsymbol{z} = \boldsymbol{Z}\boldsymbol{X} \tag{10-33}$$

式中

$$\boldsymbol{Z} = \begin{pmatrix} z_{11} & z_{12} & \cdots & z_{1n} \\ z_{21} & z_{22} & \cdots & z_{2n} \\ \vdots & \vdots & & \vdots \\ z_{n1} & z_{n2} & \cdots & z_{nn} \end{pmatrix}$$

2）动态无偏准则。记 G 及 G_* 分别表示接受控制后以及预期的系统传递函数，则动态无偏准则可以表示为

$$J = G_u^{-1} - G_*^{-1} = \min(s) \tag{10-34}$$

式中，$\min(s)$ 表示某一个系数尽可能小的 s 多项式的分式。

3）状态无偏准则。记 $\boldsymbol{A}_u$ 及 $\boldsymbol{A}_*$ 分别为接受了控制及预期的状态矩阵，则状态无偏准则为

$$\boldsymbol{J} = \boldsymbol{A}_u^{-1} - \boldsymbol{A}_*^{-1} = \min \tag{10-35}$$

参考文献

[1] 郭纯青．岩溶地下水资源评价灰色系统理论与方法研究［M］．北京：地质出版社，1993.
[2] 陈又星，徐辉，吴金椿．管理科学研究方法［M］．上海：同济大学出版社，2013.
[3] 张华歆．预测与决策：理论及应用［M］．上海：上海交通大学出版社，2014.
[4] 赵燕娜．我国大型钢铁企业风险预警研究［M］．石家庄：河北科学技术出版社，2014.
[5] 孙保平，杜启贵．区域综合治理技术决策系统［M］．北京：中国林业出版社，2000.
[6] 徐建华，段舜山．区域开发理论与研究方法［M］．兰州：甘肃科学技术出版社，1994.
[7] 于贵瑞．种植业系统分析与优化控制方法［M］．北京：农业出版社，1991.

第11章 系统动力学方法

系统动力学（System Dynamics，SD）出现于1956年，创始人为美国麻省理工学院的福瑞斯特教授。20世纪50年代后期，系统动力学逐步发展成为一门新的学科。初期它主要应用于工业企业管理，处理诸如生产与雇员情况的波动、市场股票与市场增长的不稳定性等问题。此学科早期的称呼——“工业动力学”即因此而得名。之后，系统动力学的应用范围日益扩大，从民用到军用，从科研、设计工作的管理到城市发展的决策，从世界面临人口指数式增长的威胁与资源储量日趋殆尽的危机到检验糖尿病的病理假设，从吸毒到犯罪问题。总之，其应用几乎遍及各类系统，扩展到各种领域。显然此学科的应用已远远超越“工业动力学”的范畴，故改称为“系统动力学”。针对传统工程管理方法在宏观控制方面存在的不足，应分析工程管理的特点，依据系统动力学原理，结合项目动态系统的特征，建立了一个系统动力学模型。它更侧重于项目的宏观管理，侧重于对难以准确量化的复杂因素的分析，使项目管理更加科学化。

11.1 系统动力学发展以及基本原理与方法简介

11.1.1 系统动力学发展

1. 系统动力学的发展过程

系统动力学的发展过程大致可分为三个阶段：

（1）系统动力学的诞生——20世纪50、60年代。

由于SD这种方法早期研究对象是以企业为中心的工业系统，因此称为工业动力学。这阶段主要是以福瑞斯特教授在《哈佛商业评论》发表的《工业动力学》作为奠基之作，之后他又讲述了系统动力学的方法论和原理，系统产生动态行为的基本原理。后来，福瑞斯特教授对城市的兴衰问题进行深入的研究，提出了城市模型。

（2）系统动力学发展成熟——20世纪70、80年代。

这阶段主要的标准性成果是系统动力学世界模型与美国国家模型的研究成功。这两个模型的研究成功地解决了困扰经济学界的长波问题，因此吸引了世界范围内学者的关注，促进它在世界范围内的传播与发展，确立了它在社会经济问题研究中的学科地位。

（3）系统动力学广泛运用与传播——20世纪90年代至今。

在这一阶段，SD在世界范围内得到广泛的传播，其应用范围更广泛，并且获得新的发展。系统动力学正加强与控制理论、系统科学、突变理论、耗散结构与分叉、结构稳定性分析、灵敏度分析、统计分析、参数估计、最优化技术应用、类属结构研究、专家系统等方面的联系。许多学者纷纷采用系统动力学方法来研究各自的社会问题，涉及经济、能源、交通、环境、生态、生物、医学、工业、城市等广泛的领域。

2. 什么是系统动力学

系统动力学是一门分析研究信息反馈系统的学科，也是一门认识和解决系统问题的交叉性综合性学科。它是系统科学和管理科学中的一个分支，也是一门沟通自然科学和社会科学等领域的横向学科。

系统动力学理论的基本点鲜明地表明了它的系统辩证的特征。它强调系统、整体的观点和联系、发展、运动的观点。

从系统方法论来说，系统动力学的方法是结构方法、功能方法和历史方法的统一。系统动力学研究处理复杂系统问题的方法是定性与定量结合，系统综合推理的方法。按照系统动力学的理论与方法建立的模型，借助计算机模拟可以定性与定量地研究系统问题。

系统动力学的模型模拟是一种结构-功能的模拟。它最适用于研究复杂系统的结构、功能与行为之间动态的辩证对立统一关系。

系统动力学认为，系统的行为模式与特性主要取决于其内部的动态结构与反馈机制。由于非线性因素的作用，高阶次复杂时变系统往往表现出反直观的、千姿百态的动力学特征，该特征已引起人们的重视。系统动力学正是一门可用于分析研究社会经济、生态和生物等一类复杂大系统问题的学科。

系统动力学模型可作为实际系统，特别是社会、经济、生态复杂大系统的“实验室”。系统动力学的建模过程就是一个学习、调查研究的过程，模型的主要功用在于向人们提供一个进行学习与政策分析的工具，并使决策群体或整个组织逐步成为一种学习型和创造型的组织。

3. 项目管理与系统动力学

在项目管理方面，最先引人注目的是 R&D 系统动力学。当系统动力学在麻省理工学院诞生不久，人们就开始琢磨它在技术组织和 R&D 活动中的潜在应用；这在很大程度上是由于该学科本身和其最早的参与者都具有工程的背景。当时 80% 的斯隆管理学院的研究生其本科学历背景为理工科专业，而且宽松的选课政策允许理工学院的学生去选修设在管理学院的系统动力学课程，所以有关 R&D 管理问题的研究生论文占有很高的比例。其内容涉及：R&D 项目的动力学问题；在整个有关 R&D 项目的组织中出现的现象和问题，尤其是资源在项目或部门间的分配问题；与 R&D 项目相关各方之间的相互关系。

同时还应该指出，传统的项目管理方法一般假定项目能够按照项目开始时编制的“最优”计划进行，而忽略了返工的影响，导致对时间和成本的低估。但是由于项目均具有独特性，与之相关的各种信息是随着项目的展开不断完备的，因而在实际的项目运作中返工常常不可避免，其影响也是不可忽视的。影响往往是非线性的，在传统的网络图中难以表达，并超出了项目管理者脑力所能达到的理解范围。因此，系统动力学在项目管理领域中有许多突出用例。

项目管理领域，在前面已经述及，系统动力学在克服传统项目管理方法（假定项目能按“最优”计划进行，忽略返工的影响对时间和成本的低估）的弱点方面已发挥的独特作用。此外系统动力学还提供了一种自上而下的、从战略层面描述项目进展、估计项目时间、成本风险的方法论。把项目视为一个整体，而不是一系列任务的简单组合，并能有效地描述项目中的返工等回路和任务间的非线性关系，有助于项目管理者理解项目进行过程对项目表现的影响，从宏观上对项目进行估计和把握。这方面的典型成果是 T. K. Abdel-Hamid 等于 1991 年出版的《软件项目动力学：一种综合方法》。

11.1.2　系统动力学的原理与方法

1. 系统动力学的基本原理

系统动力学是在系统论的基础上发展起来的，因此它包含着系统论的思想。系统动力学是以系统的结构决定着系统行为前提条件而展开研究的，它认为存在系统内的众多变量在它们相互作用的反馈环里有因果联系。反馈之间有系统的相互联系，构成了该系统的结构，而正是这个结构成为系统行为的根本决定性因素。

人们在求解问题时都是想获得较优的解决方案，得到较优的结果。所以系统动力学解决问题的过程实质上也是寻优过程，以获得较优的系统功能。系统动力学强调系统的结构并从系统结构角度来分析系统的功能和行为，系统的结构决定了系统的行为。因此系统动力学是通过寻找系统的较优结构，来获得较优的系统行为。

系统动力学把系统看成一个具有多重信息的因果反馈机制。因此系统动力学在经过剖析系统，获得深刻、丰富的信息之后，建立起系统的因果关系反馈图，之后再转变为系统流图，建立系统动力学模型，最后通过仿真语言和仿真软件对系统动力学模型进行计算机模拟，来完成对真实系统结构的仿真。通过上述过程完成了对系统结构的仿真，接下来就要寻找较优的系统结构。

寻找较优的系统结构被称为政策分析或优化，包括参数优化、结构优化、边界优化。参数优化就是通过改变其中几个比较敏感参数来改变系统结构进而寻找较优系统的行为。结构优化是指主要增加或减少模型中的水平变量、速率变量来改变系统结构进而获得较优系统的行为。边界优化是指通过系统边界及边界条件发生变化时引起系统结构变化来获得较优系统的行为。系统动力学就是通过计算机仿真技术来对系统结构进行仿真，寻找系统的较优结构，以求得较优的系统行为。

总的来说：系统动力学认为系统的行为模式是由系统内部的信息反馈机制决定的。通过建立系统动力学模型，利用 DYNAMO 仿真语言和 Vensim 软件在计算机上实现对真实系统的仿真，可以研究系统的结构、功能和行为之间的动态关系，以便寻求较优的系统结构和功能。

2. 系统动力学的基本概念

（1）系统：一个由相互区别、相互作用的各部分（即单元或要素）有机地联结在一起，为同一目的完成某种功能的集合体。系统包含物质、信息和运动三部分。

（2）反馈：系统内同一单元或同一子块其输出与输入间的关系。对整个系统而言，“反馈”则指系统输出与来自外部环境的输入的关系。

（3）反馈系统：包含有反馈环节与其作用的系统。它要受系统本身的历史行为的影响，把历史行为的后果回授给系统本身，以影响未来的行为。如库存订货控制系统。

（4）反馈回路：由一系列的因果与相互作用链组成的闭合回路或者说是由信息与动作构成的闭合路径。

（5）因果回路图（CLD）：表示系统反馈结构的重要工具，因果图包含多个变量，变量之间由标出因果关系的箭头所连接。变量是由因果链联系，因果链由箭头所表示。

（6）因果链极性。每条因果链都具有极性，或者为正（+）或者为负（-）。极性是指当箭尾端变量变化时，箭头端变量会如何变化。极性为正是指两个变量的变化趋势相同，极性为负指两个变量的变化趋势相反。

（7）反馈回路的极性。反馈回路的极性取决于回路中各因果链符号。回路极性也分为正反馈和负反馈，正反馈回路的作用是使回路中变量的偏离增强，而负反馈回路则力图控制回路的变量趋于稳定，如图 11-1 和图 11-2 所示。

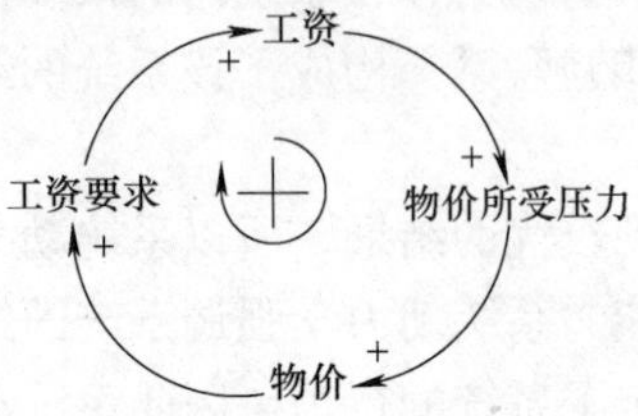

图 11-1　工资-物价系统正反馈回路

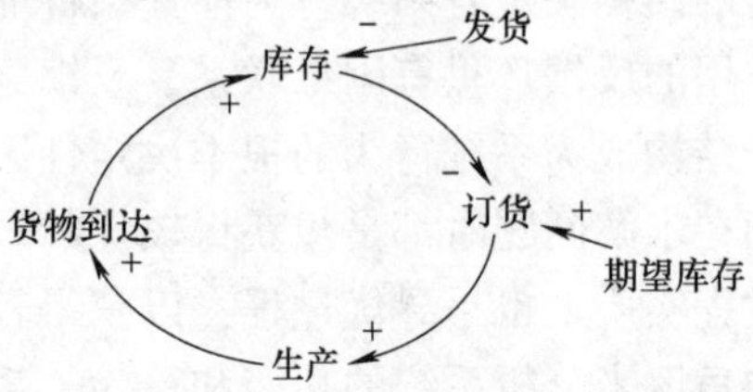

图 11-2　库存-订货控制系统负反馈回路

（8）确定回路极性的方法。

1）若反馈回路包含偶数个负的因果链，则其极性为正。

2）若反馈回路包含奇数个负的因果链，则其极性为负。

（9）系统流图：表示反馈回路中的各水平变量和各速率变量相互联系的形式及反馈系统中各回路之间互连关系的图示模型。

水平变量：也被称作状态变量或流量，代表事物（包括物质和非物质的）的积累，其数值大小是表示某一系统变量在某一特定时刻的状况。水平变量可以说是系统过去累积的结果，它是流入率与流出率的净差额。它必须由速率变量的作用才能由某一个数值状态改变另一数值状态。

速率变量：又称变化率，随着时间的推移，使水平变量的值增加或减少。速率变量表示某个水平变量变化的快慢。

（10）水平变量和速率变量的符号标识。

1）水平变量用矩形表示，具体符号中应包括有描述输入与输出流速率的流线、变量名称等。

2）速率变量用阀门符号表示，应包括变量名称、速率变量控制的流线和其所依赖的信息输入量。

系统动力学一个突出的优点在于它能处理高阶次、非线性、多重反馈复杂时变系统的问题。

高阶次：系统阶数在四阶或五阶以上者称为高阶次系统。典型的社会-经济系统的系统动力学模型阶数则约在十至数百之间。如美国国家模型的阶数在两百以上。

多重回路：复杂系统内部相互作用的回路数目一般在三个或四个以上。诸回路中通常存在一个或一个以上起主导作用的回路，称为主回路。主回路的性质很大程度上决定了系统内部反馈结构的性质及其相应的系统动态行为的特性。而且，主回路并非固定不变，它们往往在诸回路之间随时间而转移，结果导致变化多端的系统动态行为。

非线性：线性指量与量之间按比例、成直线的关系，在空间和时间上代表规则和光滑的运动；而非线性则指不按比例、不成直线的关系，代表不规则的运动和突变。线性关系是互不相干的独立关系，而非线性则是相互作用，而正是这种相互作用，使得整体不再是简单地等于部分之和，而可能出现不同于“线性叠加”的增益或亏损。实际生活中的过程与系统几乎毫无例外地带有非线性的特征。正是这些非线性关系的耦合导致主回路转移，系统表现出多变的动态行为。

3. 系统动力学的结构模式

系统动力学对系统问题的研究，是基于系统内在行为模式、与结构间紧密的依赖关系，通过建立数学模型，逐步发掘出产生变化形态的因果关系。系统动力学的基本思想是充分认识系统中的反馈和延迟，并按照一定的规则从因果关系图（图 11-3）中逐步建立系统动力学流程图（图 11-4）的结构模式。

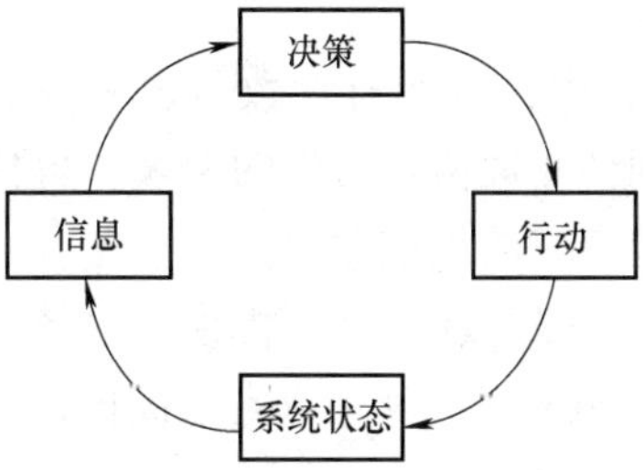

图 11-3　因果关系图

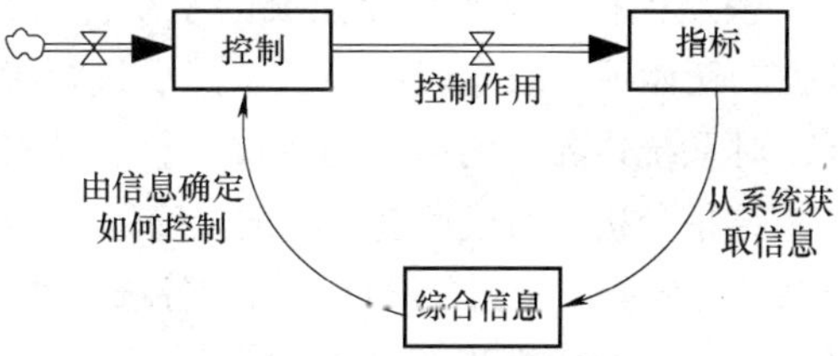

图 11-4　SD 流程图

（1）因果关系图。

1）因果箭：连接因果要素的有向线段。箭尾始于原因，箭头终于结果。因果关系有正负极之分。正（+）为加强，负（-）为减弱。

2）因果链：因果关系具有传递性。在同一链中，若含有奇数条极性为负的因果箭，则整条因果链是负的因果链，否则，该条因果链为极性正。

3）因果反馈回路：原因和结果的相互作用形成因果关系回路（因果反馈回路）。是一种封闭的、首尾相接的因果链，其极性判别如因果链。

反馈的概念是普遍存在的。以供暖系统产生热量温暖房间为例，屋内一个和它相连的探测器将室温的信息返回给供暖系统，以此来控制系统的开关，因此也控制了屋内的温度。室温探测器是反馈装置，它和炉子、管道、抽风机一起组成了一个反馈系统。

（2）流程图。流程图是系统动力学结构模型的基本形式，绘制流程图是系统动力学建模的核心内容。

1）流（Flow）：系统中的活动和行为，通常只区分实物流和信息流。

2）水准（Level）：系统中子系统的状态，是实物流的积累。

3）速率（Rate）：系统中流的活动状态，是流的时间变化；在 SD 中，R 表示决策函数。

4）参数量（Parameter）：系统中的各种参数。

5）辅助变量（Auxiliary Variable）：其作用在于简化 R，使复杂的决策函数易于理解。

6）滞后（Delay）：由于信息和物质运动需要一定的时间，于是就带来原因和结果、输入和输出、发送和接收等之间的时差，并有物流和信息流滞后之分。

4. 系统动力学的建模步骤

(1) 明确研究目标。充分了解需要研究的系统，通过资料收集、调查统计，根据系统内部各系统之间存在的矛盾、相互影响与制约作用，以及对应产生的影响，确立矛盾与问题。

(2) 确立系统边界、因果关系分析。对研究目标产生的原因形成动态假设（Dynamic Hypothsis），并确定系统边界范围。由于系统的内部结构是多种因素共同作用的结果，因此，系统边界的范围直接影响系统结构和内部因素的数量。

结合研究目标的特征，将系统拆分成若干个子系统，并确定各子系统内部结构，以及系统与各子系统之间的内在联系和因果关系。

(3) 构建模型。绘制系统流程图，并建立相应的结构方程式。其中绘制系统流程图是构建系统动力学模型过程中的核心部分，它将系统变量与结构符号有机结合起来，明确表示了研究对象的行为机制和量化指标。

(4) 模型模拟。基于已经完成的系统流程图，在模型中输入所有参数、表函数及状态变量方程的初始值，设定时间步长，然后进行模拟。得到预测数值及对应的图表，再根据研究目标，对系统边界、内部结构反馈调整，使其能够实现完整的系统模拟。

(5) 结果分析。对模型进行测试，确保现实中的行为能够再现于计算机模型系统，并对模拟结果进行分析，预测、设计、测试各选择性方案，减少问题，并从中选定最优化方案。

系统动力学的建模步骤如图 11-5 所示。

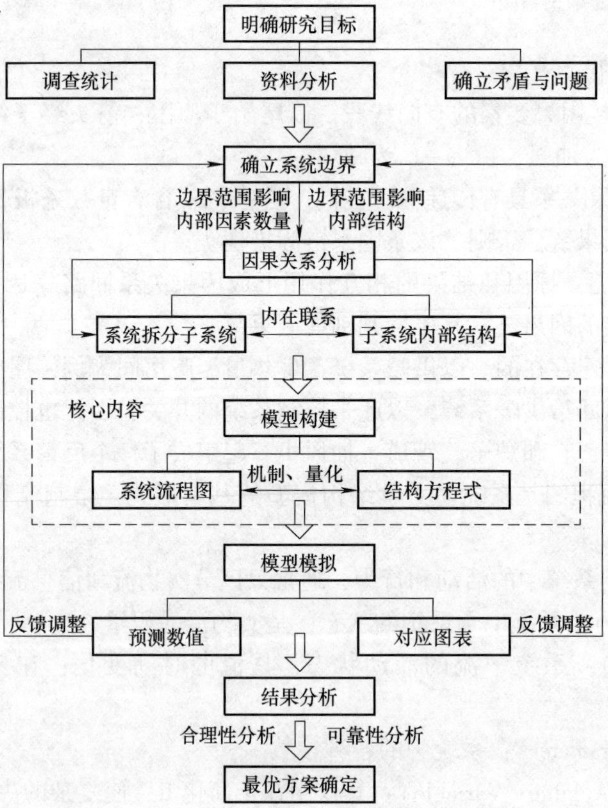

图 11-5 系统动力学的建模步骤

5. 模型结构适合性检验

（1）量纲检验。系统动力学模型与其他模型一样，绝不允许量纲不一致的情况出现。量纲的一致性检验是模型检验的一个最为基本的方面。量纲检验的要求是各变量必须有正确的量纲，而且各个方程式左右两端的量纲必须相同。

（2）方程式极端条件的检验。即检验模型中每一个方程式在其变量的可能变化的极端条件下是否仍有意义。只要在极端条件下，方程运行仍然合理，那么就能确定方程确实具有强壮性。

（3）模型边界检验。即主要检验模型所包含的变量与反馈回路是否足以描述所面向的问题和是否符合预定的研究目的。系统边界不宜过大，也不宜过小。如果边界划得过大，就会使模型变得过于复杂，反而模糊了系统结构与动态行为之间的主要关系；而当边界划得过小时，则意味着模型可能忽略了某些重要的变量，或者忽略了富有活力的反馈链。

6. 模型行为适合性检验

（1）结构灵敏度检验。模型结构是决定其行为的主要因素。一般来说，变动模型的结构会对其行为产生较大的影响，模型结构的最大变动即意味着改变系统的边界。但对于系统动力学模型来说，模型行为对结构与相应的方程式的合理变动也不是过于敏感的，而是表现出一定的强壮性。如果模型行为对结构的合理变动过于敏感，则模型不宜作仿真分析之用。这里所谓的“合理变动”是指在某些模型中使参数取极值或变表函数为常数时的情况。这些改变意味着这些参数或表函数代表的因果关系链被取消，系统的结构当然也就改变了。即便是在这种情况下，强壮性较好的模型的行为仍然不会有大的变化。

（2）参数灵敏度检验。改变参数对模型行为的影响没有像改变模型结构带来的影响那样大。改变某一参数而不影响模型行为的情况是常见的。系统动力学模型对参数变化是不敏感的。究其原因有二：一是变动某参数时，可能在一段时间内对进行过程中的一部分起作用，但随着主反馈回路的转移，在其余时间或对其他部分不发生任何影响，这时若改变反馈回路中的参数，对系统行为的影响是微乎其微的。二是反馈回路的补偿作用。当改变某一参数时，固然可以加强或削弱某一回路，但由于系统动力学的多回路特点，与此同时将自然而然地加强或削弱其他回路去补偿前述的相反作用，其最后结果则是对模型行为影响甚微或毫无影响。因此，在对系统动力学模型进行参数灵敏度检验时，不应把其他类型的定量模型的高参数灵敏度强加给系统动力学模型，也不应该把灵敏度的高低作为衡量模型精确性的主要标准。与此相反的是，如果系统动力学模型对参数变动很敏感，则只能说明此模型没有实用性。

（3）模型结构与真实系统一致性检验，这一工作主要是请熟悉真实系统的人员参与判定模型结构是否与真实系统相像。如果模型的结构从“外观”上来看与实际系统毫无相似之处，那么即使模型的行为被判定是合适的，也不能认为模型是可信的。

（4）模型行为与真实系统一致性检验，该环节检验首先应判断模型行为是否再现最初确立的那些参考模式，如果模型行为与参考模式差别较大，则这种模型再“好”也是无用的。但是，我们必须具体问题具体分析，切勿一遇模型行为与参考模式不符就对模型予以否定。因为模型与参考模式不符的原因有两种：一是模型有误，需要修改完善；二是模型出现的“奇特”行为很有可能是对真实系统的本质反映，而对这种“反映”人们以前从未注意过。对此必须严格加以证实，如果“反映”的确有意义，而且产生“奇特”行为的机制是真实的，那么模型更是有效的。

11.2 系统动力学方程基础

系统动力学流图描绘了复杂系统的组织结构及信息的流动通道，但是在描绘定性因果关系的基础上，还需要把流图转换成数学方程。系统动力学方程形成的过程，就是把流图转换成描述变量间函数关系的数学模拟方程的公式化过程。

11.2.1 时间标记

（1）三种时间标记。方程中可以有三种形式的时间标记：

1）双标志：*JK*，*KL*。

2）单标志：*K*，*L*。

3）无标志：即省略时间标记。

系统动力学方程中，所有变量都冠有时间标记，以表明系统变量的时间特征。

（2）说明。

1）状态变量与辅助变量用单标志，将变量名与时间标记用小数点分开。如 LEV. *K* 表示变量 LEV 当前时刻的取值。

2）速率变量用双标志，如 *SR*，*JK* 表示变量 *SR* 在时段 *JK* 的变化量。

3）常数等无标志，如 $C=10$。

11.2.2 量纲

在任何方程中，同一系统的变量必须以相同的量纲度量，而且方程式两边的量纲应完全相同，量纲体系只与所研究的系统有关，不受物理学范围的约束。

11.2.3 状态方程（*L* 方程）

状态方程用来计算 *K* 时刻的状态变量值。

1. 标准形式

K 时刻的状态变量值（图 11-6）取决于 *J* 时刻的状态变量值和时间间隔 JK 上的状态变量的变化值，有较固定的格式：

$$L \quad \text{LEVEL}.K = \text{LEVEL}.\text{JK} + (\text{DT})(\text{RATE}.\text{JK})$$

式中，LEVEL 是状态变量名；RATE 是速率变量名；DT 是计算步长。

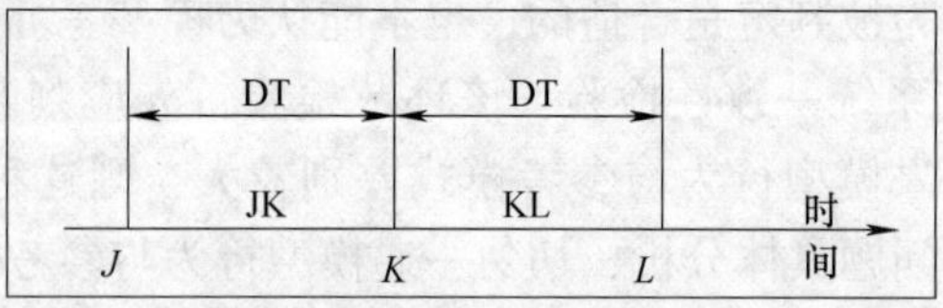

图 11-6 *K* 时刻的状态变量图

2. 说明

1）左边的 L 是状态方程标识符，写于方程第一列，与方程之间的距离 1 至 5 个空格。

2）方程右端变量的时间标记为 J、JK 或无标记。

3）时间间隔 DT 只能也必须在状态方程中出现。

4）决定状态变量值变化的只能是系统的速率变量。

3. 状态方程的数学推导

如状态变量 FL 与速率变量 FR 之间的关系为

$$\frac{\mathrm{dFL}}{\mathrm{d}t} = \mathrm{FR}$$

计算从 J 到 K 的积分，即 $\int_J^K \mathrm{dFL} = \int_J^K \mathrm{FR}\,\mathrm{d}t$

假定时间间隔 JK 上 FR 数值不变，为 FR。JK，则有 FL. K−FL. J=（DT）（FR. JK），移项即得状态方程。需要注意的是，状态方程表示状态变量在时间上的积累，但并非积累变量都只能用状态方程表示。

11.2.4　速率方程（R 方程）

速率方程用于计算时间间隔 KL 上的速率变量值。

速率方程取决于信息反馈形式，因此没有确定的格式，一般可写成

R　RATE. KL = 常数、变量、算式

速率方程反映系统内部各种联系及信息的流动属性，有下述几种常见表达形式：

(1) R　RATE. KL = 常数 × LEVEL. K

上式表示速率变量在时间段的值正比于状态变量的当前值。如果常数为正，此速率方程反映正反馈结构特性，是指数增长型

(2) R　RATE. KL = LEVEL. K/时间常数

这种速率方程描述指数衰减型的模型结构，方程的衰减特性对应于系统负反馈结构的行为。

如图 11-7 所示的速率变量，经公式化可得速率方程：

R　SR. KL = BL. K/DD

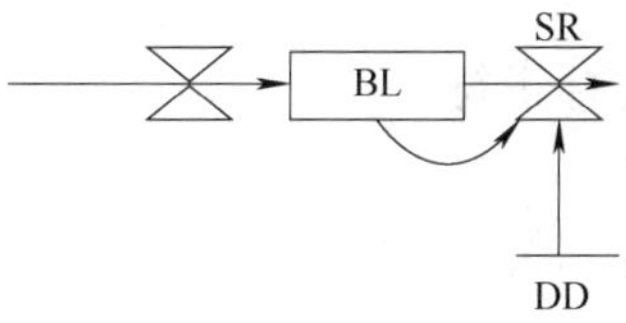

图 11-7　订货积压与提货速率流图

BL—未付订货积压（货量单位）　SR— 提货率（货量单位/周）　DD—交货延迟（周），它表明订货量得到满足和提出订单之间间隔的平均时间

由 SR 与 BL 之间的关系，可看出此方程的衰减特性，即开始 SR 很大，随着 BL 减少而逐渐减少，最终将为零。

(3) R RATE. KL= (COAL. K -LEVEL. K) /AD

其中，COAL 为状态变量的期望值；AD 为系统调整时间常数。该式描述系统状态变化的纯速率值，它可以是正值、负值，也可以是零。

(4) R RATE. KL=AU. K ×LEVEL. K 或 R RATE. KL=LEVEL. K /AU. K

其中，AU 为辅助变量。这种类型的速率方程在函数特性上与指数增长型和指数衰减型行为类似，不同之处在于方程中的常数改为变量，这个变量由系统的其他结构来描述，一般利用辅助方程引入辅助变量来解决。

11.2.5 辅助方程（A 方程）

辅助方程用于计算 K 时刻的辅助变量值，辅助方程没有标准形式，它可以是任何常数和变量的代数运算关系式，也可以是表格对应的函数形式，其格式为

$$A \quad \text{AU}.K = \text{常数、变量、函数、算式}$$

辅助方程应该是速率方程的分支结构方程，不能与状态变量和速率变量表示的系统结构相矛盾。一般表达形式是下列两种：

1. 代数表达式

1）在确定了状态方程和速率方程以后，从分析速率方程的分支结构入手，跟踪找出影响它的状态或条件，再从这些状态和条件形成速率变量的过程中建立辅助方程。

2）通过量纲分析，可以确定辅助方程的代数表达所采用的运算法则：当方程中的变量具有相同的量纲，则右端采用加、减法；否则，辅助方程右端应来用乘除方式使方程两边量纲统一。

2. 函数表示

在系统动力学模型模拟中，表格函数能完全给定表中点值与点值之间的线性插值，其一般表达式为：

$$A \quad \text{TABLE}(\text{TNA}, P.K, N_1, N_2, N_3)$$

$$T \quad \text{TNA} = E_1, E_2, \cdots, E_{\text{M}}$$

式中，TNA 为函数的表变量名，即因变量；P 为函数自变量名，具有时间下标；N_1 为自变量 P 的最小取值；N_2 为自变量 P 的最大取值；N_3 为自变量 P 的取值间隔，表函数规定，自变量在最小值和最大值之间取若干等步长；E_1 为表函数在 $P = N_1$ 时的对应值；E_2 为表函数在 $P = N_1 + N_3$ 时的对应值；E_{M} 为表函数的终值。

说明：

1）左边字符 A 是辅助方程的标识符。

2）辅助方程的时间标记为 K 。

3）左边字符 T 为表函数的标识符。

11.2.6 常数方程（C 方程）

常数方程表示用固定的格式给常数赋值。如

$$C \quad \text{FC} = 5$$

$$C \quad \text{F2C} = 0.05$$

说明：

1）左边字符 C 是常数方程的标识符。

2）常数变量名无时间下标。

3）右端是数值，不允许有变量或算式。

4）可书写若干个不同常数的赋值，它们之间可用逗号或斜杠线隔开，如：$C \quad T_1 = 0$，$T_2 = 0$，$T_3 = 0$，$T_4 = 0$。

11.2.7　初值方程（N 方程）

初值方程一般书写格式为

$$N \quad \text{变量名} = \text{数值、变量、算式}$$

（1）给模拟运行时间变量赋予初始值，如：

$$N \quad \text{TIME} = 1980$$

（2）给状态变量、速率变量和辅助变量赋初值，如：

$$L \quad \text{FL}.K = \text{FL}.J + (\text{DT})(\text{FR.JK})$$

$$N \quad \text{FL} = 1000$$

通常状态变量的初值接在相应的方程之后，如接在某个给定的系统常数（CD）之后，也可写成 $N \quad \text{PT} = 3 \times \text{CD}$

每个状态方程的初值方程应分别给出，但当具有相同的初值时，也可写成

$$L \quad \text{RS}.K = \text{RS}.J + \text{DT} \times (\text{ML.JK} - \text{NL.JK})$$

$$N \quad \text{RS} = \text{PT}$$

即 RS 与 PT 具有相同的初值。

（3）初值的选择。

1）由实际系统所反映的条件而定。如某项工程施工中有 4 个状态变量：工程进度、劳动力人数、未发现返工量和计划完成期。工程开始时，工程进度与未发现返工量均为零，其余两个初值由工程的组织计划而定。

2）根据系统平衡条件设定初值。使模拟总是开始于相对静止的平衡时刻，即输入速率等于输出速率的条件下求解状态变量的初值。

3）利用模型计算初值。对于具有增长或衰减等结构的问题，本身具有简单的静止平衡条件，可用模型来推导。

11.3　系统动力学建模软件

11.3.1　软件介绍

系统动力学可以与其他软件结合进行仿真模拟，本文选用的是 VENSIM 软件。VENSIM 仿真软件是一款由美国 Ventana Systems 公司研发，通过文本编辑器和图形绘制窗口，实现人机对话，集流程图制作、编程、反馈分析、图形和表格输出等为一体的多功能软件。

11.3.2　VENSIM 软件特点

1. 界面友好，操作便捷

VENSIM 采用标准的 Windows 界面（图 11-8），能够建立友好的人机对话窗口，不仅支

持菜单和快捷键，还提供多个工具条或图标，能够提供多种数据输入和输出方式。

图 11-8 VENSIM 软件界面

2. 提供多种分析方法

VENSIM 提供两类分析工具：结构分析工具和数据集分析工具。

结构分析工具包含原因树（Cause Tree）功能、使用树（Uses Tree）和循环图（Loops）。原因树（Cause Tree）功能：建立一个使用过变量的树状因果图，能够将所有工作变量之间的因果关系用树状的图形形式表示出来。使用树（Uses Tree）功能：建立一个使用过变量的树状因果图。循环图（Loops）功能可以将模型中所有反馈回路以列表的形式表示出来。

数据集分析工具，如结果图（Graph）功能可以以图形的形式直观地模拟整个周期内数值的变化情况，并做出准确预测；横向表格（Table）功能可以横向显示依据时间间隔所选择变量值的表格；模拟结果比较（Run Compares）功能可以比较第一次与第二次仿真执行数据集的所有 Lookup 函数值与常数的不同。

3. 真实性检验

对于所研究的系统模型中的一些重要变量，依据常识和一些基本原则，可以预先提出对其正确性的基本要求，这些假设是真实性约束。将这些约束加到建好的模型中，专门模拟现有模型在运行时对这些约束的遵守情况或违反情况，就可以判断模型的合理性和真实性，从而调整结构或参数。

11.3.3 Vensim 软件案例应用

1. 案例介绍

此案例主要是通过模拟啤酒游戏来仿真供应链中的牛鞭效应，从为改善牛鞭效应来提供帮助。首先假设啤酒游戏中包含零售商、批发商、供应商三个成员。

同时对游戏中的参数进行如下假设：市场对啤酒的前 4 周的需求率为 1000 箱/周，在 5 周时开始随机波动，波动幅度为±200，均值为 0，波动次数为 100 次，随机因子为 4 个。

假设各节点初始库存和期望库存为 3000 箱，期望库存持续时间为 3 周，库存调整时间为 4 周，移动平均时间为 5 周，生产延迟时间和运输延迟时间均为 3 周，不存在订单延迟。仿真时间为 0~200 周，仿真步长为 1 周。期望库存等于期望库存持续时间和各节点的销售预测之积。

2. 问题识别

本案例主要研究供应链中牛鞭效应，各个供应链节点库存积压，库存波动幅度比较大，不够稳定，导致供应链的成本居高不下，失去了竞争优势。因此急需采取措施来削弱牛鞭效应，从而能够降低整条供应链的成本，建立稳定的竞争优势。因此本案例通过啤酒游戏来对供应链进行仿真，从而寻找较优的供应链结构来削弱牛鞭效应，降低成本。

3. 系统边界确定

本案例中只考虑供应链中零售商、批发商、供应商，而且仅考虑他们之间的库存订货系统，没有涉及供应商的生产系统，供应链中的物流供应系统等。

4. 因果关系图（图 11-9）

当市场需求增加时，零售商的库存将会减少，从而导致零售商期望库存和零售商的库存之差即零售商库存差增加；当零售商库存差增加，零售商增加向批发商订货来弥补库存差。零售商的订货增加会加快批发商对零售商的送货率，但是这个过程存在两个延迟过程。一个信息延迟过程，就是零售商将市场需求变化情况反馈批发商过程。另一个是物质延迟过程，就是批发商得到零售商的订货要求后需要一个时间过程来满足这个要求。同样，批发商的库存也会减少，这样就引起批发商期望库存和批发商库存之差，批发商就会增加向供应商订货来弥补库存差。同理，批发商增加订货量会引起供应商向生产商或上级供应商增加订货量，在这两个弥补库存差的过程中同样存在延迟过程，然后来响应市场需求 。

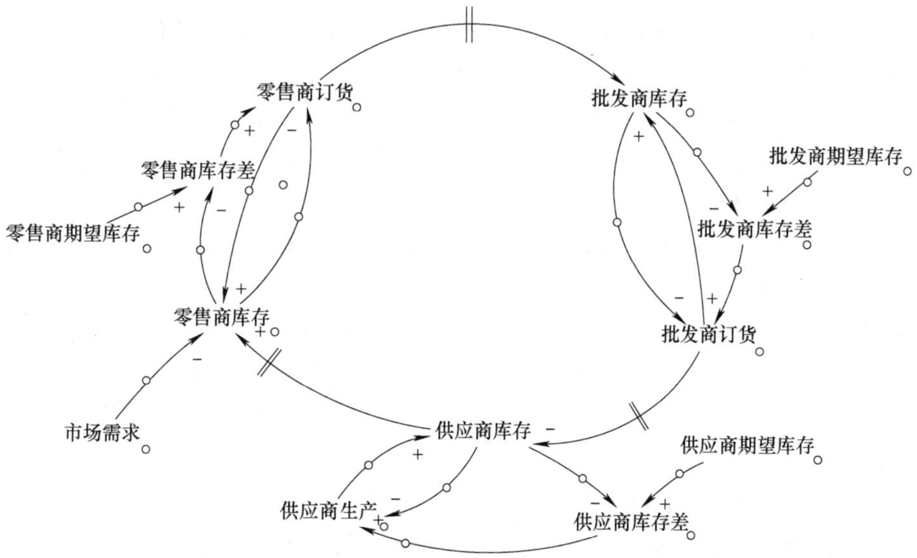

图 11-9　供应链因果关系图

5. 系统流程图

根据因果关系图绘制系统流程图，如图 11-10 所示。首先要识别系统中的水平变量、速率变量。本系统中包括零售商库存、批发商库存、供应商库存三个水平变量；市场需求率、批发商发货率、供应商发货率、供应商生产率四个速率变量。各个节点的发货率是根据下级节点的订单来决定的。各级节点的订单又是由产品销售预测和库存差来决定的。各个节点的发货率还需要辅助变量来表达。辅助变量包括各节点的订单量、期望库存、销售预测量、供应商生产需求。

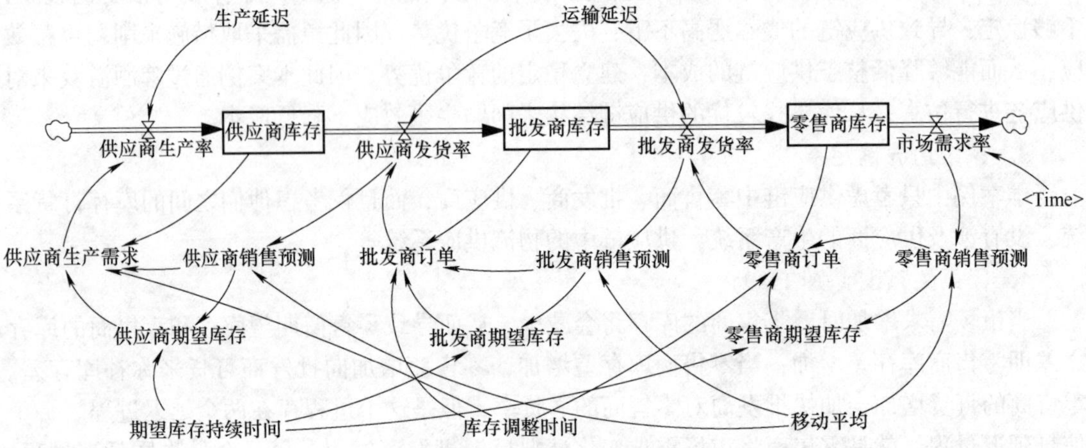

图 11-10 供应链系统流程图

6. 建立仿真方程式

1）市场需求率=1000+IF THEN ELSE［TIME>4，RANDOM NORMAL（-200，200，0，100，4），0］（单位：箱/周）

2）零售商销售预测=SMOOTH（市场需求率，移动平均时间）（单位：箱/周）

3）零售商期望库存=期望库存持续时间×零售商销售预测（单位：箱）

4）零售商库存=INTEG（分销商发货率-市场销售率，3000）（单位：箱）

5）零售商订单=MAX［0，零售商销售预测+（零售商期望库存-零售商库存）/库存调整时间］（单位：箱/周）

6）批发商发货率=DELAY3（零售商订单，运输延迟时间）（单位：箱/周）

7）批发商销售预测=SMOOTH（批发商发货率，移动平均时间）（单位：箱/周）

8）批发商库存=INTEG（供应商发货率-批发商发货率，3000）（单位：箱）

9）批发商期望库存=期望库存持续时间×批发商销售预测（单位：箱）

10）批发商订单=MAX［0，批发商销售预测+（批发商期望库存-分销商库存）/库存调整时间］（单位：箱/周）

11）供应商发货率=DELAY3（分销商订单，运输延迟时间）（单位：箱/周）

12）供应商销售预测=SMOOTH（供应商发货率，移动平均时间）（单位：箱/周）

13）供应商库存=INTEG（供应商生产率-供应商发货率，3000）（单位：箱）

14）供应商期望库存=期望库存持续时间×供应商销售预测（单位：箱）

15）供应商生产需求 = MAX［0，供应商销售预测+（供应商期望库存-供应商库存）/库存调整时间］（单位：箱/周）

16）供应商生产率 = DELAY3（供应商生产需求率，生产延迟）（单位：箱/周）

7. 计算机仿真

使用 Vensim 软件建立系统流图和填入方程式，就可以对系统进行仿真。建立的仿真模型可以与现实对照，可以寻求削弱牛鞭效应的策略，可以预测系统未来的行为趋势。仿真结果如图 11-11、图 11-12 所示。

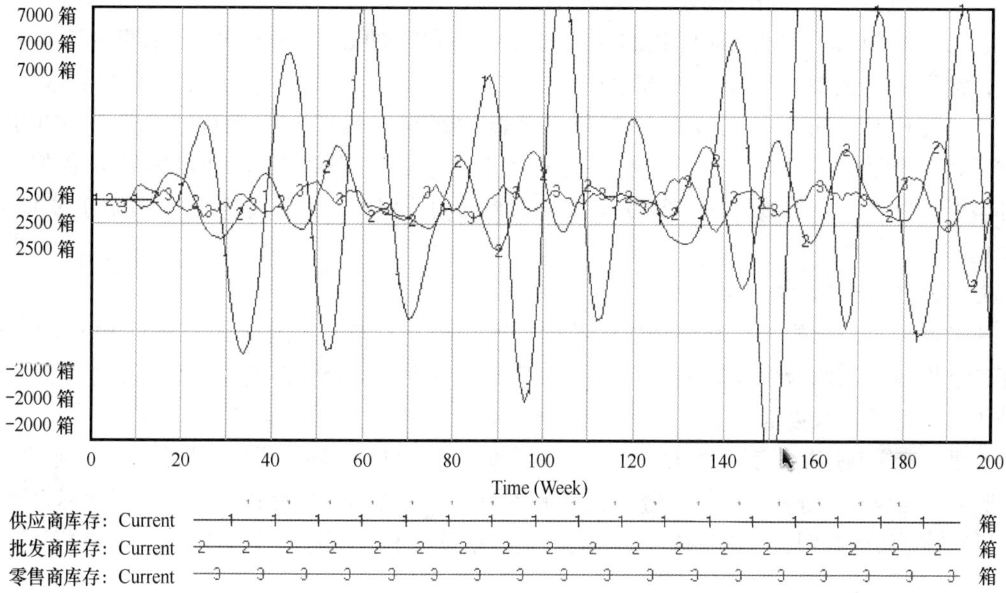

图 11-11　供应链各成员库存量

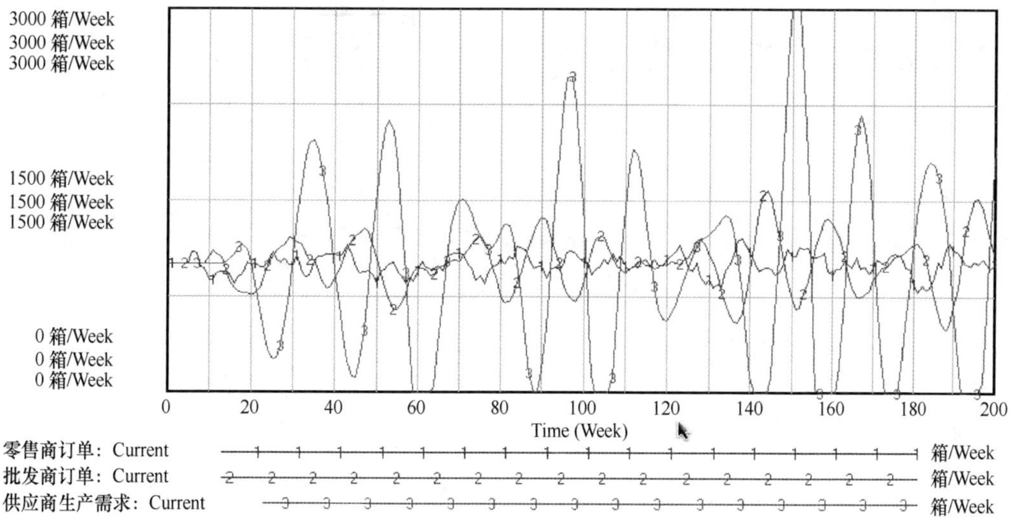

图 11-12　各成员订单和供应商生产需求

通过仿真结果可以发现啤酒游戏能够很好地模拟供应链中的牛鞭效应现象。系统中各个成员的库存和订单量都波动幅度很大，市场的需求信息在供应链中一级一级地放大。

我们已经很好地对真实的牛鞭效应进行了仿真，因此现在需要采用措施来削弱牛鞭效应。我们知道系统的结构决定系统的行为，同样牛鞭效应由啤酒游戏中的结构决定。所以要想削弱牛鞭效应关键在于进行政策优化。

8. 政策优化

在前面已经提到，政策优化包括参数优化、结构优化、边界优化。SD 的优化是最优控制问题。但是这种优化在本质上大大不同于人们已熟悉的线性模型，常规的最优化技术对它已无能为力。关于 SD 优化的手段与方法，常用的是“试凑法”，即事先设计政策方案，然后通过模拟在所设计的方案中进行选优。“试凑法”一般是对系统的参数而言，主要依靠建模与分析人员的经验和技巧，很难达到数学意义上的优化或满意。这也是有人质疑系统动力学的地方，没有数学上的严谨性。因此有些系统动力学研究者想弥补“试凑法”的缺点，开始将遗传算法、蚁群算法、小波分析等全局优化方法用于 SD 模型的优化问题。

9. 供应链组织结构

通过增长供应链的长度和缩短供应链的长度来研究牛鞭效应的变化情况。所以我们分别研究二级供应链和四级供应链的库存和订单情况，从而与三级供应链进行对比，验证牛鞭效应是否与供应链的长度有关。

二级供应链裁掉批发商，即供应商直接和零售商进行交易。四级供应链增加一个分销商。二级供应链、四级供应链和三级供应链的因果关系图、系统流图、方程式都类似，因此不再赘述。各级供应链系统流程图、各成员库存图、各成员订单及需求图分别如图 11-13~图 11-20 所示。

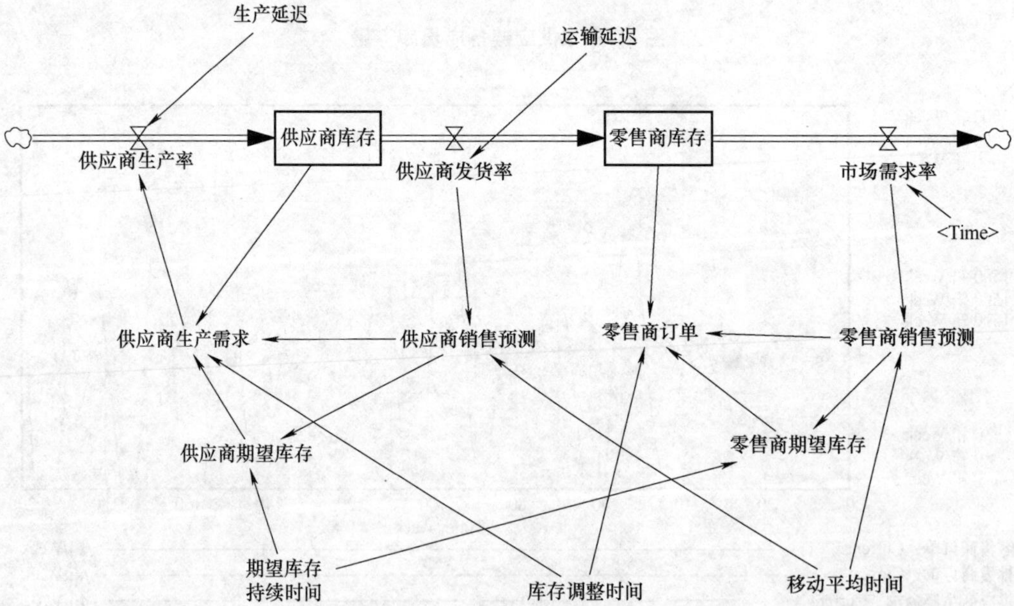

图 11-13　二级供应链系统流图

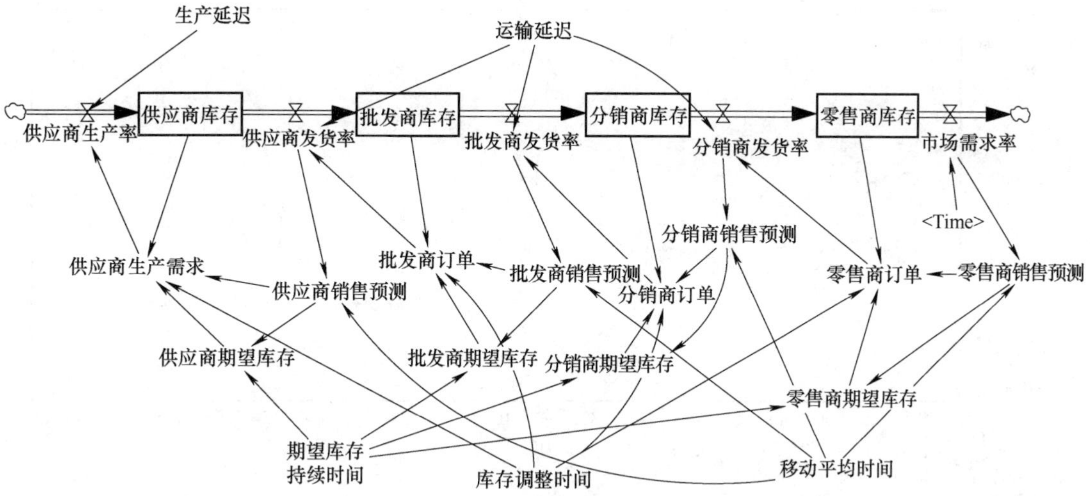

图 11-14　四级供应链系统流图

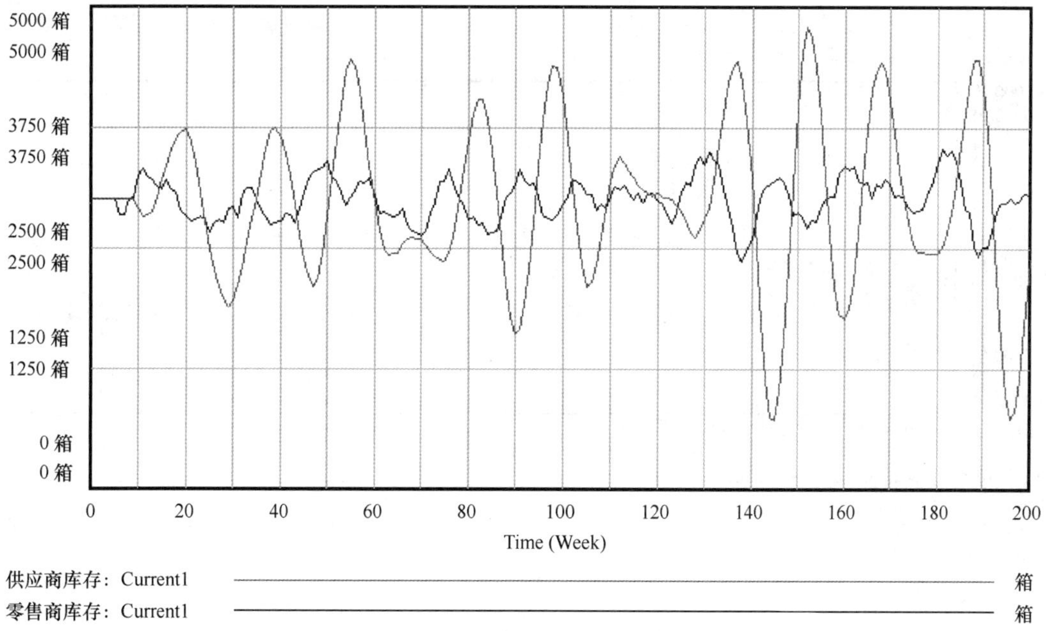

图 11-15　二级供应链各成员库存

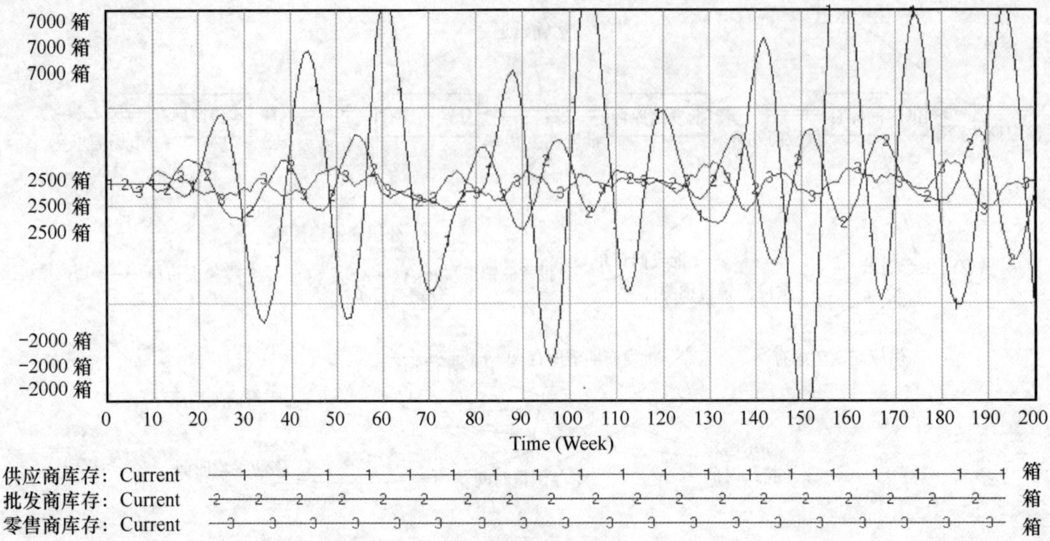

图 11-16　三级供应链各成员库存量

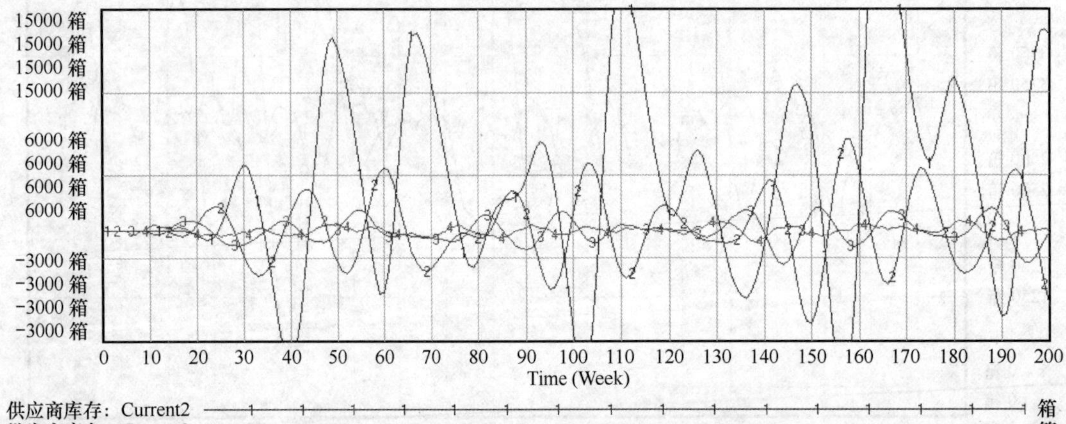

图 11-17　四级供应链各成员库存

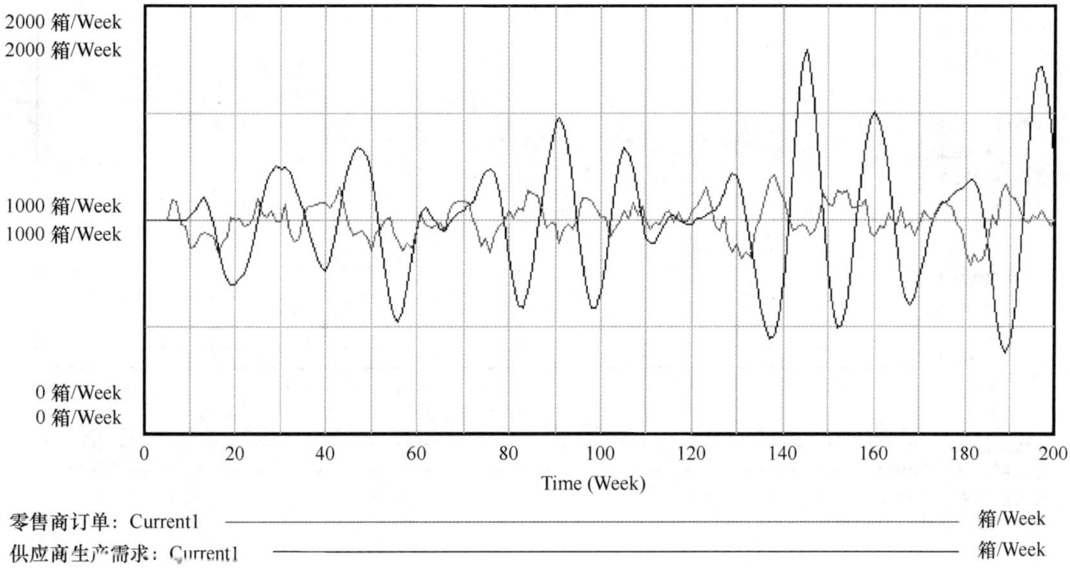

图 11-18 二级供应链各成员订单及需求

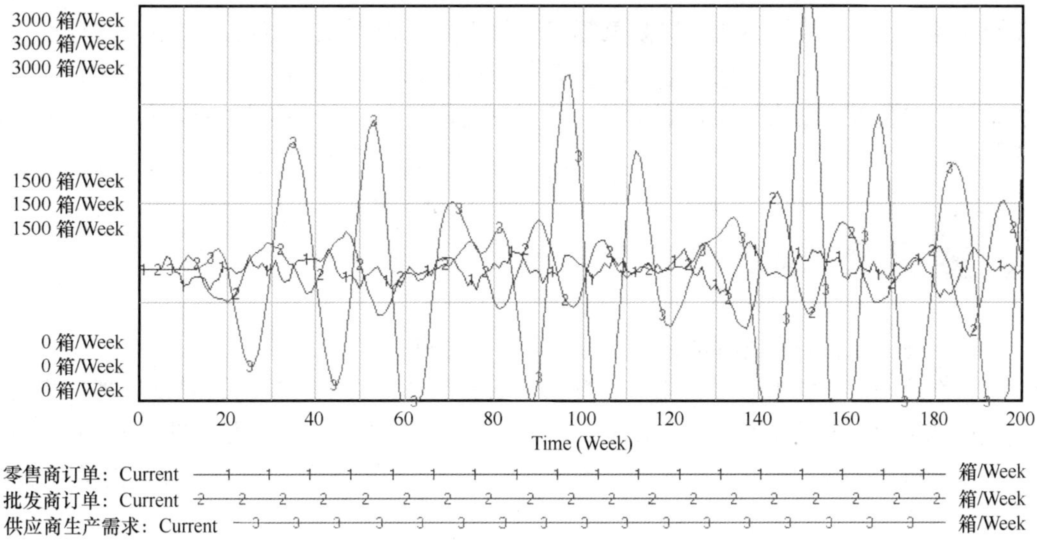

图 11-19 三级供应链各成员订单及需求

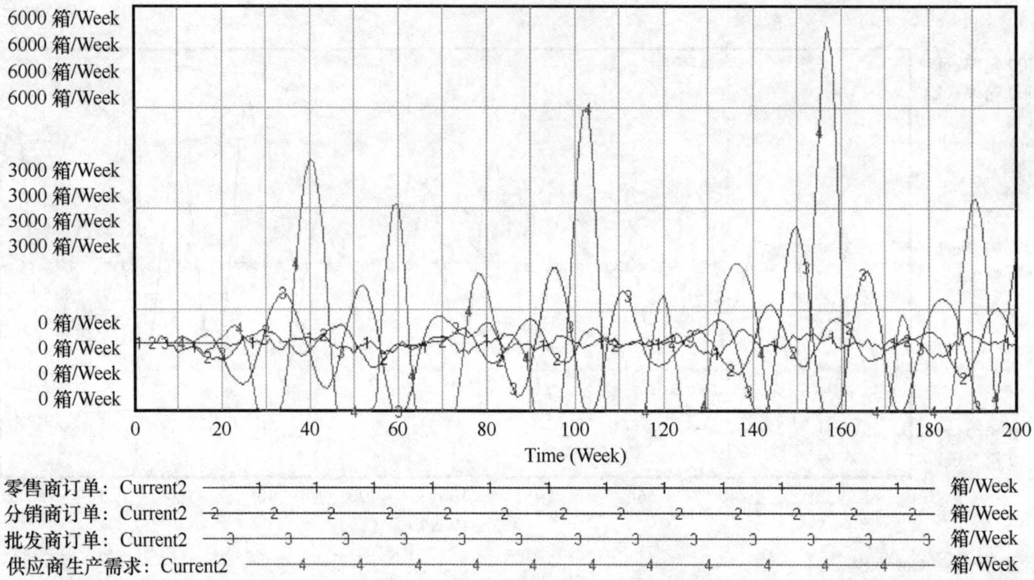

图 11-20　四级供应链各成员订单及需求

通过对各级供应链的各成员库存量和订单的比较，随着供应链上节点企业的增加，供应商生产需求大幅上升，在四级供应链中更是达到 6000 箱/周。由此说明，供应链中水平层次的参与者越多，信息被加工迭代次数就越多，放大现象越严重，市场需求扭曲的程度也越大。可以知道随着供应链长度增长，供应链的牛鞭效应越来越严重。因此可以知道供应链的组织结构对牛鞭效应是有一定的影响的，所以通过调整供应链的组织结构可以来削弱牛鞭效应。

11.4　案例应用

案例：施工项目安全管理的系统动力学分析及建模

基于系统动力学的施工项目安全管理预测研究，分析影响施工项目安全管理的主要因素，运用系统动力学的基本原理和方法，对施工项目安全水平进行动态预测，并通过仿真计算，定量分析各个因素的安全投入增长率对系统安全水平的影响大小，为决策提供科学的、定量的参考依据。

11.4.1　系统动力学及其解决问题的一般步骤

系统动力学分析解决问题的一般步骤如图 11-21 所示，其中，系统动力学模型（系统动力学模型包括系统动力学流图和系统动力学方程两部分）的构建和量化分析及其仿真结果分析是系统动力学分析解决问题的关键步骤。

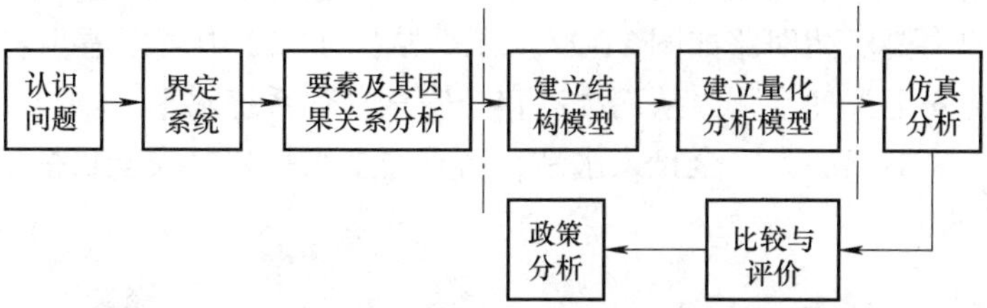

图 11-21　系统动力学分析解决问题步骤

11.4.2　施工项目安全管理的系统动力学分析及建模

1. 施工项目安全管理系统动力学模型变量集

考虑到构建系统动力学流图和动力学方程的需要，从各因素中抽象出能描述系统概貌的具有代表性的变量，建立如下变量集。

（1）人为因素：人为因素安全指标（L_1）、人为因素对系统安全水平的贡献率（D_1）、人为因素影响率（指对人因的正面影响）（R_1）、人为因素衰减率（T_1）、人为因素影响能力（U_1），人为因素影响能力系数（B_1）、人为因素安全投入水平影响系数（C_1）、人为因素安全投入水平（Z_1）和人为因素安全投入增长率（E_1）。

U_{1j} 表示各人为影响因素所占比重，$j=1\sim4$，1 表示工作经验，2 表示受教育程度，3 表示身心素质，4 表示工作态度。

（2）设备因素：设备因素安全指标（L_2）、设备因素对系统安全水平的贡献率（D_2）、设备因素影响率（指对人因的正面影响）（R_2）、设备因素衰减率（T_2）、设备因素影响能力（U_2），设备因素影响能力系数（B_2）、设备因素安全投入水平影响系数（C_2）、设备因素安全投入水平（Z_2）和设备因素安全投入增长率（E_2）。

U_{2j} 表示各设备影响因素所占比重，$j=1\sim4$，1 表示设备、材料质量，2 表示生活设施，3 表示防护设施，4 表示防灾设施。

（3）环境因素：环境因素安全指标（L_3）、环境因素对系统安全水平的贡献率（D_3）、环境因素影响率（指对人因的正面影响）（R_3）、环境因素衰减率（T_3）、环境因素影响能力（U_3），环境因素影响能力系数（B_3）、环境因素安全投入水平影响系数（C_3）、环境因素安全投入水平（Z_3）和环境因素安全投入增长率（E_3）。

U_{3j} 表示各环境影响因素所占比重，$j=1\sim4$，1 表示作业条件，2 表示应急预案，3 表示政治环境，4 表示自然灾害。

（4）管理因素：管理因素安全指标（L_4）、管理因素对系统安全水平的贡献率（D_4）、管理因素影响率（指对人因的正面影响）（R_4）、管理因素衰减率（T_4）、管理因素影响能力（U_4），管理因素影响能力系数（B_4）、管理因素安全投入水平影响系数（C_4）、管理因素安全投入水平（Z_4）和管理因素安全投入增长率（E_4）。

U_{4j} 表示各管理影响因素所占比重，$j=1\sim4$，1 表示从业人员管理，2 表示安全技术管理，3 表示安全生产管理制度，4 表示设备和设施管理。

2. 施工项目安全管理因果关系图

社会系统中的因果反馈环是社会系统中各要素的因果关系本身所固有的。正反馈回路起到自我强化的作用，负反馈回路具有“内部稳定器”的作用。根据上面分析的 4 个主要因素，可构建系统的主要反馈回路如图 11-22 所示。从图 11-22 中可以看出：加大安全投入力度，可以提高系统安全管理水平，从而提高整个安全管理系统水平。如果安全管理水平没有达到期望值，就需要继续加大安全投入水平，而当安全水平超过安全目标水平时，可以适当减少安全投入水平。

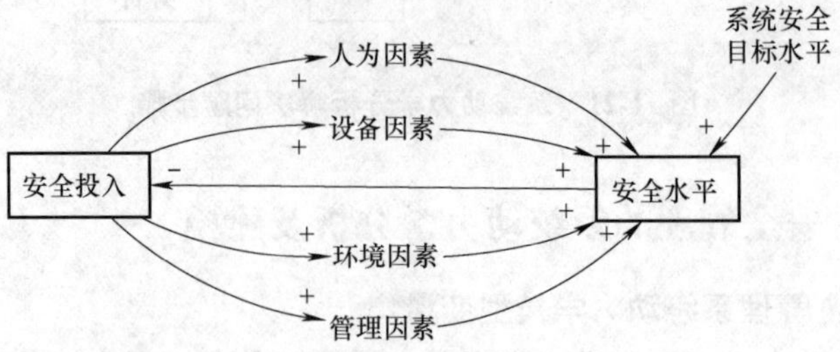

图 11-22 因果关系图

3. 施工项目安全管理系统动力学流图及动力学方程

根据上面的施工项目安全管理的影响因素及因果关系分析，可以构建图 11-23 系统动力学流图。

施工项目安全管理的系统动力学方程：

$$L \quad L_i.K = L_i.J + (DT) \times (R_i.JK - T_i.JK)\ i = 1 \sim 4 // \text{水平方程}$$

$$Z_i.K = Z_i.J + (DT) \times [\text{IF THEN ELSE}(\text{Stag}.JK < 90,\ F_i,\ G_i) + E_i.JK],\ i = 1 \sim 4$$

$$R \quad R_i.KL = B_i \times (U_i.K) + C_i \times (Z_i.K),\ i = 1 \sim 4 // \text{速率方程}$$

$$A \quad \text{Stag}.K = D_1 \times L_1.K + D_2 \times L_2.K + D_3 \times L_3.K + D_4 \times L_4.K // \text{辅助方程}$$

$$(\text{其中 } D_1 + D_2 + D_3 + D_4 = 4)$$

$$N \quad L_i,\ Z_i = (\text{初始值}),\ i = 1 \sim 4 // \text{初值变量方程}$$

$$C \quad B_i,\ C_i,\ D_i,\ E_i,\ F_i,\ T_i \text{ 和 } U_{ij} = (\text{常数}),\ i = 1 \sim 4 // \text{常数方程}$$

方程中各符号的含义：方程式前面的字母 L 为水平方程的标志；R 为速率方程的标志；A 为辅助方程的标志；N 为初值变量方程的标志；C 为常数方程的标志；方程式中 $.K$ 表示现在时刻；$L_i.K$（$i = 1,2,3,4$）表示现在 K 时刻该因素安全水平指标的值；J 表示过去时刻；$L_i.J$（$i = 1,2,3,4$）表示过去时刻该因素安全水平指标的值；DT 表示仿真时间步长变量（在 J 时刻和 K 时刻之间的求解时间间隔的长度）；JK 表示过去到现在的时间间隔；R_i. JK（$i = 1,2,3,4$）表示在 JK 时间区间中该因素安全水平的增加率；T_i. JK（$i = 1,2,3,4$）表示在 JK 时间区间中该因素安全水平衰减率；$Z_i.K$（$i = 1,2,3,4$）表示现在时刻该因素安全投入水平值；$U_i.K$ 表示现在时刻该因素影响能力值；E_i. JK（$i = 1,2,3,4$）表示 JK 时间间隔中该因素投入增长率；Stag. K 表示现在时刻系统安全水平指标的值；KL 表示现在到将来时刻的时间间隔；R_i. KL（$i = 1,2,3,4$）表示在 KL 时间区间中该因素安全水平的增加率；函数 IF THEN ELSE（Stag. JK<90, F_i，G_i）表示，当系统安全性水平小于 90 时，系统安全水平对安全投入水平的贡献量为 F_i，当系统安全性水平高于或等于 90 时，系统对安全投入水平的贡献量为 G_i，用此函数判断系统安全水平，从而控制系统安全投入程度，避免造成资源浪费。

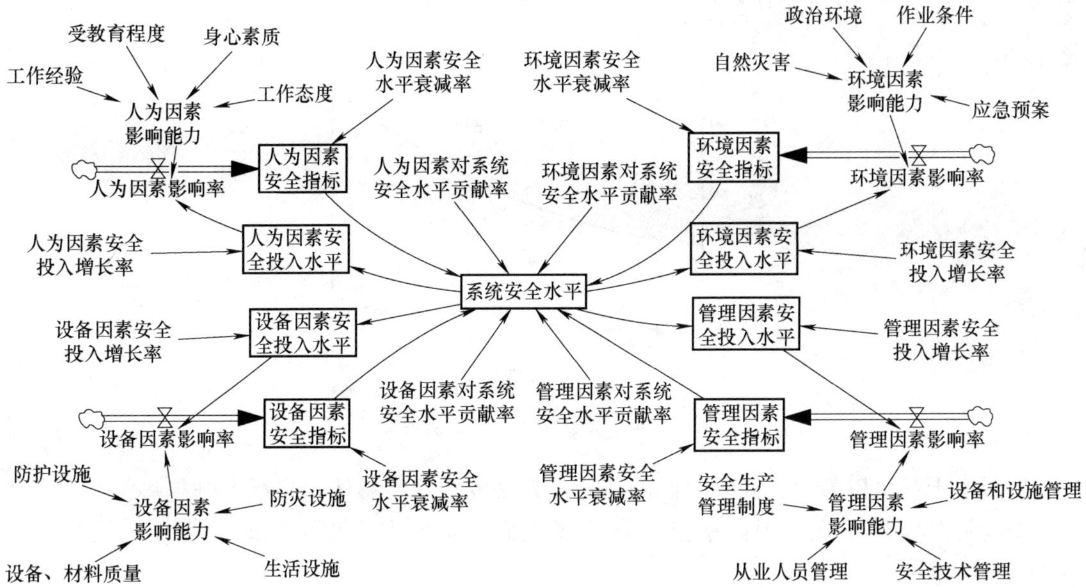

图 11-23　施工项目安全管理系统动力学流图

11.4.3　仿真分析

1. 拟仿真参数确定

系统动力学模型中的初始值和常数的确定，可采用专家打分法和问卷调查法，即邀请施工项目安全管理的专家，根据施工项目实际情况给出确定的值，然后取其算术平均值，作为系统动力学方程的初始值。通过制作发放调查问卷，确定影响施工项目安全管理的因素，并通过 SPSS19.0 对数据进行处理，确定各影响因素的权重。按照得到的数据进行模拟仿真。本文所确定的初始值及常数的取值见表 11-1。

表 11-1　模型参数取值

变量	值	变量	值	变量	值	变量	值	变量	值	变量	值
L_1	70	B_1	0.4	C_1	0.6	G_1	0.03	U_{11}	0.1	U_{31}	0.4
L_2	75	B_2	0.3	C_2	0.7	G_2	0.01	U_{12}	0.4	U_{32}	0.1
L_3	74	B_3	0.4	C_3	0.6	G_3	0.01	U_{13}	0.4	U_{33}	0.1
L_4	75	B_4	0.4	C_4	0.6	G_4	0.03	U_{14}	0.1	U_{34}	0.4
D_1	0.4	E_1	0.2	F_1	0.08	T_1	0.08	U_{21}	0.3	U_{41}	0.2
D_2	0.15	E_2	0.2	F_2	0.04	T_2	0.04	U_{22}	0.1	U_{42}	0.3
D_3	0.1	E_3	0.2	F_3	0.03	T_3	0.03	U_{23}	0.4	U_{43}	0.2
D_4	0.35	E_4	0.2	F_4	0.07	T_4	0.07	U_{24}	0.2	U_{44}	0.3

2. 模拟仿真的输出及结果分析

根据上面给出的系统动力学方程及确定的参数，利用系统动力学仿真软件 Vensim PLE

进行模拟仿真，选定模拟时间为 20 个月，结果输出如图 11-24 所示。

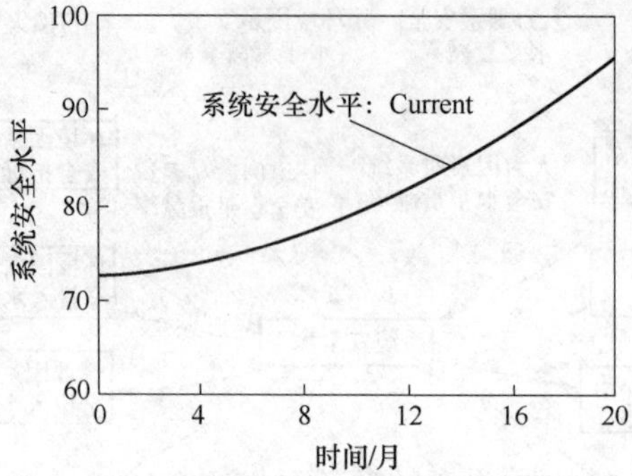

图 11-24 系统安全水平仿真结果

从图形走势可以看出，随着时间的变化，系统安全水平整体呈平缓上升趋势，符合施工项目安全管理实际情况，因此确定参数选择正确。系统安全水平随时间变化的具体值如表 11-2 所示。

表 11-2 系统安全水平随时间变化

时间	1	2	3	4	5	6	7	8	9	10
Stag	72. 87	73. 14	73. 52	74. 00	74. 59	75. 29	76. 09	76. 99	78. 01	79. 13
时间	11	12	13	14	15	16	17	18	19	20
Stag	80. 36	81. 69	83. 14	84. 68	86. 33	88. 09	89. 96	91. 93	94. 00	96. 17

注：Stag 为系统安全水平。

由表 11-2 可以看出，当对系统进行一定安全投入时，在一段时间内，可以对系统的安全水平进行动态预测，系统安全水平指标第 1 个月的值为 72. 87，此时表明整个施工项目安全状况处于不好的状态，未达到系统安全水平目标指标，需要进行较大的安全投入。随着各个因素的安全投入。大约在 17 个月后，整个施工项目的安全水平指标接近 90，可以认为系统的安全状况处于良好的状态，这时可根据实际情况适当减少安全投入。当分别改变单个因素的安全投入增长率，而其他 3 个因素的安全投入增长率不变时，并且每个因素的投入增长率取相同的增加值，即取以下几种情况：

$$X_0:(E_1,E_2,E_3,E_4)=(0.2,0.2,0.2,0.2)$$
$$X_1:(E_1,E_2,E_3,E_4)=(0.4,0.2,0.2,0.2)$$
$$X_2:(E_1,E_2,E_3,E_4)=(0.2,0.4,0.2,0.2)$$
$$X_3:(E_1,E_2,E_3,E_4)=(0.2,0.2,0.4,0.2)$$
$$X_4:(E_1,E_2,E_3,E_4)=(0.2,0.2,0.2,0.4)$$

X_0 为参考值，X_1，X_2，X_3 和 X_4 分别表示在其他因素不变的情况下，改变人为因素、设备因素、环境因素、管理因素的安全投入增长率，代入系统动力学方程中，通过 Vensim PLE 仿真计算可得到系统安全水平指标随时间的变化值及变化走势，见表 11-3 和图 11-25。

结合表 11-3 和图 11-25 可以得出，以 X_0 的情况为基准，取系统安全水平平均值为

81.50，同样求得X_1，X_2，X_3和X_4情况下系统安全水平的平均值为(83.51，82.29，82.03，83.31)。用 4 种情况下的系统安全水平平均值减去X_0对应的安全系统水平平均值，除X_0情况下系统安全水平平均值，得到结果为(0.025，0.010，0.007，0.028)，反映人为、设备、环境、管理因素安全系统投入水平分别增长时对系统安全水平的影响程度，可以看出，改变相同的安全投入增长率，对系统安全水平影响最大的是人为因素，其次是管理因素，设备因素，最后是环境因素。

表 11-3 各因素投入增长率相同系统安全水平指标随时间变化

时间	1	2	3	4	5	6	7	8	9	10
Stag (X_0)	72.87	73.14	73.52	74.00	74.59	75.29	76.09	76.99	78.01	79.13
Stag (X_1)	72.86	73.17	73.61	74.19	74.91	75.77	76.76	77.89	79.16	80.57
Stag (X_2)	72.87	73.15	73.55	74.07	74.71	75.47	76.34	77.33	78.44	79.67
Stag (X_3)	72.87	73.15	73.54	74.05	74.67	75.41	76.26	77.22	78.30	79.49
Stag (X_4)	72.87	73.17	73.60	74.17	74.87	75.71	76.68	77.78	79.02	80.39
时间	11	12	13	14	15	16	17	18	19	20
Stag (X_0)	80.36	81.69	83.14	84.68	86.33	88.09	89.96	91.93	94.00	96.17
Stag (X_1)	82.12	83.81	85.63	87.59	89.69	91.93	94.31	96.81	99.43	100
Stag (X_2)	81.02	82.49	84.07	85.77	87.59	89.53	91.59	93.76	96.04	98.42
Stag (X_3)	80.80	82.22	83.76	85.41	87.17	89.05	91.04	93.15	95.36	97.66
Stag (X_4)	81.90	83.54	85.32	87.23	89.27	91.45	93.76	96.76	98.74	100

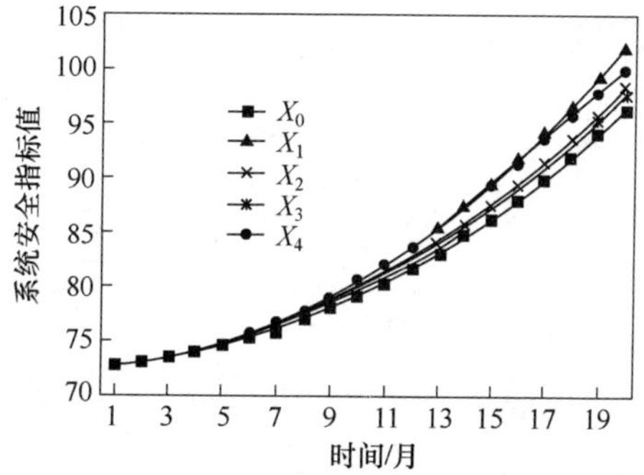

图 11-25 各因素投入增长率相同系统安全水平指标随时间变化

11.4.4 结论

1）施工项目安全水平的高低需从系统的角度出发，综合考虑各个因素并对其加以控制，通过调节其安全投入程度来提高系统安全水平。

2）通过问卷调查和专家打分法，确定影响施工项目安全水平的主要因素。各主要因素所占比重为：人为因素 0.4，设备因素 0.15，环境因素 0.1，管理因素 0.35。

3）各个因素安全投入增长率对系统安全水平影响的重要程度依次为：人为因素（影响

率为 0.026)，管理因素（影响率为 0.021)，设备因素（影响率为 0.010）和环境因素（影响率为 0.007)。

参考文献

[1] 唐谷修，周科平，高峰. 基于系统动力学的安全管理思考［J］. 中国矿业，2007，16（2）：21-23.

[2] 林晓飞，曹庆贵，张鹏. 我国煤矿安全形势的系统动力学模型分析［J］. 矿业安全与环保，2008，35（1）：83-84.

[3] 何刚，张国枢，陈清华. 煤矿安全生产中人的行为影响因子系统动力学（SD）仿真分析［J］. 中国安全科学学报，2008，18（9）：43-47.

[4] 傅烨，郑绍濂. 供应链中的“牛鞭效应”：成因及对策分析［J］. 管理工程学报. 2002，16（1）：82-83.